篮球运动教学训练的
理论与实践

张小刚　周秉政　著

天津社会科学院出版社

图书在版编目（CIP）数据

篮球运动教学训练的理论与实践 / 张小刚，周秉政著. -- 天津 : 天津社会科学院出版社，2021.1
ISBN 978-7-5563-0714-2

Ⅰ. ①篮… Ⅱ. ①张… ②周… Ⅲ. ①篮球运动—体育教学②篮球运动—运动训练 Ⅳ. ①G841.2

中国版本图书馆CIP数据核字(2020)第264318号

篮球运动教学训练的理论与实践
LANQIU YUNDONG JIAOXUE XUNLIAN DE LILUN YU SHIJIAN

出版发行：天津社会科学院出版社
地　　址：天津市南开区迎水道7号
邮　　编：300191
电话/传真：（022）23360165（总编室）
（022）23075303（发行科）
网　　址：www.tass-tj.org.cn
印　　刷：北京建宏印刷有限公司

开　　本：787×1092　毫米　1/16
印　　张：26
字　　数：400千字
版　　次：2021年1月第1版　2021年1月第1次印刷
定　　价：69.00元

前 言

篮球运动是我国人民喜闻乐见的大众体育项目,它集跑、跳、投等运动于一体,有着极高的竞技、健身、锻炼价值,也是专业体育院校最基本的由多学科交叉融合的一门运动学科课程,而且是一项国际性影响极大的竞技体育项目。而现代篮球运动更重要的深层价值在于它是人类社会文明、进步和文化发展过程中创造并逐步完善起来,反映时代特征的一种宝贵的社会财富和人文景观。

对于体育教学中的篮球运动来讲, 它就是一项集体对抗的球类游戏项目。除了具有一般运动项目的锻炼价值外,篮球运动复杂多变的比赛过程,能提高神经系统的灵活性,进而提高大脑的分析能力和应变能力。竞争对抗的游戏形式,能提高学生参与的兴趣,培养学生的美育情感,以及学生的顽强拼搏精神,提高学生的自信心和心理自我调控能力。比赛中的集体配合,可以培养学生的团队精神,提高学生正确处理人际关系的能力。篮球技能的掌握可以增加人的运动经验积累,能为今后学习其它运动项目提供一定帮助。

对于专业训练中的篮球运动来讲,它是决定比赛胜负的竞技载体。运动员在专业教练员的指导下,长期进行科学的、有规律的训练,在职业赛场领域为国家、为俱乐部、为球队、为个人赢得荣誉。

本书以篮球运动中的教学和训练为核心,通过教学,让大家了解在篮球专业课教学中的术语使用、教学步骤、教学环节、课堂评估、课后作业等环节的主要内容。通过训练,让大家了解在篮球专业训练中,不同年龄段的运动员的身心特点、训练内容、训练重难点、运动员状态调控等主要内容。以提高读者对篮球运动中教学与训练分界点、临界点、交界点的把握。

本书各章节分工:第一章由张小刚(天津体育学院)和孙伟(天津体育学院)撰写;第二章由张小刚撰写;第三章由张小刚和周秉政(天津体育学院)撰写;第四章由周秉政、尹甜甜(天津体育学院)和孙伟撰写;第五章由张小刚和孙伟撰写;第六章由周秉政撰写;第七章由孙宏(天津体育学院)、尹甜甜和陈雪婷(天津体育学院)撰写;第八章由孙宏和陈雪婷撰写;第九章由张小刚、周秉政和孙宏撰写。

在撰写此书过程中，编者参考了国内外体育界同仁的许多研究成果,在引用中难免有所疏忽,难免存在不足之处,敬请批评指正。

目　录

第一章　篮球运动概论

篮球运动是一项集体性活动，集中反映了人们精神文化需求，也是世界文明的重要体现。

篮球运动是一项以篮球为竞赛工具，在特定的规则条件下，比赛双方队员将球投入对方篮筐，以得分数作为评判输赢的集体球类运动项目。参加比赛的球员以专项体能为基础，主要表现在速度快、对抗性强等方面，快速的攻防转换和出其不意的变化让观众的视线锁定在了球场上。随着篮球运动的不断发展以及人们对精神需要的不断提高，篮球运动有了多种形式的变化，除了五对五以外，还加入了很多新的元素和打法，例如“三对三斗牛”、“一对一路人王”等。篮球运动也形成了属于自己的独特文化，具有不惧艰苦、勇往直前的精神，给人激励和鼓舞，使人们增长智慧并受到启迪，并将篮球运动的精神带到其他领域，获得跨领域的成功。现代篮球运动不仅是一项体育活动、文化活动，更是一项集现代体育、教育、科技为一体的竞技活动，是一门交叉性学科。

第一节　篮球运动的起源与演进

一、篮球运动的起源

篮球运动是由美国马萨诸塞州斯普林菲尔德市（春田市）基督教青年会体育教师，来自加拿大的詹姆斯·奈史密斯(James　Naismith)于 1891 年发明的(见图 1)。篮球运动最早源于游戏,由于寒冷的冬季室外运动受到限制,奈史密斯便将室外的游戏移至室内,没有了天气因素的干扰,越来越多的人参与进来。随着这个游戏的不断发展,就产生了相应的规则,场地器材也在不断演变,篮球游戏逐渐成为篮球运动。时至今日,篮球运动已经成为世界上人们最喜爱的体育运动之一,奥林匹克运动会(简称奥运会)将篮球比赛纳入其中,各个国家组建属于自己的国家队参赛。

图 1　詹姆斯·奈史密斯

二、篮球运动的演进

(一)篮球初创时期(19 世纪 90 年代至 20 世纪 20 年代)

自 1891 年詹姆斯·奈史密斯发明篮球游戏, 与其他运动有显著的不同,由于其具有对抗性强的特点并且比赛形式新颖有趣,很快拥有了一大批篮球体育爱好者,逐渐成为民间娱乐文化活动。在有了特定的规则以及评判标准以后,篮球作为一项体育活动被广泛地传播,逐渐地从民间走向学校,从学校走向社会,从社会传播到国外。

这一时期,篮球运动表现以下主要特点:

场地器材特点:最初的篮球运动,是以足球为工具,后来使用皮革缝制比足球稍大的“开口篮球”代替足球。最早的篮圈是使用桃筐，悬挂在室内两侧离地面 3.05 米，最开始的篮筐底部是封闭的，每次投进桃筐后，需要爬梯子将球取出来才能继续比赛，直到 1893 年，取消了桃筐的底部，使篮球能直接从篮筐中落下，相较以前封闭式的桃筐，优点是节省了许多时间。在 1893 年至 1897 年，逐步改进了篮筐，开始使用带篮网的铁质篮圈。场地方面，初始时期并没有场地限制，任何一块场地加上两个桃筐都可以开展篮球运动，为了使比赛开展得更具有合理性，1892 年奈史密斯对比赛场地划分了三段区域：前场、中场、后场，这三个区域的名字仍然沿用至今。在 1893 年至 1897 年改进篮筐的同时，也将场地面积规定为 22.86 米×10.67 米、27.43 米×13.76 米、30.48 米×15.24 米三种，场地上增加了分区线、中圈、限制区和罚球线；随着篮球运动的不断开展，比赛场地也发生了一系列的改革，增加了各种区位的限制线、中线等，篮球从“开口篮球”发展成为系带球，从以前的没有篮板发展到木质篮板。

规则特点：初始阶段，没有对参赛人数做出明确限制，因为在初始阶段，为了让更多的人能够参与到篮球这项运动中来，所以只要球场上双方队员人数相等即可。在没有明确的游戏规则下，只要一方得分多，则为获胜。奈史密斯发明篮球运动后，为了使这项运动进一步得到发展，1892 年奈史密斯编制了《青年会篮球规则》，其内容主要归纳为五项原则、十三项规则。《青年会篮球规则》的出台，给篮球运动带来了质的飞跃，有效地制止了之前篮球比赛中出现的粗野动作和抱球跑等现象，使篮球运动进一步发展。有了篮球规则，就会出现相应的执法者——篮球裁判。在比赛中安排两名裁判，主裁判的主要任务是根据篮球规则，对篮球比赛进行执裁，副裁判的主要任务是进行记录。

技术特点：攻守技术比较单一。

战术特点：以个人能力为主，队员之间有一定的位置分工，站位处于不同的区域。

（二）完善传播时期（20 世纪 30 年代至 40 年代）

这一时期篮球运动飞速发展，在全世界逐渐普及。1932 年由葡萄牙、瑞士、希腊、罗马尼亚、阿根廷、意大利、拉脱维亚和捷克斯洛伐克八国于瑞士日内瓦宣布国际篮球联合会(简称国际篮联)正式成立。联合会的成立使五花八门的规则成为统一。对于国际篮联来说,成立的任务之一是将世界各个国家的篮球竞赛规则统一,并将男子篮球推荐为奥运会正式比赛项目。1936 年在德国举行的第 11 届奥林匹克运动会上，男子篮球项目第一次登上奥运会舞台。由此,篮球运动迅速席卷全球,这也标志着现代竞技篮球运动的形成。

这一时期,篮球运动表现出以下特点:

场地器材特点:在国际篮联成立后,对篮球场地进行了一些调整,将合理冲撞区的范围扩大为罚球区内，并将以前的直线门字形罚球区调整为梯形。篮板更加规范,有了长方形和扇形两种。

规则特点:在《青年会篮球规则》的基础上,国际篮球联合会做了进一步的修订,比如在规则中增加了合理冲撞区内进攻时间不得超过 3 秒,持球不得超过 5 秒,进攻到前场后不得回到后场,并对篮球比赛中的上场人数做出了明确规定,要求各队上场人数为 5 人,比赛时间分两节进行,20 分钟一节等规定,不仅有利于篮球竞技水平的提升,而且推动了篮球运动的发展。

技术特点:攻守技术明显增多,从单一技术动作发展到组合技术动作,各种技术动作的衔接明显加快。

战术特点:进攻方面从之前的依靠个人能力到开始运用一些掩护、空切等基础战术配合,防守方面更加具有整体性,有意识的进行补防、协防等战术。

(三)普及发展时期(20 世纪 50 年代至 60 年代)

20 世纪 50 年代以后,随着篮球理念不断提高,技、战术的创新发展,规则场地等日益完善,篮球运动席卷全球,国际大型运动会都将篮球列为正式比赛项目,许多国家都加入国际篮联之中。以 1950 年和 1953 年在阿根廷和智利举行的首届世界男女篮球锦标赛为标志,身材高大的球员凭借出色的进攻和防守能力在锦标赛上大放异彩,高度也逐渐成为决定篮球选材甚至是篮球比赛胜利的重要因素。在这一因素的推动下,很多国家将高度与其原有特点进行组合,形成新的打法,例如高度、速度和技巧相结合的美洲打法;高度与力量相结合的欧洲打法;高、灵、准相结合的亚洲打法。

这一时期，篮球运动表现出以下特点：

场地器材特点：由于各国都用高大中锋进行篮下强打得分，国际篮联为限制这一情况的发生，在场地区域划分上进行调整，将原有的限制区扩大到上底 3.6 米，下底 6 米，高 5.8 米的梯形限制区。

规则特点：1961 年取消中线，10 秒规则随即取消。1968 年秒规定在比赛下半时最后 3 分钟和所有决胜中，进攻队必须在获得球后的 10 秒内进入前场。

技术特点：以高度为重点，其他技术相结合的技术组合形式。

战术特点：进攻方面主要是围绕高大的内线球员制定相应的进攻战术，防守方面还是以区域联防和人盯人为主，全场紧逼和其他防守战术则根据场上情况进行应用。

（四）全面提高时期(20 世纪 70 年代至 80 年代)

20 世纪 70 年代以后，涌现出一大批身高臂长的球员，比赛愈发激烈，单凭身高很难在比赛场上占据很大的优势，要与细腻的技术和迅捷的速度结合，综合运用多种战术才能增加获取比赛胜利的可能性。因此在这一时期，不仅体现在个人或球队的全面提高，也体现在篮球运动的全面提高。

这一时期，篮球运动表现出以下特点：

场地器材特点：由于各个球队的打法千篇一律，双方球员在篮下密集，导致比赛过于单调，失去观赏性。因此，在 1984 年增加了 3 分投篮区，增加进攻选择的方式，让球员有了更多灵活的进攻选择。三分球投篮区有效地缓解了亚洲地区由于平均身高不足造成的矛盾，也进一步推动了篮球运动的普及，让那些身高不足的球员也能够展现自己的优势，逐渐将“高个子”运动转为全民运动。

规则特点：增加追罚，1972 年将 10 秒的规定改为一个球队在后场获得球后，必须在 10 秒内让球进入前场。1984 年采取连续计算法。1985 年对 5 秒规则进行了强化，改为当一个持球队员遭到对方球队严密防守，在 5 秒内没有传投、滚或运球时，裁判应宣判违例，改争球为掷界外球。

技术特点：球员技术趋于全面发展，身高与技术动作、速度和空中对抗能

(三)动态变化规律

篮球运动是一项动态性的运动,在时间、空间上不断地变化,从整体上讲,攻守双方布阵互动,在进攻和防守之间不停地转换,不间断地实施谋略,以主动的“动”迫使对手被动地“动”,不断地变化节奏和方向,力争主动权;从个体上讲,场上每一名运动员都根据场上的形式做出相应的变化,不仅如此,球员在心理上也在发生着微妙的变化,这些都是处于不断的变化之中;从篮球理论与实践的发展上讲,篮球理论源于篮球实践,又指导篮球实践的发展,先进的篮球理论指导篮球实践的发展,篮球实践的发展又推动篮球理论的创新,这是现代篮球运动的基本规律和特点。

(四)全面统一规律

现代篮球运动的发展要求参与者要认识与掌握篮球运动的规律, 将技术、技能、智慧、意志等相互统一,篮球运动员身体素质、心理素养和技术、战术的不断提高推动了篮球运动的不断发展, 同时也促进比赛规则逐渐地完善,反过来,规则的不断修订与补充,也促进了技术、战术的发展与变化。因此,规则与体能、技能、战术能力、心理、运动智能的全面统一,是现代篮球运动形成与发展的基本规律。

二、篮球运动的特点

(一)对抗性

篮球比赛在特定的场地进行,由于其攻守速度快等特点,需要运动员在力量、速度、弹跳等方面具有一定的表现。在不停的跑动中,要时刻做好对抗的准备,无论是在进攻还是防守中都存在激烈的对抗性。在抢夺球权中不断的追击、斗智、斗勇,不仅需要完备的技能、聪颖的智慧,还需要充沛的体能和冷静的头脑。因此,篮球运动的对抗性不仅是身体上的对抗,还是心理和意志的对抗,篮球比赛是全方位的对抗性运动。

(二)趣味性

篮球运动之所以普及如此之快,很大程度上在于其趣味性强、对器材场地没有特别高的要求，能够随时随地进行。篮球是团队协作项目，同时又不同于武术等项目，没有固定的套招，球员们根据比赛情况灵活运用，因此得以广泛的开展。通过开展篮球比赛，能够愉悦人的身心，增加团队间的合作意识，越来越多的企业将篮球比赛作为单位的体育活动之一，甚至很多企业将篮球文化融入其中。

（三）职业性

从 20 世纪 90 年代在国际大赛中允许职业篮球运动员参加以来，职业篮球开始登上国际舞台，很多人更新了对职业篮球的认识，意识到打篮球也可以作为一种职业，很快职业篮球在世界范围内迅速普及。美国职业篮球联赛简称是联篮(NBA)，推动了世界所熟知的 NBA 联赛的发展，第一场 NBA 联赛始于 1946 年，从最开始的 11 支队伍经过 70 多年的发展到现在的 30 支队伍，逐渐成为一个兼职业、商业为一体的超级联盟，也是所有篮球运动员向往的殿堂。篮球职业化已经发展成为一种产业化，由篮球运动带来的社会价值和经济价值成为篮球运动的又一新特点。

（四）商业性

随着篮球运动的普及，它带动了篮球商业性的发展，国内外重大篮球竞赛组织通过电视传播、广告、相关体育器材设备等一系列商业化措施，逐渐形成了体育产业，在拥有充足的资金后，以科技为导向的训练方法逐渐取代了传统的训练方法，培养和提高了一大批优秀的运动员，从而提高了篮球的整体水平。

（五）健身性

篮球运动是在特定的场地和规定的时间内，利用跑、跳、投等手段来完成技术、战术的，所以适量参加篮球运动，既可以强身健体，又对提高身体各器官机能水平以及心理有着重要作用。对于青少年而言，篮球运动在改善身体素质的同时，能有效地促进生长发育，并增强记忆力；对于成年人或中老年人而言，篮球运动具有能够排出体内毒素、增强免疫力、促进睡眠等作用。篮球运动还将个人和团队很好地融为一体，对于竞争意识和团队协作意识的培养有着重要的促进作用。

(六)教育性

篮球运动是一项团体项目,队员之间相互信任且协同配合是球队获得最终胜利的基础。没有任何一支球队是通过互相埋怨取得胜利的,因此篮球运动是以传播正能量和积极、健康的情感为前提,以整体的责任感、荣誉感为精神支柱的运动项目。在这种团队性的训练中,个人英雄主义有利于个性的培养,但同时团队的协作精神又需要个人将自己的个性融入共性之中,从而形成球队的整体风格,这对于建立正确的人生观、价值观和世界观有着重要作用,能够培养个人的社交能力、集体主义精神,增进道德情感,促进人文品位的提升,具有很强的教育特点。

三、篮球运动价值

(一)篮球运动的锻炼价值

在进行篮球运动时,由于肌肉的紧张活动,能有效促进身体机能及代谢的发展,特别是能够使心脏跳动速度加快,提高心脏工作量,增加跳动频率带给机体更快的血液供应,在坚持长期篮球锻炼后,心脏体积会随之增大,对于运动员来说,运动员心脏是很常见的也是每名运动员经过长期锻炼后所形成的。篮球运动通常在跑动中进行,可以减少脂肪,增强肌肉力量,保持膝关节柔韧。不仅如此,在篮球运动过程中经常变换技术动作,需要对现场情况做出敏锐判断,选择合适的技术动作,由于不停的运动变化,还需神经对肢体动作进行指挥控制,这一切都需要在瞬间完成,因此对于神经中枢具有良好的促进作用。其次表现在篮球运动对人的心理也具有重要作用。对于篮球运动本身而言,需要高超、精湛的技术,多人默契的配合以及冷静的判断。在球场上,观众的呐喊、与对手的碰撞等多种因素会使球员心理产生微妙的变化,因此在比赛中比拼的不仅是显性的技战术和身体对抗性,也是心理方面的隐性较量。特别是对于顶尖的高水平运动员而言,在技战术相差不大的情况下,比拼的就是心理稳定性以及对胜利的渴望,这能够开发出球员更多的潜力,为最终比赛的胜利奠定良好的基础。篮球运动是在不停的攻守变化中进行的,要求运动员随时准备进行进攻和防守,这种变化是在瞬息之间产生,对运动员瞬间反应能力和爆发力提出更高的要求,能够有效促进反应神经和智力的发展。在篮球运动中,有很多技术需要通过长时间的训练形成肌肉记忆和神经记忆,例如投篮等,这对于学生来说,一方面篮球运动本身能够提高运动记忆,通过长期的训练和固定手型能够形成动力定型;另一方面是通过艰苦的训练让学生明白一件事的成功是通过日积月累和脚踏实地的努力得来的,在学习或生活中也需要篮球训练精神,对人格的培养具有一定的促进作用。篮球运动是通过人与人之间的沟通交流,需要每个人融入集体,形成集体意识和荣辱意识,这对培养社会交往能力有良好的促进作用。

(二)篮球运动的经济价值

现代体育的进步,离不开经济的支持,在大量资金的支持下,很多有助于运动成绩提高的科技得以开发,例如篮球运动中数据分析系统,在展现运动员场上发挥情况的同时,对下一阶段的训练也提出了指导性意见。再例如液氮疗法的应用使运动员减轻伤病的疼痛感并加快恢复,这一切都需要庞大的资金作为支持。对于现代篮球运动而言,除社会对篮球的投资以外,篮球运动本身所产生的经济价值是其得以不断提高的根基。由于篮球竞赛具有很强的观赏性,由此逐渐发展为商业性,例如比赛门票、赛事转播等,这些资金又推动着篮球运动的发展,随着篮球运动的不断普及,从商业性已然发展成为产业性。各个国家有属于的篮球文化,且具有培养、输送篮球人才的机制等。对此,篮球运动创造的不仅是经济,也创造了就业,更创造了人才。在篮球产业的发展下培养出的体育人才,他们将服务于社会的各行各业,创造出更大的物质财富和精神财富。

(三)篮球运动的审美价值

篮球运动凭借其技艺性、对抗性等多方面形成了独特的审美价值。西方人追求力量美,篮球比赛激烈的对抗能够满足人们对于力量美的追求,也符合西方人的审美要求。而东方人更多的追求技艺美,篮球精湛的技术动作和华丽的运球等满足人们对于灵巧的追求,同样也符合东方人的审美要求。篮球运动将力量美与技艺美等多方面融合在一起, 体现了不同民族的审美文化，同样也是将世界人民通过篮球联系到一起，这对学习其他国家文化也具有一定的推动作用。体态的优美表现出人们对于现代生活的向往，群体运动展现一个雏形的社会关系，也是社会的真实写照，表现得要更加地直接、纯粹，因此深受人们的喜爱与追求。优美的投篮动作和出其不意的传球带给人赏心悦目的同时又带来一定的未知性，智与勇的结合给观众带来别具一格的精神享受。与此同时，篮球明星的崛起让观众除了精神享受以外也有了能够模仿的对象，啦啦队、媒体宣传等手段无一不将篮球运动推向新的历史舞台。从最初的篮下争夺到如今灵活、多变的打法，一方面展现篮球运动本身的不断发展与进步，另一方面也体现人们审美意识的不断变化。篮球文化的推广更是代表了人们对于篮球运动的审美态度，在未来的发展当中，篮球运动将不断地发展，以适应和产生新的审美价值。

第三节　世界篮球运动的竞争格局与发展趋势

一、世界篮球运动的格局与流派

自20世纪90年代以来，随着人们对篮球运动认识的不断加深以及身体素质的不断提高，出现了很多现象级的篮球明星，由此推动着现代篮球运动进入了新的发展时期。以基本身体素质为基础，训练篮球专项化技、战术等方面，结合各个国家、不同民族的篮球文化和技、战术，篮球运动在全世界普及的同时也呈现出不同流派、风格的打法，形成篮球运动的世界格局。

（一）世界篮球运动的竞争格局

从多次篮球世界杯以及奥运会奖牌分布情况来看，当今世界篮球竞争格局形成了分庭抗礼的格局。

男篮：北美洲的美国，南美洲的阿根廷、巴西，欧洲的西班牙、希腊、意大利等篮球强国形成第一集团；欧洲的俄罗斯，大洋洲的澳大利亚、新西兰，南美洲的巴拉圭和波多黎等国家形成了第二集团；非洲的安哥拉及亚洲的中国等处于第三集团。

女篮:北美洲的美国,大洋洲的澳大利亚,欧洲的俄罗斯,南美的巴西形成第一集团;北美洲的古巴,欧洲的西班牙、捷克、希腊和亚洲的中国等队处于第二集团;大洋洲的新西兰,亚洲的日本、韩国以及非洲的尼日利亚等处于第三集团。

(二)世界篮球运动技、战术的风格与流派

不同地域形成了不同的篮球技术风格,世界篮球运动呈现出不同流派,推动着世界篮球运动向动态、多元的方向发展。

美洲风格:以美国队、阿根廷队为代表。以黑人运动员为主要人种,其特点是体能强、速度快、弹跳好、爆发力强、基本技术好,个体攻、防能力和技艺水平高,整体实力较强。进攻时突出个人进攻和局部配合相结合的打法;战术灵活多变,攻防节奏特别快,擅长快攻和紧逼,攻守较为均衡,防守压迫性强。队员在场上有非常强烈的表现欲望,以个人英雄主义为价值观,近几年以小球战术为主要特点。

欧洲风格:以西班牙队、俄罗斯队为代表。以黑人运动员为主要人种,其特点是身材高大健壮,力量性和对抗性强,崇尚身体对抗,在打法上主要以主动的身体对抗为主。指导思想以对抗性为基础,快速和灵活性相结合,强调集体配合,重视进攻节奏,防守中重视单防、整体防守的攻击性以及相互配合,充分发挥集体作用。有很多欧洲的优秀运动员征战 NBA 的经历,他们技术娴熟、积极快速、投篮稳定、拼抢凶狠,经过 NBA 的历练,在回到欧洲大陆与本土风格进行结合,培养了大量的优秀运动员。

大洋洲风格:以澳大利亚队为代表。以白人运动员为主要人种,其特点是运动员身材高大、作风顽强、攻防转换速度快、配合默契。借鉴美洲、欧洲打法融入本土风格,进攻擅长内线强攻、外线掩护后中远距离投篮取胜,防守擅于采用扩大半场人盯人的战术,一旦取得球权,立即展开反击。

亚洲风格:以中国队为代表。以黄色人种运动员为主要人种,其特点是身材普遍较小,力量差,对抗弱,但是快速、灵活、准确、突破能力强、整体防守好,以技艺、智谋和顽强作风相结合。比赛中投篮方式多变,远投三分威胁大,

第四节　中国篮球运动的发展历程与展望

一、篮球运动在中国的起源与发展

（一）篮球运动在中国的起源

1895 年 9 月，美国基督教青年会的传教士来会理(David Willard Lyon)(见图 2)将篮球运动传入中国天津基督教青年会,来会理担任了天津基督教青年会的第一任总干事,天津市也成为了中国篮球运动的发源地。1896 年,天津基督教青年会举行了中国第一场篮球比赛,自此,篮球运动在中国各地迅速普及发展。经过一百多年的发展,目前在我国有了一大批篮球运动爱好者,篮球运动也对我们的社会生活起着重要的影响作用。

图 2　来会理

（二）篮球运动在中国的发展

随着篮球运动传入中国,便迅速得到传播、普及、发展和提高,受我国政治、经济体制改革的不断深入影响,篮球运动也在不同时期呈现出阶段性特点。为便于了解篮球运动在我国的发展历程,将其分为三个时期进行回顾。

1.萌芽时期(1895—1948 年)

其间包括三个阶段:

第一阶段为 1895 年—1918 年的初始传播阶段。中国当时正处于半殖民地、半封建的社会,面对内忧外患的局面,篮球运动没有得到重视,只在民间小范围的传播,并没有得到大规模且有组织的宣传。自青少年接触篮球运动后,带着好奇的心态进行尝试,由于篮球运动不同于其他运动的趣味性,很快得到了学生的认可和喜爱。

第二阶段为 1919 年—1936 年的缓慢推广阶段。经过十多年的开展，20 世纪初篮球运动才逐渐成为各类学校主要的体育活动，并从学校传入社会。1910 年举行的第一届全运会上男子篮球被列为表演项目；1914 年第二届全运会上男子篮球被列为正式比赛项目；1924 年第三届全运会上女子篮球被列为正式比赛项目。此后，在华北地区的运动会上，篮球运动也最先被列为正式比赛项目，从此篮球运动进入一个新的阶段，正式比赛活动逐渐兴起。我国男子篮球队曾参加了十次远东运动会的比赛，并在 1921 年第 5 届远东运动会上获得冠军。此外，我国曾派队参加了 1936 年和 1948 年的第十一届和第十四届奥运会篮球比赛，但都未能进入决赛。1936 年奥运会期间，中国篮球协会正式成为国际业余篮球联合会成员，赋予了中国篮球运动新的国际身份，篮球运动再次被推向了一个新的高度，学校成为篮球运动培养人才的主力军，社会篮球竞赛更为普及，开始进行国际篮球赛事交流。

第三阶段为 1937 年—1948 年的局部普及阶段。20 世纪 30 年代后期，篮球运动逐渐在革命根据地展开，很快就成为广大人民群众和红军、八路军将士喜爱的运动项目。当时特别引人注目的是在国内享有盛誉的八路军 120 师师长贺龙和政委关向应亲自组建的“战斗篮球队”，以及抗日军政大学三分校以东北干部为主组成的“东干篮球队”，他们共同的特点是宗旨明确、纪律严明、斗志顽强、技术朴实、打法泼辣、体能良好，充分反映出革命军人的优良道德品质和顽强拼搏的作风，给军民留下了深刻的印象。革命根据地篮球队的成立，为战士和群众提供了战时健身锻炼的工具，同时也促进了军民的团结，而且将我国军人的优秀作风发扬到篮球赛场上。经过多年的发展，我国“八一”男子篮球队逐渐成为部队篮球的代表，在实力上处于国内强队，多次获得冠军，其打法继承军队优良传统，展现了军人的英姿。

1945 年抗日战争胜利后，工矿、机关、实业界等各行各业重新举办了篮球比赛，较之前规模更大，由此在全国各地也涌现了许多新的篮球队，成为一股新兴力量，这也极大地推动了我国体育事业的发展以及篮球运动的普及。

2.普及、停滞、恢复时期（1949 年—1994 年）

其间包括三个阶段：

第一阶段为1949年—1965年的普及、发展、提高阶段。1949年中华人民共和国刚刚成立之时，北京、天津两地大学生组成了大学生篮球队参加了在匈牙利举行的第十届世界大学生运动会的篮球比赛，并获得第十名的成绩。此后，国家非常重视篮球运动的发展，提出并采取了一系列举措，篮球运动在政府政策支持下，进入了普及、发展和提高时期。

为提升我国竞技篮球水平，20世纪50年代初在北京成立了中央体训班篮球队。为学习苏联优秀篮球训练理念、方法，并以此为媒介加强国际交流，在1950年12月邀请苏联队来到我国进行赛事交流和访问，到达了北京、天津、上海、南京、广州、武昌、沈阳、哈尔滨8个城市，进行了33场比赛，这无疑打开了我国竞技篮球运动发展的思路，相关专家和部门领导立刻展开讨论，认识到篮球要走出国门，一方面学习国外的先进技术，另一方面学习国外篮球理念，以此提升我国篮球水平。就此，很快出台了一系列举措，组建了竞技篮球队，参加国际赛事，我国竞技篮球水平进步非常显著。1955年开始实行全国篮球联赛，很多篮球理论专家、学者提出了不同阶段训练指导思想，经过反复的讨论与实验，分级竞赛制度首次登上我国历史舞台。1956年—1957年又推行了篮球等级升降级联赛制度和教练员、裁判员等级制度。20世纪50年代中期由于当时的国际奥林匹克委员会(简称国际奥委会)制造“两个中国”，面对当时的国际情况，我国以强硬的态度选择退出国际篮球组织，坚持一个中国的原则，虽然参加国际篮球赛事的机会减少，但是由于篮球运动在国内已经广泛传播，所以国内赛事依然表现的十分活跃。1959年举办了中华人民共和国第一届全国运动会，四川男队、北京女队分别获得冠军。全国运动会的成功举办推动了全国各地发展篮球运动的决心和信心，高水平运动员和队伍层出不穷，在激烈的竞争环境中飞速成长，篮球运动技术水平有了明显提高，逐渐形成带有中国特点的打法和风格，由于我国篮球队员以灵巧为特点，“快攻”“跳投”成为进攻手段，同时又有着不怕苦不怕累、敢于拼搏的民族精神，“紧逼防守”成为防守手段，凭借这些优势在大赛上取得了优异的成绩。20世纪50年代末至60年代初，我国的篮球运动水平已接近世界先进水平。

第二阶段为1966年—1978年的停滞、困惑阶段。1966年，进入了“文化大革命”时期，在这十年动荡的冲击下，中国篮球运动的发展出现了停滞和困惑，和世界强队的水平也在逐渐拉大。20 世纪 70 年代，体育战线全面拨乱反正，我国篮球竞技运动确立了赶超国际水平的新目标。1971 年我国开始重新组织青少年运动员的训练，1972 年举办了全国五项球类运动会，逐步建立了我国的篮球联赛体制，1972 年底，中华人民共和国体育运动委员会(简称国家体委)在北京召开了“三大球”训练工作会议，确立了“积极主动”“勇猛顽强”“快速灵活”“全面准确”的篮球运动训练指导思想和贯彻“三从一大”的科学训练原则。1973 年后恢复国际间的交往，1974 年开始参加世界性比赛。我国的男子篮球队、女子篮球队分别在 1975 和 1976 年获得了亚洲冠军，确立了亚洲强队的地位并走向了世界。1975 年，中国篮球协会在亚洲业余篮球联合会取得了合法席位，1976 年，国际业余篮球联合会通过决议，恢复中国篮球协会的合法席位，1977 年我国女篮在世界大学生运动会上取得第五名，1978 年男子篮球队参加第八届世界锦标赛并获得第十一名。

第三阶段为 1979 年—1995 年的复苏、提高阶段。1979 年国家实行改革开放政策，篮球运动进入了快速发展时期。随着篮球运动在世界范围内的普及，高校开始积极结合篮球运动，组建了学校篮球队，开始与其他学校进行比赛交流。在一些经济条件不错的农村地区不仅建设了篮球场地，还开展了农民运动会，其中篮球运动异常火爆，业余篮球队数量成几何数增长，不同区域、不同级别的篮球比赛活动在全国范围内进行，篮球比赛成为人们茶余饭后的谈资。各级政府开始成立专业队，全面促进了我国篮球竞技水平的提升。1981 年底，在杭州举行全国篮球训练工作会议上，强调发扬中国篮球运动员快速、灵活的特点和优势，确定了“复兴篮球、全国一盘棋”的指导思想，提出“女篮先上，男篮紧跟”的口号。1983 年在巴西圣保罗举行的第九届世界女子篮球锦标赛上，中国女篮取得第三名的好成绩，从而跻身于世界强队行列，1984 年在美国洛杉矶举行的第 23 届奥运会篮球比赛中，中国女篮取得第三名，1986 年在西班牙巴塞罗那举行的第十届世界男子锦标赛上，中国男篮取得第九名，1992 年第二十五届奥运会上，中国女篮取得第二名，1994 年第十二届世界女篮锦标赛上，中国女篮取得第二名，1994 年在加拿大举行的第十二届世界男子篮球锦标赛,中国男篮取得第八名,跻身于世界前八强。然而在20世纪90年代中后期,由于种种原因,我国男、女篮球队在国际大赛上成绩不断下滑。

3.改革创新发展时期(1995年至今)

1995年,篮球界在国家体委"坚持正确方向,抓住有利时机,继续深化改革,发展体育事业"的精神指导下,坚持"积极稳妥,健康有序"的改革方针,抓住了外商注资推动我国篮球运动发展的合作机会,在1996年举办全国甲级联赛的同时,举办了由中国前卫体育协会队、吉林队、北京体育师范学院(现首都体院)队、上海交通大学队等八个省市代表队、部队代表队、学校代表队参加的男子"职业"篮球联赛,当时称CNBA职业联赛。这是我国篮球运动职业化联赛标志性的第一步,虽然由于种种原因暂停,但为未来篮球运动职业化奠定了的重要基础。

中国篮协决定进一步对竞赛制度进行改革,经过多年的探讨,决定举办中国篮球职业篮球联赛即CBA联赛,这无疑直接锁定了风向标,将篮球运动作为一种职业,这也作代表了政府为我国篮球事业发展的决心。竞赛制度是改革的第一步,将全国男子篮球甲级联赛赛制作为切入点,以职业化、产业化的模式为发展方向,加速篮球改革进程。1995—1996年赛季我国CBA男子篮球联赛拉开了中国篮球职业化改革新篇章。1997年,中华人民共和国国家体育总局成立了篮球运动管理中心,在管理体制改革上迈出了坚实的一步。

数十年的改革发展,让我国球员走出国门,姚明、王治郅、巴特尔、刘玉栋等球员的出色表现,代表了个人的篮球素养和人文素质,也代表了我国篮球运动水平和篮球文化。从一开始聘请国外优秀篮球运动员和教练员,到如今的聘请体能训练师和训练团队,这也充分体现了我国对篮球运动认识的不断提升。从直接聘请拥有一定水平的人才到培养我国本土优秀篮球人才,这是篮球改革发展成功的一步,我国球员在国内就能接触到高水平技术和执教水平的同时,也学到了先进的训练理念,感受到国际顶尖篮球运动员的培养环境。一系列举措加快了我国篮球运动职业化、商业化、产业化和社会化的进程,CBA也成为一种品牌效应,成为无数企业渴望树立品牌形象的平台。1998

年中国大学生体育协会在企业资助下组织了中国大学生篮球联赛简称(CUBA),篮球运动在高校迅速发生了化学反应,各个高校纷纷组建球队报名参赛,同时 CBA 与 CUBA 相对接,让那些具有良好运动天赋并且热爱篮球的大学生运动员能够进入中国篮球的最高级别联赛,CUBA 也逐渐成为我国篮球运动人才重要的后备力量基地。而后又相继出现了篮球学校、训练中心、培训班等社会形式。

4.姚明主政篮球改革时期(2017 年至今)

2017 年 2 月 23 日,中国篮球协会第九届代表大会举行,姚明全票通过,正式当选中国篮协新一届主席。姚明上任后,他提出双国家队、小篮球、职业联赛改革、体教结合等,对篮球事业做出了巨大的贡献。

2017 年 5 月开始实施中国男篮双国家队的模式,中国队是 2019 年男篮世界杯的东道主球队,不用参加预选赛,这给双国家队创造了良好的机会,也是双国家队政策实行的重要背景。“国家队只能有一支,但是国家集训队可以分成两支”,这一新模式也是希望通过两队的竞争培养更强的国家队。只有在两队实力较为均衡的基础上,才能够在竞争中不断得到提高与锻炼,也能使更多的球员参加和感受国家队训练的氛围。除了两队队员实力均衡以外,两支国家集训队的教练组均以中方为主、外方为辅的形式组成中外结合的国际化复合型教练团队,实行队委会领导下的主教练负责制。中国篮协也给两位主教练最大的自主权,也给两支队伍同等的保障标准,两队也将通过训练再次经过选拔,组建成一支备战世界杯以及 2020 年东京奥运会的国家队。这一模式和过去相比,由于集训的人员增加,能给予球员更多代表国家队参加全世界最顶尖赛事的机会,也能够发现更多有潜力或适合国家队体系的球员,这对教练员来说也是不小的挑战,不仅要站在多角度对球员进行对比分析,综合性的选出最适宜的球员,还要顶住代表国家参战的压力。球员们在这种模式下,一方面会有参赛的压力,另一方面也是建立自信心和弥补自身不足的机会,锻炼后,必定会有新的提升。2015 年 10 月国际篮球联合会(简称国际篮联)公布了全新的竞赛系统,将世界杯预选赛由赛会制改为了主客场制,赛程加长,对运动员来说可能有了更多锻炼的机会,但是对于俱乐部来说,无疑要承受更大的压力。而如今双国家队的出台,相当于每次只有预选赛任务的半支国家队在参赛,俱乐部的压力也随之减轻。

2016 年 9 月 22 日,在济南举办了中国男篮职业联赛公司成立筹备会议暨 CBA 公司股东大会,会上推选产生了 CBA 公司的董事会和监事会,这也是 CBA 联赛实现管办分离标志性的一步。自 1995 年中国篮球职业化以来,CBA 联赛从最初的 12 支球队,发展到现在的 20 家俱乐部,从一开始的举步维艰到如今的商业化模式,发生了天翻地覆的变化。但是随着联赛体系、规模的不断发展,各个主体间的分歧越来越大,特别是篮协和俱乐部的矛盾日益激化,由于代表的身份不同,凸现行政管理和市场需求不一致的矛盾。俱乐部认为由于自身资金的投入,使得球队得到了良好的发展,得到相应回报的同时,应该拥有更多的权力,包括对球队的规划、管理等。中国篮协作为行政管理部门,对于放权问题进行过多次讨论,但是仍然没有得出一个确切的结论。这次的济南会议,实质就是践行体制改革"两步走"的方案:包括中国篮协、20 家俱乐部在内的 21 家股东,投票选出了 CBA 公司首届董事会和监事会成员。中国篮协作为大股东,推荐国家体育总局篮球运动管理中心副主任李金生担任 CBA 公司董事长和法人,CBA 俱乐部以无记名投票的方式选出上海东方俱乐部投资人姚明担任副董事长。CBA 公司的成立,是中国篮球管办分离的重要一步,是第一次从法律意义上明确,所有俱乐部加起来从利益关系上是一个主体,中国篮协相当于在形式上承认了俱乐部的投资者是这个联赛的投资主体。CBA 公司的成立虽是中国篮球体育改革的一小步,却是中国篮球运动向前发展的一大步,未来还有很长的路要走。

2017 年 6 月 12 日,中国篮球协会举行《小篮球规则》研讨会,姚明在会议上提出,中国篮协出台的《小篮球规则》具有引导孩子们对篮球的兴趣,参与习惯的养成和教育的功能。发展"小篮球",一方面是为改善目前中小学体质健康问题,让学生能够走出教室,远离手机,参加体育锻炼,推动青少年体质健康发展,另一方面是为中国篮球事业筑基培元,从小培养孩子对篮球运动的兴趣,目的是培养出更多优秀的篮球运动人才和体育人才。这一规则不仅让更多的青少年参与到篮球运动之中,也使得年轻人从篮球这一集体性球类比赛中体验到团队的合作、个人的努力和成长的挫折等，对人格的培养起到了非常大的作用。据统计，目前在篮协注册的“小篮球”项目参与者数量已经超过10万人，为我国篮球事业发展打下了良好的基础。

姚明提出没有体育的教育是不完整的，要做到体教融合。2020年两会期间，姚明建议将专业运动员全纳入义务教育体系，他指出“没有体育的教育是不完整的，离开教育的体育是不牢固的”。姚明建议，要建立涵盖基础体能、专项体能、专业技能、专业竞赛的社会化体育教学体系。扭转学校体育课“重体能、轻技能”的趋势，要将适龄体校学员、专业运动员全部纳入义务教育体系，提升专业运动员的人文素质、科学素质。体育除了锻炼身体，还可以培养意志品质、团队合作能力、沟通能力等。同时，姚明认为体育具有社会属性，赛场也是一个小社会，家长支持孩子会令他们有成就感，孩子也需要在赛场上学会和同伴沟通，与同伴协作，这对于他们将来步入社会具有良好的作用。目前有关部门已经出台的文件里，对于体教结合，以及体教的深入融合都有了要求，姚明提出的体教结合，对于体育教育复合型人才的培养起到了重要的推动作用。

二、中国篮球运动的展望

（一）群众性篮球进一步普及

1995年8月29日颁布的《中华人民共和国体育法》规定“国家发展体育事业，开展大众性体育活动，提高全民族身体素质。”这一规定的出台，就确定了中国的体育事业是为人民服务的。篮球运动由于简便易行，富有趣味性、健身性和教育性等功能，受到了国家层面的重视，在全国各地、各大团体中迅速开展起来，成为广大人民群众喜闻乐见的体育项目。

大众篮球运动是由竞技篮球运动演变来的，相对于竞技篮球运动而言，大众篮球运动减少了其激烈的对抗性，多了健身性和趣味性，使得人们在运动过程中受伤的情况显著减少，这也促进了大众篮球运动的发展。在全面健身的背景下，大众篮球运动得到更好的发展，随着人们对于健康的重视，人们不会参与大强度的锻炼，相反是采取更具有趣味性的项目达到健身的目的，而大众篮球运动就非常符合这一目的，更加注重健身性。篮球场地与日俱增，参与篮球运动，更好地推动篮球运动的普及。

（二）学校篮球运动成为素质教育改革的先导

目前我国各级各类学校都在积极开展篮球运动。在素质教育的思想下，篮球运动在校园内受到欢迎，学校都配备硬件配置，这对篮球运动在学校的展开提供了便利条件。在未来的校园篮球运动中，篮球教学应体现出“素质教育”的理念，以丰富、灵活的教学内容和教学形式，激发学生学习兴趣、运动热情，增加对场地、师资力量以及教学管理等方面的投入，以篮球为龙头，带动各项体育工作的全面发展。通过篮球运动让学生学会健康向上、团结协作、勇于进取的篮球精神，培养健全人格，促进全面发展。同时创新学校篮球教学，使学校篮球成为素质教育改革的先导。

（三）竞技体育职业化程度不断提高

虽然目前我国篮球职业化已经成型，但是和世界强队相比，还是有一定差距。随着现代篮球的快速发展，对于职业篮球运动的认识也在不断地改变，以前所认为的巨人运动，各个位置身高一定要高，体重一定要大，但是这种情况在现代竞技中现已不是制胜的决定因素。技术全面且有独特风格，速度快、灵活多变、适应全队体系的高大球员成为新时代竞技篮球体育的佼佼者。从目前的情况来看，传统观念认为的身材高大的球员就应该打内线的观点逐渐被否定，很多球员有着内线球员的身高去打后卫或者前锋，凭借身高还具有一定的优势，杜兰特就是典型的代表。从近几年的重大比赛来看，中国队的弱点在于基本功不足，投篮不稳定，身体对抗不具有优势。究其原因，一方面是在先天条件上，身体弱于西方国家，另一方面是由于后天的不重视。从近几年的女篮比赛来看，其比赛风格趋于向男篮风格发展，打法强硬，并拥有顽强的斗志和作风，因此取得了不错的成绩。自从我国将篮球职业化发展以来，推动了篮球竞技水平的提高，也为市场化众多提供了商业的品牌。职业化与社会发展相融合，随着国家、社会对篮球运动的不断重视，中国篮球职业化进程将不断提高。

（四）篮球运动竞技后备人才培养更加完善

篮球竞技后备人才的储存数量和发展水平是未来篮球运动发展的源泉和关键所在。目前，我国竞技体育后备人才培养最主要的途径是通过体育系统。在举国体制的影响下，通过多年实践的发展以及经验累积，在竞技体育后备人才培养方面体系较为完整，运行较为稳定。在三级训练体制中，目前还是通过专业队训练进入我国职业篮球运动的占绝大多数。在国家政策支持下，未来我国篮球运动竞技后备人才向多方面发展，“体教结合”“清华模式” 等，将成为篮球竞技后备人才培养体系中有益的辅助模式。篮球竞技后备人才也将建立一套适合我国国情和篮球人才培养规律的体系，推动我国竞技体育快速发展。

（五）打造中国特色篮球文化

对于一个国家来说，最重要的是人文。篮球运动是人类文明发展的产物，是野蛮运动到文明运动的重要标志之一，有着极强的文化感染力。打造一个具有中国特色的体育文化体系势在必行。在篮球工作中树立科学发展的观点，以人为本为出发点，篮球发展的主题全面围绕人展开，只有这样篮球运动的可持续发展才会有根本保证，才能建立与社会主义相适应的篮球文化。我国篮球工作者要致力于探索新形势下篮球运动的发展道路，加快社会化、产业化进程，始终以科学发展观统领全局。我国的篮球运动要顺应时代的要求，坚持“引进来”和“走出去”，用符合国际发展趋势和项目规律的眼光来审视和规划其发展未来，丰富中国篮球运动审美观的内涵，打造中国的特色篮球文化。

（六）篮球科研更加深入

篮球科学研究是篮球运动发展的重要因素之一，是为了揭示篮球运动的本质和规律而进行的活动。在篮球运动实践中遇到新问题，篮球科研能够提供新思路和解决办法，为篮球运动的不断发展提供方法论的指导。多年以来，我国一大批体育工作者对篮球进行研究，相继发表了篮球研究等重要研究成果。随着资金的支持和研究成果的不断完善，已经形成了篮球科学研究体系，在此基础上发现新问题，探索新问题，包括篮球运动管理、体制、赛制等研究、篮球产业发展等研究,为篮球运动的不断发展提供可靠依据。造就了一批从事篮球训练和教学的科研队伍,推动了我国篮球理论和实践的发展。未来的篮球科研会与篮球实践联系更加密切,以篮球实践为基础,在理论层面探求解决之道。

(七)加强与国外篮球的交流与合作

中国的篮球运动的引进与开展,是一种文化的学习和交流的过程,在接收这种文化形式的同时,如何更好的“引进来”并以自己的方式发展篮球这项运动更好的“走出去”,是提高我国篮球运动各方面水平的必经之路。

文化差异是一个大的背景,东方更加强调集体主义,不仅体现在生活中,在篮球运动中也是如此,西方着重于个体主义,认为凭借个人的力量能起到颠覆性作用。这种文化差异是源自国家悠久的历史发展,这也是导致东西方篮球运动差异的重要因素。西方国家特别注重个人能力的发展,认为必须在个人能力强的基础上提高其他能力,因此培养大批个人能力突出的篮球运动员。而中国篮球运动强调团队协作能力,认为团队的力量要大于个人,所以注重集体配合和整体实力的提高。

身体素质是另一个方面,西方球员身材高大,爆发力强。中国球员身材相对弱小,爆发力不足,再加上西方球员追求快速爆发力量体现人体力量美,中国球员追求技巧美,导致在身体素质方面有着明显的差异。

在这一基础上,中国篮球的发展应以目前的文化为出发点,以集体篮球为出发点,努力提高球员的个人水平和身体素质,培养更多篮球人才。联赛制度让市场起决定作用,推动中国篮球进一步发展并走向世界。

三、新时期篮球运动面临的任务

第十三届全运会开幕前夕,中共中央总书记、国家主席、中央军委主席习近平在天津会见了全国群众体育先进单位、先进个人代表和全国体育系统先进集体、先进工作者代表以及在本届全运会群众比赛项目中获奖的运动员代表并发表了重要讲话。习近平强调,体育承载着国家强盛、民族振兴的梦想。体育强则中国强,国运兴则体育兴。我国篮球运动在新时期也面临新任务:

(一)全面深化改革,发展篮球事业

当前我国各行各业都面临改革的问题,以适应社会的不断发展。篮球运动也不例外,随着篮球技术的提高、对篮球认识的加深以及大众对篮球审美需要的变化,迫使篮球运动全面深化改革以适应其发展,并不断推进体育社会化、产业化进程。篮球运动的改革迫在眉睫,传统的发展模式已经不能适应当前的需要,以竞技篮球为首的篮球运动需要催化剂,体育与教育等问题不断提出,体育复合型人才的培养还需进一步发展,篮球事业还未完工。

(二)提高训练科学化水平

随着对篮球训练认识的不断加深以及现代科技的应用,打破传统的练习方法和手段,高效率、科学的训练方法在篮球训练中使用并取得了良好的效果。在这个大数据时代,传统数据已不能满足现代篮球对数据分析的需求。为了更进一步探究篮球运动规律,使运动员在比赛中能有更好的表现,必须以科学的训练促进运动员的提高,使其能够长期保持高水平竞技状态,而不是昙花一现,我国篮球运动还需训练科学化水平的提升。

(三)努力培养篮球运动人才

篮球运动的开展离不开广大人民群众的支持,培养出了一大批篮球运动人才。近年来,随着政府对体育运动的高度重视,无论是在篮球基础设施的投入,还是在篮球运动的传播力度上都有了显著提高,我国篮球运动普及率明显上升,篮球运动人才增加。在此基础上,要做好篮球运动人才的选拔、训练等工作,一方面带动社区的整体篮球运动水平,另一方面为我国篮球运动和体育事业做出应有的贡献。

(四)继续推进篮球职业化

继续推进篮球职业化改革,体现在多个方面,例如篮球运动员的职业化,对于工资、保障、应遵守的规定、需要达到的标准等做出明确规定;裁判员的职业化,对于裁判员的培训、工资福利待遇、赛后保障等做出明确规定。篮球职业化进程不能纸上谈兵,要通过实际可操作的步骤进行。要不断完善竞赛体系,联合地方,建立新的篮球联赛,共同推动篮球职业化新格局。

(五)加速发展篮球产业

随着我国 CBA 联赛的顺利开展，篮球产业化以 CBA 为龙头形成链条式发展,各省市按照 CBA 为模型建立俱乐部、开发竞赛体系,从目前的情况来看,CBA 的发展有着较好的经济效益,带动了整个篮球市场的发展,也使篮球市场充满了活力。在新时期,要充分发挥篮球的经济效益,在产业化发展的基础上产生社会效益,推动社会的进步,在这个过程中形成篮球文化,推动篮球文化的繁荣与商业的有机结合。

第二章　篮球运动技术

第一节　篮球技术的基本理论

篮球技术是指在篮球比赛中，为了完成进攻和防守，场上球员所使用的各种专门动作方法的总称。

篮球技术是篮球比赛最基本的技术和手段，它不仅是篮球爱好者和运动员在竞技能力和水平方面的重要体现，还是直接考量一支专业篮球队的技术水平和实力高低的重要衡量标志，也是直接决定一场篮球比赛最终胜负的决定性因素之一。篮球运动员的基本身体素质、运动技巧、战术智慧、比赛作风等都是通过篮球技术集中展现出来的，因此，篮球技术既要表现技术动作方法的熟练性，又要合理运用技术动作，同时，还要在高强度对抗和复杂多变条件下随机应变。

篮球技术是篮球战术的基础，篮球技术的全面性决定了比赛战术的多样性。在篮球比赛中，篮球运动员熟练而准确地掌握篮球技术，并能创造性地运用，是决定任何战术意识和战术运用的实现，而技术的创新又必然促进战术的发展，从而推动篮球运动不断地发展。

根据篮球运动本身具有个人和团队的进攻与防守的两大技术特点，我们可以将篮球技术的种类分为：进攻技术和防守技术。具体分类如图 2-1 所示。

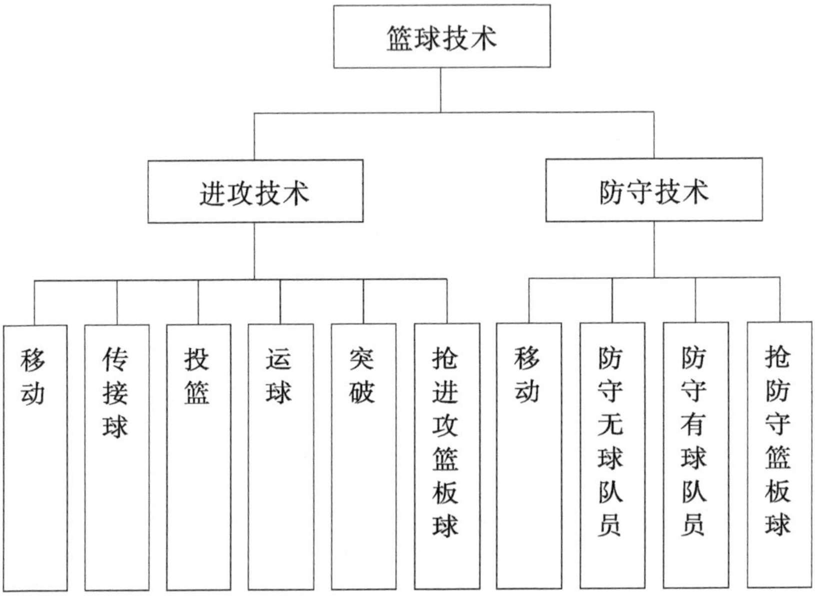

图 2-1　篮球技术的分类

第二节　移动技术

移动技术是指运动员在篮球比赛中为了能随时改变其速度、高度和移动方向，所使用的脚步动作和方法的一种技术总称。移动技术的运用在篮球比赛中是提高篮球运动技术的一个重要基础，与熟练衔接每一个进攻技术和防守技术都紧密相关。因此，在篮球运动技术教学与训练中，对移动技术的教学要给予高度重视。

为了更好地充分发挥运动员进攻和防守的技术，能随时向各个运动员的方向和位置自由移动，运动员在篮球比赛场上必须随时地保持一个正确的基本站立和防守姿势，即正确的基本站立姿势：双脚前后或左右平行开立，与肩同宽，两膝稍微弯曲，身体的重心均匀地落在队员双脚中间，上体微微前倾，双臂自然向前屈肘置于体侧，眼睛自然直视前方(如图 2-2 所示)。运动员防守时的基本站立姿势与运动员进攻的略有不同，两脚前后或左右开立，略宽于队员肩，两膝微屈降低重心，上体微微前倾，直腰含胸，两臂视持球队员的动作侧张或上举(如图 2-3 所示)。在教学与训练中，必须重视和培养队员时刻保持基本站立姿势，并严格要求，以便形成习惯。

一、移动技术简析

移动脚步技术由身体起动、走、跑、跳、急停、转身等一系列脚步和动作的一部分组成。它主要是通过各种快速而突然的方式改变脚步和动作，以控制身体重心、改变身体位置、争取时间和抢占有利的空间，达到摆脱防守、防住对手争取主动的目的。因此，移动技术的实质是争取时间和抢占空间的主动权。

脚步的动作主要通过前脚掌的蹬地、碾地和前后腿的伸展发力，充分利用身体和地面运动反馈提供给人体的平衡作用力，并在腰、胯、上肢等全身协调用力的配合下，克服人自身的重力和惯性来控制身体平衡，从而达到进行起动、起跳、旋转等移动技术的目的。

图 2-2　基本站立姿势

图 2-3　防守基本站立姿势

移动技术教学训练的关键是教会运动员在移动中如何掌握好平衡移动时身体重心的变化。因此,在移动技术的教与练中,教练员要运用运动员动作的快速性和动作连贯性,在动态中的过程中正确控制运动员身体平衡,按运动员需要根据实际情况随时改变运动员身体的方位。

二、移动技术的分类

移动技术在篮球比赛会被经常使用,因为其是攻防技术的基础。常用的移动技术动作分类如图 2–4 所示:

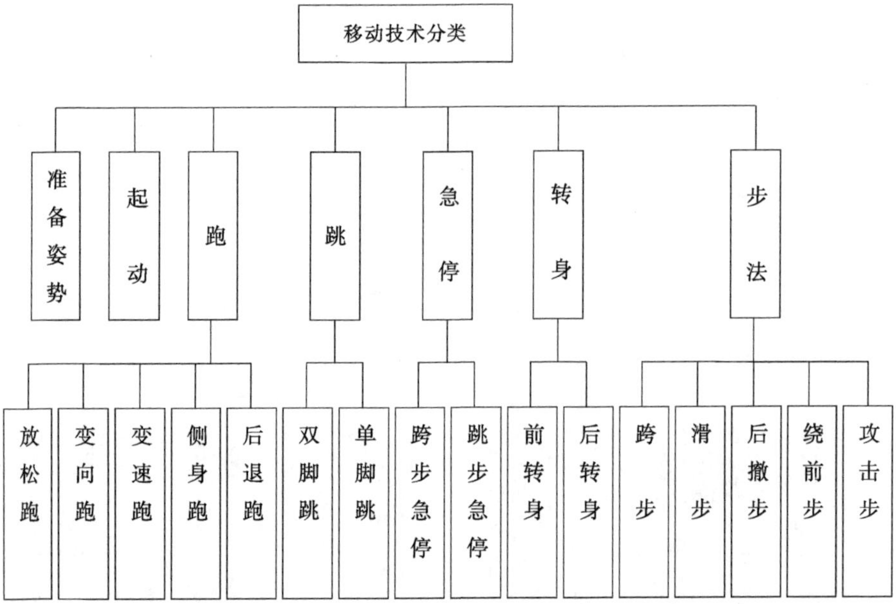

图 2–4　移动技术的分类

三、移动技术的动作方法

(一)起动

1.用途

起动技术指的是用来改变一个运动静止状态的一种运动技术。在进攻时，为摆脱对方防守，可采用迅速的紧急起动方法；在防守时，迅速起动去抢占有利防守位置的目的是快速跟进对手、阻拦对手的快速进攻。

2.动作方法

基本站立姿势准备，向正前方起动跑时，后脚的前脚掌迅速用力向前蹬地，同时上体顺势前倾，使重心向前转移，结合利用腰腹部的力量和手臂的力量协调向前摆动，向前起动跑迈出第一步，启动后的前二三步的步幅要小而快(如图 2–5 所示)；向侧起动跑时，跑动反方向的一侧脚前脚掌内侧迅速用力向起动方向蹬地，身体重心向起动方向移，结合腰胯的快速扭转和手臂的加速摆动跑向正确方向。

图 2–5　起动的动作方法

3.动作要领

重心迅速移向跑动方向，快速摆臂，前二三步步幅小且快。

(二)跑

1.用途

在篮球运动中，移动是随时要保持跑动的，跑是运动员为了改变位置、方向和提高速度而运用最多的移动方式，不论是进攻还是防守，积极的跑动都是必要的。跑动技术包括变速跑和变向跑等。

2.动作方法

(1)变速跑：两脚突然向前跑动，高频率的用力蹬地，加快跑动的速度，与此同时，上体微微前倾，手臂加速向前摆动以加强配合；减速跑时，要充分减缓身体向前的速度和惯性，因此，需采取前脚的脚掌用力抵地的动作，启动时上体迅速直起稍向后仰以致身体的重心向后移，从而大大降低跑动的频率和速度。

(2)变向跑:向左变向跑时,右脚脚尖向右偏转,前脚掌内侧用力向跑动方向蹬地,腰胯顺势向左转,随后左脚向左前方跨一步,同时上体向跑动方向转,重心逐渐前移后,右脚继续加速向前跑(如图 2–6 所示);向右变向时,动作则正好相反。

图 2–6 向左变向跑

3.动作要领

(1)变速跑:加速时,两脚要快速用力蹬地;减速时,身体重心快速后移。

(2)变向跑:变向时,异侧前脚掌内侧用力向前蹬地,另一只脚快速朝前脚的变向动作方向迈出第一步。

(三)跳

1.用途

跳是运动员在篮球比赛中为了争取高度和远度所采用的一种动作方法。在快速移动和对抗中用到跳的技术方法的几率较大,只有起跳快、跳得高、跳得及时,才能争取时间、控制空间,更好地完成空中动作。

2.动作方法

(1)双脚起跳:两脚开立略宽或同宽于肩,双腿弯曲下蹲,重心自然下降,双臂向后摆动。与此同时，上体前倾。起跳时，两臂快而有力地向上挥摆，同时两脚迅速向后蹬地起跳，起跳后身体和四肢在空中自然地向外伸展，双腿自然放松，两脚落地时，前脚掌先着地，并主动用屈膝的办法来缓冲身体的重力和惯性，落地后注意控制身体保持平衡，以便顺利地连接下一个技术动作(如图 2–7 所示)。

图 2–7 双脚起跳的动作方法

(2)单脚起跳：第一步起跳时，起跳前迅速屈膝降低身体的重心，当全脚掌已经落地时，用力向上蹬地，同时用力向上摆臂提腰，为了有效地增加下一步的起跳高度，另一腿也要积极向上提，当自己的身体跳至最高点时，两臂向上伸展，当全脚的脚掌落地时，两腿迅速地屈膝以进行身体自身重力和惯性的缓冲，落地后控制身体平衡，以便于衔接其他的技术动作(如图 2-8 所示)。

图 2-8　单脚起跳的动作方法

3.动作要领

起跳前下蹲降低重心，掌握好起跳点，起跳时四肢的动作要充分伸展且协调。

(四)急停

1.用途

急停是指运动员在比赛跑动过程中用来快速制动的一种脚步动作方法。

运用急停技术可以控制、过渡和连接其他技术动作，或是直接发动进攻。因此，急停技术掌握的好与坏，可直接影响与其衔接的其他脚步动作，或是影响其投篮的速度和命中率。常用的急停主要有两种：跨步急停和跳步急停。

2.动作方法

(1)跨步急停(两步急停)：跨步急停时，第一步跨出必须略微大一些，着地用前脚的外侧，膝盖自然弯曲，同时使身体的重心向后移动；第二步跨出可以小于第一步，用前脚掌的内侧着地，两膝稍向下弯曲，身体向内转并稍稍前倾，把重心控制在两脚之间，两臂弯曲放在体侧，保持身体整体平衡(如图 2-9 所示)。

图 2-9　跨步急停的动作方法

(2)跳步急停(一步急停)：跳步急停一般运用在近距离的快速跑动中，单双脚起跳均可，双脚需同时落地，前脚掌迅速用力抵地，两脚平行开立且与肩同宽，两膝微屈以降低自己身体的重心，重心落在两腿之间，两臂用力向两侧微张，使得自己身体仍然保持平衡(如图 2-10 所示)。

3.动作要领

(1)跨步急停时跨出的第一步要比第二步略大，且两步的着地部位不同，

图 2-10　跳步急停的动作方法

第一步是脚外侧，而第二步用前脚掌着地，两膝微微弯曲使重心降低，控制身体的平衡。

(2)跳步急停时，及时向前屈膝以降低身体重心，使自己的身体重心落在两腿之间，保持其身体平衡。

(五)转身

1.用途

转身动作是指篮球运动员以身体中枢，一只脚为运动主轴，另一只脚蹬地向运动方向跨步，来进行身体旋转，从而改变或控制其身体运动方向的一种移动脚步的动作方法。目前转身在职业篮球比赛过程中运用比较广泛，进攻和防守都可以运用，并且经常与其他技术动作组合运用。转身可分为前转身和后转身两种。

2.动作方法

(1)前转身：以一脚做中枢脚，另一脚从中枢脚前面跨过从而改变身体方向的动作叫前转身。(以右脚做中枢脚为例)前转身时，右膝略微弯曲，左脚前脚掌内侧用力蹬地的同时积极控制身体的重心向下移至右脚上，利用右脚的前脚掌碾地，并以肩部的力量带动腰部的转动，左脚用力蹬地后积极前移落地，使得身体的位置和方向也发生了改变。转身后两膝微微弯曲，上体稍向前倾，两臂自然屈肘置于体侧，并使身体保持平衡(如图 2-11 所示)。

图 2-11 前转身的动作方法

(2)后转身：以一脚做中枢脚，另一脚从中枢脚后面跨过从而改变身体方向的动作为后转身。以左脚为中枢脚为例，后转身时，中枢脚微屈，用右脚的前脚掌向前蹬地转胯，同时使重心向前移至自己的左脚，用左脚的前脚掌用力碾地，同时右脚的重心随胯向后旋转，肩和头必须保持一定水平移动，右脚转身后两腿弯曲，两臂屈肘于体侧，保持整个身体平衡(如图 2-12 所示)。

图 2-12　后转身的动作方法

3.动作要领

(1)前转身：前脚掌内侧蹬地，重心移至右脚后用前脚掌碾地，以肩带腰，以腰带动全身向前转动。

(2)后转身：两膝微弯曲，一脚用力蹬地，另一脚前脚掌用力碾地，以腰带动肩迅速转动，使重心保持平稳。

(六)滑步

1.用途

滑步是防守队员在场中移动的主要脚步动作和方法。个人防守进攻队员在比赛中为了更好地使自己能够保持有利的防守位置,充分争取自己防守的主动性,在防守过程中需要运用各种防守动作步法和手上干扰动作来控制和阻挡对方进攻队员的进攻移动路线。篮球比赛中滑步的动作是个人防守中最重要的移动步法,是防运球、防投篮、防突破和在赛场中进行的打、抢、断球的防守动作的基础。根据滑步的动作又可以分为侧滑步、前滑步和后滑步三种。

2.动作方法

(1)侧滑步:防守时保持正确的基本站立姿势,向左侧滑步时,右脚前脚掌内侧用力向左蹬地,同时左脚向左侧用力跨出,左脚落地时,右脚向左脚靠拢半步落地,腰胯用力,保持低重心的水平移动,两臂向两侧张开(如图 2–13 所示)。滑步向右时,动作方法相同,移动方向相反。

图 2–13　侧滑步的动作方法

(2)前滑步:保持前后站立的固定姿势,两脚前后蹬地的运动幅度稍微略大于肩宽,降低重心,前脚向前滑动的同时,后脚脚掌内侧用力向前蹬地滑动跟进,前滑步时保持基本站立姿势,同时前臂向前上方张开,另一臂向侧下张开(如图 2–14 所示)。

(3)后滑步:与前滑步的动作方法相同,方向相反。

图 2-14　前滑步的动作方法

3.动作要领

两腿屈膝,降低重心落在两脚之间,双臂向两侧自然张开,滑步时身体起伏要小,保持水平移动。

(七)后撤步

1.用途

后撤步主要是篮球运动员在比赛中,使用的一种由前脚变为后脚的防守步法。主要是为了及时跟进对方球员并使其保持合理的运动速度和位置,特别是在防守对方球员持球进行突破时,为了阻截其突破路线。后撤步和后滑步经常结合运用,是达到防住对手目的的一种防守步法。

2.动作方法

保持防守的斜步站立势姿,后撤步时,前脚掌用力向前蹬地,结合腰胯的力量向内扭转,后脚向侧后方扭转,靠近进攻队员一侧的手臂用力张开后摆,前脚迅速向后撤步。衔接向侧后方滑步,与对方进攻队员保持合理的防守距离(如图 2-15 所示)。

3.动作要领

前脚掌内侧蹬地的同时,结合腰胯使全身协调用力,前脚后撤于侧后方约 45 度处。

图 2–15　后撤步的动作方法

(八)绕步

1.用途

绕步是进攻队员或防守队员处于进攻劣势或防守劣势时,为了抢占有利位置而采用的一种步法,因其动作轨迹中带一定的弧形,故称其为绕步,它分为绕前步和绕后步。

2.动作方法

以从右侧绕前步防守为例,右脚向右或斜前方快速跨步,左脚迅速从后向前蹬地并绕过阻挡,保持动作重心平稳,腰、胯、两臂配合一起用力,双臂也根据阻挡对手的动作需要分别做出相应的手臂伸展、挥摆等防守动作并用来进行阻挠对手的攻击动作。绕后步的两个动作与绕前步的两个动作旋转方法基本相同,只是动作方向不同。

3.动作要领

蹬地与腰、胯用力要协调配合。

(九)攻击步

1.用途

攻击步是防守者争取主动的一种积极防守步法。防守队员常用此步法进行抢、打、断、封球或增加进攻队员投篮、突破和传球的难度。

2.动作方法

接近持球队员后,后脚紧跟跨上一步,紧贴持球者并保持合理的防守位置,两脚左右开立略比肩宽,降低重心,两臂上举成侧上举,挥动双臂,给进攻队员施加压力。

3.动作要领

抓住持球者停止运球的时机,上步动作要突然、迅速,具有一定的干扰性和攻击性。

第三节　传接球技术

传接球技术是运动员在篮球比赛中,两个进攻队员之间互相有目的性地转移球的手段和方法, 传接球的目的是加强进攻队员在比赛场上的联系,也是组织球队进攻的重要枢纽,是进攻队员实现进攻战术配合的重要方法和手段。篮球运动员对于传接球的技术配合运用的效果好坏,直接影响其他进攻技术的运用和发挥,决定着他们战术配合能否完成和完成的质量,准确巧妙的传球不仅能够为队友进攻创造更多机会,而且还能有效打乱对方的防守。

传接球技术并不复杂, 困难的是要做到每一次传球都能避开防守队员,并且准确、及时地传到有利的进攻位置上,使队友平稳接球后能迅速转换、衔接其他技术。因此,只有娴熟地掌握传接球技术,才能更有效地发挥团队的力量,在教学与训练中适应现代篮球比赛的需要,首先应引导学生正确认识传接球技术的重要性,培养和引导学生高度的团队集体责任感和团结协作的团队意识,认真地对待每一次的传接球,把它看作提高战术训练质量的重点以及比赛胜负的重要决定性因素。在此基础上,还应多教育和鼓励广大学生充分将传接球与投篮、突破等各种虚假动作紧密结合在一起,这样可以提升学生传接球的技术与各种技术的综合掌握和运用能力。

一、传接球技术简析

传接球的技术训练是现代篮球运动的基本技术之一。全面学习、掌握和运用传接球的技术是发挥集体的力量与实现战术目标相配合的具体战术手段。虽然传球的动作方式和种类很多,但从球直接传出到队友将接球这一过程来进行分析,传接球是由对手传球的动作控制方法、球的具体飞行路线位置以及球直接传到的速度和位置三者组成的。其中最主要的是传球的基本动作和方法,它直接决定了一个球的具体飞行路线、速度位置以及传球的准确性。

(一)传接球动作方法

传球可以分为双手传球和单手传球,又可以分为原地传球、行进间传球和跳起传球,又或者可以分为前后传球、左右传球、上下传球和出球方向的不同传球。虽然有很多方式,但不管是哪种,都需要依靠运动员的全身肌肉协调用力,通过运动员的手腕和手指动作的配合来快速完成最后的一个传球动作。手腕、手指用力是传球动作中最主要的两个动作。

传球的手法主要是指在球从球员手中传出的一瞬间,用手腕、手指来控制球的速度、飞行路线等。在球即将脱手的瞬间,手腕和手指用力越大、发力越快,作用于球的力量就越大,球的飞行速度也越快,球的飞行距离也会更远,相反则反之。所以,熟练地运用好手腕和手指的力量是传球技术的重要关键。

传球时,虽然传球手部动作和技巧是最主要的,但如果忽视身体其他部位与手腕、手指的力量协调和配合,也是不可取的。特别是运用前臂的伸、摆、甩等传球动作和方法,不但能提高其出球的稳定性和速率,还可以增加出球点,扩大出球面,提高传球灵活性,从而增加了传球的稳定性。

接球方式主要有双手和单手接球两种,不论是哪种方式,接球时都一定要注意做到集中注意力,并通过注视来确定接球的方向,肩臂自然地放松,手臂要主动地伸出迎接,掌根自然相对,手指自然分开,当手指触及球的一瞬间,要及时屈肘,手臂后引,以便缓冲来球的力量。要把接球的技术动作完成好,必须重点掌握迎球、缓冲、衔接三个环节。

(二)球飞行路线

球的飞行路线主要包括直线、折线和弧线。在篮球比赛中,由于攻、守双方的距离、传球位置、移动的速度和传球的意图不同,所以大家选择的传球飞行路线也会有所不同。例如,防守队员较矮,则应用弧线球越过防守队员传出,如果传给没有防守的同伴,则应多传直线球。总之,在篮球比赛中要随机应变,把握传球时机,准确选择传球的飞行路线,使得队友能顺利接球并衔接下一步的动作。

(三)球传到的位置

传球的具体位置主要是指进攻队员传球的力量和球所要移动和到达的具体位置。主要是根据进攻队员接球的具体位置、移动速度和传球意图以及接球同伴和防守队员的具体位置和跑动路线等实时情况而定。接球是获得球的动作方法,也是防守队员进行抢、断球的基础。接球的主要目的是得到球,以便迅速衔接下一个动作,或传球、或投篮、或突破和运球。在激烈对抗的比赛中,能否有效地采用正确的方法,并保持动作稳定接住球,对于有效减少进攻队员的传球失误、弥补传球不足都是非常重要的。

二、传接球技术分类

传接球技术大致可分为传球技术和接球技术,而传接球技术又分为双手传接球和单手传接球,常用的传接球技术分类如图 2-16 所示。

三、传接球技术动作方法

(一)双手胸前传接球

1.用途

双手胸前传接球技术是最常用的一种传接球动作。其主要优点是握球牢固且控制球的面积大,不容易被防守队员打掉,传球准确且稳定,便于与传球、投篮和突破等技术动作进行组合运用。因此,双手胸前传接球技术是在篮

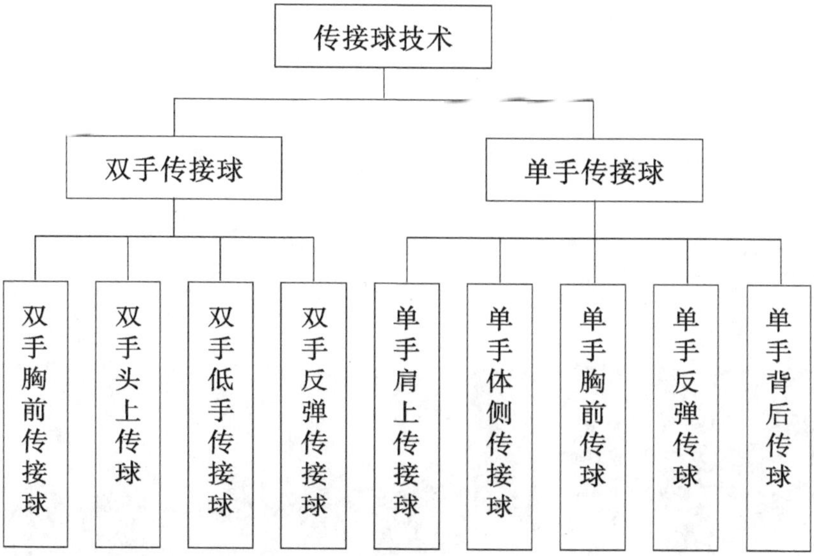

图 2-16　传接球技术的分类

球教学和比赛中较常用的一种传接球的方法。

2.动作方法

双手五指自然张开，掌根相对两拇指成“八”字形，指根以上部位握球的侧后方，手心需空出，双肘屈于体侧，持球于胸腹之间，目视接球的同伴。在传球时，后脚用力向前蹬地，前臂迅速前伸，大拇指用力向下压球，手腕顺势往外翻，触球手指用力拨球将球传出。(如图 2-17 所示)。

图 2-17　双手胸前传球的动作方法

接球时,双手主动地伸出,手指端迎球,两拇指相对两手成"八"字形,掌心向前自然空出,做双手持球状,肩、臂、腕各关节的肌肉自然放松。当指端触球时,迅速地握住球并做收臂的动作,以更好地对来球力量做一个缓冲,并双手护住球于腹前,准备衔接好的下一个动作(如图 2-18 所示)。

图 2-18　双手胸前接球的动作方法

3.动作要领

传球时,前臂快速前伸,拇指下压球顺势带动手腕外翻,触球手指用力拨球,将球传出。接球时,主动伸臂迎球,指端触球后,双臂迅速后引。

(二)双手头上传球

1.用途

双手头上传球的特点有很多,包括传点高、摆臂动作幅度小、便于与假动作完美结合等,这有中传球更适合身材高大的外线中锋队员。多用于中、近距离传球,如抢到篮板球后第一传,或者外线队员间转移球、外线队员传给中锋的高吊球等。

2.动作方法

持球的手法与双手胸前传球的方法基本相同。两手上举小臂将自己的球置于头上方,传球时,双肘外旋和手心向前,小臂迅速前摆,小臂和手腕前屈外翻的同时,触球手指用力向前拨球。若传球距离较远,则后脚用力蹬地,收腹带动小臂迅速前摆，手腕和其他手指同时用力前扣，借助全身力量将球传出（如图 2–19 所示）。

图 2–19　双手头上传球的动作方法

3.动作要领

小臂用力向前摆，同时迅速地用力向前伸手抖腕，带动其他手指用力向前拨球。

（三）双手低手传接球

1.用途

多用于内线侧应队员传给交叉切入或从身前绕切的同伴，运球掩护及突破分球的队员也常采用。其主要优点是传球的隐蔽性好，不易暴露队员传球的意图。

2.动作方法

两脚左右或前后开立，屈膝，持球于腹前或腰侧。传球时，手腕由下至上翻转，同时触球手指稍用力拨球，此传球方法较轻柔。接球时，如球的高度低于膝关节时，应上步为箭步，屈膝，弯腰，重心降低，手心向前，两手大拇指成"八"字形，伸出迎球，指端触球后，迅速向上翻腕，收臂引球于身前或身侧（如图 2–20 所示）。

图 2–20　双手低手传接球的动作方法

3.动作要领

传球时，手腕的翻转与手指的轻柔拨球动作衔接连贯。接球时，重心降低，手法与双手胸前接球基本相同，指端触球后，手臂迅速回收。

（四）双手反弹传接球

1.用途

双手反弹传接球也是一种最基本的传接球方法。多用于中、近距离快速传球，如向内线队员传球、突破分球、快攻一传和结束阶段的传、接球。

2.动作方法

双手反弹传球的手法与双手胸前传球基本相同，只是球的飞行是通过地面反弹而起，手腕、手指用力较大，为提高传球的准确性，传球的击地点应控制在距离接球人约三分之二的地方(如图 2–21 所示)。双手接反弹球时，手心

图 2–21　双手反弹传球的动作方法

要向着地面的球反弹路线的方向。接反弹较高的球时，要弯腰伸手迎球；若球反弹角度小，方法同双手低手接球基本相同。

3.动作要领

传球时，手腕和手指同时急促抖动用力，快速出球，将球击到合适的击地点；接球时，控制身体重心稳定，手心向着来球方向。

（五）单手肩上传接球

1.用途

多用于传球距离较远时，尤其在同伴抢得防守篮板球后发起快攻的一传中运用较多。其优点是传球力量大、球速快。

2.动作方法

两脚前后开立，以右手肩上传球为例，左脚在前，肘关节外展将球引至右肩上方，上臂与地面大约处于平行状态，小臂与地面垂直，手腕后仰，右手托球的后下方，左肩朝向传球方向，身体略后仰，重心落在右脚。传球时，右脚用力蹬地带动身体向左转，同时右手前臂迅速向前挥臂，手腕前屈，通过触球，手指用力拨球，将球传出。球脱离手后，重心会随之前移，则右脚顺势向前迈出，保持身体平衡（如图 2–22 所示）。

图 2–22　单手肩上传球的动作方法

单手肩上接球时(以右手接球为例),两脚前后开立,右脚在前,脚尖指向来球方向,右臂上举屈肘,手掌成勺形,五指自然张开,主动向来球方向伸出,当手指触球后,手臂随之向后引,身体同时向右微转并收肩,双手持球将球护住。

3.动作要领

传球时,身体转动并带动前臂前摆急促伸臂,手指用力拨球使球传出。接球时,单手触球后,另一只手及时伸出帮助持球。

(六)单手体侧传接球

1.用途

单手体侧传接球多运用于近距离的隐蔽性传球。如与向传球的反方向做跨步假动作结合运用,则效果更好。

2.动作方法

以右手的传球为例,双手持球于腹前,右脚向右前方跨出半步,将球引至身体的右侧,同时使右手持球,传球时,前臂以弧线的路线向前摆动,手腕随之前屈,触球手指轻轻拨球将球传出(如图 2-23 所示);左手传球时,左脚向左前方跨步,其他部位的动作与右手传球时的动作方法基本相同。接球时,与接单手肩上球的动作方法基本相同,只是接球部位按来球方向的不同而不同。

图 2-23　单手体侧传球的动作方法

3.动作要领

不论是异侧脚跨步还是同侧脚跨步，都要与传球的技术动作协调配合，小臂摆动幅度小且呈弧形，手指迅速且用力抖动。

(七)单手胸前传球

1.用途

单手胸前传球是一种出手快、幅度小且容易结合其他技术动作的一种传球方法，多用于近距离快速传球。

2.动作方法

持球方法与双手胸前传接球相同，保持基本站立姿势，以右手传球为例，上体稍向右转，左脚稍靠前，右脚用力向后蹬地的同时左手离球，右手用力伸臂、屈腕，触球手指用力拨球，将球传出。

3.动作要领

传球手腕后屈，用力伸臂、扣腕，触球手指用力拨球。

(八)单手反弹传球

1.用途

单手反弹传球是最常用的一种近距离隐蔽传球方式，是小个子队员对付高大防守者的有效传球方法。

2.动作方法

两脚开立呈平行状态，持球方法同双手胸前传球，传球的击地点在距接球人大约一半的距离位置，首先将球推至传球手体侧，传球向前伸臂同时扣腕，触球手指用力拨球，将球传出。

3.动作要领

把握击地点的位置，伸臂扣腕和手指拨球动作保持连贯。

(九)单手背后传球

1.用途

单手背后传球是一种隐蔽的传球方法，当持球者贴近防守者时运用，一般在快攻结束时或突破分球时使用较多。

2.动作方法

两脚开立成基本站立姿势,双手持球于胸腹之间,以右手传球为例,左脚向右前方迈一步,同时身体微向右转,左肩对着传球方向。传球时,随着身体向右转,由双手持球转变为右手单手持球,随后右手持球绕髋关节向后绕环,当右手摆至背后时,右手手腕用力前扣,触球手指用力拨球将球传出(如图 2–24 所示)。

图 2–24　单手背后传球的动作方法

3.动作要领

前臂后摆,屈腕拨指,动作柔和一致。

第四节　投篮技术

投篮技术是篮球运动员在比赛进攻中直接将球投入对方的篮筐而运用的各种专门动作方法的总称。在篮球比赛中,投篮时运动员唯一的得分手段,也是决定比赛胜负的关键因素。为了取得更高的得分,队员们往往需要创造更多的投篮机会,从而采取一切可行的进攻技、战术和方法。因此,投篮技术是整个篮球技战术的基础和核心。运动员掌握了投篮技术并巧妙地运用,不断地提高运动员投篮的命中率,对于掌握和学习现代篮球运动的技能知识具有十分重要的作用和意义。

随着现代职业篮球运动的不断推进和发展，对运动员的身体生理形态、机能综合素质的要求也不断提高,攻守对抗更加激烈,特别是修改了新规则之后,促使了投篮技术向更准确、高难度、多样化的方向发展。因此,要更加重视投篮技术的教学与训练。

一、投篮技术简析

正确掌握完整的投篮技术基本动作是培养和提高球员的投篮技术命中率的关键和重点。如果掌握不好其中的任何一个主要环节,都会影响投篮的命中率。投篮技术包括以下六个主要环节。

(一)持球手法

正确的持球手法是掌握投篮技术的前提，不论是单手持球还是双手持球,都应使球尽可能地保持稳定,这对控制球出手时的方向和力量具有重要作用。

1.单手持球法

以右手持球为例,右手手心空出,五指自然张开,用指根以上的部位触球,手腕后仰,小臂与大臂、大臂与身体的夹角约为九十度,另一只手屈肘扶球的左侧上部，举球于头右侧或右肩的前上方(如图 2–25 所示)。

图 2–25　单手持球的动作方法

2.双手持球法

两手手指自然分开,掌根相对且两拇指成八字形,用指根以上部位握住球,将手心空出,两臂自然屈肘置于体侧,肩关节放松,持球于胸腹前(如图 2–26 所示)。

图 2-26　双手持球的动作方法

（二）篮点

瞄篮点通常指篮球运动员在投篮时眼睛应一直注视篮圈或篮板的那一点。当运动员投空心篮时，瞄篮点通常是在篮圈前沿的正中点，当运动员打板投篮时，瞄篮点一般是篮板上的一点，根据运动员投篮的距离、角度、飞行弧线和力量的不同，瞄篮点也会有所区别。

（三）协调用力

运动员在投篮时双手和身体各部位协调应用力，因为它在整个投篮过程起关键作用。以原地单手肩上的投篮动作为例，投篮前运动员保持基本站立和身体平衡，由运动员双脚蹬地开始发力，向投篮方向充分伸展自己的身体，最后将身体各个重要部位骨骼和肌肉的聚合力量集中于运动员的手臂、手腕和手指，各部分一起发力将球投出。

（四）出手角度和出手速度

出手角度主要是指运动员在投篮时，当球离手的一瞬间投篮出手点水平面的切线与球体的重心飞行弧线轨迹的中心切线形成的夹角，是投篮时球在空中的飞行弧线和入篮角度的大小的决定因素。只有在球沿着正确方向用力的必要前提下，调节合理的出手角度并与适当的用力和出手速度相配合，才能有效地使球沿着理想的弧线飞行并且顺利地落入篮圈之中。

出手速度主要是指运动员在投篮时，球出手的一瞬间，身体各个部位的综合肌力经对过手指和手腕的调节控制将篮球进入空间运行的初速度。

球的出手角度和投篮的出手速度也是相互联系，彼此制约的，球的出手速度越快，投篮的速度和距离就越远，所以运动员在投篮时出手角度的变化也可能会直接影响投篮的速度和距离。

（五）球的旋转

投篮时球的旋转主要影响因素是手腕前后伸屈、手腕向后翻转或手指用力向前拨球时的动作等，运动员手指最后的一个用力拨球时的动作决定了球的旋转方向和球的运动速度。例如，在中远距离投篮时，应使球向正后方向旋转。

(六)投篮弧线和入篮角

投篮过程中的弧线轨迹是指球员投篮离手后在空中快速飞行时形成的投篮路线轨迹，称为抛物线。投篮的距离、出手角度和出手的速度影响着投篮弧线，同时也直接影响到投篮弧线的长度和形状。通常将运动员的投篮角和弧线的长度分为高、中、低三种，如图 2–27 所示。

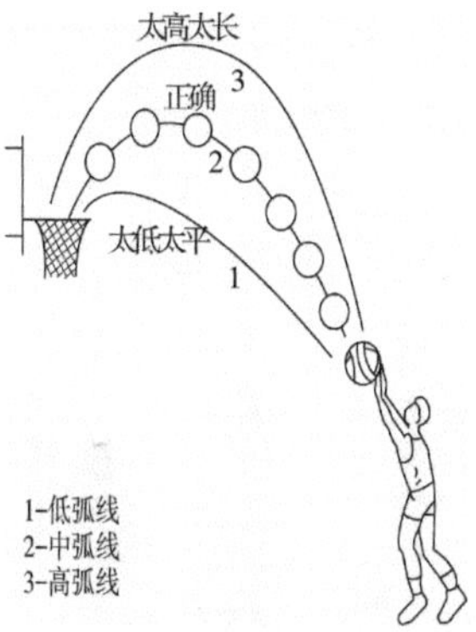

图 2–27　投篮弧线对比图

在多年的实践验证下得出中等弧线是最理想的投篮弧线，原因是它的入篮角适中，球与篮圈的球心径向间隙可以同时达到最大值，球心与篮心的径向偏差最小。运动员首先要从实际投篮情况的角度出发，既要熟练掌握投篮角度和弧线的一般运动规律，又要区别对待。

二、投篮技术分类

投篮技术动作方法，可分为原地投篮、行进间投篮、跳起投篮、扣篮和补篮等，常用的投篮技术分类如图 2–28 所示。

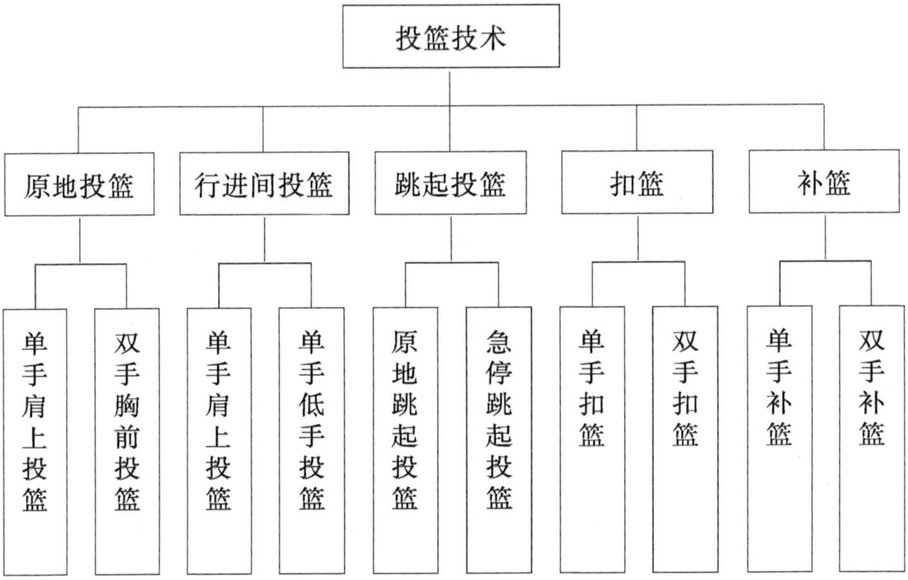

图 2-28　投篮技术分类

三、投篮技术动作方法

(一)原地单手肩上投篮

1.用途

原地单手肩上投篮是在现代篮球运动中最基本也是最常用的一种投篮技术和方法,它以出手点高、便于结合其他动作、不易被封盖等优点,在篮球比赛中被广泛使用。

2.动作方法

以右手投篮为例,两腿左右自然开立,与肩膀同宽,右脚稍前,两膝微屈,身体的重心自然降低落在两脚之间,上体自然放松并稍后倾,右臂自然屈肘,右手手腕后仰,掌心冲上,五指自然张开,用指根以上的部位触球,手心空出,持球于头部右前上方,左手扶球的左侧,目视瞄篮点,投篮时利用两腿蹬地发力,随之伸展腰腹,抬右肘伸前臂,右手手腕前屈下压带动其他触球手指弹拨球,将球柔和用力地投出,球离手后手臂和手指应有一个自然跟随的动作(如

图 2-29 所示)。

图 2-29　原地单手肩上投篮的动作方法

3.动作要领

双手全身肌肉协调用力,蹬伸、展腰、屈腕、手指柔和拨动球。

(二)原地双手胸前投篮

1.用途

原地双手胸前投篮是双手投篮中最基本投篮方法，其优点是便于与传球、持球突破技术相结合,充分利用全身的力量将球投出,一般女子篮球中运用这种投篮方法居多。

2.动作方法

两脚左右或前后开立,双腿微屈,重心降低落在两脚之间,身体微前倾,两臂屈肘置于体侧,双手持球于胸腹前,眼睛注视瞄篮点。投篮时,两脚蹬地,腰腹伸展同时发力,两臂迅速向上伸展,手腕迅速前屈外翻,通过触球手指指端的动作将球投出。投出球后身体随投篮动作朝前方自然伸展,手指应有一个自然跟随的动作。

3.动作要领

自然屈肘,蹬伸、翻腕、手指拨球用力协调一致。

(三)行进间单手肩上投篮

1.用途

行进间单手肩上(高手)投篮在篮球比赛中较为广泛,一般在快攻上篮和篮下突破时使用，通常可以简称为跑动中单手投篮。其优点是出手点高，可用身体保护好球，不易被帽。

2.动作方法

以右手投篮为例，在快速的跑动运球中，右脚向前迈出一大步的同时双手快速握住球，左脚迅速地跟上向前跨出一小步，从全脚掌着地迅速过渡到前脚掌着地时向前上方起跳，右腿向上屈膝，双手持球举至肩上，当身体跳至最高点时，右臂柔和向上伸展，手腕与手指动作与单手肩上投篮基本相同，将球投出(如图 2–30 所示)。

图 2–30　行进间单手肩上投篮的动作方法

3.动作要领

跨出第一步时注视瞄篮点，跨步有节奏，遵循一大二小三高跳，起跳接近最高点时手臂柔和向上将球投出。

(四)行进间单手低手投篮

1.用途

行进间单手低手投篮是在快速跑动并超越对手或在空中探身超越对手后的一种投篮方法。因为它具有单手和低手在投篮时，移动速度快、身体内部伸展移动距离长、出手点和投篮点的伸展距离远和对方的投篮圈近等优点。

2.动作方法

以右手投篮为例，在行进间运球时，右脚向前跨一大步并用双手柔和握住球，左脚接着跨出一小步后用力蹬地向上跳，右腿向上屈膝，双手举球至前上方，当身体接近最高点时，左手离球，右手手腕稍前屈托起篮球，接着通过屈腕，触球手指用力拨动球，最后将篮球挑入篮圈(如图 3-31 所示)。

图 2-31　行进间单手低手投篮的动作方法

3.动作要领

身体向前上方充分伸展，用手腕和手指上挑将球送入篮圈。

（五）原地跳起投篮

1.用途

防守队员较近时，与传球、突破时的跨步假动作结合运用，诱使防守队员后撤后，突然起跳投篮。

2.动作方法

以右手投篮为例，两脚左右开立略宽于肩，右脚比左脚稍靠前，曲膝降重心落在两脚之间，双手持球于胸腹之间，上体自然放松，目视瞄篮的最高点。起跳时，屈膝降低身体重心，脚掌用力蹬地起跳的同时将球用力举至右肩上，左手扶球的左侧，跳至最高点时左手离球，右臂向前上方用力伸展，右手手腕前屈，触球手指用力拨球，将球投出（如图 2-32 所示）。

3.动作要领

起跳时屈膝降重心后用力蹬地，身体跳至最高点时出手，全身协调用力。

图 2–32 原地跳起投篮的动作方法

(六)急停跳起投篮

1.用途

进攻队员向篮下移动接球时或运球向篮下突破时,防守队员为了防止进攻队员深入篮下,往往采用撤步防守。此时,进攻队员可以果断采用急停跳投的方法。

2.动作方法

以右手投篮为例,运动员在跑动或运球中,突然地运用急停的移动技术起跳,投篮动作与单手肩上投篮一致;运动员接球运用急停的方式跳投时,跳步或跨步急停接球,两脚同时或前后落地,脚尖正对运动员投篮的方向,两腿稍微发力前屈使得重心稍微降低,同时迅速起跳投篮,出手的动作与单手肩上投篮相同。

3.动作要领

急停动作后重心要稳,急停与起跳无缝衔接,动作顺畅连贯。

(七)扣篮

1.用途

扣篮是直接将球由上向下灌入篮内的一种投篮方法。它是投篮技术发展中又一个重要标志,它改变了投篮的一般规律。由于它投篮出手点接近球篮又高于球篮,还有最佳的入射角,因此无须考虑抛物线这一因素。

2.动作方法

(1)行进间单脚起跳单手扣篮:以右手扣篮为例,行进间运球时,右脚跨出的同时单手持球,紧接左脚迈出一小步制动并用力蹬地向上跳起,上体充分向上伸展,高举手臂将球举至最高点,超过篮圈的高度并有适宜的入射角时,利用突发性向下屈腕和压指的动作,将球自上而下地扣入篮圈之中。

(2)原地双脚起跳双手扣篮:两手握住球,双腿屈膝用力蹬地向上跳的同时将球举至头上方,充分向上伸展身体,球举过头顶至最高点并与篮圈构成最佳入射角时双臂用力前屈,用突发性屈腕、压指的动作,将球扣入篮圈内。

3.动作要领

球离手后注意控制好身体平衡和落地屈膝缓冲。

(八)补篮

1.用途

补篮是指投篮未中,球刚从篮圈或篮板弹出时,运动员在空中运用单手或双手接球后迅速将球托入或拨入篮圈的投篮, 是一种无明显持球动作、触球时间短、直接用力投篮的方式。

2.动作方法

(1)单手补篮:以右手补篮为例,补篮的前提是准确判断球反弹的方向和高度,随后及时起跳抢球,尽量伸展身体和手臂,用右手的腕、指力量触球,并用托球、点拨球的方法将球投向篮圈。

(2)双手补篮:球反弹方向在头的正上方时多采用双手补篮。起跳后,双手触球利用拨球的方式将球投入篮圈,其他动作与单手补篮基本相同。

3.动作要领

把握好补篮的时机,及时起跳,手指、手腕与身体动作协调配合。

第五节　运球技术

运球是持球队员在原地或行进中用单手连续按拍借助地面反弹起来的球的一种动作方法。

运球技术是现代篮球运动中基本运动技术之一,它在一定的程度上也反映着篮球运动员控制球和支配球的综合运动能力。充分掌握运用运球的技术不仅可以有效提高运动员个人的突破、摆脱防守的综合进攻能力和效率,而且也是一种组织全队进攻和战术相互配合的基本方法，对于发动团队快攻、突破人盯人和团队防守起到极大的促进作用。运球的最终目的是争取时间和创造机会,然而过多且盲目的运球则可能会贻误战机。因此,在训练和教学的过程中,教练员给运动员进行运球技术训练的同时,还应教给运动员适时而恰当地选择运球时机。

一、运球技术简析

运球是通过运动员以手对球的控制并结合快速、灵活、多变的脚步移动来实现的。因此,运球的动作关键是运动员手部对球的控制和跑动时手脚的互相配合。运球技术有很多种,但都必须是由运动员的身体位置和姿势、手臂具体动作、球的位置和起落点、四肢和手臂与身体的运动协调以及互相配合四个主要动作环节的过程所组成。

(一)身体姿势

两脚前后开立与肩膀同宽,两膝微微前屈,身体稍微前倾,眼睛平视进攻发球的方向,非运球手需要屈肘平抬以保护球和维持身体平衡。

(二)手臂动作

运球时,手指自然分开,手心空出,用指根以上的部位触球,手指、手腕自然放松。低运球时以肘关节部位为轴,高运球时以肩膀和膝关节部位为轴,低运球比高运球的手腕按拍球的速度要快一些。当球通过地面反弹回来时,利用屈肘、伸腕和手指的动作来缓冲球向上反弹的速度和力量,有利于控制球的向上反弹运动速度、高度和旋转的角度。

(三)球的落点

运球的速度、方向以及按拍球的部位不同,会直接导致按拍球的落点不同。按拍球从地面反弹的高度和球的运动速度主要取决于运动员按拍球的力量大小。运球时,手应跟随球上下的运动,尽量缩短和延长使用手控制按拍球的距离和时间,这样才能有利于随时控制、支配和保护按拍球,便于随时衔接其他的动作和随时观察场上的具体情况。

(四)手脚和身体的协调

运球一般都是在身体的移动中同步进行的,既要保持运动员的身体移动速度与球的运行速度一致,又要在移动中保持身体的动作和节奏合理,并更好地控制球员身体和重心的稳定。手臂的运球动作要与球员脚步的动作、身体协调一致,以便更好地控制球员在完成整个运球动作时的手和身体协调。当前,运球动作多以球员肘关节和肩膀为轴逐渐改变为以球员肩膀和肘关节为轴,迎送球的手臂动作变化幅度进一步加大,球附着于手的动作时间也更长,有利于对迎送球进行控制。同时,球的落点在球员身体侧后方,更加有利于迎送和保护球,体现运球的实效性。

二、运球技术分类

运球技术动作方法较多,分类的方法也不尽相同,比赛中常用的运球技术动作有以下几种,具体分类如图 2–33 所示。

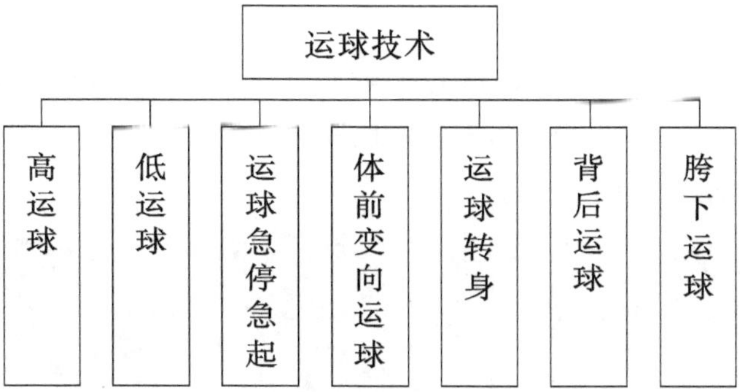

图 2–33 运球技术分类

三、运球技术动作方法

(一)高运球

1.用途

高运球通常在没有防守队员时运用,其特点是球反弹较高,方便控制速度,同时便于观察场上情况。

2.动作方法

运球时两腿稍微向前弯曲,眼睛自然平视前方,前臂自然屈伸,手腕和其他两个手指的力量柔和地作用于球的后上方,用右手大拇指掌根以上的部位轻轻地接触球,手心暂时空出。注意球的落点应在运动员脚的外侧前方,球反弹高度应控制在胸腹部位,四肢与身体协调配合。快速移动运球时,触球的重点部位可能要向后移,用力的动作幅度可能要稍加大,球的落点距离脚可能要远些。

3.动作要领

持球者应位置正确,主动转身迎球,手指应随着拍球上下按拍球,控制好球的落点,运球时手臂的技术动作与脚步移动的技术动作要协调一致。

(二)低运球

1.用途

当高运球中遇防守队员时,常用低运球摆脱防守队员的抢截或突破防守队员。

2.动作方法

右手运球时，弯腰使身体稍微前倾，双腿屈腿使重心降低落在两脚之间，右手屈腕用力，触球手指和指根快速地按拍球的后上方，球反弹的高度应控制在膝关节结处(如图 2–34 所示)。

图 2–34 低运球的动作方法

3.动作要领

两膝迅速弯曲，降低重心，上体前倾，短促有力地按拍球，四肢协调并能相互配合。

(三)运球急停急起

1.用途

在对方紧防严守时，持球运动员利用运球速度的变化来摆脱防守，是一种较实用的突破防守的动作方法。

2.动作方法

运球急起时，前脚掌用力向前蹬地，同时上体迅速向前倾，使重心迅速地转向前移，紧随其后，后脚迅速地用力向前跨出一大步，同时将按拍球的方位移至球的后侧上方；快速运球中突然利用两步急停，同时将按拍球的方位移至球的前上方，眼睛平视前方的主动进攻方向(如图 2–35 所示)，加速拍球摆脱前方对手的被动防守人员。

图 2-35　运球急停急起的动作方法

3.动作要领

急停时保持重心稳，启动时动作急，脚蹬地同时上体前倾，全身协调配合。

（四）体前变向运球

1.用途

在快速运球推进中，当对方防守人员堵截进攻路线时，利用突然改变运球方向来摆脱防守。

2.动作方法

向左变向时，用右手按拍球的左侧后上方，使球向斜下方运动落在两腿之间，向斜上方反弹至左侧方，同时右脚迅速向左前方蹬地，上体随之扭转，重心迅速降低。当球向左侧方反弹至防守队员腹部高度时，左脚迅速蹬地向前移动，左手拍球的后侧上方(如图 2–36 所示)。

图 2–36　体前变向运球的动作方法

3.动作要领

突然改变运球高度和移动方向，控制好球的反弹高度。变向时侧肩转身，变向后加快速度，手和脚应协调配合。

（五）运球转身

1.用途

当防守队员采用紧逼防守战术，离运球队员距离较近时，进攻队员可用运球转身，这是一种摆脱防守的运球方法。

2.动作方法

以左脚作中枢脚为例，屈膝重心移至左脚，并以左脚的前脚掌为中心轴，同时利用右手向前屈肘拉球的力量将球提拉至身体的后侧方，转身后换左手运球(如图 2–37 所示)。

图 2–37　运球转身的动作方法

图 2-37 运球转身的动作方法

3.动作要领

控制好重心和球,迅速转身,蹬、转、拍动作保持协调连贯。

(六)背后运球

1.用途

运球前进遇距离较近的防守队员堵截一侧,不能采用体前变向运球摆脱防守队员时,可采用背后运球技术,这是一种为摆脱防守改变运球方向的运球方法。

2.动作方法

在快速跑动中向左变向时,右脚向侧前方跨出,屈膝降低了重心,右手推拍球的前上方,将球按拉到身后,控制球落在正后方,当推拍球的重心反弹至身后腰部的高度时, 右手推拍球的右侧后上方并且控制球落在左脚的侧前方,随即迈出左脚,左手运球继续前进(如图 2-38 所示)。

3.动作要领

掌握背后运球变向的时机, 按拍球的正确部位以及适度的运球力量,保证整体动作的协调。

图 2-38　背后运球的动作方法

(七)胯下运球

1.用途

胯下变向运球是持球队员将球从胯下穿过改变方向,一般用来突破防守的一种运球方法。

2.动作方法

以右手运球为例,跨出左脚的同时用右手按拍球的右侧上方使球从两腿之间穿过,右脚向左前方跨出,同时上体侧转保护球,换左手运球继续前进(如图 2-39 所示)。

图 2-39　胯下运球的动作方法

图 2–39　胯下运球的动作方法

3.动作要领

正确按拍球的部位，运球时手脚协调配合，保持身体平衡。

第六节　突破技术

突破技术是持球运动员将运球技术和传球动作相结合，是一种快速地超越防守队员且具有攻击性的进攻技术。在篮球比赛中，抓住适合的突破时机，合理地运用突破技术，是重要的得分手段。我们运用突破技术还可以有效地打乱对方的防守，为自己和队友进攻创造更多更好的进攻机会。

一、突破技术简析

突破技术是由以下四个环节组成。

（一）蹬跨

进攻的队员在第一步突破前，两脚左右平行开立，略宽于对方的肩，两膝微屈使重心落在两脚之间，两脚踵稍向后提起。进攻队员持球于胸腹间，眼睛平视进攻方向，突破时，用瞄篮或虚晃等假动作干扰对方防守队员，用中枢脚前脚掌内侧蹬地或用力碾地，上体迅速转体并向前倾，重心迅速向前移，以带动中枢脚迅速向对方突破队员进攻方向跨出。跨出的第一步蹬地幅度要稍大，争取一步就能靠近甚至完全超越对手。

（二）转体探肩

蹬地快速跨步、上体快速前移、转体跨步探肩都应该是同步进行的，突破时首先要特别注意正确让自己的整个身体和头部重心能够保持继续快速前移，加快突破的移动速度，占据有利的支撑位置。

（三）推按球

在熟练进行蹬脚上跨、转体以及双臂探肩的动作同时，要在远离防守队员的一侧运球，并在中枢脚离地前推按球，控制球落在运球队员中枢脚的前外侧，球的反弹起落点和球的反弹高度在防守队员两侧腰膝之间，运球时手部要尽量远离防守人员。

（四）加速

在完成以上三个环节的动作技术后，要充分利用已获得的起动初速度，中枢脚积极用力蹬地，加速突破对手。

以上四个环节，虽然可以分开介绍，但做动作时几乎是同时完成的，它们之间既紧密衔接又相互影响。只有这四个环节一气呵成，才能达到突破的目的。

二、突破技术的分类

常用的突破技术主要有原地持球突破和行进间运球突破，具体分类如图2–40所示。

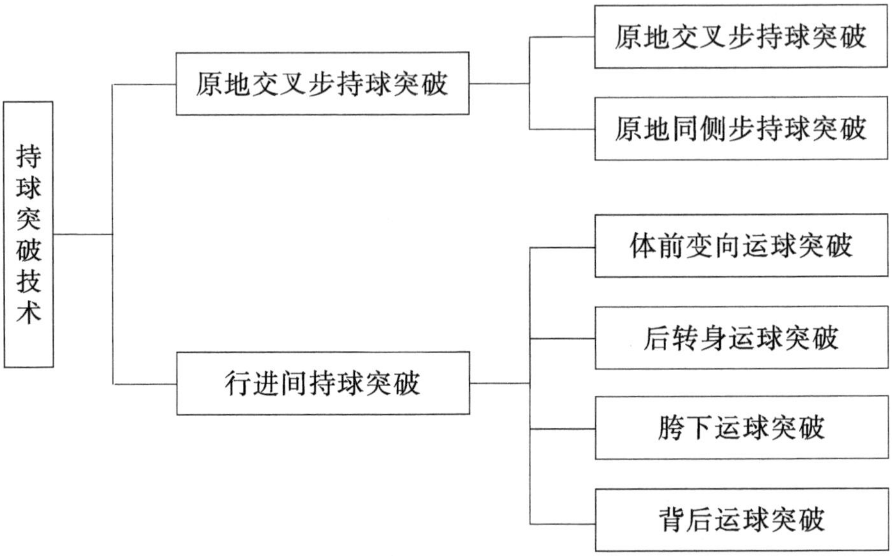

图 2–40　突破技术分类

三、突破技术的动作方法

(一)原地交叉步持球突破

1.用途

在离防守队员较近时经常采用原地交叉步持球突破，由于交叉步持球突破更容易护球，也可减少走步违例，故初学者运用较多。

2.动作方法

以左脚为中枢脚举例，两脚左右平行开立略宽与肩，两腿曲膝，使重心降低，持球于胸腹间。突破时，右脚前脚掌内侧迅速尽力蹬地，使重心下移至左脚，同时向左前方跨步，上体左转探肩，将球引于左侧，在左脚离地前，用左手推球于防守者的右侧，同时左脚全力蹬地，加速超越防守队员(如图 2–41 所示)。若在突破中能结合虚晃、传球、投篮等假动作，则突破的成功率更高。

3.动作要领

第一步变向要突然，跨、转、探要连贯，紧密结合。

图 2-41　原地交叉步持球突破的动作方法

(二)原地同侧步持球突破

1.用途

原地同侧步持球突破在离防守人较近，利用防守队员失去身体重心，尤其是向一侧失去重心过多时运用。

2.动作方法

以左脚为中枢脚举例，准备姿势与原地交叉步持球基本相同。突破时，左脚内侧全力蹬地，同时右脚尖指向进攻方向并迅速向对方防守人左侧迈出，重心随着上体迅速右转探肩前移，用右手向脚的侧前方运球，同时左脚蹬地，加速超越防守者(如图 2-42 所示)。

3.动作要领

第一步要快，步幅小，重心前移，转体探肩。

(三)体前变向运球突破

1.用途

当遇对手堵截突破路线时，为了摆脱防守队员可使用体前变向运球突然向右或左改变运球方向。

图 2-42　原地同侧步持球突破的动作方法

2.动作方法

运球队员从防守队员的左侧突破时，用左手按拍球的左侧后上方，使球经体前向右侧方反弹，与此同时左脚迅速蹬地随球向右侧前方插步，随之身体向右转，使重心迅速降低并侧肩贴近防守者，将球的反弹高度压低。当球反弹至防守队员腹部高度时，右脚迅速蹬地向前迈，右手运球，加速超越防守队员。

3.动作要领

掌握体前变向运球技术，把握运球突破时机，完成变向后加速超越防守队员。

（四）后转身运球突破

1.用途

当防守队员采用紧逼防守战术，且离运球队员距离较近时，可用运球转身来突破防守。

2.动作方法

以左脚中枢脚为例，运球动作与后转身运球的动作相同，完成转身后将球运至身体左侧，用左手运球并用左脚上步加速前进，摆脱防守队员。

3.动作要领

后转身运球时手脚要协调配合，转身后加速运球突破。

（五）胯下运球突破

1.用途

当防守队员距离较近且迎面堵截时，运用胯下运球改变运球方向，突破防守。

2.动作方法

以右手运球为例，遇到防守队员堵截突破路线时，胯下运球，右脚向左前方跨出，同时上体侧转保护球，换手运球并加速前进，超越防守队员。

3.动作要领

掌握胯下运球技术，运球时手脚要配合，完成胯下运球后加速运球突破。

（六）背后运球突破

1.用途

运球前进遇距离较近的防守队员堵截一侧，可采用背后运球技术改变方向突破防守。

2.动作方法

在面对防守队员堵截突破路线时，右脚向侧前方跨出，屈膝降低重心，右手运球并将球按拉至身后，控制球落在身体的正后方，当推拍球的重心反弹至身后腰部的高度时，右手直臂按在球的右侧后上方，使球的落点控制在左脚的侧前方，左脚随即迈出，球反弹后至左手运球，加速超越防守队员。

3.动作要领

掌握背后运球技术,手脚配合要协调,完成背后运球动作后加速前进完成突破。

第七节 防守技术

个人防守技术是防守队员以争夺控制球权为目的,合理地运用脚步动作和手臂动作积极地抢占有利位置,阻挠和破坏对手进攻行动的动作方法的总称。

防守对手是一项综合性的个人技术,它不仅需要快速的脚步移动和灵活多变的手部动作,而且还要具备良好的观察、判断和灵敏的反应能力。作为防守的队员既要积极与对方持球队员争抢占有利的位置,干扰控制对方的持球队员的进攻路线。在防守被视为"赢球的关键"的现代篮球运动中,运动员必须高度重视个人防守与集体防守的作用,重视防守技术的教学和训练,以适应现代篮球运动的快速发展。

一、防守技术简析

防守队员的技术主要是由于脚步防守动作、手臂防守动作以及结合攻击对手与球、篮的位置等多种影响因素所构成的。防守队员主要运用脚步的移动来抢占有利的防守位置,利用手臂防守配合干扰对方的传球、接球、投篮和抢、打、断球,最大限度地破坏对方的进攻,以达到争夺控球权的主要目的。

(一)防守无球队员

防守无球进攻队员是指当一个进攻的队员在比赛中处于完全无法接球的状态时, 防守队员灵活地运用多种移动方式的步法和手臂动作有效地组合,最大限度地防止和破坏对手的行动。因此在现代职业篮球比赛中,防守无球进攻队员接球行动的主要特点和表现主要在于其移动速度快和攻击性强,尽可能地移动到自己有效的投篮地点或攻击范围区域内去进行接球,或尽可能地与其他防守无球进攻队员形成时间差、位置差等优势去进行接球，从而达到接球后有效攻击的目的，这就对防守无球队员提出了更高的要求。防守无球队员是连续使用移动技术的过程，必须掌握多种防守移动步法的应用，并能根据需要合理地组合在一起并加以运用。防守无球队员的方法包括防守位置、防守姿势和脚步动作等环节。

1.防守位置

选择站位是防守时非常重要的环节。合理地抢占有利位置，有利于争取防守主动权。防守时进攻队员的位置主要根据对手、球和防守队员的位置与移动距离，以及对方进攻队员的身高、移动的速度、进攻的特点、对方的进攻战术和自身的能力等选择最适合防守的位置和移动距离。为了在防守时做到既可以防人又防球，应与球和篮筐、对手之间保持一定的移动角度和一定的距离，最好在防守时选择一个位于篮筐、对手与自己的球篮之间或者偏向篮筐还有球一侧的有利位置上。根据一个球在场上的位置，可将球场范围分为强侧和弱侧。球所在的一侧为强侧，远离球的一侧为弱侧。对手离开队员时球的移动距离与所有防守队员移动距离的大小成正比。弱侧防守无球队员的位置，应选择与对手相对远些、靠近篮筐一侧的位置。同时，也要与对手保持适当的距离，避免不必要的犯规。

2.防守姿势

为保证有效的控制对手，应采取正确的防守姿势。防守姿势取决于防守队员距离对手和球的远近。

强侧的防守姿势：进攻队员防守距离球较近时，经常采用面向对手侧向球的斜前站立的姿势。由于靠近对手传球侧，为了能够随时控制起动，快速对进攻队员进行拦截，应屈膝提踵，伸右侧的手臂，拇指朝下，掌心向球，堵截对手传球的路线，干扰防守队员和对手的接球。

弱侧站立防守姿势：进攻者在防守距离球较远的防守对手时，为了更好地便于他们既防对手又防球还要同时兼顾对方的协防，常常使用面向对手击球，侧向防守对手的弱侧站立防守姿势。两脚向前开立，两腿稍屈，两臂向前伸于体侧，掌心向着球的移动方向密切观察球的移动方向、人的加速度，通过滑步不断地调整自己的弱侧防守姿势和位置。

3.脚步动作

防守时,防守队员运用各种脚步移动动作并采用正确的防守姿势积极移动,抢占有利的防守位置,堵截了进攻队员的摆脱进攻路线。在防守队员与人、球发生激烈的对抗时,两腿弯曲,重心向下,两臂向身体两侧微微张开,扩大了站位的面积,上体要保持适度的紧张,在与其他球员进行身体接触的瞬间,提前发力,主动对抗。防守位置、姿势与脚步动作三者之间有着密切的内在联系。不同位置、不同姿势、不同脚步动作的有机结合,构成了完整的防守。

(二)防守有球队员

在篮球比赛中,进攻威胁最大的是持球队员,因为只有持球队员才能直接投篮或运球突破上篮得分,或传球给队友,共同组织进攻,互相配合创造上篮得分的机会,所以干扰防守持球队员的直接投篮、传球,堵截其上篮或运球突破的进攻路线是篮球防守比赛中持球队员的主要进攻任务, 防守时积极抢、打、断球,以达到破坏对方进攻、获得控制球权的目的。

1.防守位置

当进攻队员接球的一瞬间,防守队员应及时抢占有利位置,站位在进攻队员与球篮之间并与其保持适当的距离,积极防守,对其发起的进攻进行干扰与拦截。防守的位置要以能干扰对手为原则。如进攻队员投篮较准而运球突破技术较差,则应大胆地靠近投篮队员,封盖其投篮;如进攻队员运球突破技术强,又习惯于向右侧突破,防守队员应距离对手稍远些,并站在对手向右侧突破的路线上;如果进攻队员不习惯于左手运球,防守队员在应尽量迫使其用左手运球,以便造成其失误或给本队创造夹击的机会。

2.防守步法

防守持球队员的步法,要根据进攻队员在场上的位置、距离球篮的远近、持球队员的特点等选用。一般采用的步法有平步和斜步两种。不管采用何种步法,都要以灵活的脚步动作为基础,抢占有利的防守位置,争取防守的主动权。

(1)平步步法。两脚平行开立,这种步法的优点是:防守面积大,便于左右移动,对防止对方突破比较有利。

(2)斜步步法。两脚前后开立,以便前后移动,便于防止对方投篮。

二、防守技术分类

防守技术是一项综合性的技术动作,主要包括防守无球队员和防守有球队员,常用的防守技术分类如图 2-43 所示。

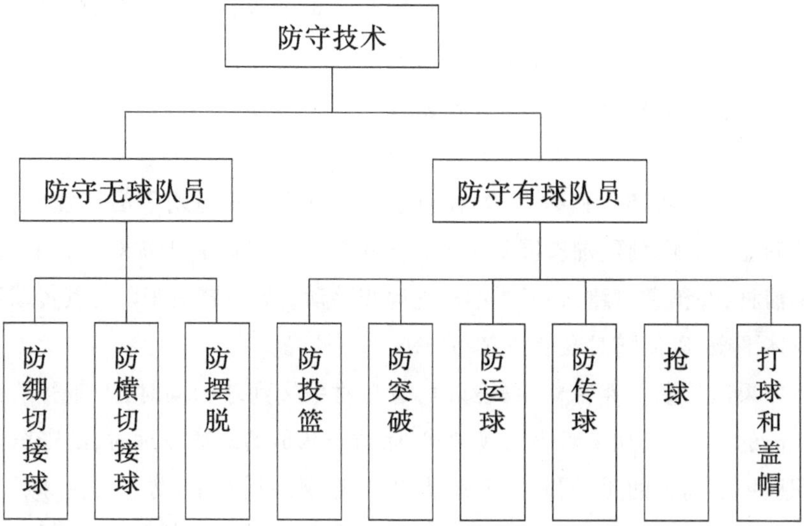

图 2-43　防守技术分类

三、防守技术的动作方法

(一)防守无球队员的动作方法

1.防纵切接球

进攻队员传球给同伴时,防守队员应及时偏向球侧错位防守,当进攻球员向篮下纵切要球时,防守队员应抢在其前面及时地移动,合理运用其身体、移动步法阻截纵切的路线,同时伸出手臂封锁进攻队员接球,迫使进攻对手接不到球并向外侧快速移动。

2.防横切接球

持球的进攻队员传球给底线位置的队友时，若对手绕前横切要球，则应运用身体和脚步动作阻截他的移动路线，同时向上伸臂封锁接球路线；若对手溜底线横切要球，则应面向持球队员，贴近对手，迅速撤右脚，滑步的同时转头，伸右臂封锁接球，不让对手在限制区内接球。

3.防摆脱

防守无球队员时，为防止其摆脱防守，应时刻保持警惕，注意观察场上的情况，保持防守姿势和适当的防守距离。

（二）防守有球队员的动作方法

1.防投篮

防对手中距离投篮时，应站在对手与球篮之间贴近对手的位置上，两脚前后斜立，屈膝直腰，前脚同侧手臂伸出上举，不停挥动，干扰对手投篮，重心略偏前脚，并稍微提踵，脚下要不停地碎步移动。另一臂侧张以防其传球和保持身体平衡，以便随时变换防守动作。

如果防守队员距离对手较远时，应在对手接到球的同时，迅速移动到适当距离的位置上；如果对手已接到球，而防守队员的距离较远时，防守队员就应积极挥摆前伸的手，同时积极移动脚步，逐渐靠近对手，防止其接球后立即投篮。防守队员不可用幅度过大的步伐向前移动，应当保持身体的平衡，不给对手突破的机会。如果投篮队员进行投篮时，或防守队员上步不及时，则应随对手的出球动作，迅速起跳，单臂上伸封盖，影响其投篮的方向和出手的角度。

2.防突破

防突破应当依据对方持球球员与篮筐的距离和对方球员的特点，来决定防突破的距离和位置。对手距球篮远，又善于突破时，防守队员应以防突破为主，抢占持球队员与球篮之间贴近对手的位置，做好防守姿势。如持球队员由投篮变为向防守队员左侧突破时，防守队员的前脚应迅速用力蹬地，撤步并向左侧斜后方滑步，堵截其突破路线；如进攻队员由投篮变向防守队员右侧突破时，防守队员的前脚应迅速蹬地向右侧斜后方做后撤步堵截其突破路线，迫使其改变动作方式和动作方向并伴随对手做横滑步。

3.防运球

在一般情况下，为了不让对手运球超越自己，防守队员应与对手保持一臂左右的距离且呈防守基本站立姿势，利用准确的判断，随时准备抢、打球。如果要使防守更具攻击性，也可以采用贴近对手的平步防守，以扩大防守范围，增加对手运球的难度。

防守持球队员前进要根据对手的特点和本队的防守战术，采用不同的防守方法。如为了达到一定的战术目的，可采用“堵中放边”的策略，诱使对方向边线运球，并迫使其停止运球，然后夹击以达到防守的目的。

4.防传球

防守队员在距离对手的球篮较远时，其主要的传球方向和意图可能是向对方的中锋传球或转移向前锋传球。防守时要结合进攻队员所站的位置和传球视线，对其传球的方向做出判断，便于对其进攻性的传球实施有力控制。对手离篮较近时，防守队员要集中注意力，防止其突然传球，随球的移动而采取抢打、封盖等动作，破坏其传球。

5.抢球

抢球是从进攻的队员手中抢夺球。抢球时，先决条件是靠近持球队员，认真观察看准时机，双手迅速抓住球用猛拉或以快速转拖的动作将球从对方手中抢夺过来。抢球时要看到持球进攻队员的注意力分散、运球动作停止或持球进攻队员战术慌乱等有利时机，用力迅速且突然紧紧地握住球。

6.打球与盖帽

打球就是打掉持球队员手中的球。首先要接近持球队员，为接下来能够顺利打掉球提供条件，把握打球的地点和时机，关注持球和球的路线、反弹的方向、高度与速度、投篮时不同部位出现情况的时间和过程等，分别由各个角度和方位快速地伸出自己前臂，利用自己手腕和其他手指的力量拍击球，需要注意的是动作和节奏都要快而短促。

盖帽是防守队员拍打进攻队员即将出手的球或出手后处于上升阶段的

球的动作技术。随着篮球运动员的整体身高和弹跳能力素质的进一步提升以及判断能力和反应灵敏度的进一步提高，盖帽技术已经发展成防守投篮最重要的攻击手段。在不同的情况下可以选择采用按压式、上挑式、侧击式、封盖式等方法拍打投篮中的球。盖帽时快速移动，选择有利位置，判断进攻队员起跳和投篮出手时间，随即降低重心，及时起跳，手臂和身体充分向上伸展，利用手腕、手指将球封盖，动作要短促有力。

第八节　抢篮板球技术

篮板球是指投篮不中后，从篮板或从篮圈反弹出来的球，在篮球比赛中，球员对篮板球进行直接争抢所运用的方法，统称为抢篮板球技术。争抢篮板球也是获得本队控球权的重要方式之一，如果进攻队员争抢篮板球，不仅可以增加得分机会和组织进攻的次数，还能大大激发本队队员的士气，同时也能很好地打击对手的反击和快攻；而争抢防守篮板球可以从根本上摆脱了对方球员在本队篮下连续发动攻击的压力和威胁，同时为已经发动快攻的同伴创造进攻的机会，还可以大大增加队员进击的信心。因此，一个球队是否可以掌握与熟练运用各种争抢篮板球技术是一场比赛的胜负决定因素之一。

一、抢篮板球技术简析

抢进攻篮板球和防守篮板球都是由判断与抢占位置、起跳动作，空中抢球动作和获得球后的动作组成。

（一）判断与抢占位置

判断与抢占位置是抢篮板球技术极其重要的环节。无论是抢进攻或防守的篮板球，都需要运动员积极地判断和优先抢占有利的位置。球员在抢占有利的位置时，要求具有准确的分析判断的能力。例如，一般情况下，正面投手在近距离投篮时，球反弹的角度和力量较小，反弹的距离也较近。

(二)起跳动作

在抢篮板球时，进攻方大多选择助跑单脚起跳或助跑跨步双脚起跳;防守方大多使用撤步、原地上步或跨步双脚起跳的方法。起跳前,身体运动员应始终保持正确的基本站立的姿势,两膝微屈使身体重心降低,重心均匀地落在两脚之间,两臂微屈于体侧,注意随时观察和准确预判篮板球的反弹方向和落点的区域;在起跳时,两脚用力蹬地向上摆起跳,利用腰腹的力量带动双臂用力地向上摆并充分向前伸展,落地时要注意保持身体平衡。

(三)空中抢球动作

空中抢球动作是指在空中抢球时,运动员依据自身的攻守位置和球反弹的方向所采用的抢球方法。

1.双手抢篮板球

双手抢篮板球的双手触球点虽然不及单手抢篮板球的高,但是双手可以有效地保护和控制篮板球，更便于保护篮板球和衔接其他一些技术性的动作,运用双手抢球更加稳妥。双手抢篮板球跳起滞空后,要利用其腰腹的力量来控制身体的平衡,同时充分地向上伸展身体,双臂向制高点方向伸展,这是为了有效提高球的制高点和扩大空中的占据空间和面积;落地时双手在球的指端触及篮板球的一瞬间用力将篮板球紧紧握住,随后迅速屈臂将球抱回至胸腹之间的位置,同时双肘外展,保护好球,落地时注意控制身体平衡。

2.单手抢篮板球

单手抢篮板球时,触球点高、抢球的速度快、抢球的空间大、灵活性好都是其优势,但没有利用双手抢篮板球的优势握球牢固。起跳后,靠进球一侧的身体尽可能在空中伸展,跳至最高点时,单只手臂向球的方向充分伸展,触球时,快速地屈指、屈腕、屈肘,将篮板球往下拉,另一手及时地扶握球置于胸腹之间的位置,落地时保持身体平衡。

3.点拨球

点拨球的原理是在比赛中,如果遇到较高大的队手或队友距篮板球较远难以快速获得篮板球,所运用的单手或双手的手指将篮板球点拨或直接弹击球的动作,同时将篮板球点拨给队友的一种抢球动作。单手点拨或弹击球的优点之一就是触球点高,能大大缩减传球的时间,便于快速发动篮板球的进攻。单手点拨或弹击球的原理和动作方法,大致上与单手抢篮板球相同,只是没有将篮板球直接用手拉入怀中,而是点拨给队友或重新起跳后再将球用双手或单手接住。

(四)获得球后的动作

抢获球的队员落地后,两脚自然分开,前脚掌先着地,双膝微微弯曲控制自己的身体保持平衡,两肘自然地外展保护自己的好球。如防守队员在时,则应把球置于防守人的远侧,并利用肩背或转身跨步等动作,不断移动球的位置,防止对方将球打掉。当高大队员得球时,可将球置于头上,这样更容易保护球。

若进攻队员能抢得自己的篮板球,可直接进行补篮,如若不能,应迅速将篮板球从空中传出,重新组织发起进攻;防守队员成功抢得自己的篮板球后,应尽量在空中将篮板球快速地传给身边的队友, 完成发动快攻的第一传;如若不能,那么防守队员在落地后,应立即将球传给队友,或者在运球突破后迅速将球传给身边队友。

在篮球比赛中,抢夺一个篮板球不仅是个人的技术和基本动作,也是团队战术的组成部分。因此,在展现良好的个人争抢篮板球的技巧和力量时,更要注重团队的配合,有战术有组织性的对篮板球进行争抢。

二、抢篮板球的技术分类

根据动作结构将抢篮板球技术主要分为抢进攻篮板球和抢防守篮板球两种(如图 2–44 所示)

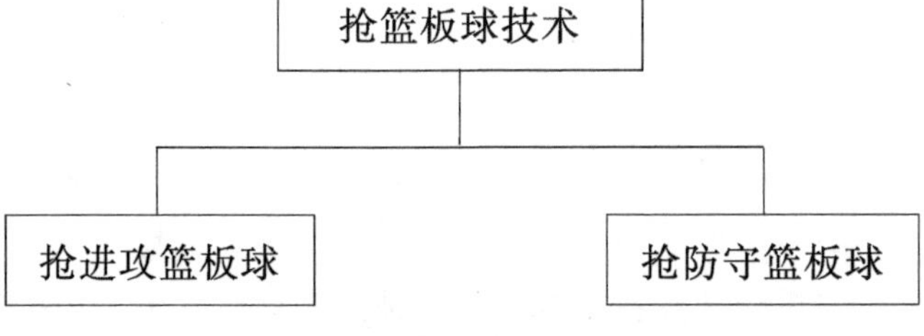

图 44　抢篮板球技术分类

三、抢篮板球技术动作方法

(一)抢进攻篮板球

1.用途

抢进攻篮板球多用于补投队友未投进的球或争取重新进攻的机会。进攻队员抢篮板球时一般情况下会在防守队员的外侧,需要运用移动技术摆脱对手。因此,抢进攻篮板球时要突出一个“冲”字。

2.动作方法

处于篮下或内线的队员需要抢重新组织进攻的篮板球,当自己或队友投篮时,自己或队友靠近篮下的内线队员首先要及时观察判断球突然反弹的方向,同时要迅速摆脱对方的阻挡,用跨步或助跑的方式来起跳,在跳到投篮的最高点后,进行补篮或直接抢下篮板球再重新组织进攻。处于篮下或外线防守位置的队员抢进攻篮板球时,当自己或队友投篮时,如对方防守的队员突然面向自己的球篮,则首先要及时观察进攻队员的行动,预判篮板球突然反弹的方向以及球落点的区域,然后突然用助跑起动冲向球反弹的方向直接抢下篮板球;如对方防守的队员突然面向自己,则进攻队员应先从一侧利用假动作摆脱对方防守,然后从另一侧挤进抢获自己的篮板球。

3.动作要领

准确判断,及时起跳,要突出一个“冲”字。

(二)抢防守篮板球

1.用途

抢防守篮板球多用于防止对手因抢到进攻篮板球而成功得分,也是抢夺进攻次数的重要手段。防守队员抢篮板球要突出一个“挡”字,利用自己占据篮下或内侧位置挡抢篮板球。

2.动作方法

处于篮下防守的队员,当外围进攻的队员在场上投篮时,首先一定要帮助队员抢占有利的位置,根据自己和对手移动的情况和其位置可以同时运用上步、撤步和转身等多种动作将自己的进攻防守队员挡在身后。外围防守队员抢篮板球,当进攻队员投篮,防守队员面向对手时,首先要观察判断进攻队员的动向,采用合理的移动技术动作阻止其向篮下的移动路线,从而抢占有利的位置。获球后,最好能在空中快速将球传给队友,从而完成发动快攻的第一传,若不能,应迅速传球并且重新组织进攻。

3.动作要领

准确判断,及时抢占有利位置,先挡后抢。

第三章　篮球运动战术

现代篮球运动战术是要求教练员及运动员在比赛前或者根据场上瞬息万变的情况和局势,做出具有针对性的布置。篮球运动战术分为进攻战术和防守战术,不同的篮球战术具有不同的意义和作用,合理的篮球战术运用可以有效打破篮球场上紧张复杂的局势,带领球队最终获得比赛胜利。

篮球运动战术不仅从根本上反映了一支球队竞技能力以及训练效果,更反映了一支球队的团结协作能力。在篮球比赛中综合运用篮球运动战术的一个重要作用就是把球队全体队员的个人技术与球队的集体技术特点结合起来团结协作,既从根本上保证了队员的个人技战术的特点,又在本质上符合球队的集体战术任务的特点,才能全方位地加强球员的战斗力。

同时,现代篮球运动攻防战术的研究制定与组织运用时机的合理性,也客观地体现和反映出教练员业务能力的水平高低,在现代篮球攻防战术的研究组织、运用及组织训练的过程中,应严格遵守现代篮球运动和运动员训练的基本规律,从实际情况出发,科学地研究打造适合于球队攻防战术特点的现代篮球攻防战术训练体系,让球队战术更具有攻击性和实效性。

第一节　篮球战术的基本理论

一、篮球战术的概念

篮球战术是指在篮球比赛中为了战胜对手或为表现出期望的比赛结果,

队员之间有组织、有意识、有策略的协同运用篮球技术所进行的攻守对抗的布阵组织计谋或行动,是以篮球技术为基础,在一定的战术指导思想和战术意识支配下的集体攻防方法。

篮球战术是现代篮球运动重要的组成部分,是由团队和个人技术的合理发挥以及全队之间的集体技术协调参与合作组成,最大程度发挥球队的技战术特点从而在攻防两端掌握比赛主动权,制约对方球队的发挥,夺取比赛的优胜。

二、篮球战术的特点

随着现代篮球运动的高速发展,篮球比赛的强度、速度,球员的身体素质及运动能力都有显著的变化,比赛的激烈性、流畅性和对抗性也更加突出。因此,篮球战术在质量与数量上都有了新的发展,这些新的变化也反映了现代篮球战术的特点。

(一)目的性

篮球战术的制定与执行具有显著的目的性,根据球员的身体素质及竞技能力进行合理的攻防部署,最大限度发挥球队的技战术水平,从而夺取比赛的优胜。

(二)针对性

在比赛中,篮球战术的制定和运用具有强烈的针对性,是根据对手的技术特点以及比赛中对手的排兵布阵做出的制约与限制对方的方法,同时还要根据场上瞬息万变的局势及时做出相应的战术变化, 从而占据场上的主动权,夺取比赛优胜。

(三)多样性

由于在篮球比赛中,场上的变化多种多样,既包括进攻战术灵活多变,又包括防守战术的相应变化,并且每场比赛的对手不同,也导致对手的技术风格、战术特点各有迥异,再加上现代篮球的比赛流畅度与激烈性与日俱增,促使战术更新迅速,战术内容更加丰富,体现出篮球战术多样性特点。

(四)个体性

篮球战术在比赛中由个人战术和团队战术组成,是以球队整体为单位进行的战术行动。其中个人战术是队员个人独自完成的战术行动,是集体战术的基础。在比赛中依靠优秀球员个人的身体素质及技术能力进行技战术,从而使球队占据主动,取得比赛优胜。

(五)整体性

团队战术是指比赛中球队的所有球员执行统一的战术方案的行动。球员的个人战术活动不是单独存在的,而是在队友的相互协作配合下完成的。在篮球运动中,球员与团体共同协作,既符合全队的特点又兼顾球员个人的技术特点,团体战术才是有效的。

(六)复杂性

现代篮球发展迅速,简单的战术已经不能满足高强度、高流畅的比赛需求,而且更容易被对手识破,起不到实效作用。为了在比赛中创造更好的机会,球队通常采取更复杂的配合行动,进攻方会通过更多的跑位、挡拆、掩护等完成战术行动;防守方也会根据形势不断变化防守战术,如:联防与盯人战术的结合、防守延误、换人防守等,从而使球队更好地占据主动。因此,篮球战术具有复杂性。

三、篮球战术的分类与结构体系

篮球的战术体系一般是指在各种篮球比赛中为了更好地战胜自己的对手或为表现出所期望的篮球比赛结果,而组织的队员之间通过有组织、有意识、有策略的相互协同配合,运用各种篮球的技术所共同进行的一种篮球攻守之间互相对抗的一种篮球布阵组织计谋或战略行动,是以现代篮球的技术体系为理论基础,在一定的篮球战术体系指导思想和篮球战术意识的指导和支配下的一种集体进行篮球攻防的方法。

篮球战术的体系一般是指由相互联系、相互制约的篮球攻守战术体系所构成的一个整体,战术的体系也一般可以从三个层次详细列出篮球战术的重要性和具体内容:

(一)个人战术

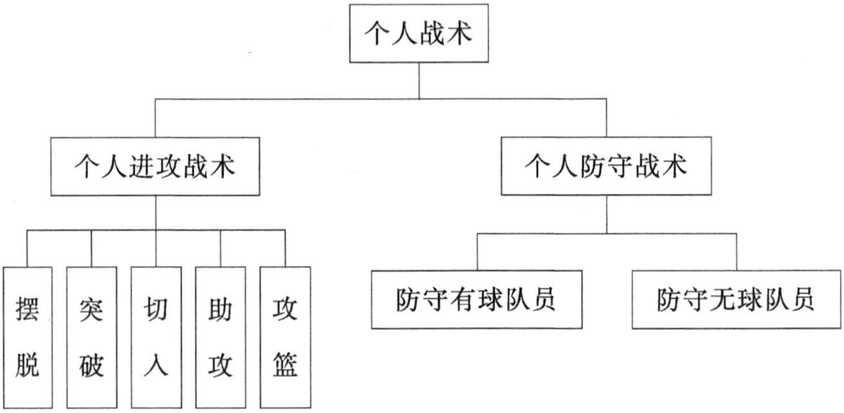

图 3-1　个人战术

(二)配合战术

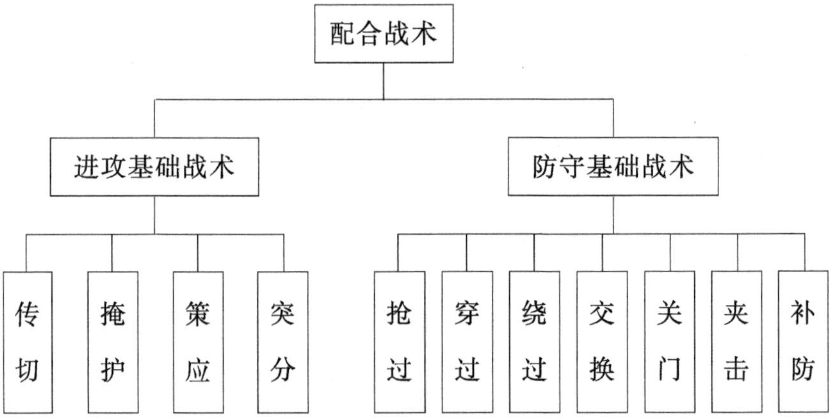

图 3-2　配合战术

(三)整体战术

在实际攻守相互结合的各种战术中，根据其实际比赛运用战术的目的、区域、范围、阵型，攻守战术的运用类型大致还可以分为许多具体的、不同于其战术运用形式的各种攻守结合战术与其相互配合，各种攻守战术都可以有其实际运用的原则、方法、要求及运用形式的不断变化。

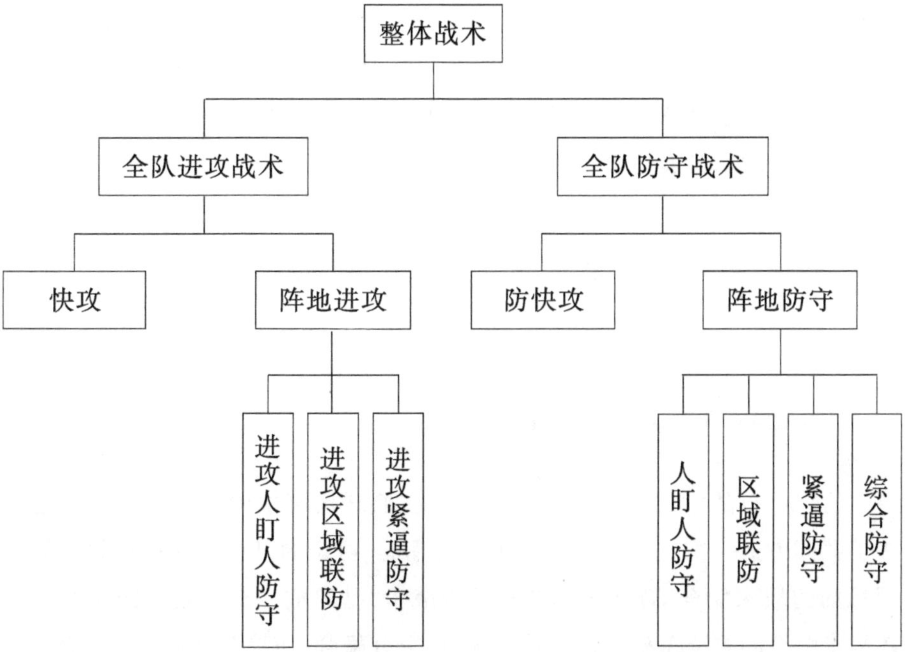

图 3-3　整体战术

篮球的战术在现代的比赛场上也按照各种具有不同意义和形式的战术进行分类，按照其表现的特点可以具体的分为：参赛阵型战术、参赛目的地战术、心理战术等。按照组织参加篮球战术行动的参赛人数可以具体分为：个人比赛战术、小组比赛战术、集体战术。按照现代篮球战术的各种攻防方式和性质进行分类，可以具体分为：进攻战术、防守战术、相持战术。按照现代篮球战术的普适性可以具体分为：常用战术、特殊战术。将这些复杂的、多变的、多种多样的篮球战术按照上述归类进行总结后，明确各自的战术隶属和关系，并对其加以归类和格式化，可对于篮球的战术分类体系的基本结构和作用具有明确直观的认识和了解。

上述现代篮球战术分类的体系在现代篮球的实践和比赛中可能会出现一些交叉，现代篮球的战术分类体系是由相互制约、相互形成联系的各种攻守战术共同组合构成的一个战术整体。随着现代篮球运动技术、战术的进步与发展，比赛规则以及制度的建立和改革及其演变，运动员综合身体素质的不断发展与增强，篮球的战术也由简单到复杂，人们根据这些战术的特点不断加以总结与研究，把运动员在篮球比赛中可以有成效、有目的的运用个人与团队集体行动战术加以整理归纳，构成一个阵型多样、内容丰富、结构完整的现代篮球战术分类体系。

第二节　进攻战术

一、进攻战术的基本配合

篮球进攻战术的基本配合方法是指在篮球比赛中两名或三名队员之间为了共同创造一次进攻的机会而进行合理的、协调的且以提高进攻得分为主要目的的战术配合，合理运用各种基本战术，是组成一个有效的团队篮球进攻战术配合的重要基础，包括：传切配合、突分配合、掩护配合和策应配合。

（一）传切配合

1.定义

传切配合是一种最基本的简单易行的进攻方法，是进攻队员之间利用传球和切入技术所组成的简单配合，它包括一传一切和空切两种战术配合。传切配合一般是在对方采用区域联防或扩大人盯人防守时使用。

2.传切配合基本方法（配图示）

（1）一传一切战术配合：指运球或者持球的队员在给队友进行传球后，立刻利用传球后移动的起动速度或假动作迅速摆脱对位防守球员的防守，向篮下合理切入并接队友的回传球完成投篮的战术配合。

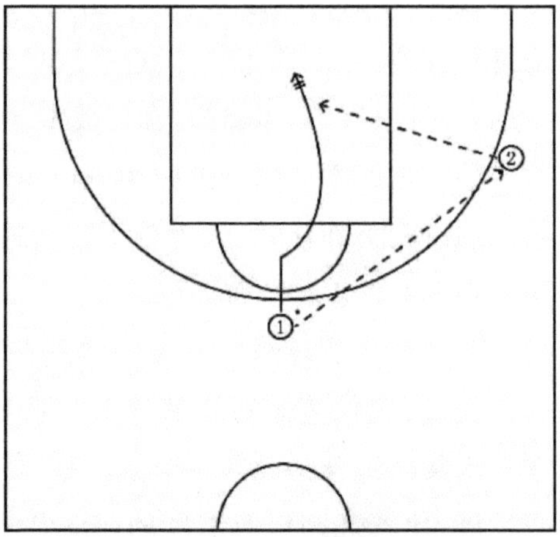

图 3-4　一传一切战术配合

如图 3-4 所示，①运球或原地持

球后双手胸前传球给②，①立即侧身降低重心从进攻区域右侧快速合理切入，①同时接②短传球完成投篮。

(2)空切配合：指在比赛中进攻方的无球队员充分掌握战机立即摆脱防守队员，向防守的薄弱区域切入并接队友的传球进行投篮或完成其他进攻。

如图 3-5 所示，①运球或原地持球，双手胸前传球给②，③侧身降低重心快速横切或沿底线迅速进行跑动切入，同时②击地传球给③完成投篮。

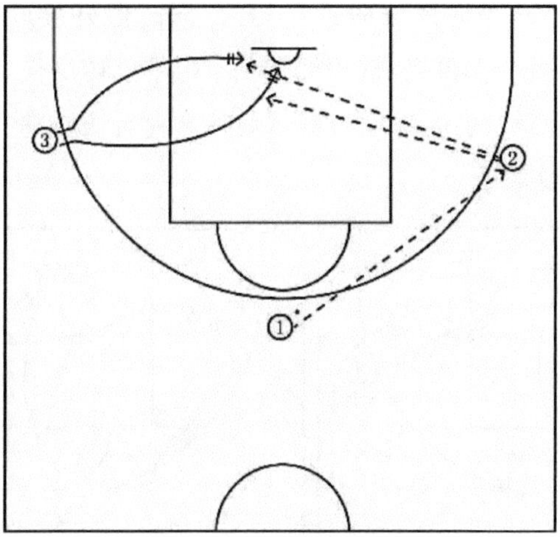

图 3-5　空切配合图

3.传切配合基本要求

(1)传切战术的配合需要有适宜的配合空间，进攻方队员必须选择合理的路线进行切入。

(2)进行内切的队员要迅速捕捉对方防守队员由于对选位等动作不及时的判断或防守队员由于注意力分散的实际情况，果断、快速地移动，或主动利用假选位及假动作迅速摆脱对方防守中的队员并快速切入篮下，主动接受来自队友的快速传球。

(3)进攻方的传球队员一定要注意充分利用传球瞄篮、突破、运球或假投篮等多种手段吸引、主动攻击和牵制对方防守队员，当作为切入的队员已经完全摆脱了对手防线或已经处于有利的攻击位置时，则要及时、准确且隐蔽地向切入队友发出传球。

4.传切配合的教学练习方法(配图示)

如图 3-6 所示:①运球或原地持球,双手胸前传球给④后立即向左侧作摆脱的假动作,然后突然向右侧做变向进行纵向切入并接④的短传球完成投篮。④在完成传球动作立即后跟进拼抢篮板球,①与④进行传球和切入的角色转换,依次进行练习。

如图 3-7 所示:分成两个小队并且每队持有一颗篮球,①双手胸前传球给④后立即降低重心转身向反方向进行切入,同时做好接球的预动作,接④的击地传球完成球投篮,④再完成击地传球后立即半转身快速进行横切接②的短传球完成投篮。②⑤积极拼抢篮板球后按顺时针方向进行传球和切入的角色转换,依次进行练习。

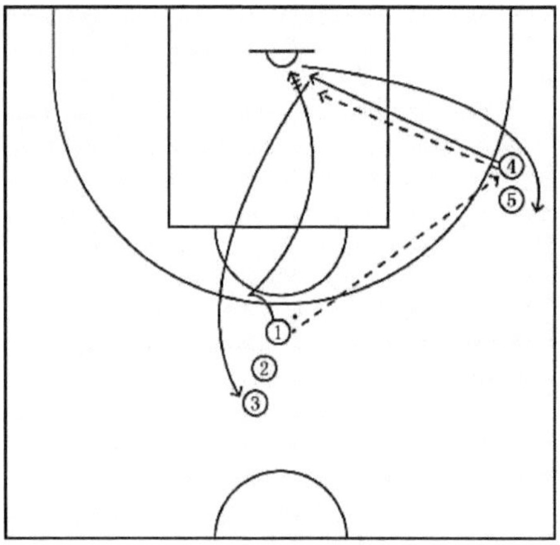

图 3-6

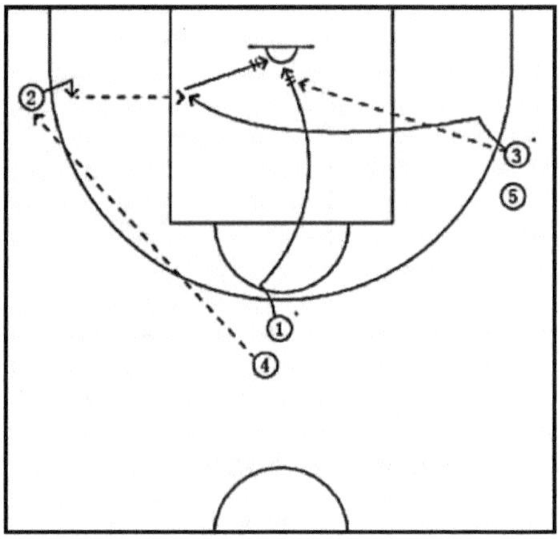

图 3-7

(二)突分配合

1.定义

突分配合是指持球队员突破对手后,遇到对方补防或协防时,及时将球传给进攻位置最佳的同伴进行攻击的一种配合方法。当对方采用人盯人防守或区域联防时运用突分配合,可打乱对方的整体防守部署,压缩防区,给队友创造最佳的外围投篮或篮下进攻机会。

2.突分配合基本方法(配图示)

如图 3-8 所示:①原地持球做三威胁试探后,降低重心做体前变向从左侧底线突破防守队员⑥后,再遇到补防的防守队员⑦时,及时地击地传球给合理横切的队员②完成投篮。

如图 3-9 所示:①原地持球做三威胁试探后,降低重心纵向顺步突破防守队员⑥,完成突破后遭遇防守队员⑦的补防时,①要及时体侧快传球给队友,②要做好接球准备并在接球后完成投篮。

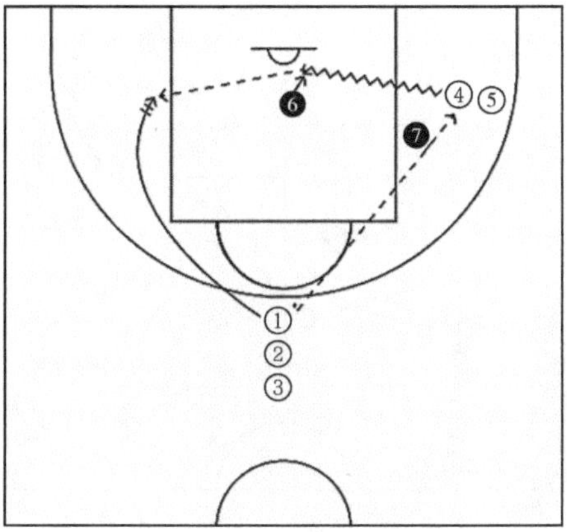

图 3-8

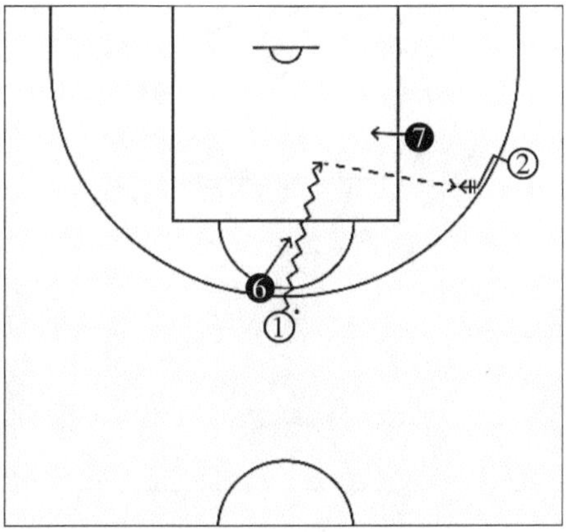

图 3-9

3.突分配合基本要求

(1)进攻队员在突破前的假动作要逼真,运球突破的动作一定要快速连贯,在持球及移动过程中运球队员要密切关注场上的队友和防守队员的位置和移动方向的变化,既要充分做好中远投的进攻准备,又要做好及时、合理地将球准确传给场上进攻机会、进攻位置更好的队友的准备。

(2)当场上持球的队员成功运球突破后,其余的进攻队友要及时假动作或者局部配合摆脱防守队员,离开原位置进行跑位,应跑位至防守薄弱的空隙区域,并随时做好接球完成进攻的准备,更要进行正确合理的卡位拼抢篮板球。

4.突分配合的教学练习方法(配图示)

如图 3-10 所示:①原地持球或运球,①双手胸前传球给队友④后,④降低重心快速沿底线顺步突破,当遭遇固定站位防守队员⑥的逼迫防守时,及时背后传球或击地传球传球给做好接球准备的队友①完成投篮，④积极拼抢篮板球并与①进行传切角色互换，依次进行练习。

如图 3–11 所示：③原地持球或运球，③双手胸前传球给①后，①降低重心从中路交叉步突破，当遭遇防守队员⑥的补防时快速隐蔽地击地传球或背后传球给③完成投篮，防守队员拼抢篮板球，①和③转身退回原位后继续防守②和④，依次进行练习。

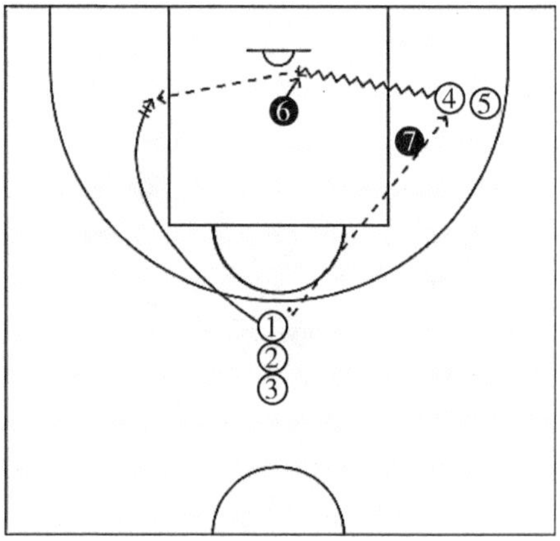

图 3–10

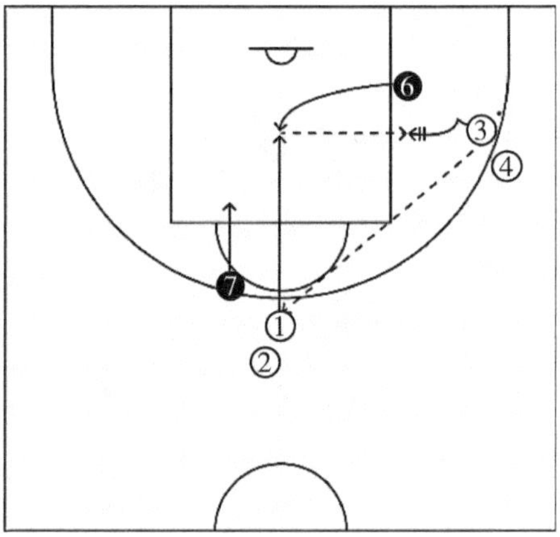

图 3–11

（三）掩护配合

1.定义

掩护配合是指进攻队员采用合理的行动，选择正确的位置，借用自己的身体用合理的技术动作挡住同伴防守者的移动路线，使同伴借以摆脱防守，或利用同伴的身体和位置使自己摆脱防守的一种配合方法，获得接球投篮或其他进攻机会的一种配合方法。

掩护战术的配合根据不同的形式和目的有很多种不同的分类：根据掩护方队员者和防守队员的力量及移动的方向与位置分为前移动掩护、侧掩护和后移动掩护；根据掩护方的队员数量、移动线路及形式等分为定位移动掩护、行进间掩护、反掩护、假移动掩护、运球移动掩护、连续移动掩护和双人移动掩护等。掩护战术配合是打破紧逼人盯人防守最有效的方法之一。

2.掩护配合基本方法(以侧掩护为例)(配图示)

如图 3–12 所示:给有球队员做侧掩护,①运球或原地持球,双手胸前传球给②后立即侧身跑动到队友②的侧面降低重心做掩护,②接到传球后立即做三威胁试探吸引防守队员的防守,①移动到位并且完成掩护动作时,②降低重心从⑦的左侧交叉步持球突破完成投篮。①完成掩护后要及时合理做好队友传球的准备或选位、卡位进行篮板球的拼抢。

如图 3–13 所示:给无球队员做侧掩护(反掩护),①运球或原地持球,双手胸前传球给②后,立即侧身跑去给队友③做掩护,当①跑到⑧侧面降低重心完成掩护动作时,③立即侧身贴着①做好接球准备切入到篮下接②的击地传球完成投篮。②接到①的双手胸前传球后,要进行三威胁试探或瞄篮假动作引起对方防守队员的逼迫并且调整与队友配合的节奏,当③借助①的定位掩护切入无人防守的篮下时,②及时击地传球给③完成投篮。①在完成掩护动作后要根据队友的跑位及防守方的变化及时采取其他合理的战术行动。

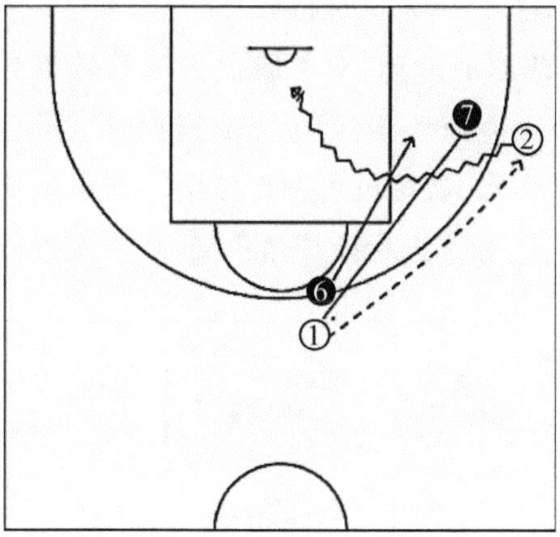

图 3–12

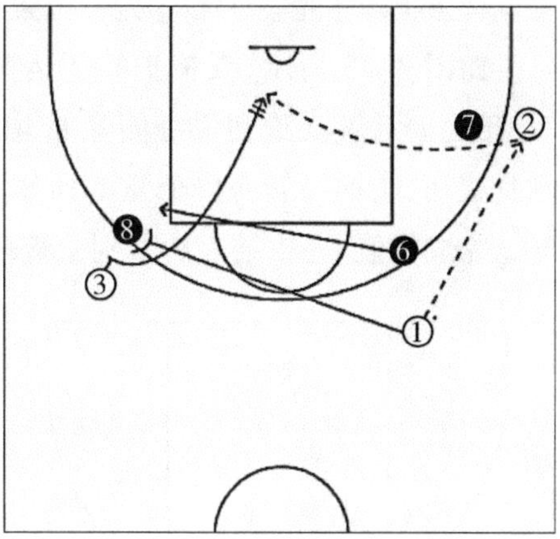

图 3–13

3.掩护配合基本要求

(1)进攻方进行掩护的目的一定要清晰明确,合理地选择正确的攻击地点作为掩护,动作的选择地点及位置要准确而且隐蔽合理,避免被动造成攻击队员掩护犯规,有利于自我的安全保护和有效减少攻守双方的激烈对抗的平衡。

(2)被掩护的队员在需要摆脱时应选择最佳的位置和摆脱攻击角度,配合掩护队员要隐蔽攻击行动的意图与攻击的方向，运用假动作吸引进攻的对手,当被掩护的同伴或队员到达需要掩护的位置时,摆脱对手的掩护动作一定要快速。进攻方的掩护队员及队友的身体要贴紧防止被防守队员挤过。识破防守队员换防时掩护者应立即转身给予配合参加进攻。

(3)进行掩护战术配合时进攻方的队员要充分把握战机,注意及时的行动,并根据其防守的变化,迅速采取应变措施如迅速组织中远投、进行突破或交给内线球员完成进攻等并积极寻求二次进攻机会。

4.掩护配合的教学练习方法(配图示)

如图 3-14 所示(侧掩护):③运球或原地持球,双手胸前传球给①,①接球后做进攻三威胁假动作向左侧试探,当③侧身快速移动至⑥的左侧降低重心进完成掩护动作时,①突然降低重心向右运球顺步突破完成攻篮或背后传球给③,③在完成掩护动作时迅速向后转身切入并做好接传球准备或选位卡位进行篮板球拼抢。①和③掩护位置角色互换,依次进行练习。

如图 3-15 所示(反掩护):①运球或原地持球,双手胸前传球给教练员后,迅速向后转身跑到②身侧降低重心做掩护动作,当①完成掩护时②迅速侧身横切,①向后转身降低重心向篮下切入,教练员可调传球给①或击地传球②完成投篮,进攻结束后拿到篮板球,①和②进行掩护角色交换,依次进行

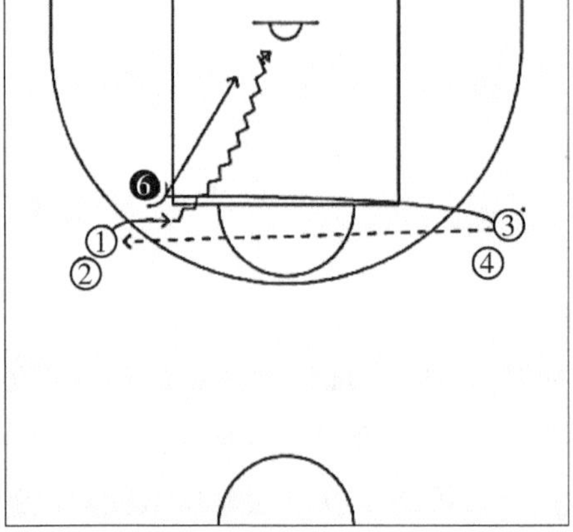

图 3-14

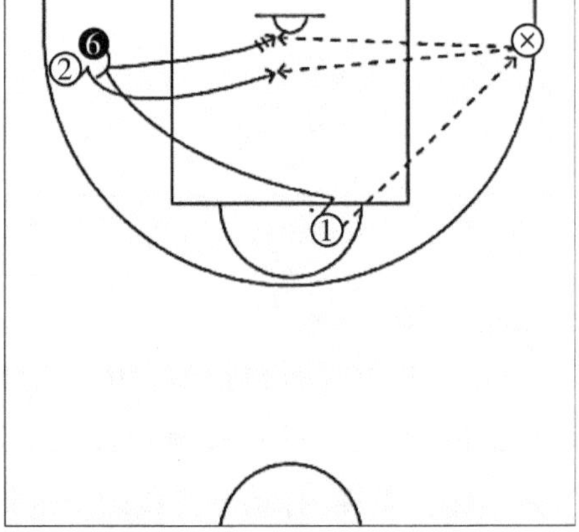

图 3-15

练习。

（四）策应配合

1.定义

策应配合是指进攻队员背对或侧对球篮接球后，由他作为枢纽，与同伴空切相互配合，形成一种里应外合的配合方法，通过多种传球方式与外线队员的空切、绕切相结合，借以摆脱防守，创造各种里应外合进攻机会的配合方法。

2.策应配合基本方法(配图示)

如图 3–16 所示：②运球或原地持球，①使用假动作迷惑⑥并迅速摆脱防守侧身跑到罚球线进行高位策应，②头上传球给①后立即降低重心快速向篮下切入，同时做好接球准备，再接到①的击地传球后立即完成投篮。

如图 3–17 所示：①运球或原地持球，双手胸前传球给②进行策应后，立即转身降低重心从②身侧迅速向篮下切入，③加速向底线跑位后迅速反跑绕出，②可击地传球给切入的①做进行上篮或头上传球给③进行远投，也可以自己完成进攻。

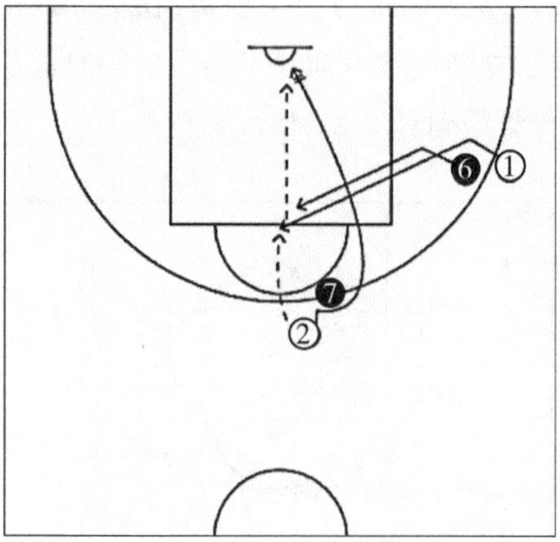

图 3–16

图 3–17

3.策应配合基本要求

(1)进攻方的策应队员应注意抢位并做好接球准备，接到球后要注意动作，合理利用身体优势给防守队员造成防守压力。发起策应的队员要注意保护球并时刻注意场上的局势，选择合理的个人进攻或与处于有利位置的队友进行配合。策应时要灵活运用转身、跨步等假动作进行策应位置的调整。

(2)进攻方的策应队员在完成传球后要迅速后转身并向篮下切入，合理选位卡位做好拼抢篮板球的准备。其他队员应注意策应发起点的位置，快速传导球到防守策应者薄弱的一侧，做到人到球到；或多用假动作摆脱防守，绕出接球。

(3)非策应队员完成传球后迅速利用假动作摆脱防守队员的防守，在接到策应者的传球后立即在攻篮或传球中做出最佳选择。

4.策应配合的教学练习方法(配图示)

如图 3–18 所示：将队员划分为两组，其中①②③每名球员持一颗篮球，①运球或原地持球，当④侧身跑动上提到罚球线时，①头上传球给④，传球后迅速向左侧进行移动假动作试探，再快速向右侧变向绕切接④的击地传球，④在完成策应传球随即后转身向篮下切入，①可完成进攻或给④体侧短传球，完成进攻后④和①进行策应角色交换并依次练习。

如图 3–19 所示：将队员划分为三组，①运球或原地持球，⑤插上并接①的头上传球做策应发起点，①②迅速侧身，⑤提前进行交叉绕切，在接⑤的击地或短传球后完成进攻。⑤在完成传球后立即后转身向篮下切入的同时选位卡位进行篮板球拼抢，然后按顺时针进行策应角色交换，依次进行练习。

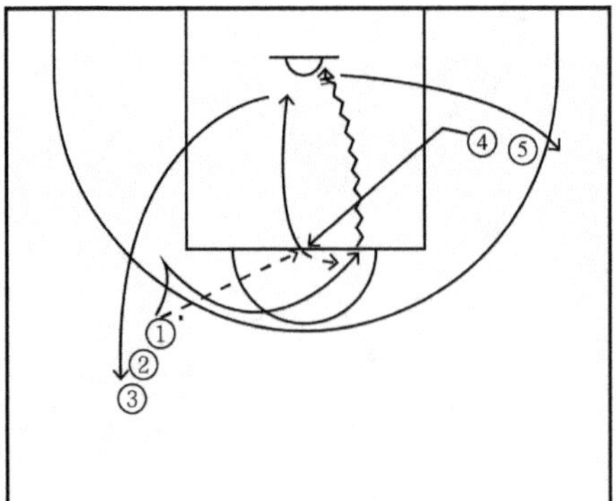

图 3–18

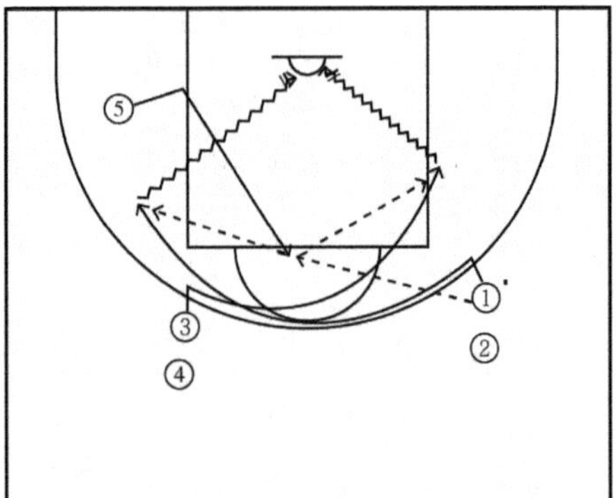

图 3–19

二、进攻人盯人防守战术

进攻人盯人防守战术是根据对方防守的防区范围、防守阵势和队员的防守能力，结合本队实际特点设计的一种有组织的全队进攻战术。

进攻人盯人防守战术现在主要有两种打法：一种是以一名技术能力突出的队员为核心组织带动全队配合“整体型”打法；另一种是场上多名队员同时作为核心队员共同组织、配合完成球队进攻的“机动型”打法。随着现代篮球技、战术的快速发展，现代进攻人盯人防守战术最具典型的打法是以两三人为一小组配合，其具有高效机动性的“移动进攻战术”。

进攻人盯人防守战术主要有进攻半场人盯人防守战术和进攻全场紧逼人盯人防守战术。

（一）进攻半场人盯人防守战术

1.定义

进攻半场人盯人防守战术是由进攻战术的阵型、配合方法、移动路线三个要素组成。该战术是以两三人之间作为整体进攻战术的基础，两三人之间的配合为重点，将各种进攻战术基础配合融会贯通。

2.进攻半场人盯人防守战术各个阵型

综合考虑球队队员的身体素质、技术特点和战术素养，以多种形式的进攻战术配合为基础构建成全队的基础战术配合，因此经常使用到的进攻半场人盯人战术阵型有：单中锋进攻 2–3 阵型(图 3–20)；单中锋 2–2–1 阵型(图 3–21)；单中锋 2–1–2 阵型(图 3–22)；双中锋 1–2–2 阵型(图 3–23)；双中锋 1–3–1 阵型(图 3–24)；双中锋 1–4 阵型(图 3–25)；无固定中锋 1–2–2 阵型(图 3–26)。

3.进攻半场人盯人防守战术基本要求

(1)要根据比赛场上的实际情况，进攻方进入前场时，应该合理的组织和布置进攻阵型并迅速明确进攻落位，最大程度兼顾个人技战术和全队技战术的融合，全队进攻战术要依托于基础的进攻战术。

(2)进攻方要依据战术目的有层次地在全队移动中进行内切、掩护等基

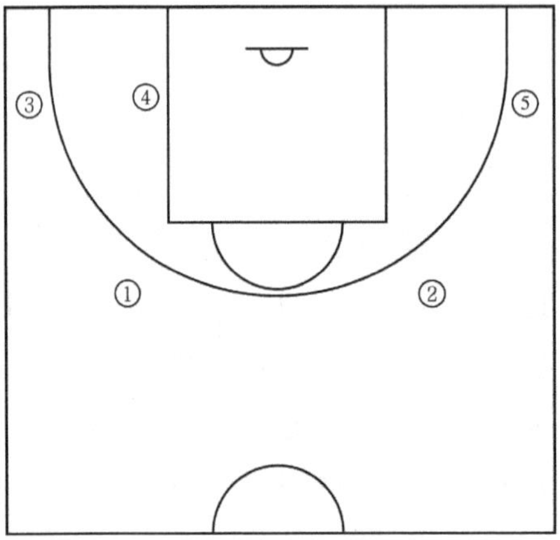

图 3-20　单中锋进攻 2-3 阵型

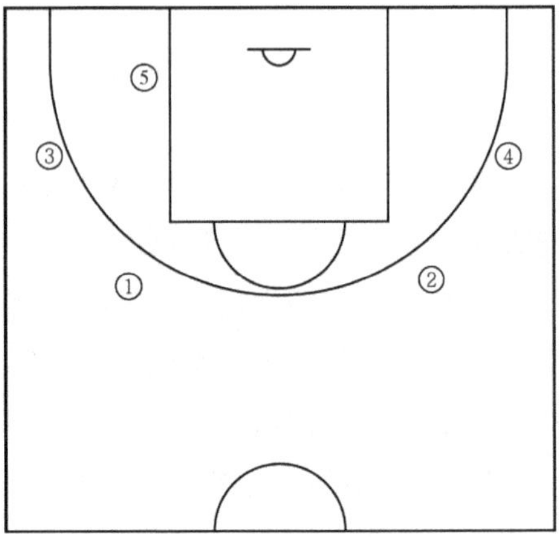

图 3-21　单中锋 2-2-1 阵型

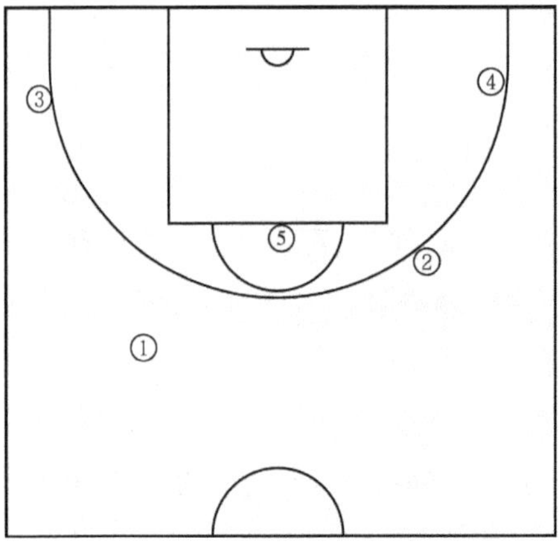

图 3-22　单中锋 2-1-2 阵型

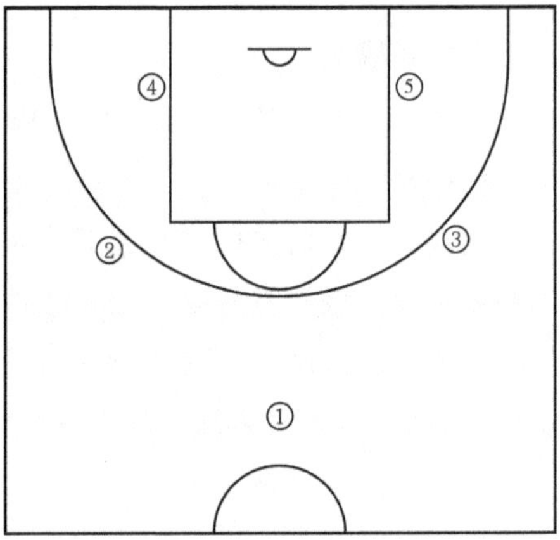

图 3-23　双中锋 1-2-2 阵型

础配合，优先进攻重点的防守薄弱区域及防守破绽处，注重进攻配合中的球队整体行动的灵活性和提高球队整体的机动性。

(3)比赛中要加快由守转攻的转换速度，全队球员要合理选位、卡位，积极进行篮板球的保护与拼抢，强调进攻与防守的平衡性。

4.进攻半场人盯人防守战术教学练习方法

进攻半场人盯人战术配合方法有很多种，球队要合理兼顾个人的技战术特点与全队特长的融合，进行多种行之有效的进攻战术训练。无论哪种类别的战术，教学与训练的程序从总体上说是基本相同的。

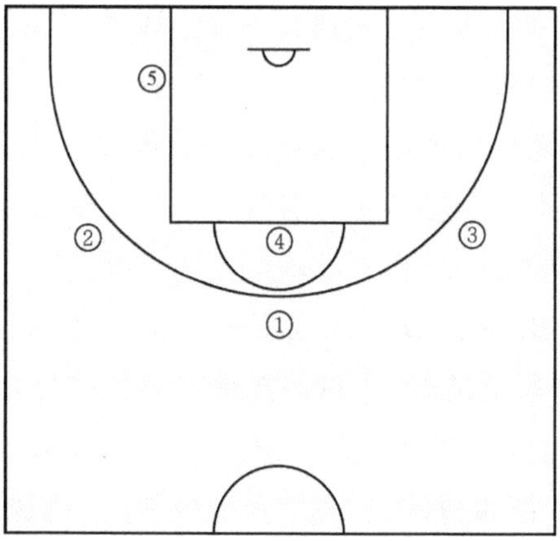

图 3-24　双中锋 1-3-1 阵型

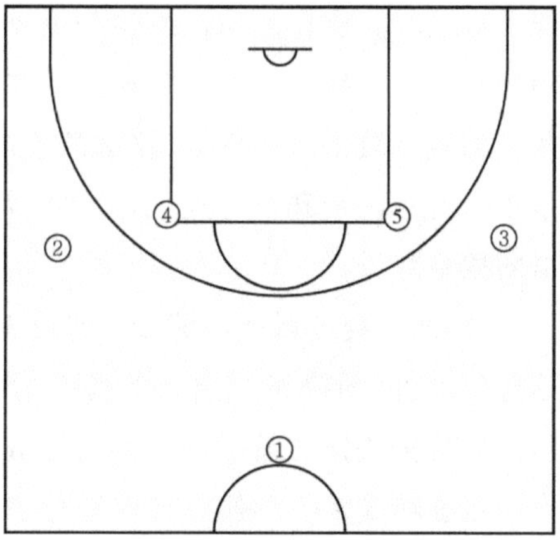

图 3-25　双中锋 1-4 阵型

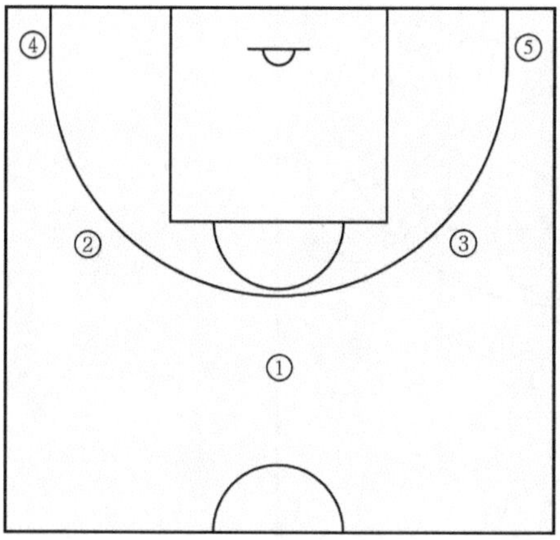

图 3-26　无固定中锋 1-2-2 阵型

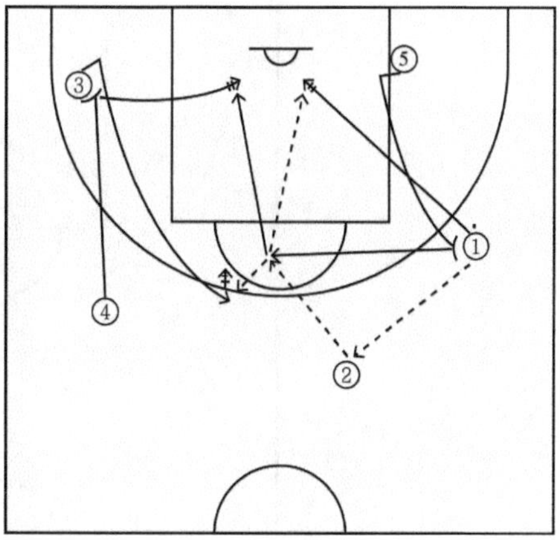

图 3-27

如图 3-27 所示，①运球或原地持球，双手胸前传球给②组织进攻，在①传球②接到球的同时，中锋⑤侧身迅速向上移动给①进行后掩护动作，⑤在完成掩护动作后迅速转身加速横插，②可击地传球或头上传球给①或⑤，位于左侧进攻区域的④侧身降低重心给③进行定位掩护，③借助掩护快速转身上提进行补位，⑤在接到球后也可与②进行策应配合，还可短传球或击地传球给③、④、①进攻或⑤个人完成进攻。

上述战术的相互配合主要是通过合理利用掩护、策应、空切等基础进攻战术构成的。进行战术训练的分位教学时，应当首先通过各种整体进攻战术的分析演示让每名队员了解球队的整体进攻策略战术分位配合的操作方法、各自的战术攻击目标任务、移动的攻击路线及可能出现在已方全队的主要战术攻击目标区域和攻击点，然后再对每名队员整体进行各种战术分位配合攻击的战术练习。

(1)两人两球后掩护练习。如图 3–28 所示，①运球或原地持球，双手胸前传球给③，④转身迅速跑动上提给①进行后掩护，①做好接球准备并借助成功的后掩护快速向篮下切入接③的击地传球完成投篮，④向左侧做摆脱假动作后迅速转身接⑤的侧身传球进行中投结束进攻，所有队员完成战术后积极拼抢篮板球并进行角色位置交换，依次进行练习。

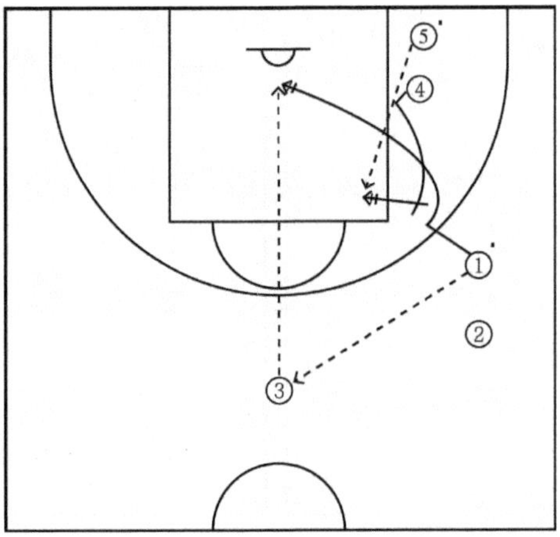

图 3–28

(2)三人三球后掩护、策应练习。如图 3–29 所示，①运球或原地持球，双手胸前传球给②，④转身迅速跑动上提给①进行后掩护，①成功被掩护后迅速侧身向篮下空切接⑤的击地传球完成投篮，④侧转身快速横插的同时②体侧传球给④并与②进行策应配合，③双手胸前传球给②，②立即完成投篮，③在完成策应传球后立即转身接⑤的击地传球完成投篮，练习数次后，按顺时针方向换位，依次进行练习。

(3)两人两球底角掩护练习。如图 3–30 所示，③运球或原地持球，双手胸前传球给⑤，①降低重心侧身移动到底线给③做定位掩护，完成掩护后立即

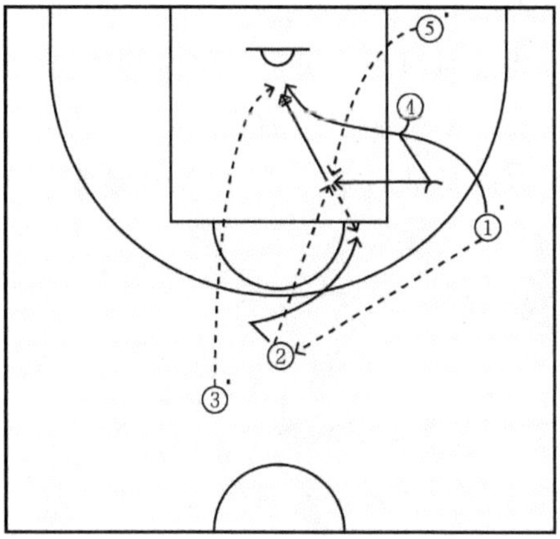

图 3-29

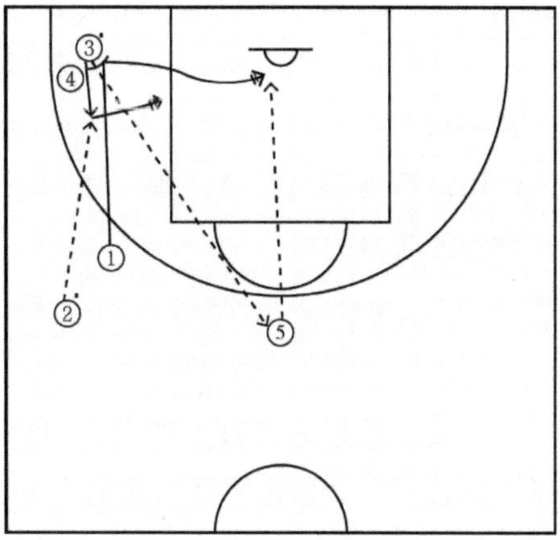

图 3-30

转身加速横切接⑤的击地传球完成投篮,③迅速转身上提的同时②击地传球给③进行中投。所有队员完成战术后积极拼抢篮板球后进行角色位置交换,依次进行练习。

(4)半场无防守情况下的五人练习。在教练员的耐心帮助和指导下,熟悉球队球员位置的落位,明确任务,按照教练员指导球员配合的正确移动时机和确定路线的战术要求,进行人、球的正确移动以及配合战术练习。

(5)半场消极防守情况下的五对五练习。在(4)的配合基础上,将全队各个在局部与整体的战术配合过程的进攻的前、后、左、右的各个攻击点和各个局部整体战术进攻配合要点组合在一起,让进攻中的队员充分了解各个发动整体进攻战术的基本方向和整体移动的基本规律,掌握各个攻击点整体发动局部战术及其进攻的正确运用时机,提高各个不同攻击点的局部战术进攻配合能力。

(6)半场积极防守情况下的五对五练习。在积极对抗的练习中,掌握积极对抗进攻的变化规律。教练员应按照严格要求,完成积极对抗进攻的具体指标后进行攻守交换。必要时,对训练中出现的各种共性战术问题,可让教练和队员进行分组讨论,研究如何解决,以进一步提高他们的综合战术的意识及分析共性战术问题,解决实际问题的能力。

(7)全场五对五的对抗练习。在全场五对五具有强度的实战中进行战术演练,并通过实战找出不足,在接下来的训练中重点加强。

在队员完成以上的练习后, 教练员要及时组织队员进行教学和比赛,检查教学和训练的效果,及时总结、分析在实战中可能出现的难点问题,为今后各种训练活动提供可靠的理论依据。培养队员的战术意识,提高队员掌握和运用各种战术的综合能力。

(二)进攻全场紧逼人盯人防守战术

1.定义

进攻全场紧逼人盯人防守,是指进攻队根据防守队在全场范围内进行紧逼人盯人时所采用的进攻方法和行动,是篮球进攻战术系统中的一种战术。

进攻全场的紧逼人盯人的防守,首先必须要对这种紧逼人防守战术的基本特点和规律有充分的认识,并针对个人防守的面积大、队员分散、不利于其协防的优势和弱点,由个人防守转攻时争取在攻击对方未组成的集体进行防守或团队布局时,迅速发动个人进攻;其次要迅速摆脱对位防守,利用传切、突分、掩护、策应等相互配合,不断加强对个人防守的控制和压力,或以对进攻半场人盯人防守的配合为主要基础有一定目的地迅速展开对全场的攻击,争取整场比赛的胜利和主动权。

2.进攻全场紧逼人盯人防守战术基本方法

进攻全场紧逼人盯人防守的进攻方法有很多,从进攻的手段和形式上我们可以将其归纳大致分为两类:一是指由守转攻时队员使用快攻反击战术手段展开快速攻击的方法,即快速反击进攻法,也是对破坏克制进攻全场紧逼人盯人的防守最有效的进攻方法;二是“逐步”快速反击进攻法,即指由守转攻未能发动快攻的机会时,队员迅速落位,有一定目的地运用传切、突破、掩护、策应等手段来配合的进攻方法以此克制破解全场紧逼人盯人防守的一种进攻方法。

(1)掩护、突破、策应进攻。如图 3-31 所示,①运球或原地持球,②侧身重心稍微降低给③进行掩护,掩护成功时③摆脱对位⑦的防守接①的双手胸前传球,③立即运球进行突破但遭遇防守时,可快速运球到①的体侧做有球掩护,①得到③的有球掩护应迅速侧身进行反跑,并利用③的有球掩护摆脱对

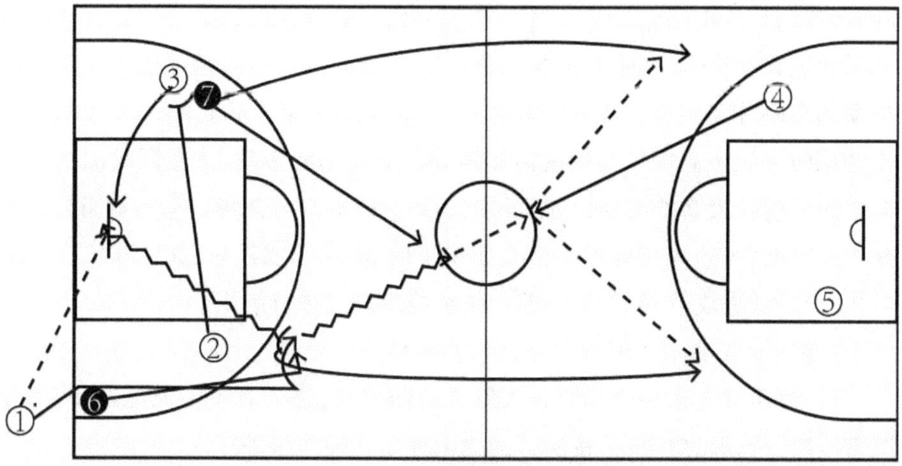

图 3-31　掩护、突破、策应进攻图

位防守球员⑦，接到③的击地传球后，从中路进行突破，如遇到防守，④要迅速转身及时上提进行策应发起者并接①的头上传球，④在完成策应接到传球后快速转身观察队员的跑位变化，可长传球给两侧快下的②或③完成进攻，如机会不好，再次胸前传球给控球后卫，重新组织进攻。

(2)两侧掩护结合中路突破进攻。如图 3-32 所示，⑤在底线原地持球发界外球，③、④分别落位罚球线两侧做好接应发球的一传准备，①、②降低重

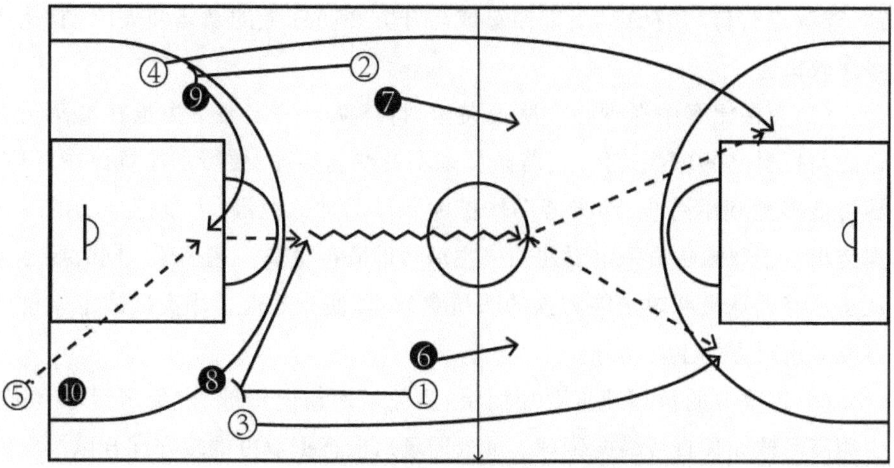

图 3-32　两侧掩护结合中路突破进攻图

心身体微屈，分别落位距③、④(3—4 米)处，配合开始时，①、②分别迅速转身同时快速移动给③、④进行掩护动作，③、④借助掩护的同时可使用向反方向移动的假动作迅速摆脱⑧、⑨高速快下，②在完成掩护后立即做出移动假动作迷惑防守队员立即转身摆脱防守接⑤的双手胸前传球，①在同时侧身快速向中路前插并接②的击地传球后快速运球突破到对方前场。①如不能自己快速完成攻篮，可击地传球给两侧高速快下的③、④完成进攻，如传球机会不适合，①可降低进攻节奏，双手胸前传球给控球后卫进行组织。

3.进攻全场紧逼人盯人防守战术基本要求

(1)当防守方采用全场紧逼人盯人的防守时，进攻方不能慌乱阵脚，必须沉着冷静、行动思想统一，按制订的战术计划正确组织进攻。

(2)及时抓住防守的前场进攻防线，力争组织快速的反击，把球直接传送到对方防守的前场防线，打乱防守方的基本部署。

(3)运球队员在运球时首先要正确选好可以突破的方向，不能在边线及边角处停球，以免让对手进行夹击。迎前接球的进攻队员不仅要随时做好接球准备，更要特别注意主动迎前的接球，同时还要特别注意时刻观察场上的进攻情况，及时组织进攻，把球传给场上拥有最好进攻机会的其他进攻队员。

(4)进攻方的队员在场上的进攻落位要注意保持一定的阵型距离，拉大自己的防区，避免遭到防守方的协防和夹击。无球队员在进攻时要多配合穿插，连续进行传切、掩护等，以便造成防守方在防守上的缺陷和失位，制造更多突破机会。

(5)如果比赛中遇到防守队员夹击，持球队员一定要尽力抢在被队员夹击之前把自己的球快速传出，若队员来不及快速传球，要特别注意保护好球，尽可能多地利用跨步、转身等动作扩大队员活动的范围，力争把自己的球快速传出。接球的队员一定要迎前或主动帮助队员抢前快速接球。同时要尽量让运球好的球员和攻击能力强的队员拿球，以便有效地运用突破战术来彻底打乱夹击对方的主动防守。

(6)进攻方的传球速度要短而快，避免使用横向传球，避免多运球，尽量少用高吊球和长直线横向传球。进入前场后应根据双方的攻守配合以及双方人员分散落位的实际情况，迅速调整落位、布阵，转入阵地进攻。

4.进攻全场紧逼人盯人防守战术教学练习方法

(1)全场一攻一守运球突破结合传切练习

如图 3-33 所示，①降低重心高速运球到防守队员时，利用体前变向加速突破⑥的防守，运球移动到中线附近双手胸前传球给位于中圈进行策应的教练员，然后侧身向防守队员方向做移动、假动作或迅速摆脱防守队员⑥，向篮下快速空切同时做好接球准备，教练员胸前长传球给①完成投篮。

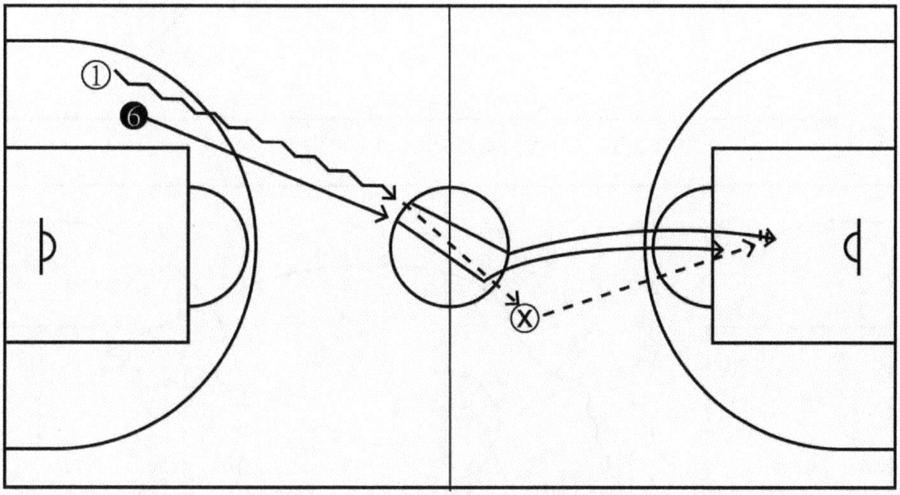

图 3-33　全场一攻一守运球突破结合传切练习图

(2)二攻二守的对抗性和攻守转换的练习

如图 3-34 所示，①站在底线原地持球做发底线界外球的准备，当防守队员⑥与⑦对②进行夹击时，②要连续使用摆脱假动作迅速突破⑥与⑦的夹击，同时接①的双手胸前传球，发完底线球后①加速跑动接②击地传球快速推进。进攻方队员①必须 5 秒内发出界外球，8 秒内传球给位于中圈的教练员，或直接运球突破过掉中线教练员，练习完成后进行攻守交换。此练习如教练员换位站在前场罚球线做快速策应，就变成全场二攻二守练习。

如图 3-35 所示，二攻二守后场发边线界外球练习。⑤站在边线外原地持球做发边线的准备，防守队员⑥、⑦分别对位防守进攻队员①、②。①要利用

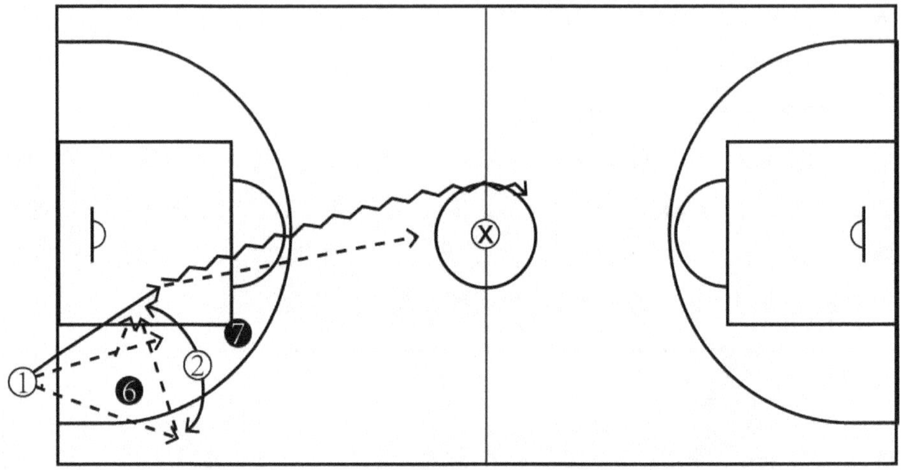

图 3-34　二攻二守的对抗性和攻守转换的练习图

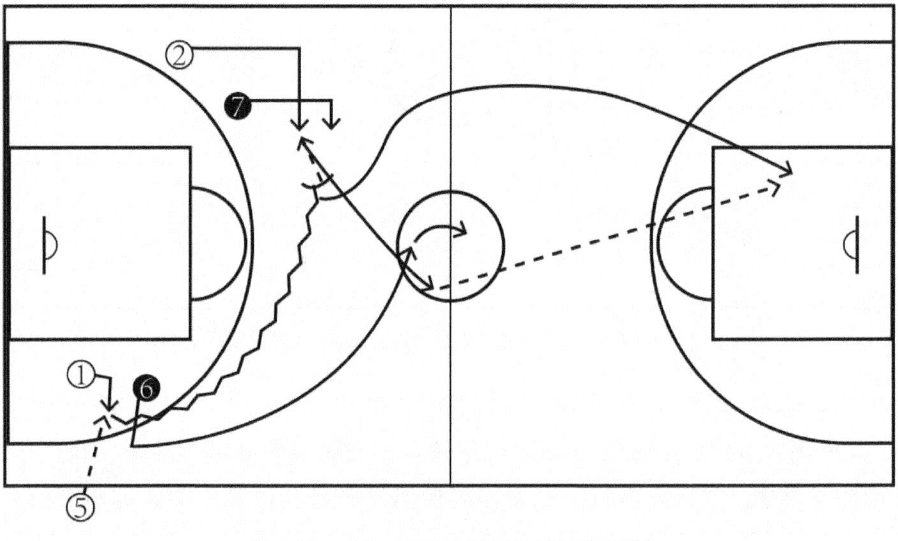

图 3-35　二攻二守后场挪边线界外球练习图

假动作迫使防守队员⑥失位后迅速移动进行摆脱，同时接⑤的击地传球加速运球到②的身侧做有球掩护，②要利用假动作迫使防守队员⑦失位后迅速移动摆脱接双手胸前传球，并从中路快速转身突破，①在完成掩护动作后立即后转身沿边线高速，②击地传球给①完成投篮。由攻守双方队员配合练习一轮后，攻守双方队员通过相互交换角色进行配合练习。

如图 3-36 所示,二攻二守全场运球突破、策应练习。⑤站在底线原地持球做发底线界外球的准备,①落位于后场利用假动作迫使防守队员失位后迅速摆脱?的同时接⑤的双手胸前传球后快速向中线突破,①运球过中线后②利用假动作迫使防守队员失位后迅速摆脱?的同时①头上传球给②做策应,①立即侧身加速向篮下空切的同时接②的击地传球完成投篮,②完成传球后选位、卡位积极冲抢篮板球再体侧传球给场外的③,①转身加速移动快下做策应,②假动作进行摆脱接球完成突破练习。完成练习后,攻防角色交换。

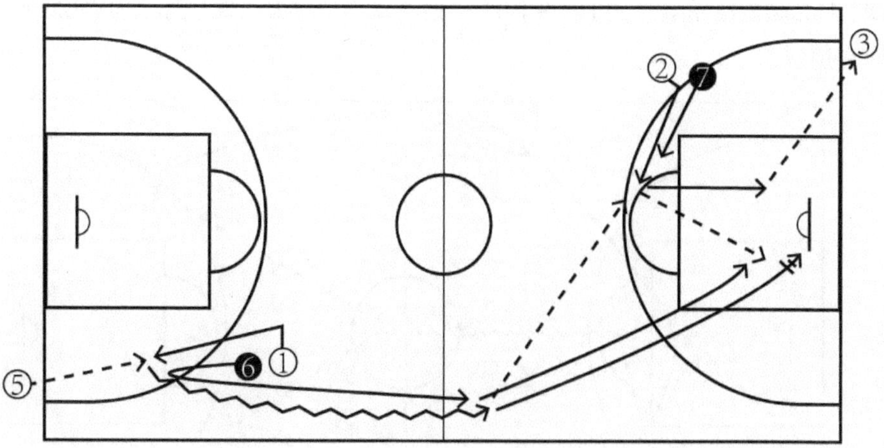

图 3-36　二攻二守全场运球突破、策应练习图

(3)全场三攻三守攻守转换练习

进攻队从防守方的中线发球后立即开始进攻,另一队立即进行全场紧逼防守。如果进攻队命中投篮后,由防守队发底线的界外球,进攻队立即开始进行全场的紧逼防守,若此时进攻队的投篮未命中,进攻队立即拼抢拿到篮板球之后继续向中线进攻,防守队拼抢到篮板球快速地进行反击,快攻成功后,仍由进攻队在中线发球开始进攻。此练习过程要求攻防转换的速度一定要快,防守进攻都要积极。由守方向转攻的队伍要力争快速地进攻,快攻不成运用"逐步"进攻的方法对防守队展开攻击。

(4)全场四攻四守练习

练习从中圈跳球开始,练习的方法和内容要求同练习三。

(5)全队进攻配合练习

先在没有防守队员防守下练习战术落位、移动方式和路线、配合的方法和使用时机,然后在实战增加难度进行练习,最后在实战中重复练习。

如图 3-37 所示,①站在底线原地持球做发底线界外球的准备,③、⑤分别同时侧身,重心稍微下降,进行给②、④做掩护动作,③和⑤在完成掩护动作后立即转身加速沿各自所在的边线移动快下,④利用③的掩护立即侧身跑到前场接①的原地双手胸前传球,⑤在完成掩护动作立即转身加速跑到罚球线,④击地传球给⑤,⑤可以突传结合给②或③,①在完成传球后立即加速沿所在边线快下。

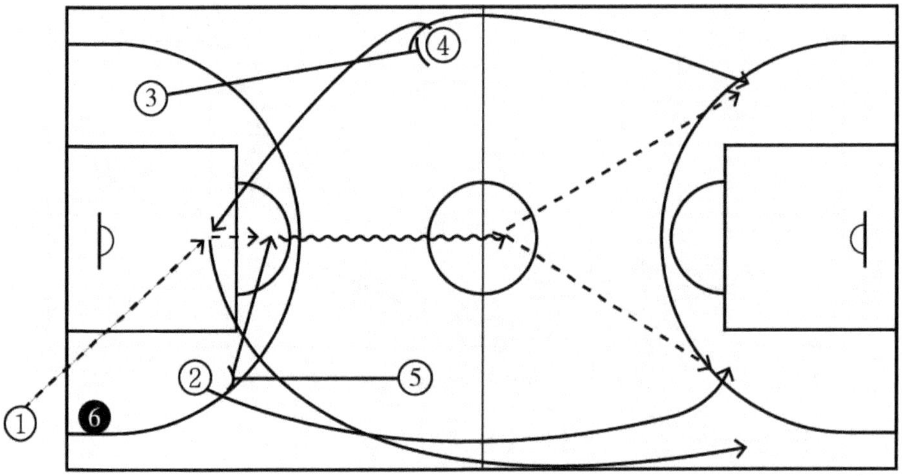

图 3-37

如图 3-38 所示,①站在底线原地持球做发底线界外球的准备,②利用假动作逼迫防守队员失位后立即加速摆脱⑥的防守,同时接①的原地双手胸前传球后及时击地传球给进行空切的③,③头上传球传给插上的⑤进行策应,②和③交叉绕过④后切入的同时做好接球准备,④上提罚球线或切入篮下的同时接球做策应,这时可以传球给②或③,①在完成传球后立即加速沿所在边线快下。

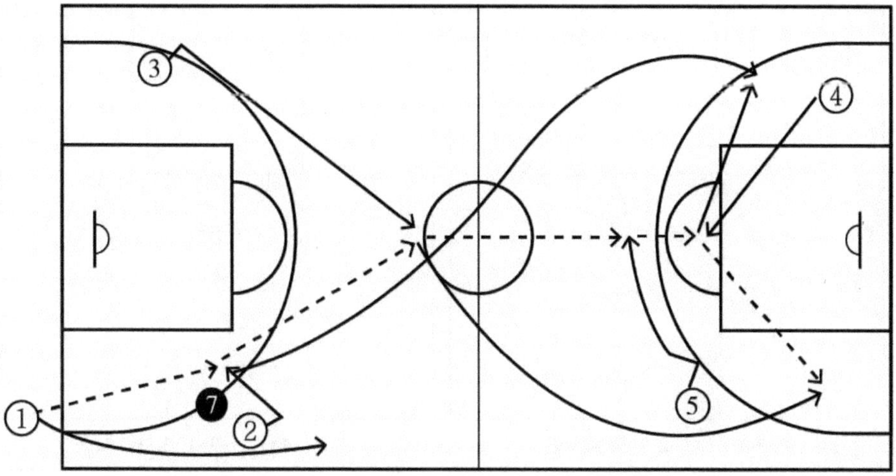

图 3-38

三、进攻区域联防战术

1.定义

进攻区域联防是针对区域联防的特点、阵型和变化所采用的进攻方法，是篮球进攻战术系统中的重要组成部分，其特点是采用与防守相应的进攻队形，占据其薄弱地区，或通过球的转移和人员移动，加重局部防守的负担，在局部地区形成以多打少的有利局面，从而创造良好的进攻机会。

2.进攻区域联防的基本阵型

进攻队员应该在全面深入了解和掌握区域联防的进攻特点及其防守规律的基础上，同时采用各种相应的方法确定进攻区域联防阵型，因此要根据区域联防进攻的点、面合理地安排进攻区域联防队员占据的防守薄弱区域，解决与防守队员之间造成一对一的防守站位，在一个局部的区域中形成以多打少的进攻优势，并始终与其他进攻队员保持着良好的攻守平衡。常用的区域联防进攻落位阵型主要有“1–2–2”落位阵型(图 3–39)、“1–3–1”落位阵型(图 3–40)、“2–1–2”落位阵型(图 3–41)、“2–3”落位阵型(图 3–42)等。

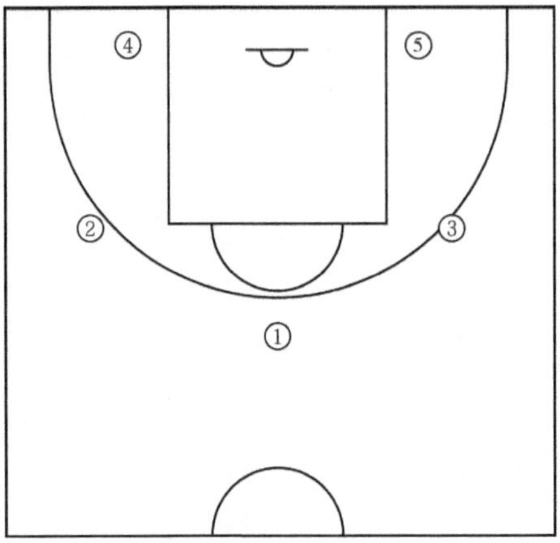

图 3-39 "1-2-2"落位阵型

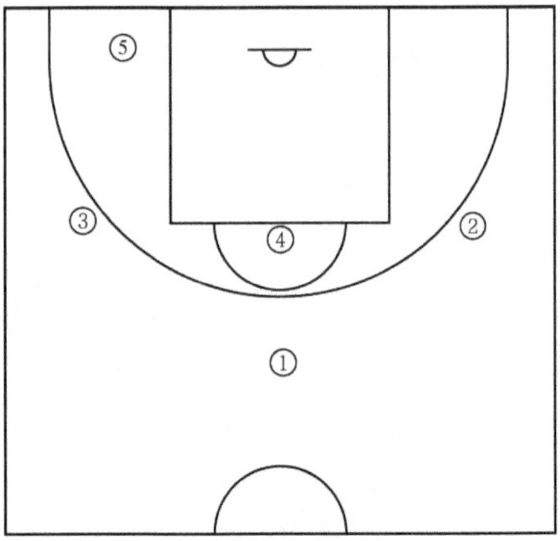

图 3-40 "1-3-1"落位阵型

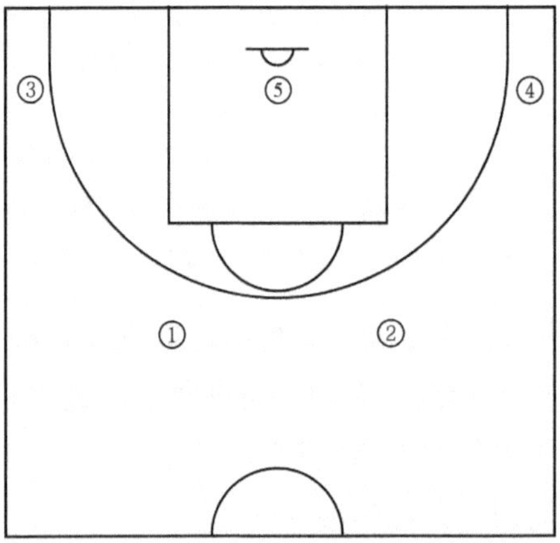

图 3-41 "2-1-2"落位阵型

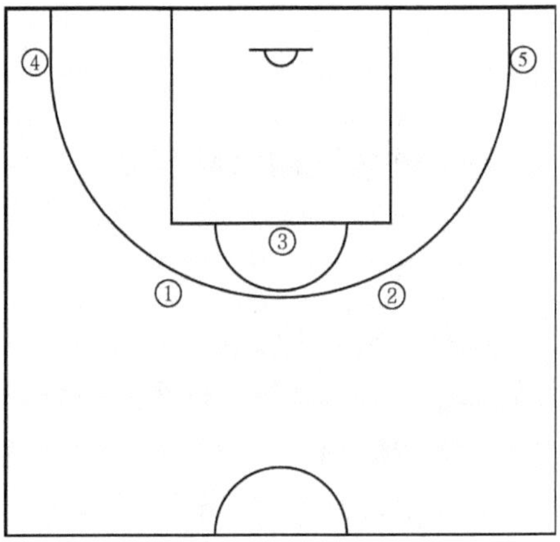

图 3-42 "2-3"落位阵型

3.进攻区域联防的基本要求

(1)发动进攻区域联防，首先一定要以快制胜，不论在何处都要获得自己对应分区球队的主动控制权和球权，都一定要快速抓住有利的进攻时机，迅速发动快攻，力争在对方没有及时落位或防守球队没有布阵前主动进行快速攻击。

(2)无法形成快攻攻击后转为阵地进攻时，根据区域联防的战术要求和作战特点，优先占据防守方的薄弱阵地区域，通过球的快速转移和频繁穿插的带有攻击性跑动，不断调动防守队员，迫使整个阵地区域防守顾此失彼，制造以多攻击少和连续进攻的得分机会。

(3)进攻方的队员需要在进攻中利用比赛场地的两个防区的有限投篮空间快速果断进行中、远离距投篮，迫使防守方队员不断扩大自己的防区，给内线创造适宜的进攻机会。

(4)合理地运用策应、背插、掩护、突分、溜底线等配合破坏对方防守球员的整体防守布局，创造更多投篮的机会。

(5)随时做好进攻后抢占有利的位置的准备，积极的组织和拼抢前场篮板球，争取补篮和二次的进攻的机会；同时要注意攻守的平衡，随时做好没有抢到篮板球的准备并全队退守。

4.进攻区域联防的教学练习方法

(1)溜底线、背插接球投篮练习

如图 3-43 所示，进攻方队员划分为左、右两组，①做假动作逼迫对位防守队员做出失位，选择迅速溜底线跑到球场右侧接③的双手胸前传球完成投篮，③在完成传球后立即侧身移动到球场左侧接②击地传球完成投篮，②在完成传球后立即转身快速移动到球场右侧接④击地传球完成投篮，所有队员完成投篮后积极拼抢篮板球，交换角色，依次进行练习。

(2)三人三球内外线配合练习

如图 3-44 所示，①运球或原地持球，双手胸前传球给教练员，教练员击

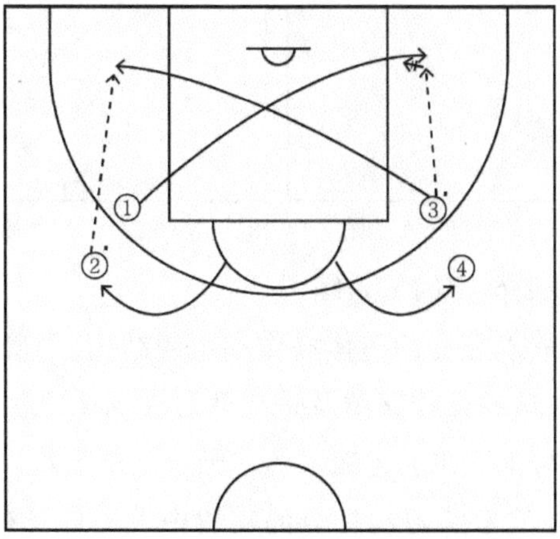

图 3-43　溜底线、背插接球投篮练习图溜底线、背插接球投篮练习图

地传球给②,②在接球的同时,③侧身迅速移动进行横切并接②的传球投篮,②传球后转身向下移动接⑤的双手胸前传球完成投篮,①在③进行横切的同时立即转身向下移动接④的击地传球完成投篮。所有队员完成投篮后积极拼抢篮板球,练习数次后按顺时针方向交换位置,依次进行练习。

(3)三人三球,背插、拉角内外线配合练习

如图 3-45 所示,③运球或原地持球,双手胸前传球给教练员时,②迅速转身进行移动背插到球场右侧底角接教练员的单手长传球,②接到球后在击地传球给及时进行纵切①完成投篮;②在完成传球立即侧身加速移动到球场右侧 45 度三分线外接④的单手长传球完成远篮;③在①进行纵切的同时侧身迅速上提,接⑤的击地传球完成投篮。所有队员完成投篮后积极拼抢篮板球,复归原训练起始位置,练习数次后,按顺时针方向交换角色位置,依次进行练习。

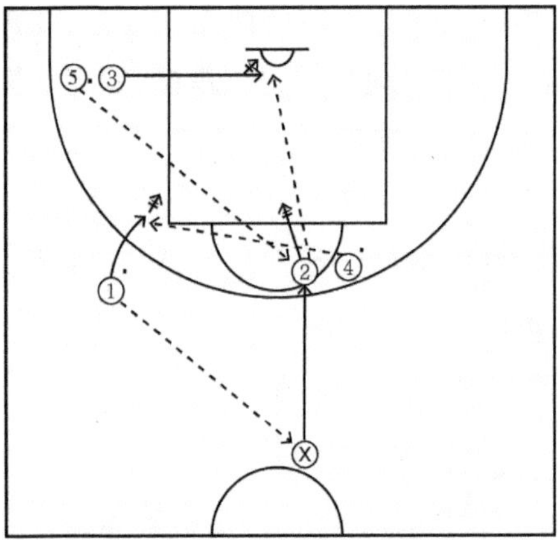

图 3-44　三人三球内外线配合练习图

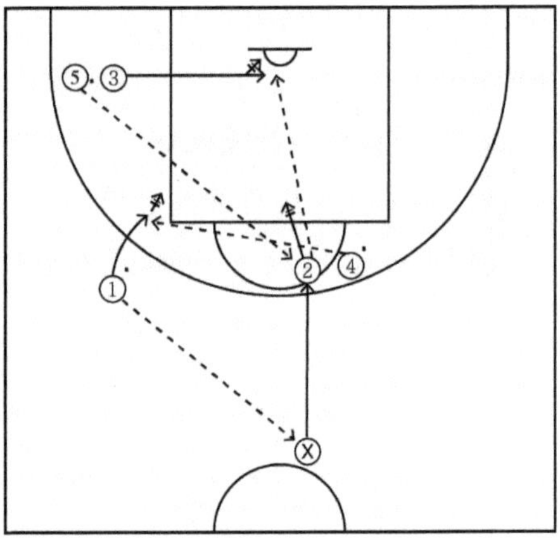

图 3-45　三人三球,背插、拉角内外线配合练习图

(4)半场无防守情况下的五人练习

熟练掌握各种战术配合的整体操作和组织结构,明确各传球攻击点的战术配合操作任务、传球的操作路线及进攻队员在球队之间穿插跑位的主要战术配合操作方式和时机。在上述战术练习配合基础上可以及时组织开展实战教学和训练比赛,在战术练习和配合的实战中发现自身存在的问题,及时地予以解决,提高对区域进攻联防配合战术的准确掌握和在实战中熟练运用的

配合能力。在进行攻守之间的战术对抗配合中,明确各战术攻击点之间进行战术配合的基本要求,熟悉各种战术配合的基本方法和攻击行动的基本路线。

(5)五对五半场进攻区域联防练习

提高强度,在防守接近正常实战的条件下,全队主动配合破联防战术的能力。在对抗接近实战防守的条件下,进攻方按照区域联防战术配合的队形和传接球配合的方法,运用各种传接球和进攻队员穿插的跑位,调动防守方全队的防守,在小范围局部地区内进攻队员制造以多打少的进攻配合机会。主要目的是使队员熟悉与队友配合的方法,掌握进攻投篮的时机,暂不要求进攻队员投篮,在进行积极正常防守的条件下,使得进攻队员能够熟练掌握防守方和进攻的节奏,运用各种声东击西、内外进攻相结合的方法和策略,制造更适宜的进攻队员投篮配合机会,要求进攻队员插空落位,人动、球动,综合运用各种进攻配合的手段,在以上各种配合练习的基础上可进行实战化教学比赛,在实战中针对球队的问题,及时进行解决,提高进攻队员对进攻区域联防战术的配合练习质量和运用的能力。在进行攻守配合对抗的过程中,明确进攻区域联防战术进攻队员配合的要求,熟悉进攻队员之间配合的方法和行动的路线。

(6)全场五对五练习

提高由防守转到进攻时通过快攻、过渡段及防守阵地的衔接进攻能力,争取在防守方没有完全站好防守落位的队形之前,完成快攻。当发现防守方已经完全站好了防守落位的队形时,进攻队员一定要迅速进行落位,按照制定的进攻战术配合的方法组织进攻,要求及时发动快攻,对于控制队员的防守能有针对性的落位和进攻的配合。

四、快攻战术

1.定义

快攻是由防守转换进攻时以最快的速度将球推进至前场,争取造成人数上和位置上的优势与主动,果断合理进行攻击的一种速决性进攻战术。其特点是速战速决,攻其不备,因此是现代进攻战术中最锐利的武器,最重要的反击得分手段。

2.快攻的构成与类型

(1)快攻的构成

快攻的发动与接应、推进、结束三个阶段构成快攻。

1)快攻发动与接应阶段:发生在比赛由防守转换为进攻时,发动的快攻主要有中圈跳球时、完成抢断球后、拿到后场篮板球后、发边线球或界外球等。在比赛中防守方一旦获得球权便可立即发动快攻,球权方所有队员立即按照已经制定或训练时的快攻战术配合进行赛场选位以及跑位,持球推进的队员必须快速运球突破自己的对位防守球员或准确及时传球给快下的队友,持球队员必须与接应队员保持相同赛场节奏,接应队员必须要接到快攻的一传后及时合理地持球进入推进阶段。

2)推进阶段是团队协同配合加快进攻速度,衔接其他两个阶段的关键,必须注意速度与团队的协同配合,注意人和球的主动以及变化意识。

3)结束阶段是完成进攻得分的快攻结束阶段。

(2)快攻的类型

快攻战术包括长传快攻、短传快攻(结合运球推进)和运球突破快攻三种类型。

1)长传快攻:防守方在后场拿到球权转变成进攻方后,迅速地通过长传球的方式给已经摆脱防守高速进行快下的队友(图 3-46)。

2)短传(结合运球推进)快攻:防守方在后场拿到球权转变成进攻方后,及时的通过队员间的短距离传球,快速逼近防守方篮下(图 3-47)。

3)运球突破快攻:防守方在后场拿到球权转变成进攻方后,持球队员利用个人技术高速进行运球突破完成进攻或突破后传球给进攻位置更好的队友完成进攻(图 3-48)。

3.快攻的基本要求

(1)发动快攻方必须具有强烈的全队快速反击意识,抓住一切进行快攻的战机。

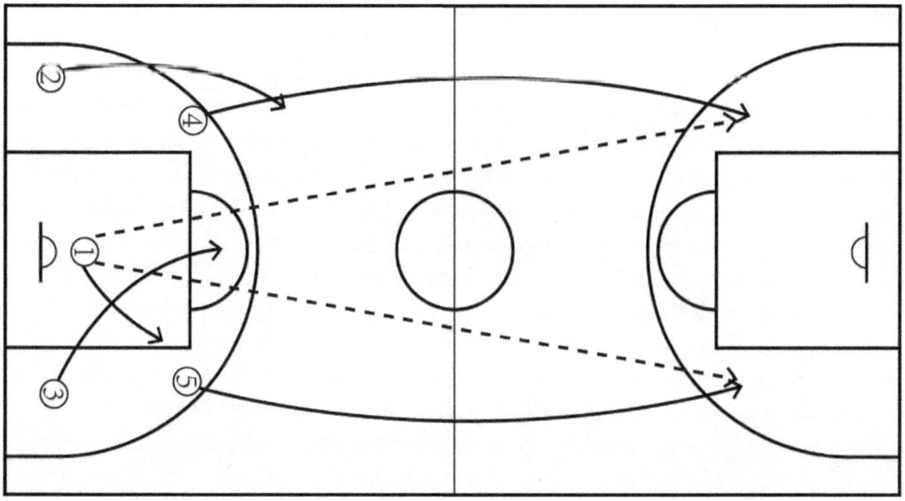

图 3-46 长传快攻图

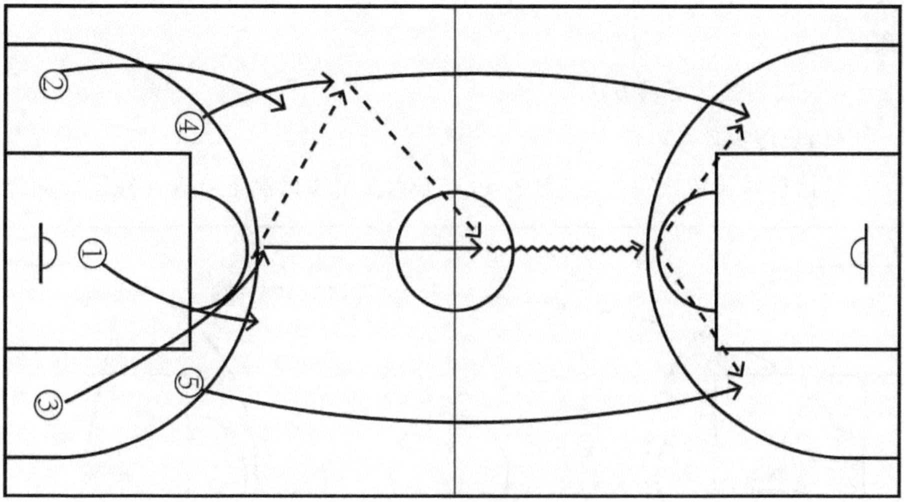

图 3-47 短传(结合运球推进)快攻图

(2)防守方在后场拿到球权后转变成进攻方后,按照战术制定计划合理地进行战术跑位,注意保持球队的队形纵深,以此来扩大进攻空间、增加进攻选择点。

(3)进行快攻中要保持全队的进攻节奏,最大限度减少持球推进的时间。

(4)在进攻结束阶段动作要连贯且保持速度完成攻篮,完成进攻后注意

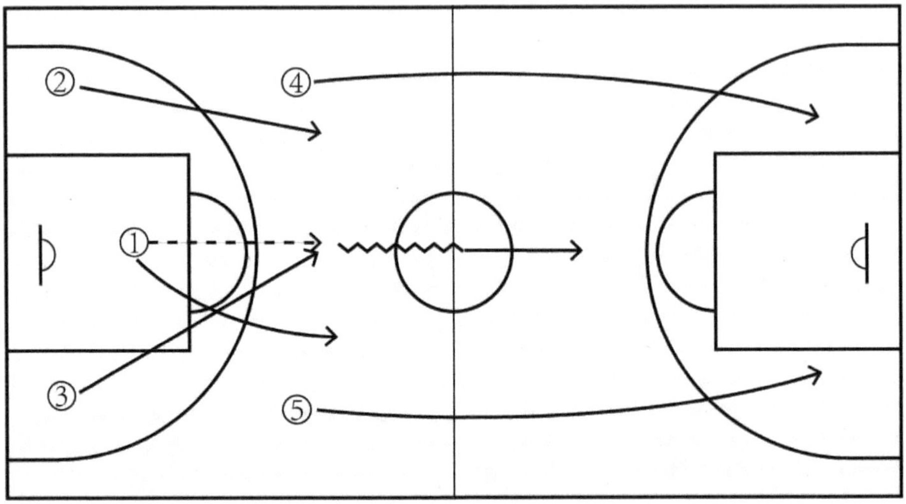

图 3–48　运球突破快攻图

选位、卡位,积极拼抢篮板球及二次进攻机会,同时注意由进攻转换为防守的意识。

4.快攻的教学练习方法

(1)长传快攻

抢篮板球长传快攻投篮(图 3–49),①和④站在篮筐下合理冲撞区面向篮

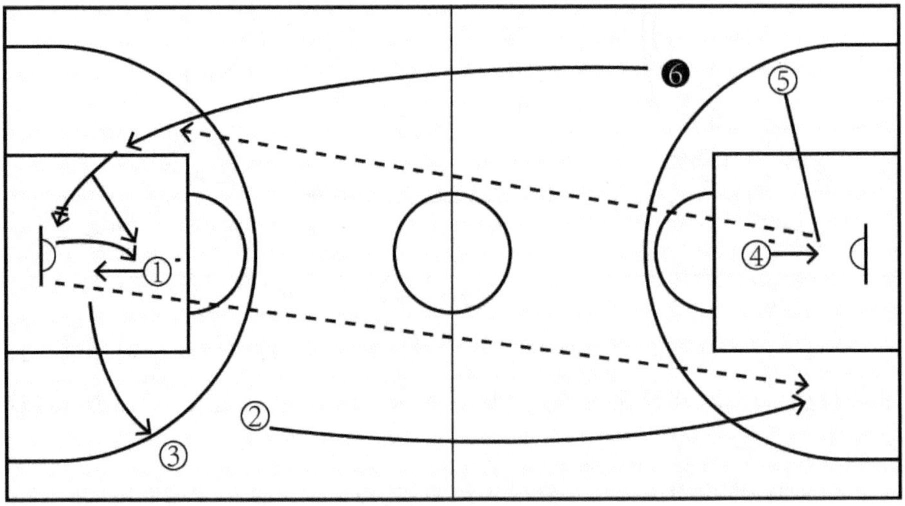

图 3–49　长传快攻图

板持球站立,同时抛球向各自的篮板后抢自己抛出的球,分别立即长传球给沿边线高速快下的②和⑥完成攻篮,完成传球后站到③和⑤的身后,①和②在完成投篮后立即拼抢各自的篮板球再长传球给快下的③和⑤完成攻篮。

(2)短传快攻

短传快攻推进练习(图 3-50),①原地持球,①站在底线三分线处,②站在罚球线处,分别沿各自路线进行短传球推进或快速直线传接球至篮筐下。

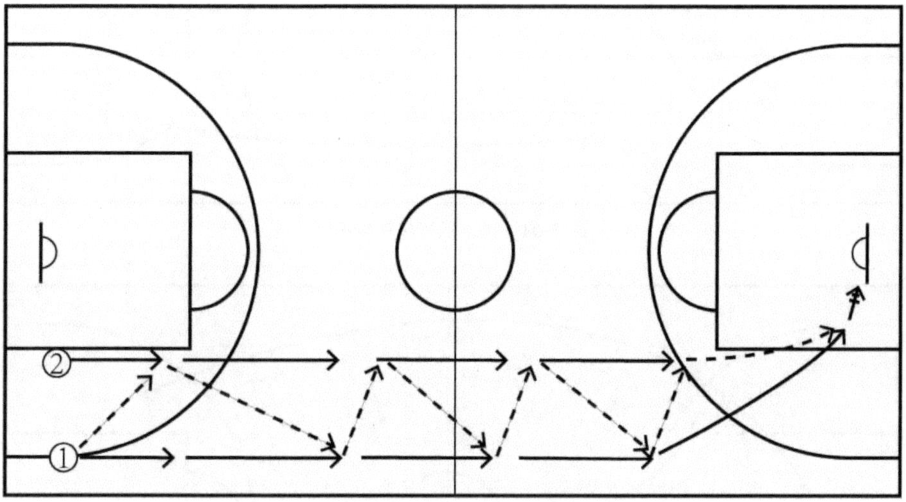

图 3-50　短传快攻推进练习图

三人短传快攻方法(图 3-51),②原地持球,①、②、③分别左中右站位于底线,沿各自边线向前场直线快速进行短传球,推进到篮下完成投篮,再路径返回。

边线接应,中路运球三线推进练习(图 3-52),①持球向篮板抛球后拼抢篮板球,拿球后立即快速胸前传球给拉边的队员③,③立即短传球高速进行插中的②,②在接到球后从中路快速运球推进至前场,①和③分别沿边线高速快下并做好接球准备,接②的短传球完成攻篮。

中路接应,中、边传运结合三线推进投篮练习(图 3-53),①持球向篮板抛球后拼抢篮板球,①抢到篮板球后立即短传球给进行插中的②后快速侧身沿左边线进行快下,②在接到球后持球推进至前场并及时短传球给沿边线高速

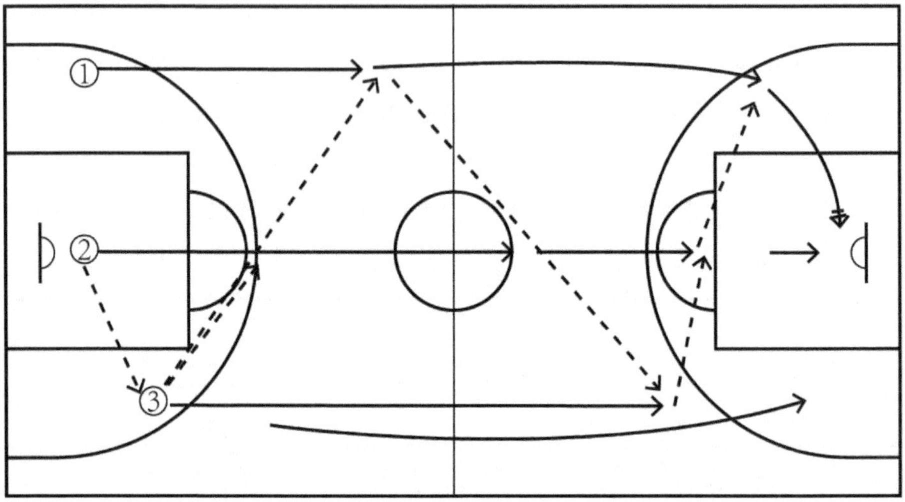

图 3-51　三人短传快攻方法图

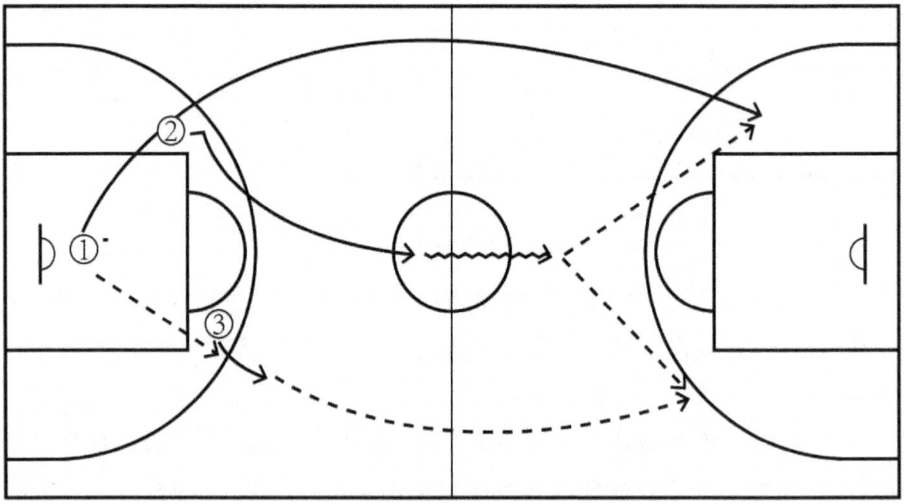

图 3-52　边线接应，中路运球三线推进练习图

快下的③，③完成接球后快速运球完成上篮或再次短传球给①或②完成投篮。

(3)运球突破快攻结束阶段

全场二攻一练习如图 3-54 所示，①持球，①和②相互进行传球高速推进

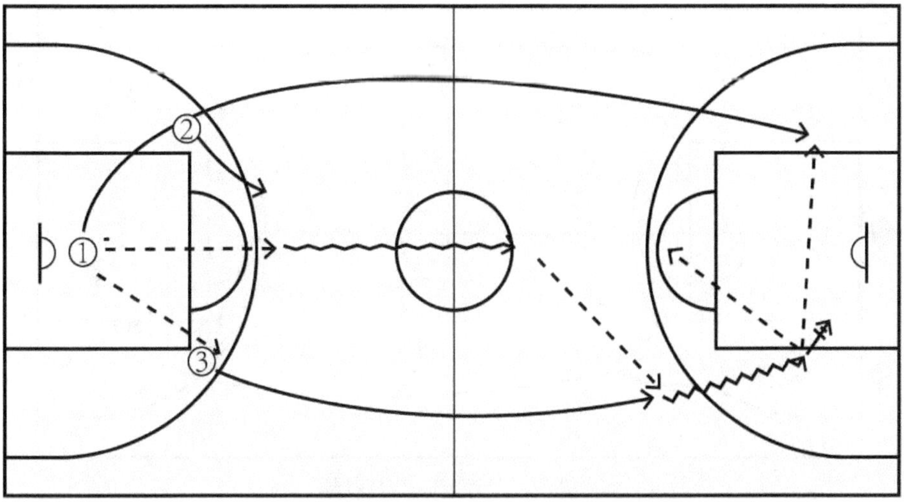

图 3-53　中路接应，中、边传运结合三线推进投篮练习图

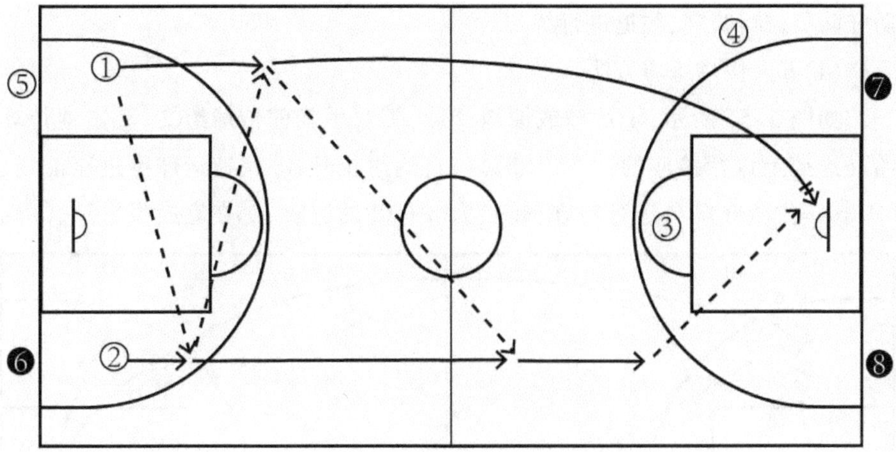

图 3-54　全场二攻一练习图

至前场，当②遇到③的防守时，②及时快速地胸前传球给①完成投篮。③拿到完成进攻后篮板球后与④以同样的方法进行配合完成进攻，⑤进行防守，依次进行。

全场三攻二练习如图 3-55 所示，①、②、③为一组分别左、中、右站位于底线，进行短传球结合运球向前推进，④和⑤为防守队员进行防守，完成进攻

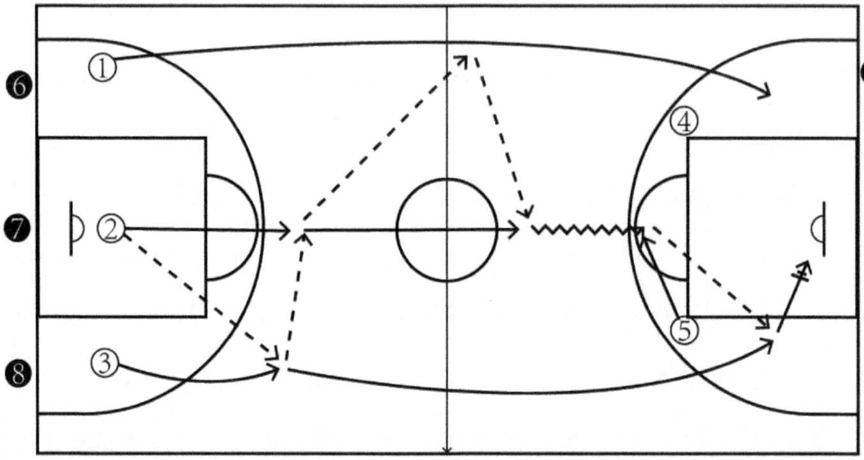

图 3-55　全场三攻二练习图

后，进行防守的④和⑤与①组成一组立即有防守转换为进攻，②和③转换为防守队员进行防守，往返进行练习。

(4)五人快攻练习方法

如图 3-56 所示，①运球或原地持球，①双手胸前传球给②，②击地传球给高速插上进行接应的③，①、②沿各自的边拉开，③快速运球推进至前场，④、⑤作为防守队员进行防守，转换为③打②的进攻，①在完成投篮后，③转

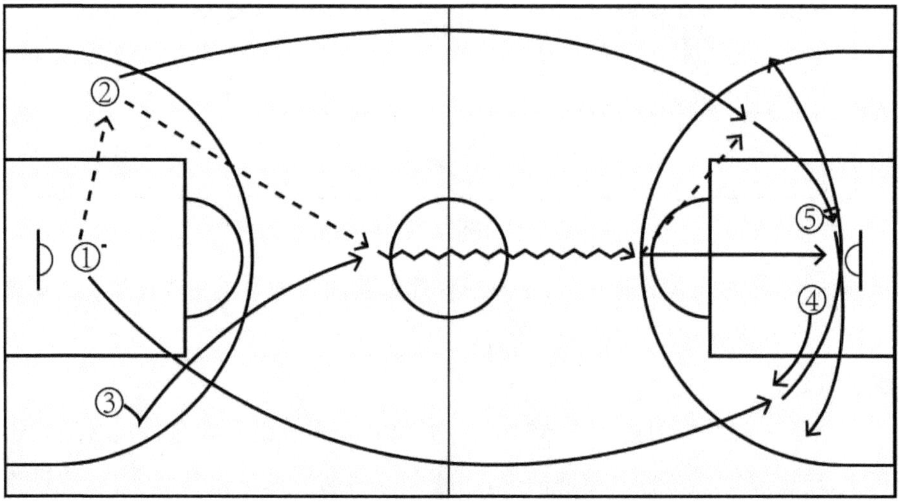

图 3-56

身选位卡位进行篮板球拼抢，①和②立即转身向各自反方向拉开，如图 3-55 所示落位。

如图 3-57 所示，③运球或原地持球，③双手胸前传球给①，①在击地传球给⑤，同时②侧身快速进行前插至中圈位置时，⑤体侧短传球给②，②快速运球向前场弧顶位置推进，④、⑤侧身快速沿各自边线快下，②可击地传球给④或⑤完成投篮。

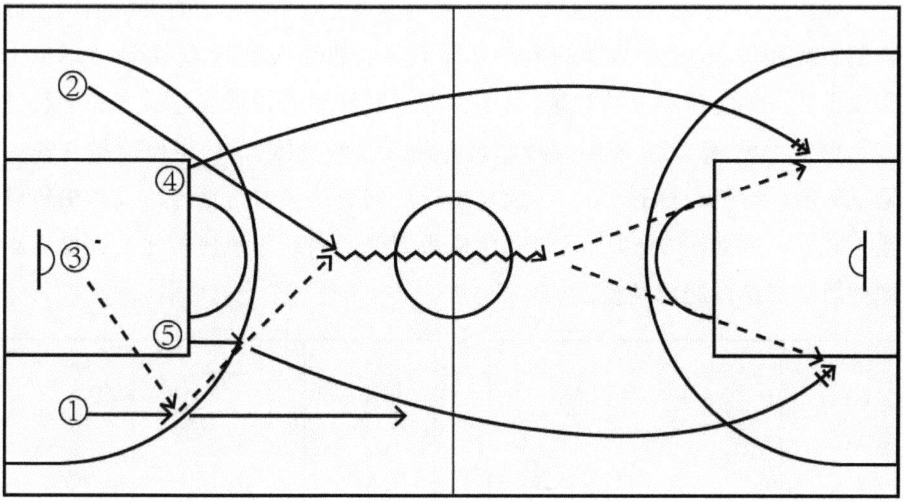

图 3-57

五、进攻固定针对性战术（举例说明）

1.定义

进攻固定针对性战术是指进攻队在比赛中，在特定的区域和时间条件下组织的简单易行、速战速决的具有针对性的战术，如：掷界外球、跳球、罚球、8 秒、5 秒等。

2.固定战术配合的基本要求：

(1)战术内容简单，全队跑动线路需要清晰简短，多数要以 2 至 3 人的小队配合为主。

(2)要求球队抓住战机，兼顾个人技术与团队特点的融合，保证战术的延续性。

(3)要求队员具备高执行力和强应变能力,在战术失利后立即进行合理的变化。

3.固定战术的教学练习方法

(1)前场发边线球时的固定战术配合

1)进攻盯人时的发边线界外球配合

如图 3-58 所示,①原地双手持球再将球发给②,同时③侧身快速跑①的体侧进行掩护,①借助成功的掩护立即侧身快速插入篮下,②击地传球给①完成上篮。如①没有成功接球,则中锋⑤立即转身向罚球线左后方加速移动接①的双手发球,②立即侧身降低重心贴近⑤的身体,借助定位掩护快速向篮下纵插(形成行进间掩护),⑤成功接球后判断局势可击地传球或体侧传球给①或③;或如图 3-59 所示进行策应由③使用假动作迫使防守人失位后立即摆脱防守接球完成跳投。

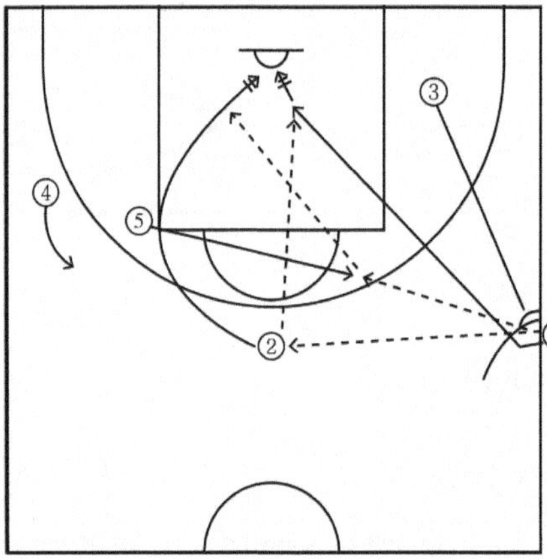

图 3-58

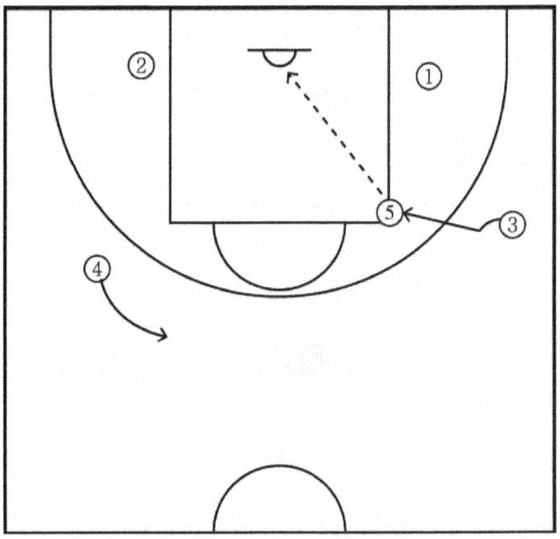

图 3-59

如图 3-60 所示,①原地双手持球站在边线做发边线界外球的准备,进攻队员②、③、④、⑤在罚球线外一步呈“一”字式平行站位,③与⑤同时侧身降低重心给④关门进行掩护,防止防守队员?跟出来进行对位防守,④借助掩护及时向弧顶三分线处反跑,接①的双手胸前传球进行“3 分球”远投。如果战术执行失败,此时②、③、⑤要迅速移动紧靠,②及时借助③、⑤,也可借助于③

进行的定位掩护，先后侧身加速向篮下左右两侧插入接球；如战术再次执行失败，③利用假动作迫使防守队员失位后迅速转身跑到外线并接球完成进攻。

如图 3-61 所示，①原地双手持球站在边线做发边线界外球的准备，③、④、⑤合理地及时给②进行定位掩护，②借助掩护转身快速向另一侧篮下切入并接①的高吊传球完成投篮。如战术执行失败，④借助③给他进行的定位掩护，侧身加速向外线跑位并接球完成投篮。此时，③与⑤再次进行移动紧靠，③借助⑤给他进行的定位掩护向内线切入，⑤也可以借助③给他进行的定位掩护向外线跑位接球完成进攻。

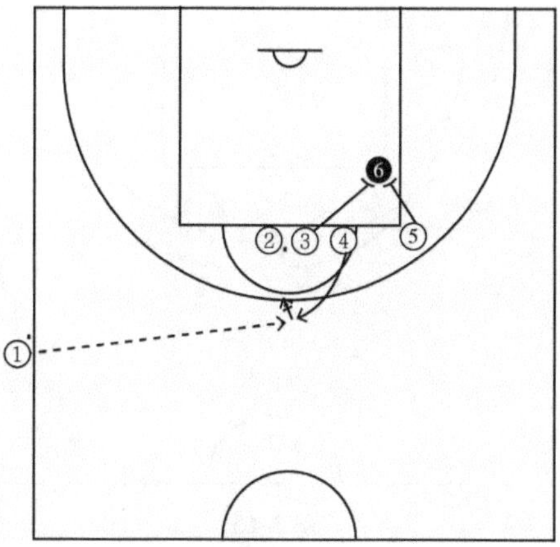

图 3-60

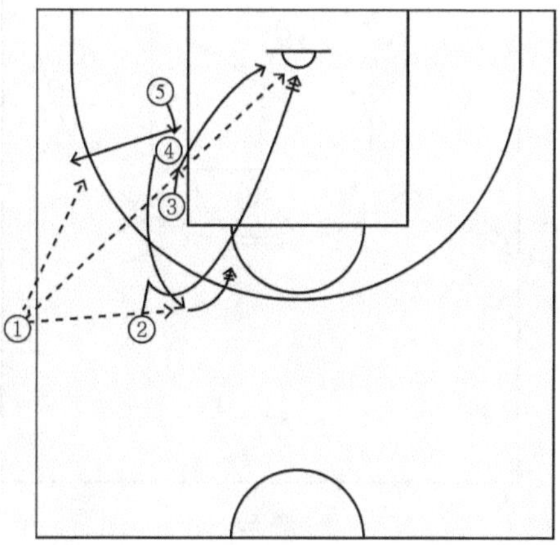

图 3-61

2）进攻联防时的发边线界外球配合

如图 3-62 所示，①原地双手持球站在边线做发边线界外球的准备，双手胸前传球给②，②可以立即进行中投或远投，还可以击地传球给③，在②给③进行击地传球的同时，⑤侧身下滑迅速沉底卡位要球，①在⑤沉底跑位中快速侧身从左侧横向跑动插中，③及时体侧传球给①完成投篮。如①无法接到传球，则迅速转身跑位至右侧底角处，④立即侧身横向跟上移动接③的击地传球完成投篮，而⑤则从右侧底线跑位到④的落位处，若此时防守重点已压缩在右侧，则③迅速传球进行对角转移（如图 3-63 所示），由②传球转移到⑤并借助⑤进行挡人掩护并接球完成投篮，而③立即转身外拉迅速补上②的位置。

如图 3-64 所示,①原地持球,双手发球给②后立即侧身向右加速插中路跑位接③的击地传球完成投篮;如无法接到传球,则迅速转身向右侧边角跑位,②完成传球给③后,若见①无法接到球,立即转身纵插至篮下进行要位接③的击地传球完成投篮;若让然无法成功执行战术,立即快速从底线跑位绕到左侧边角,④与⑤分别从上下分路侧身向右侧进行横向移动,做好接③的击地传球准备完成投篮,③在成功接到球后立即传球给插中的队友,既要注意主攻队友的位置与人, 又要注意观察其他队友可能出现的更佳的进攻机会,如果错失传球机会,则立即双手胸前传球给①,③直接进行战术性移动。

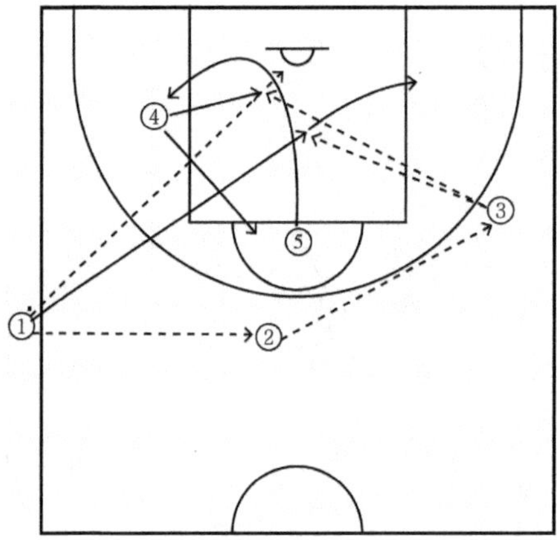

图 3-62

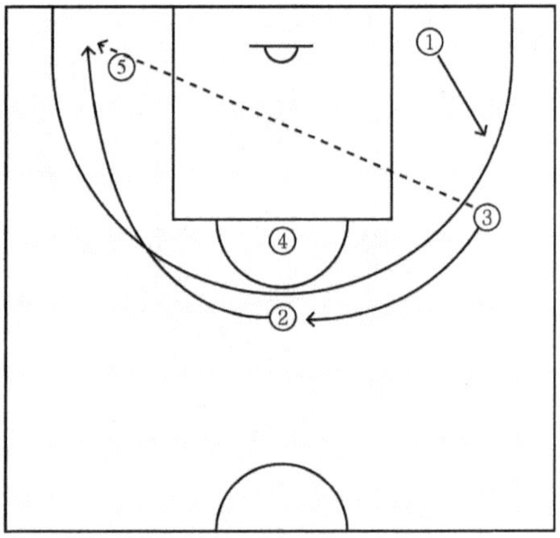

图 3-63

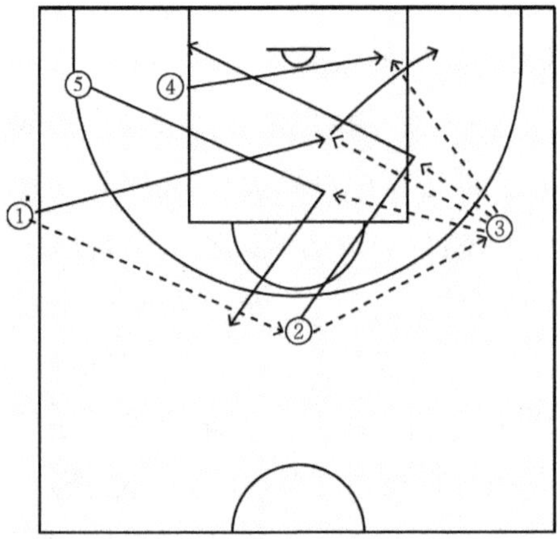

图 3-64

(二)前场发底线球时的固定战术配合

如图 3-65 所示,①在右侧底线原地持球发界外球,④、⑤、③在罚球线左侧进行重叠站位,③转身借助④、⑤做定位掩护,加速向篮下插入并完成接球。如没有完成接球机会,②借助③、⑤做定位掩护加速向外线跑位进行接球;如再无法完成接球机会,④借助⑤做定位掩护加速向罚球线跑位完成接球;如仍无法完成接球机会,⑤转身向篮下进行插入并完成接球,此时,③已经跑位到外线完成接球。

如图 3-66 所示,①在左侧底线发界外球,④、⑤、③平行站在罚球线上,②借④、⑤、③做定位掩护,移动到外线接球。若没有机会,③借④、⑤或借⑤做定位掩护,先后插到篮下左右两侧接球;如再无机会,⑤移动到外线接球。不能全部插到篮下接球进攻,要内线与外线相结合,移动中接球投篮。

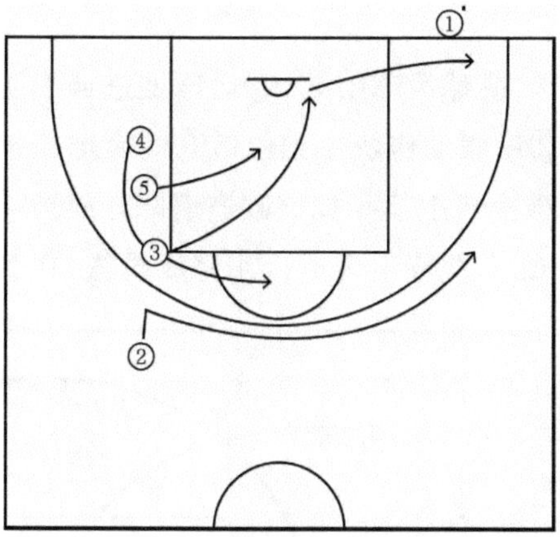

图 3-65

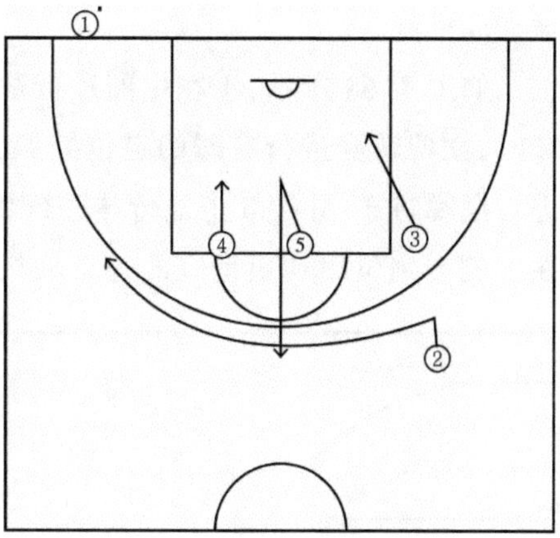

图 3-66

(三)中圈跳球时的固定战术配合

如图 3-67 所示,①在中圈进行跳球,①跳球拨球给④,当④可能拿到球权时,⑤突然启动立即快速向前场篮下移动,④及时双手传球给⑤完成投篮,④在完成传球后立即向左侧侧身加速跟上,做好⑤进攻遇到阻碍时进行接应的准备,其他进攻队员按照部署进行自己的战术移动,也可以由①跳球拨球给②或③,④与⑤分别加速从两侧向前场篮下进行移动,接③或②的双手传

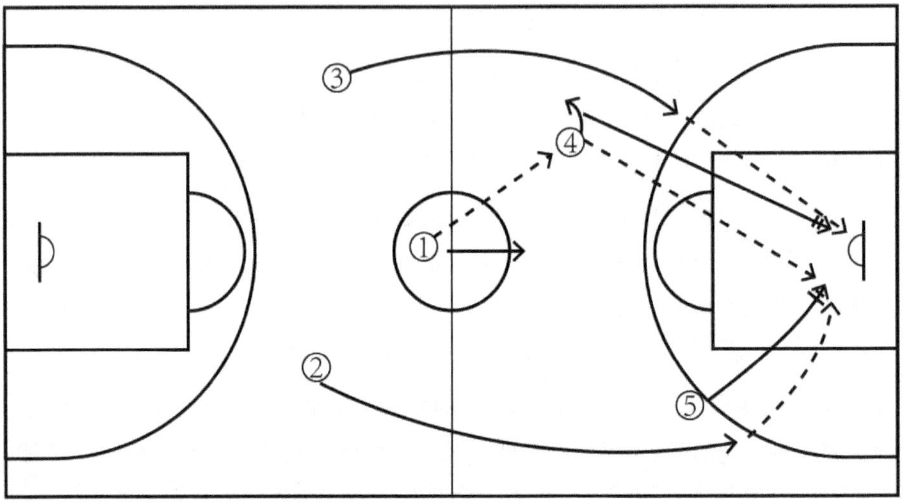

图 3-67

球完成投篮。

如图 3-68 所示，①在中圈进行跳球，跳球拨球给⑤，⑤运球推进遇到防守时，立即转身进行有球的定位掩护，②做假动作快速跑位借⑤的有球掩护进行摆脱防守，并接⑤击地传球进行突破完成上篮。如突破遭遇防守或当④在左侧的跑位出现更适宜的进攻战机，②立即双手传球给④完成投篮，在②

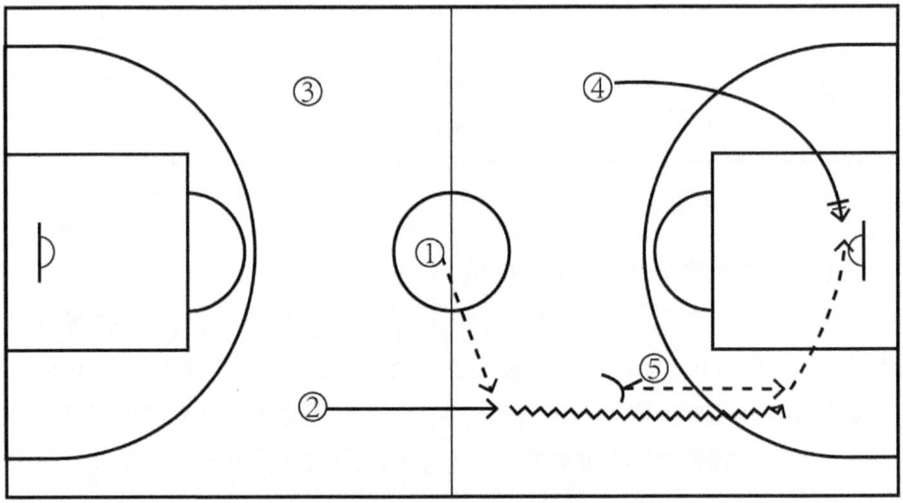

图 3-68

向⑤跑位进行接球或运球突破的过程中,其他队员按照战术部署积极进行摆脱防守,快速向前场地防守空位进行各种合理的战术移动。

(四)对方罚球时的固定战术配合

如图 3-69 所示,④和⑤分别站位于罚球线两侧进行篮板球拼抢时,要准确判断对方罚球不进后球的落点以及对方的移动线路,积极合理地选位、卡位,将⑦和⑧阻挡在身后,而站位在罚球线上半区的③,要及时快速地移动进行堵位,将罚球队员⑥阻挡在身后,积极配合④、⑤完成篮板球的拼抢,而③、④、⑤一旦拼抢到篮板球时,①与②则应迅速移动进行接应,发动快攻。

(五)5 秒钟内在前场发边线球时的固定战术配合

如图 3-70 所示,⑤原地双手持球站在前场边线做发前场边线界外球的准备,⑤双手胸前传球给③后,立即做假动作迷惑防守队员后转身快速进行跑位摆脱防守,或借助④的掩护向篮下进行空切接③击地传球完成上篮。如果③与⑤的对位防守者进行换防时,③给④进行策应时,④要降低重心侧身完成接球进行跳投,而③在接到⑤发出的界外球后,也可以个人进行强攻,⑤也可以在③完成发界外球后直接借助③给他进行的定位掩护及时接球完成跳投。

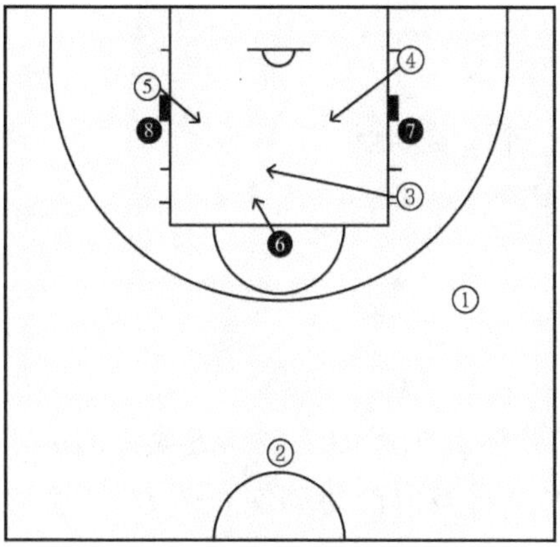

图 3-69

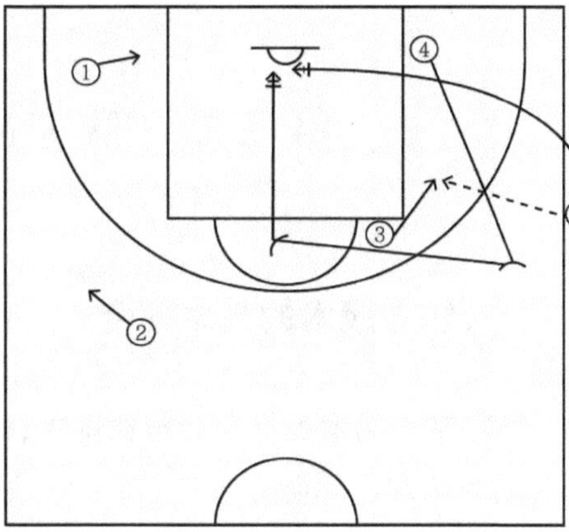

图 3-70

(六)5 秒钟内在后场发底线球时的固定战术配合

如图 3-71，⑤原地双手持球站在后场底线做发后场底线界外球的准备，③侧身降低重心给④进行掩护，④借助掩护快速移动接⑤击地发球，④成功接球后快速进行运球突破，或直接个人突破篮下完成投篮，或运球突破中击地传球给①完成上篮。而①与②要随时观察注意④的进攻意图，全力与④配合完成进攻，或成功接④的传球完成进攻。

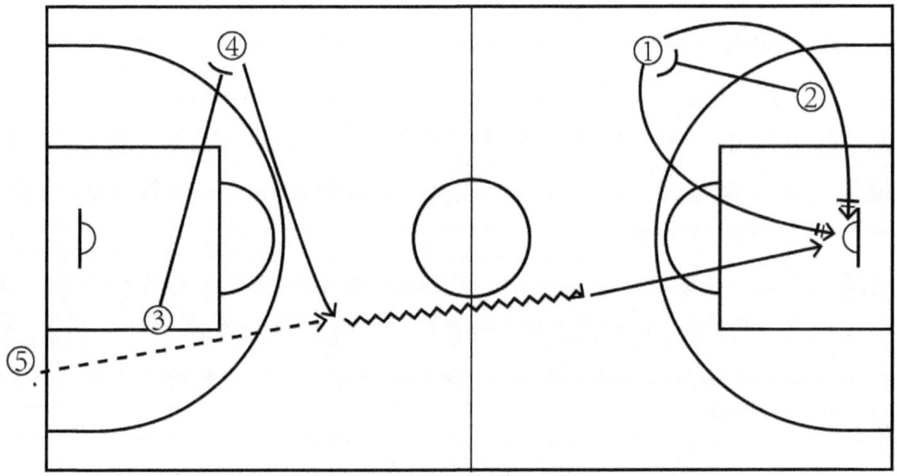

图 3-71

第三节　防守战术(配图示)

一、防守战术的基本配合

防守基本战术是指在篮球比赛中，防守队员之间为了破坏进攻方的战术配合或当队友出现防守失位、防守问题时进行及时的协同配合的方法，常在两三人之间进行。抢过、穿过、绕过、交换、关门、夹击、补防等共同构成防守的基本配合。

(一)抢过

1.定义

抢过配合是指防守队员在进攻方进行掩护配合接近自己时,迅速向前跨一步从两个进攻掩护队员前面抢过去,贴近自己防守的进攻方队员,继续防守的配合战术。

2.抢过配合基本方法(配图示)

如图3–72所示,②侧身降低重心给①进行掩护,当②战术移动靠近防守队员⑥的一刹那,⑥立即抢前进行横跨一步身体贴近①,并从进攻队员①和②身体间立即侧身主动挤过,继续对位防守①。

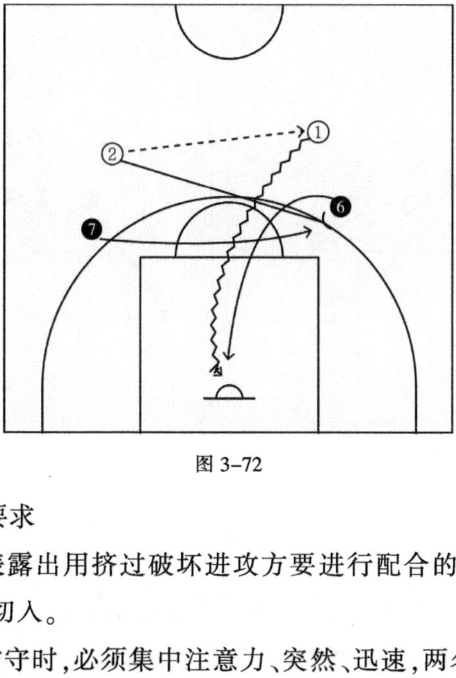

图3–72

3.抢过的基本要求

(1)不要过早表露出用挤过破坏进攻方要进行配合的正确意图,防止进攻方从反方向快速切入。

(2)进行抢过防守时,必须集中注意力、突然、迅速,两名进攻队员身体贴近的一刹那,抢前一步主动贴近对位进攻队员,快速侧身抢过。

(3)对位防守进攻方掩护的队员要及时与队友进行交流并提醒队友注意观察进攻方的掩护意图,以此来进行有利协防位置的选择,密切关注两名进攻者比赛动向,及时为防守的队友进行补防。

4.抢过的教学练习方法

如图 3-73 所示,③侧身降低重心给①进行掩护,⑥立即抢前横跨一步进行挤过防守后移动到右路排在队尾,⑦移动到左路排在队尾,①、③进行掩护后,①对位防守④,③对位防对位防守②,④侧身降低重心给②进行掩护,依次进行练习。

如图 3-74 所示,②接到传球立即侧身向右侧快速运球,①侧身降低重心上前进行掩护,队员⑥要及时语言提醒⑦,⑦在①身体贴近的一刹那,迅速向②靠近,从①和②之间主动突然进行抢过,继续对位防守②,⑧要配合战术行动。

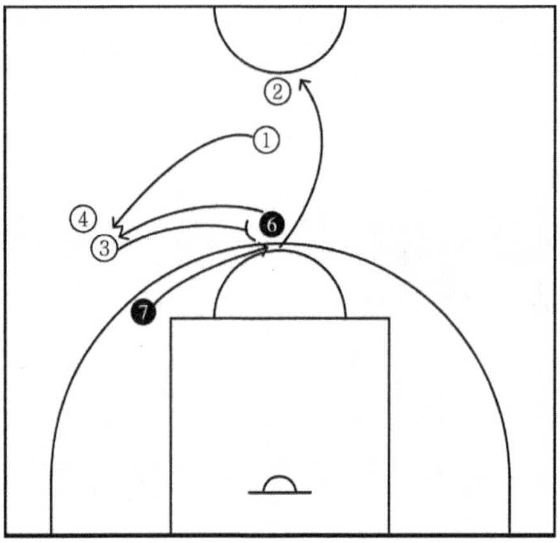

图 3-73

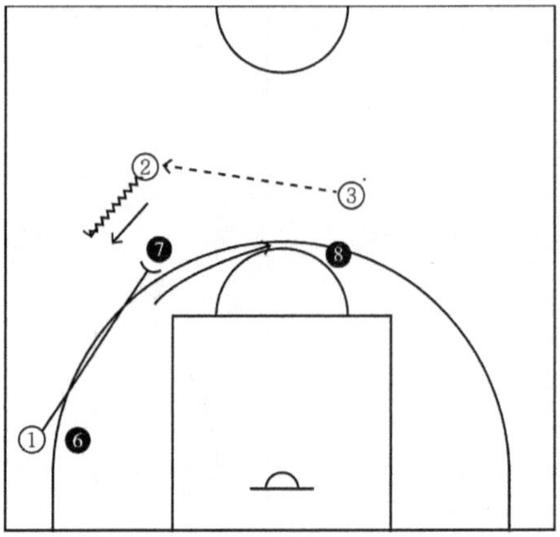

图 3-74

(二)穿过

1.定义

穿过配合是破坏掩护配合、及时防住自己对手的一种配合。当进攻队员进行掩护时,防守去做掩护的队员要及时提醒同伴并主动后撤一步,让同伴及时从自己和掩护队员之间穿过,继续防守自己对手的配合方法。当对方掩护发生在弱侧区域,距离球篮较远、无投篮威胁、不宜换防的情况下,运用穿过配合可有效地破坏对方的掩护配合。

2.穿过配合基本方法(配图示)

如图 3-75 所示,①双手胸前传球给②,①立即转身反方向跑到③体侧进

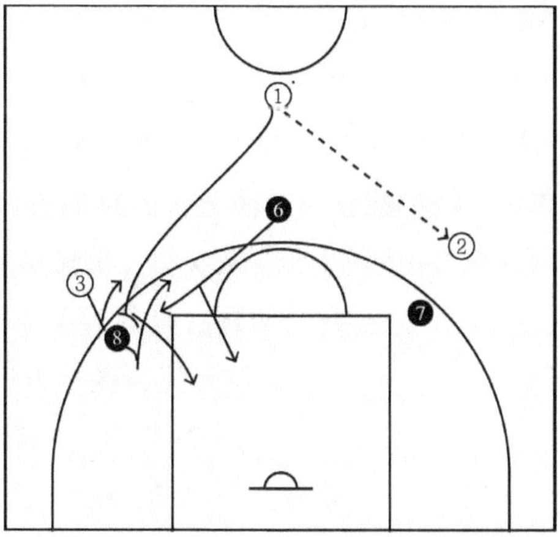

图　3-75

行掩护的一刹那，⑧立即主动进行后撤，让防守队员⑧快速从①和②之间及时穿过去，继续对位防守③。

3.穿过的基本要求

(1)防守掩护的队员必须主动后撤一步，进行有利的防守位置选择并及时与同伴进行交流和提醒，给队友留出可以进行穿过的空间。

(2)防守方要进行穿过的队员穿过必须迅速，并注意主动及时进行防守位置和防线距离的调整。

(3)当进攻方进行掩护时，防守方掩护对象的防守队员要及时侧身撤步，躲开掩护队员及时进行穿过。

4.穿过的教学练习方法

如图 3-76 所示，①双手胸前传球传球给③，然后立即侧身向左侧进行跑位到④的体侧进行掩护⑦主动后撤与队友⑥进行穿过配合，继续对位防守对手。完成防守后，选位、卡位进行篮板球拼抢，换位移动到队尾排队，进攻队员①和④快速移动到原位

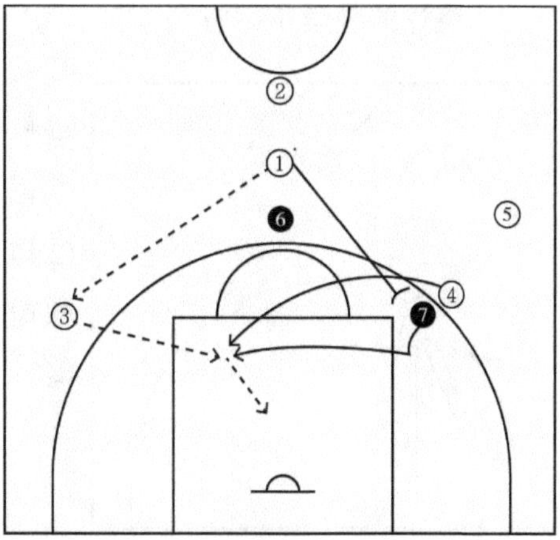

图 3-76

对②和⑤进行防守，依次进行练习。

（三）绕过

1.定义

绕过配合是破坏对方掩护配合及时防守自己对手的一种配合。当进攻队员进行掩护时，防守做掩护的队员主动贴近对手，让同伴从自己的身旁绕过，继续防住各自的对手。

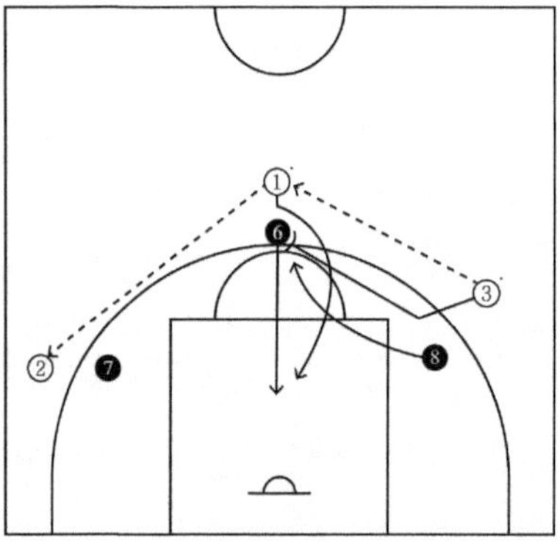

图 3-77

2.绕过配合基本方法（配图示）

如图 3-77 所示，③双手胸前传球给①并侧身降低重心给①进行掩护，①击地传球给②后借助③的掩护快速切入篮下，⑥降低重心快速从③和⑦地身侧进行绕过。

3.绕过的基本要求

（1）防守进攻方进行掩护配合时，要和队友进行交流提醒并主动降低重心加速贴近对位防守的队员，以此让队友及时绕过；

（2）防守被掩护的队员要在队友的交流提醒下主动进行防守位置和防线距离的合理调整，一旦进攻方完成掩护，应立即主动撤步或进行后转身从队友身侧快速绕过，继续对位防守对手。

4.绕过的教学练习方法

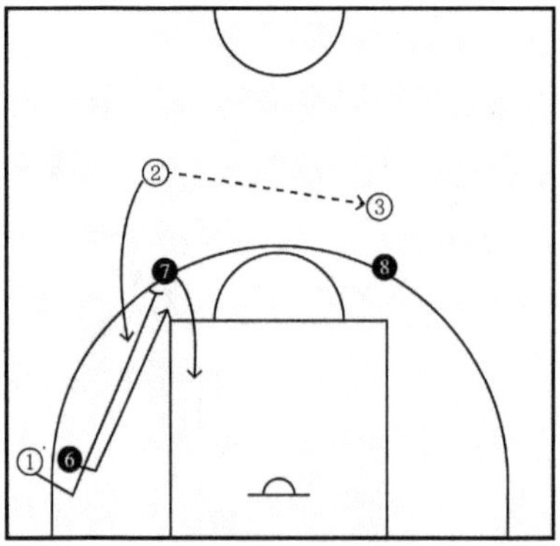

图 3-78

如图 3-78 所示，②双手胸前传球给③后立即侧身借助①的掩护向篮下进行切入，⑦积极在②进行内切的路线进行防守，逼迫②切入另一侧，此时⑧降低重心紧紧贴住①快速从①和⑥身侧进行绕过，继续对位防守②。

（四）交换

1.定义

交换配合是指进攻队员做掩护配合时，

防守掩护者的队员与防守被掩护者的队员及时主动地交换自己所防对手的配合方法。

2.交换配合基本方法(配图示)

如图 3-79 所示，②双手胸前球传给①②立即侧身加速移动到①身侧进行侧掩护,①借助掩护快速运球进行突破⑥跟队员进行即时的交流沟通立即去对位防守①⑦立即后撤进行防守位置调整,以此来防止②进行切入,并做好对①的传球的封堵抢断准备。

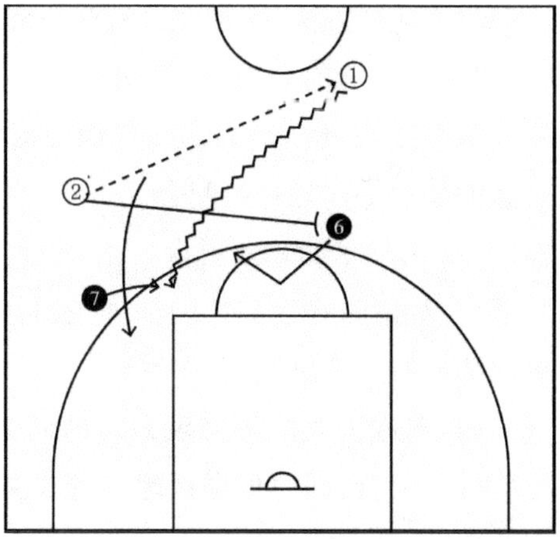

图 3-79

3.交换的基本要求

(1)对位防守被掩护队员的防守队员必须和队友即时交流沟通,互相进行换防对进攻方队员的进攻路线进行堵截。

(2)对位防守被掩护队员的防守队员应在掩护队员进行转身切入前及时撤步抢占有利的防守位置。

4.交换的教学练习方法

如图 3-80 所示，③双手胸前传球给⑤,然后立即侧身向左侧移动给①进行横向的底线交叉掩护,此时⑦要及时与⑥沟通交流进行交换防守,⑤可击地传球给①或③,完成进攻后①和③立即复归原位进行对位防守②和④,依次进行练习。

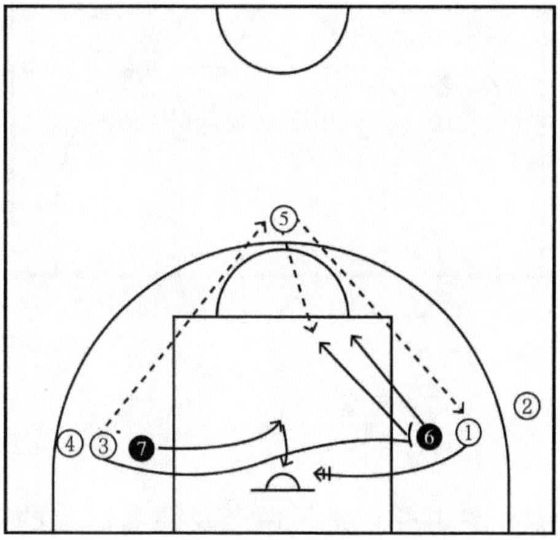

图 3-80

(五)关门

1.定义

关门配合是指邻近的两名防守队员协同堵截进攻队员运球突破的

一种防守配合方法，通常在区域联防和半场人盯人防守战术中运用。

2.关门配合基本方法（配图示）

如图 3–81 所示，当①从正面面对篮筐进行突破时⑥、或⑦、⑧可以同时迅速侧身对①进行关门配合。

3.关门战术的基本要求

（1）对位防守突破的队员，应及时侧身迅速向侧后方滑步进行卡位，封堵进攻队员的突破路线。

（2）靠近进攻队员突破方向的同侧防守队员，应侧身快速向滑步靠近进行"关门"配合，同时根据持球的进攻队员的停球和传球选择进行围堵拦截和回防的应变战术决定。

4.关门战术的教学练习方法

如图 3–82 所示，①持球面对篮筐进行突破，⑦、⑧立即侧身滑步进行关门，①击地传球给②，等⑦进行防守复位时②持球进行突破，⑦、⑧立即侧身进行关门。完成一次练习后进行攻守角色交换，依次进行练习。

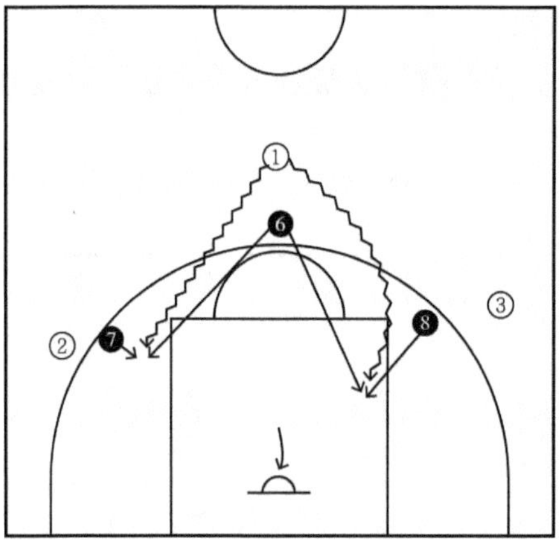

图 3–81

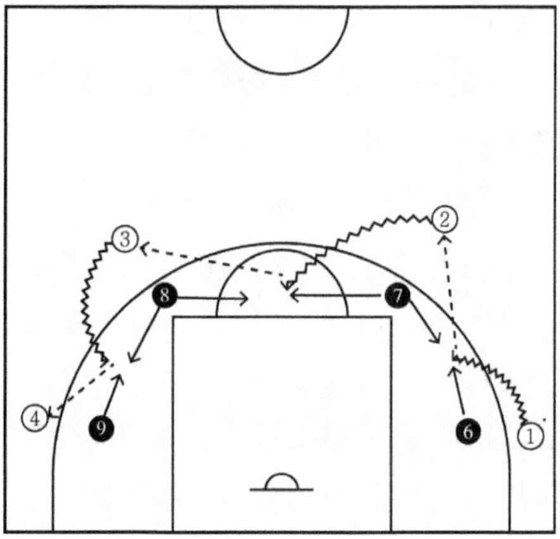

图 3–82

（六）夹击

1.定义

夹击配合是指两名及两名以上的防守队员，利用对手在场地边角运球或运球停止时，突然快速上前封堵和围夹持球者的一种防守配合方法。

2.夹击配合基本方法(配图示)

如图 3–83 所示，①双手胸前传球给⑤，⑤运球突破到底角停球时，⑧与⑨迅速侧身滑步一起对⑤进行夹击,⑦要及时封堵防守强侧的回传球,⑥与⑩则迅速转身向有球方向移动并做好抢断球的准备。

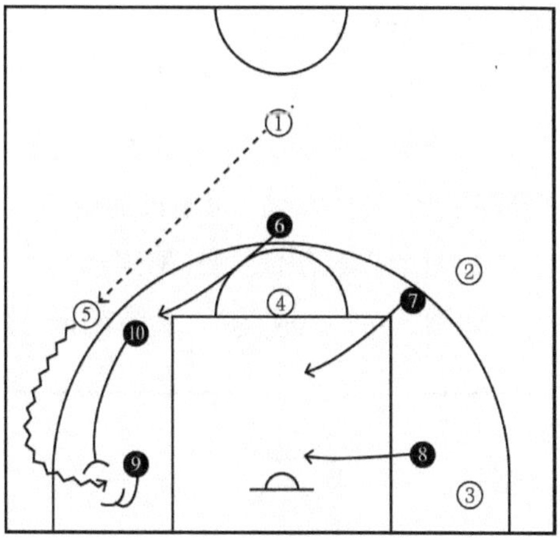

图 3–83

3.夹击的基本要求

(1)当进攻队员沿边线低头运球或在球场边角、中线一级限制区内进行停球时,是防守队员进行夹击的最佳时机。

(2)两个防守队员进行夹击时的身体要靠紧,双臂需要垂直上举,根据持球队员球的运动方向,对其传球进行封堵。

(3)其他防守队员应积极和进行夹击的队员进行配合,及时对靠近球的队员进行封堵,迫使逼迫持球队员造成传球失误,给队友制造抢断球的战机,但要避免夹击时的犯规。

4.夹击的教学练习方法

如图 3–84 所示，①双手传球给②,②再双手传给③,③接球后做三威胁假动作后快速运球在底线停球后,⑦与⑧立即侧身滑步对③进行夹击,⑥及时侧身对近球队员②进行防守,③击地传球给①,防守复归原位,调整防守位置或进行攻守交换,依次进行练习。

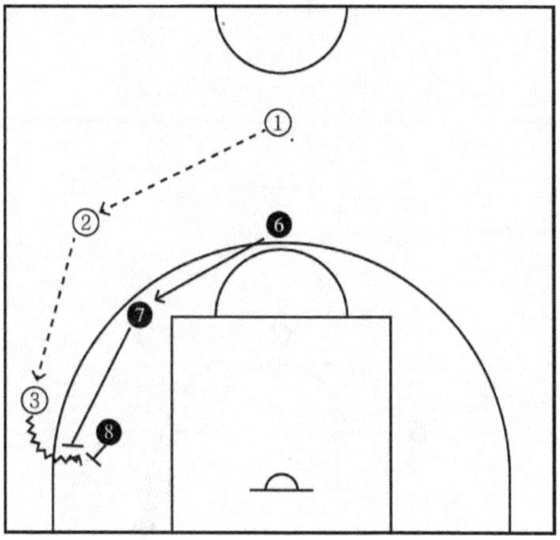

图 3–84

(七)补防

1.定义

补防配合是指防守队员在同伴漏防时,立即放弃自己的对手,去补防那个威胁最大的进攻者,而漏人的防守队员及时换防的一种协同防守方法。

2.补防配合基本方法(配图示)

如图 3-85 所示,①双手胸前传球给②后,利用发反方向虚晃突然加速摆脱 6 的对位防守向篮下直插,⑤放弃对③的对位防守而对①进行补防,⑥则迅速转身去补防③。

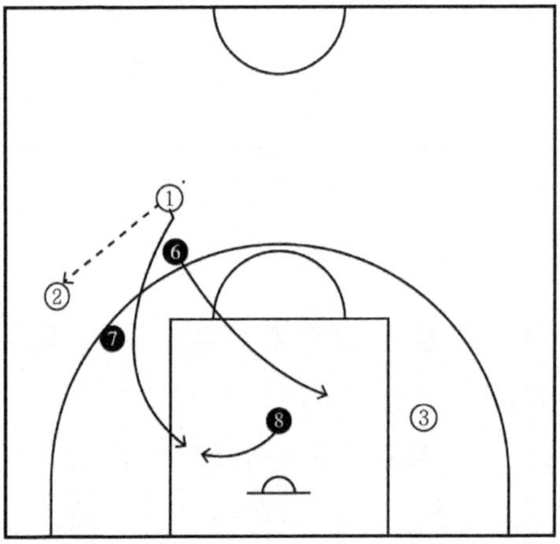

图 3-85

3.补防的基本要求

(1)防守队员应对场上出现的漏防情况进行全面观察和判断并且迅速及时果断、迅速做出补防反应。

(2)防守队员的要具备强的补防意识,一旦发现漏防,临近的防守队员要迅速补防并提醒队友,其他防守队员时刻根据场上的实际情况及时进行防守位调整置,随时做好补防和抢断球的准备。

4.补防的教学练习方法

如图 3-86 所示,①持球从中路快速突破⑥时,⑦立即侧身滑步进行补防,⑧则转身快速向篮下移动进行补防②,⑥则对③进行补防,完成防守后,⑧选位卡位拼抢篮板球,防守队员按顺时针方向进行换位移动到队尾排队,进攻队员立即复归原位置进行防守,依次进行练习。

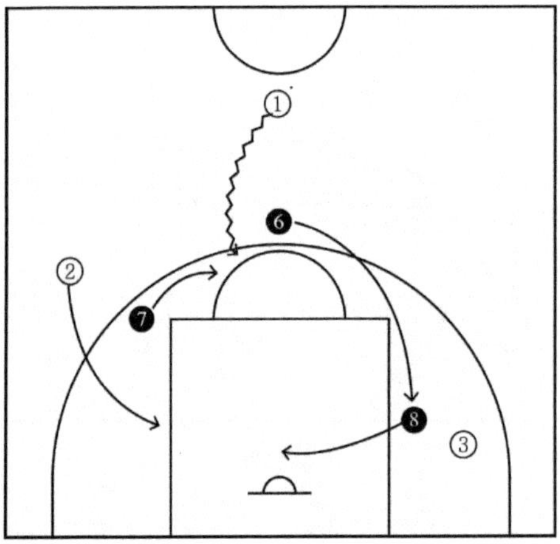

图 3-86

二、人盯人防守战术

人盯人防守是篮球防守战术中最重要的一个系统，是以盯人为主兼顾球位，做到人球兼顾，每名防守队员都积极盯住自己的进攻对手，并与同伴进行共同协防的全队防守战术。

人盯人防守战术根据防守区域的范围通常分为两种形式分为：半场人盯人防守和全场紧逼人盯人防守。

（一）半场人盯人防守战术

1.定义

半场人盯人防守战术是指由攻转守时，全队用最快的速度退回后场，在半场范围内，每名防守队员负责盯住一名进攻队员的整体防守战术。半场人盯人防守是由半场扩大人盯人防守和半场缩小人盯人防守共同构成。

2.半场人盯人防守战术的基本要求

(1)防守对位按照跳球时对位情况进行站位，贯彻以进攻队员为主的防守原则，防守队员对持球的进攻队员必须进行贴身紧逼来扩大防守覆盖面积，积极拼抢迫使进攻队员无法完成进攻，一旦被突破队员过掉，必须快速进行追防。

(2)对无球的进攻队员要错位进行防守，必须做到人、球、区三者合理兼顾，在堵截进攻方的移动传球线路及向篮下空切线路时要敢于进行高强度对抗。

(3) 由于人盯人战术灵活机动要密切注意观察球场上的进攻防守变化，及时合理运用防守的基础配合进行团队防守，保证球队具有整体性、侵略性和主动性的防守。

3.半场人盯人防守战术的教学练习方法

(1)半场缩小人盯人防守

球在正面时的防守：如图 3-87 所示，⑤原地双手持落位于正面罚球线的延长线右侧以上，⑩贴身对⑤进行紧逼，用手对⑤手中的球罩住进行干扰。③

与④分别落位于强侧和罚球线的延长线以下进攻区域⑨要降低重心错位防守④,不让④成功接球,⑧要侧身积极对③进行抢前强度的防守,切断其接队友传球路线。①与②分别落位于弱侧⑦要快速移动向纵轴线,靠近罚球线的位置进行后撤,与⑧协同配合堵截⑤从中路进行突破,⑥要快速移动向纵轴线靠近③的位置进行后撤,与⑧协同配合防止③向篮下反切,⑦还许随时观察②的跑位动向,防止②向限制区进行背插完成进攻。

球在侧面时的防守:如图 3-88 所示,④原地双手持球落位于罚球线延长线以下的侧面,⑩贴身紧逼④阻止④传球到内线,⑨落位于强侧,因为④的持球位置要缩回来进行防守, 既可以与⑦协同配合阻截④从中路进行突破,又可以主动与⑨协作配合对中锋③进行包围防守, ⑦要对③抢前进行防守,如果选用侧前防守,那么另一侧必须由?或?进行协防,②落位处于弱侧,⑥立即侧身加速向纵轴?的位置进行移动,当?进行防守时必须注意篮下的保护,防止④给③进行高吊传球,此时⑦要进行协防另一侧的篮下,并注意阻截②向限制区背插完成进攻,①落位处于弱侧,⑥要缩回来对限制区进行协防,防止①向限制区进行空切,同时对②进行协防防止向限制区背插完成进攻。

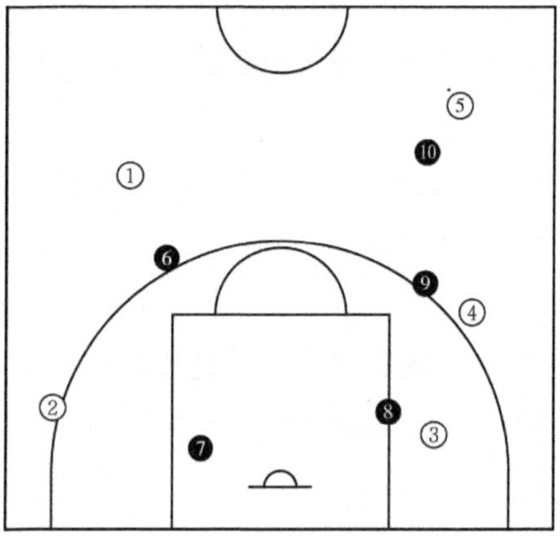

图 3-87　球在正面时的防守图

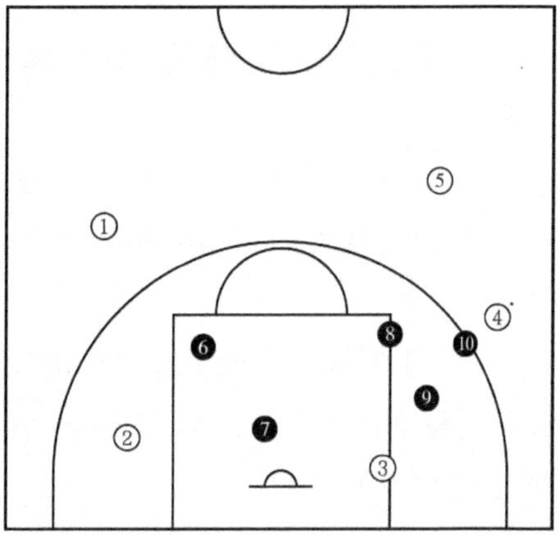

图 3-88　球在侧面时的防守投

球在底角时的防守:如图 3-89 所示,①从侧面双手胸前传给底角②⑥要降低重心,防止②运球从底线进行突破,⑥要积极滑步缩下与⑦协作防守,防止②从中间进行突破,⑧、⑨、⑩都应集中注意力紧缩篮下,对③、④、⑤进行严密防守防止向中区插入完成进攻。

(2)半场扩大人盯人防守

如图 3-90 所示,①运球推进全前场后⑥立即上前降低重心,对①进行紧逼防守,减缓限制其进攻速度和节奏并严防①突破,⑦立即侧身对位②和④进行紧逼防守阻拦接球,并时刻注意与①的掩护配合⑧进行侧前对③进行防守,避免传出高吊球⑩转身加速向篮下回撤,协同⑨对③进行协防,并注意防止⑤进行横切。如①双手胸前传球给②,则按图示方向进行选位。

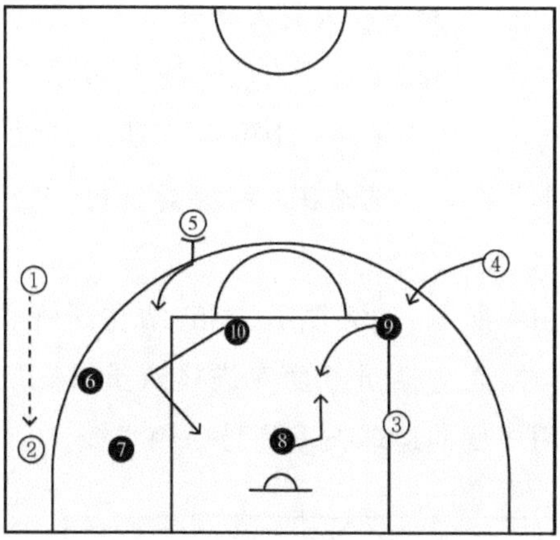

图 3-89　球在底角时的防守图

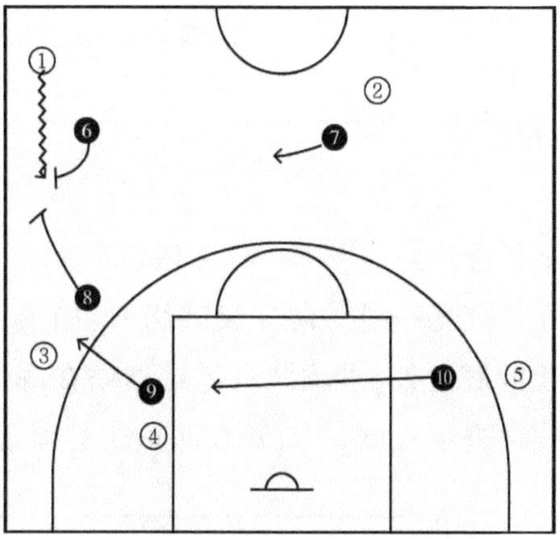

图 3-90

如图 3-91 所示，当①持球在中线边角被防守队员逼迫停球时⑥果断放弃防守对位进攻队员③,立即与⑦协同配合对①进行夹击，此时,⑧立即加速积极向③进行移动补位并做好断球的准备,⑨转身向篮下加速回缩，做好准备对①的传球进行抢断。

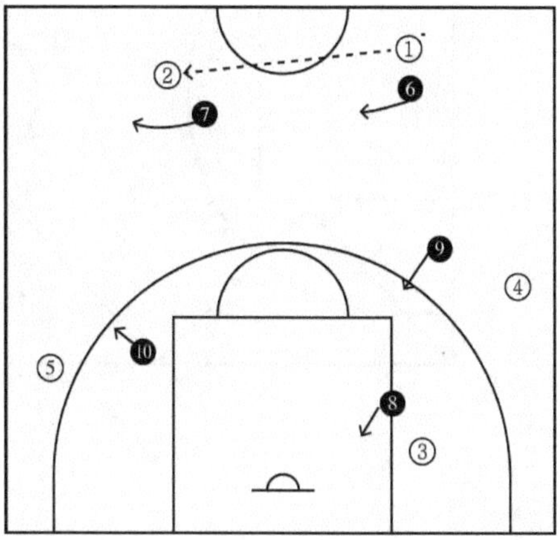

图 3-91

如图 3-92 所示，当④持球在底线场角被防守队员逼迫停止运球时，⑥与⑨协同配合在底角对④快速进

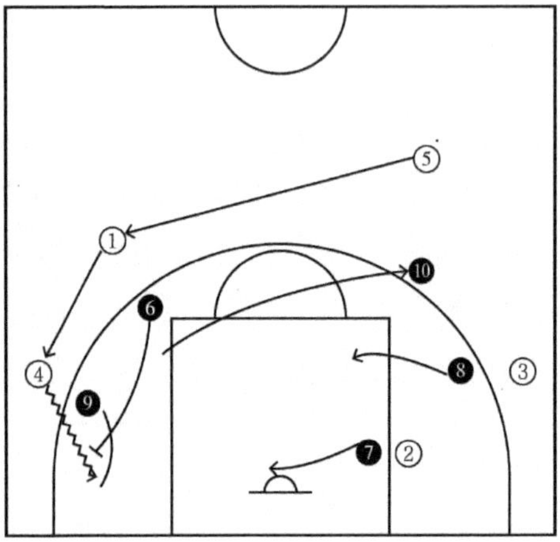

图 3-92

行夹击，⑥立即侧身向强侧移动降低重心对①进行紧逼防守并做好抢断④的传球准备，⑩立即侧身向纵轴线附近加速移动，同时对③和⑤进行防守，防止其切入篮下以及随时做好抢断④的传球准备，⑦立即转身向篮下移动堵截进行②横切。

(3)半场人盯人防守

1)脚步及个人防守技术练习

滑步练习：如图 3-93 所示，队员①和②分别站在底线侧身进行“之”字形滑步到球场另一侧底线。

全场一对一防守突破练习：如图 3-94 所示，两名队员①和?站在同侧底线的底角处，进攻队员①持球站在底线外，防守队员⑥面对进攻队员站在底线内进行一攻一守，进攻队员①必须运用多变向运球技术到另一侧底线。

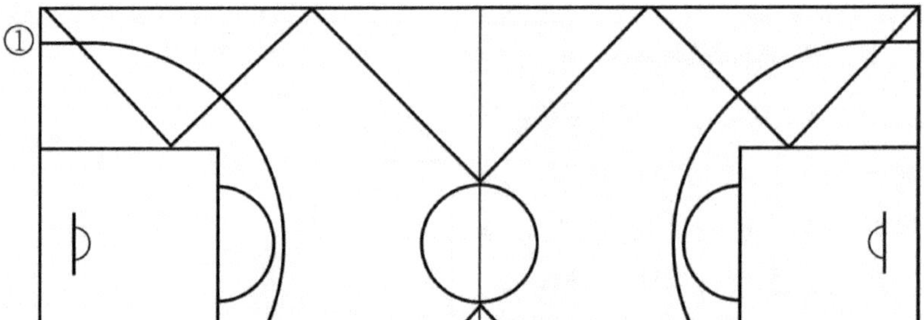

图 3-93　滑步练习图

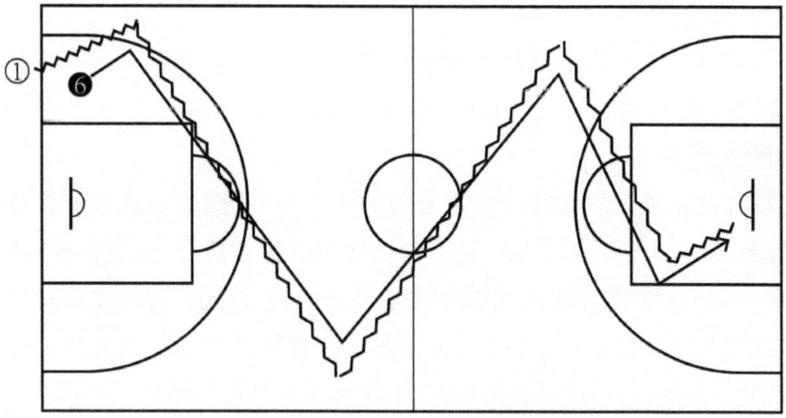

图 3–94　全场一对一防守突破练习图

2)局部防守配合

将半场二打二、三打三进行重复练习,提高防守队员之间的基础配合质量,为进一步提高全队整体防守配合水平打好基础。

3)半场五对五攻守对抗练习

进攻方完成投篮成功命中后,在中圈内重新发球继续进攻;进攻方投篮不中后,进攻队员可以进行前场篮板球拼抢,拿到球权后可以进行补篮或发动二次进攻。防守队员拿到后场篮板球或完成抢断后,应停球在中圈重新发球开始进攻。

4)全场五对五攻守对抗练习

提高球队球员的攻守技战术的转换速度,由进攻转为防守时必须封堵一传接应,赢得足够的防守时间迅速进行退守,进行半场缩小或扩大人盯人防守,在高强度对抗练习中发现问题并予以解决,以此来提高防守技战术的综合运用能力。

(二)全场紧逼人盯人防守战术

1.定义

全场紧逼人盯人防守是人盯人防守体系里最具攻击性和破坏性的战术,是由攻转守时,就地迅速寻找对手,立即展开全场范围内紧逼盯人,以个人积极的防守和全队的协同配合,破坏对方进攻,达到转守为攻的目的的一种攻击性防守战术。

2.全场紧逼人盯人防守战术的基本要求

(1)由进攻转为防守时,全队必须做到思想观念及行动统一,积极主动地加强团队协作能力。

(2)由进攻转为防守时要抢占有利的防守位置,要立即就近寻找进攻队员进行紧逼防守,同时根据场上的形势变化及时进行协防,充分合理地利用5秒、8秒、回场违例等规则,迫使进攻方违例或失误,以此获得进攻球权。

(3)对无球队员进行防守时,进行防守位置抢位并逼迫进攻球员远离接球路线阻止其接球;当队员被突破时,要及时果断地进行堵截和补防。

(4)对运球的队员的防守,防止对方进行突破,若被进攻队员完成突破,也最大可能进行堵中放边,迫使运球队员在边线处运球或者边角停球形成死球局面,从而进行包夹。防守掩护配合时,最大限度地进行抢过和穿过配合,尽量减少交换的战术防守配合。

3.全场紧逼人盯人防守战术的教学练习方法

1)三攻三守发底线界外球紧逼练习

如图3-95所示,两名队员站在同侧底线的底角处,进攻队员持球站在底线外,防守队员面对进攻队员站在底线内并对进攻球员进行一对一紧逼防守。

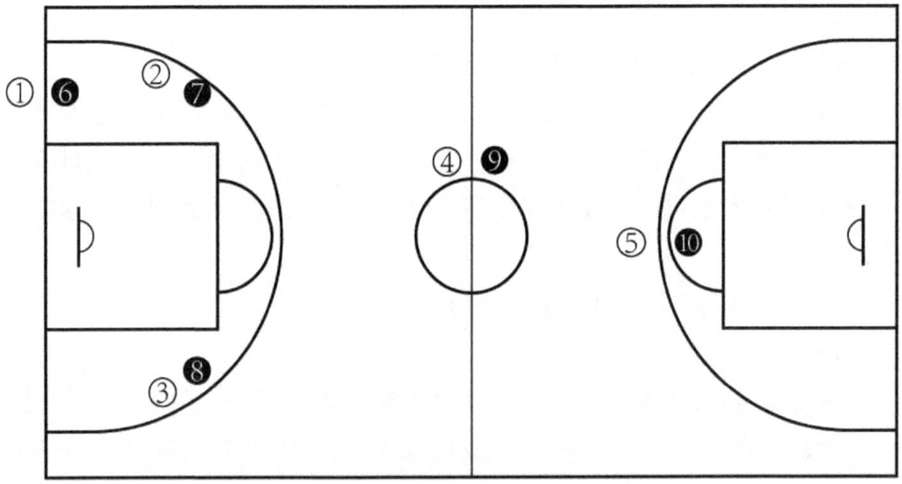

图3-95

如图 3-96 所示，①原地双手持球站在底线发界外球，⑥侧身降低重心与⑧对①进行夹击⑧对③进行紧逼防守，禁止②、③完成接球，并最大可能完成抢断球或造成进攻方的 5 秒违例，如球成功发到场内，队员⑦立即加速去防守①。进攻时将球推进过中线后，攻守角色交换练习。

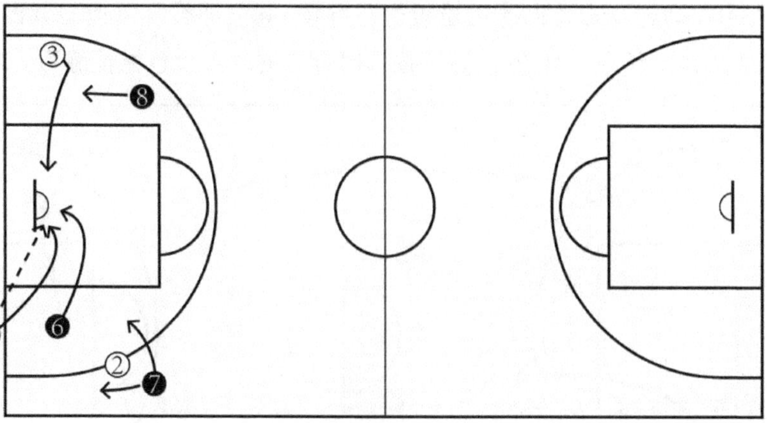

图 3-96

2)对方抢获后场篮板球的紧逼练习

如图 3-97 所示，①进行罚球但未命中，②选位卡位后成功拼抢到篮板球，?立即上步迅速对②进行紧逼，⑥立即上步迅速对①进行紧逼，⑧立即上步迅速对③进行紧逼。练习几次进行交换练习。

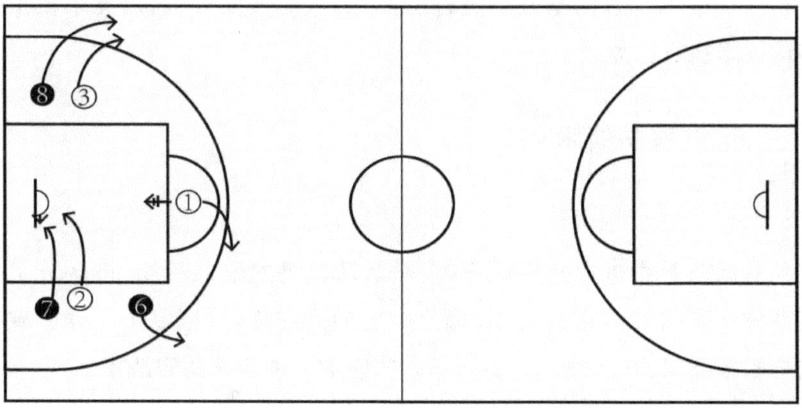

图 3-97

3)中场夹击轮转补防练习

如图 3-98 所示,⑤双手胸前传球给①,①进行运球推进,⑩执行堵中放边的战术以此逼迫①沿边线进行运球,当①运球刚过中线时,⑨立即加速上前进行阻截,迫使①停球在边角处造成死球局面,⑧与⑨立即上步进行对①夹击,⑩立即转身迅速向④的位置进行移动,⑥立即转身迅速向③的位置进行移动,⑦兼顾防守②和⑤。防守按顺时针方向进行角色换位练习。

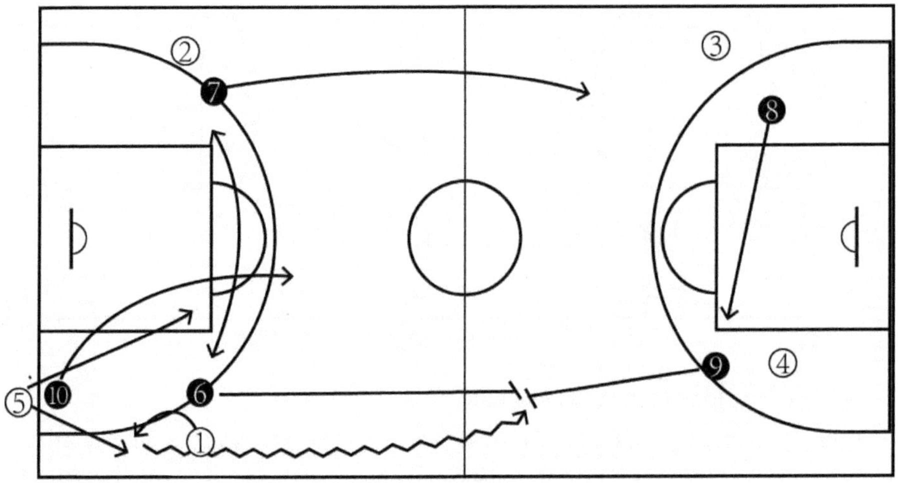

图 3-98

4)全场三攻三守、四攻四守、五攻五守攻防练习

在上述战术配合的基础上进行练习,加入高强度对抗,以此来模拟实战比赛的战术执行能力。

三、区域联防战术

1.定义

区域联防是指进攻转入防守时,全队队员迅速退回后场,按区分工各自负责防守一定区域的进攻对手,形成一定的防守阵势,把每个防守区域有机地结合联系起来,并随球进行协同移动防守的一种全队防守战术。

2.区域联防的基本阵型

根据防守队员站位的区域，区域联防具有多种站位阵型："2–1–2"区域联防防守阵型（图 3–99），"2–3"区域联防防守阵型（图 3–100）、"1–3–1"区域联防防守阵型（图 3–101），"3–2"区域联防防守阵型（图 3–102）等，其中"2–1–2"区域联防防守阵型是基本的站位阵型。

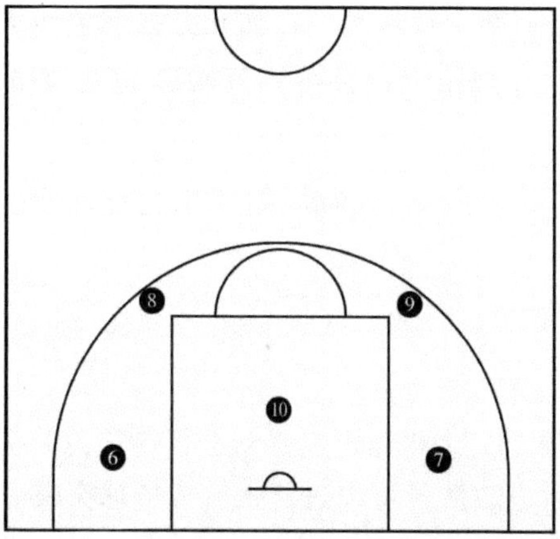

图 3–99　"2–1–2"区域联防防守阵型图

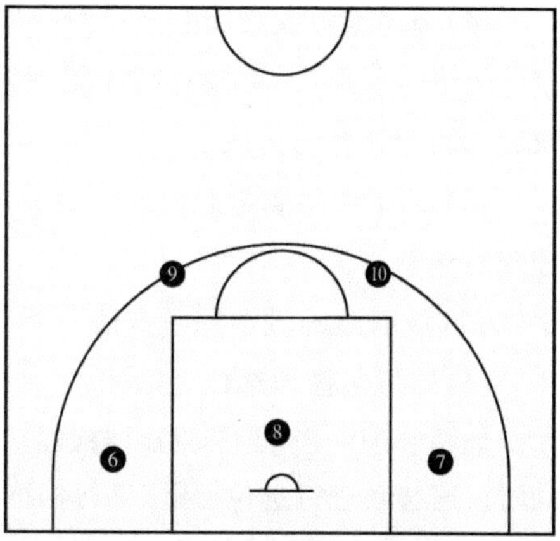

图 3–100　"2–3"区域联防防守阵型图

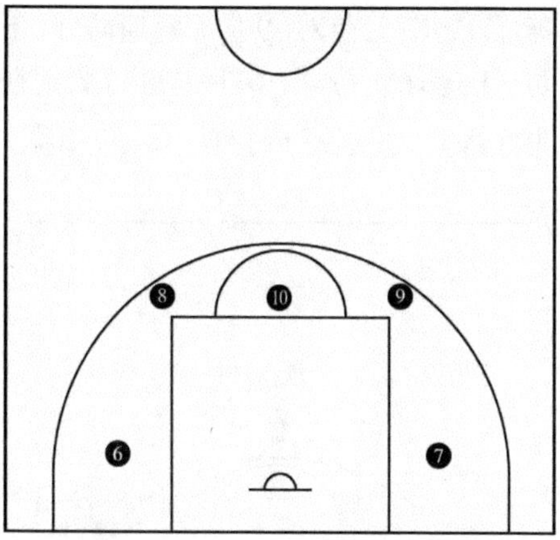

图 3–101　"1–3–1"区域联防防守阵型图

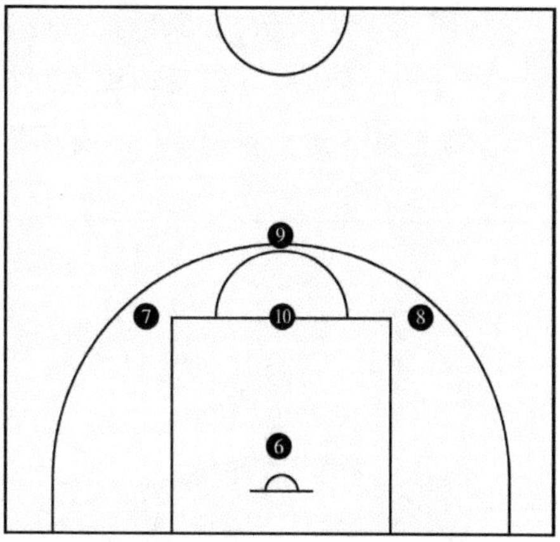

图 3–102　"3–2"区域联防防守阵型图

3.区域联防的基本要求

（1）按联防的防守区域进行分区防守，对进入防区的进攻队员进行阻截，并与队友进行协防。由进攻转换为防守时积极进行封堵一传和接应，快速返回后场按照战术进行区域联防阵型落位。

(2)按照队员的身体素质、技术特点等进行联防的区域位置防守划分。

(3)防守有球队员时以盯人为主,积极对进攻方的投篮、传球、运球和突破进行逼迫造成失误或抢断。对无球队员要与队友进行语言交流完成堵截协防等,以防守球为主并根据球的位置进行防守位置调整,做到人球兼顾。

(4)必须抢前或绕前防守中锋队员,切断中锋接球路线防止其接球。当进攻队员进行投篮时,必须进行干扰封盖,并选位卡位进行篮板球拼抢,拿到球权后由防守转换为进攻。

(5)要时刻注意场上进攻方的战术局势变化,及时根据变化进行联防防守阵型调整。

4.区域联防的教学练习方法

(1)二防二移动选位练习

如图 3-103 所示,①原地持球或运球,①、②相互快速移动进行传球,⑥、⑦同时快速移动进行选位,选位练习熟练后进攻队员可以进行投篮或持球突破。

(2)三防三围守中锋练习

如图 3-104 所示,②原地持球或运球,⑦立即上前对②进行紧逼防守,⑧侧前对③进行防守,⑥侧身回缩进行协防,①运球或持球,⑥上前进行紧逼防守,⑧侧前对③进行防守,⑥侧身回缩进行协防,③运球或持球,⑥、⑦、⑧三

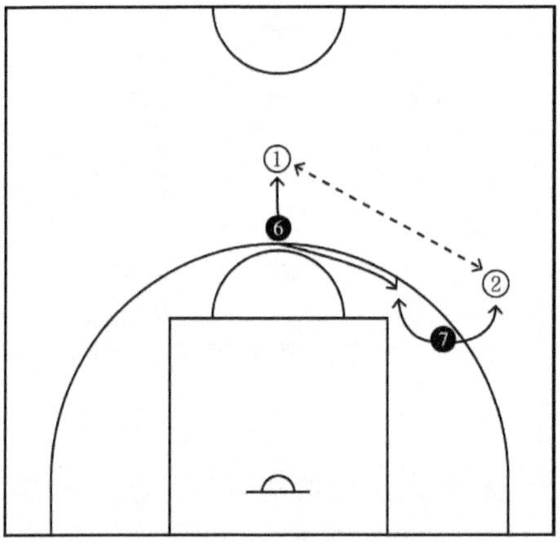

图 3-103 二防二移动选位练习图

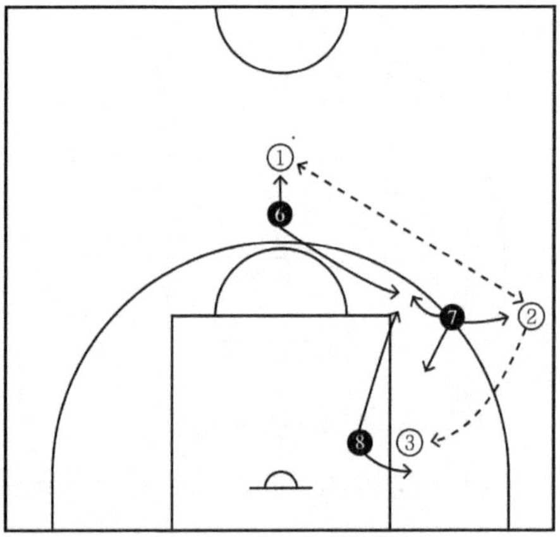

图 3-104 三防三围守中锋练习图

人共同进行围夹。

(3)四防四移动选位练习

如图 3–105 所示,①原地持球或运球,①、②、④在外线互相进行快速传球,防守队员按战术要求快速地移动进行选位,持球队员可以进行突破、投篮,无球队员禁止进行空切。当高调球传给在内线的③时,⑦、⑨立即侧身进行对③的围夹,⑥、⑦分别防守外线队员并随时做好抢断球的准备。

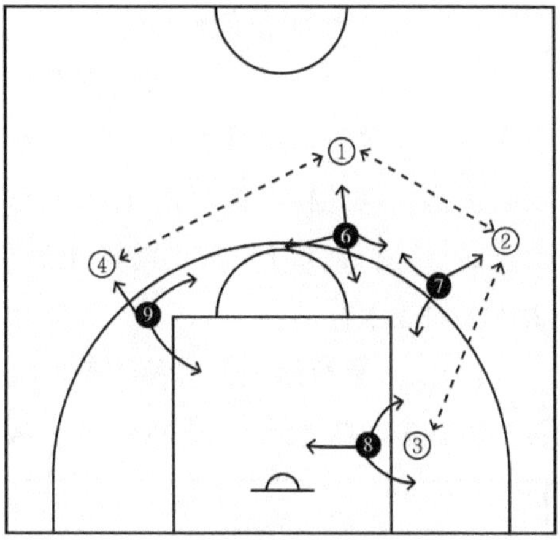

图 3–105 四防四移动选位练习图

(4)半场五对五练习

进攻队员可以连续进行多种形式的传球、突破、溜底线、背插等战术,但不能进行投篮。防守队员之间要进行语言交流来避免防守进攻队员时出现漏人的情况。

(5)半场五对五对抗练习

进攻时以多种形式的传球、突破、背插、溜底线、中锋进攻为主,以此进攻方式对个人的防守意识和团队整体防守的配合质量进行提高,在此基础上可以组织全场的高强度实战对抗。

四、防快攻战术

1.定义

防守快攻是指比赛中由进攻转入防守时,合理地运用封、夹、断等手段破坏对方的第一传和快攻接应,并同机夹击运球队员,用于阻止和破坏对方使用快攻的防守战术。

2.防快攻的基本方法

防快攻的方法有:积极拼抢篮板球、封堵一传、堵截接应点、严防快下队员、以少防多等,提高进攻成功率也是防快攻的重要方法。

其中少防多的站位形式有三种：

(1)二人平行站位。这种防守队形适用于对付边线突破能力较强的队员，但中路防守薄弱。如图 3–106 所示，⑥重点对②进行防守，⑦则应转身快速向限制区跑位以此控制篮下防守并兼顾①和③的战术行动意图，当②击地传球给①时，⑦立即侧身快速上前滑步进行堵截①，⑥立即转身撤向篮下并兼顾②和③的战术行动。

(2)二人重叠站位。这种队形可有效地阻止对方中路突破，但边路防守薄弱。如图 3–107 所示，当进攻队员①从中路进行运球推进，②和③分别沿各自

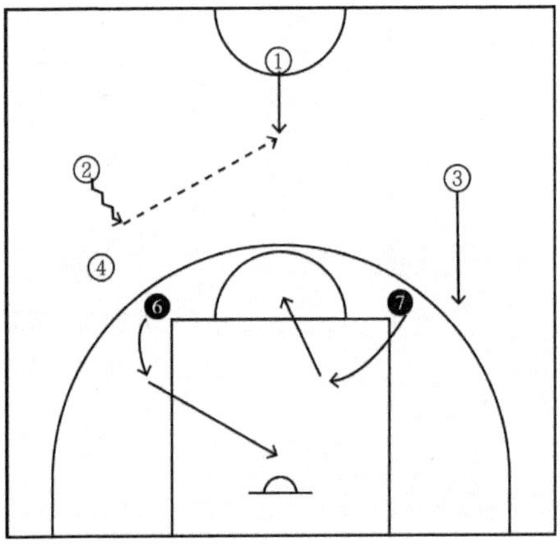

图 3–106　二人平行站位图

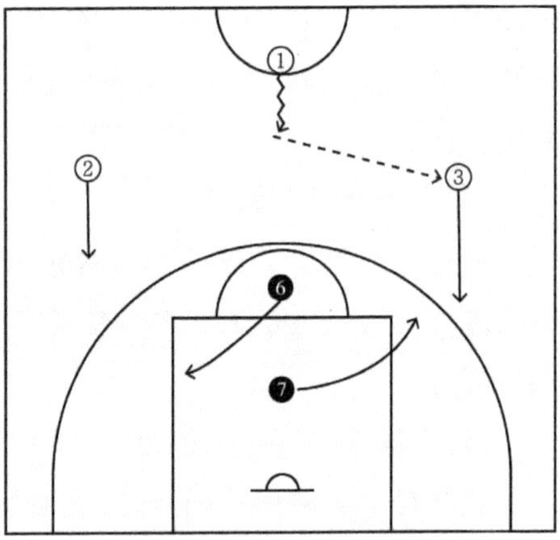

图 3–107　二人重叠站位图

边线进行快下时，⑥在前对中路堵截，⑦在后同时兼顾防守②和③，当①双手胸前传球给③时，⑥立即滑步上前去封堵③，⑦立即转身迅速后撤对篮下进行控制并同时兼顾防守①和②。

(3)二人斜线站位。这种防守队形比前两种站位有利，它可有效防止中路突破，缩短补位距离。如图 3–108 所示，当进攻队员①从中路运球

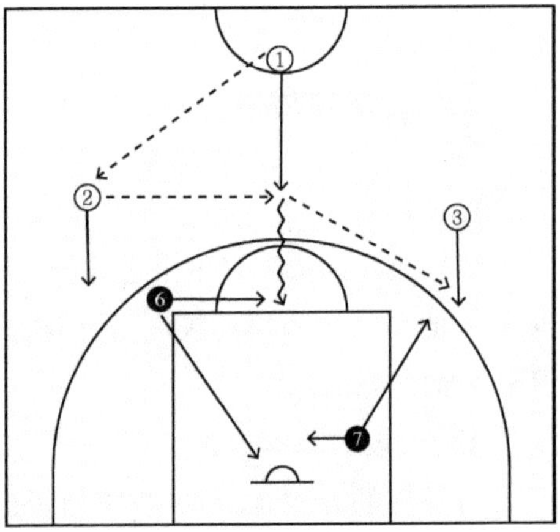

图 3–108　二人斜线站位图

进行突破时,⑥应立即按战术执行进行中路封堵,阻止①完成突破,⑦立即转身向进行移动,并同时兼顾②和③的战术行动;若①双手胸前传球给③时,⑦立即上前去对③进行封堵,立即转身迅速后撤对篮下进行控制并同时兼顾防守①和②。

3.防快攻的基本要求

(1)要求防守方全队思想及行动高度一致,对整体进行战术布防,积极主动地对进攻方进行全位置的围追堵截,防止进攻方发动快攻,延缓进攻方的快攻速度。

(2)积极封堵进攻方的一传球,果断对进攻方接应队员进行阻截,抢占接应点并切断接应路线。

(3)积极地追防快下队员和在中场位置的堵截、干扰,或阻挠逼迫进攻队员无法成功地进行传球和快速运球。

(4)力争对位人数防守,避免少防多,勇于对抗。

(5)积极对进攻方在任何位置的攻篮进行干扰和封盖,对成功率造成影响,并要合理选为卡位进行篮板球的拼抢。

4.防快攻的教学练习方法

(1)堵截快攻的发动与接应

二对二堵截快攻的发动与接应练习:如图 3-109 所示,①面对篮筐方向站位并向篮板进行不命中投球,当⑥成功抢到篮板球获得球权时,②应立即转身由进攻转为防守,迅速上前对②挥动手臂积极进行干扰①的传球线路或逼迫?向边线进行运球,进行快攻的大延误,③立即侧身加速去积极堵截⑦防止进行一传接应。练习数次后,两组攻守角色交换练习。

图 3-109　二对二堵截快攻的发动与接应练习图

三对三堵截快攻的发动与接应

练习:如图 3-110 所示,①面对篮筐方向站位并向篮板进行不命中投球,当防守队员⑥抢到篮板球获得球权时,②应立即转身由进攻转为防守,迅速转身上前积极挥动手臂封堵其一传,③和④分别积极堵截⑦和⑧防止接应一传。两组进行数次后,换组练习。

三对三夹击第一传练习:如图 3-111 所示,当⑥抢到篮板球获得球权时,①立即协同篮下的②配合进行夹击,③放弃快下的⑧及时侧身快速跑位对②的接应进行堵截,并随时做好抢断⑥的传球的准备。

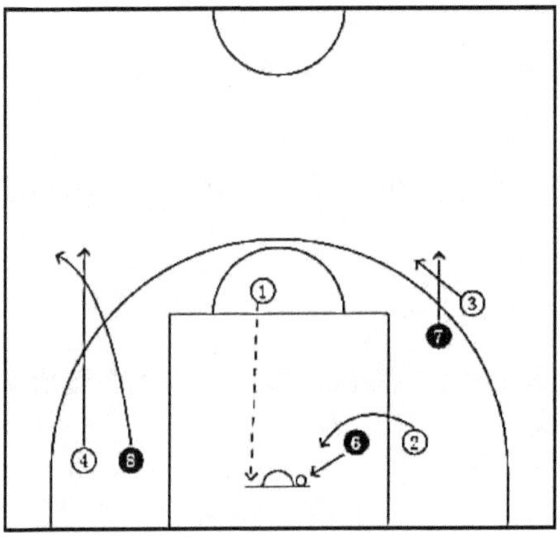

图 3-110　三对三堵截快攻的发动与接应练习图

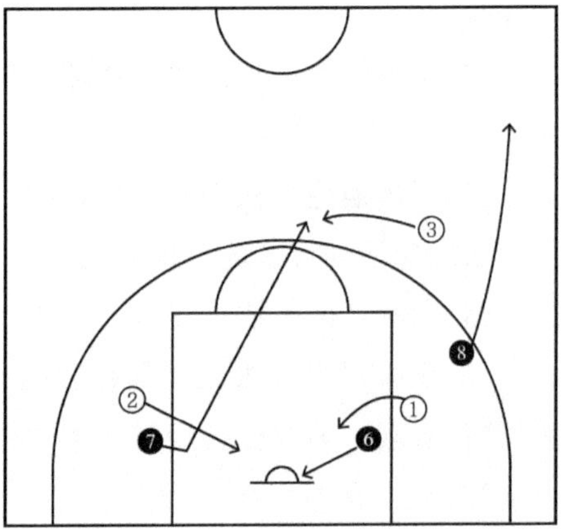

图 3-111　三对三夹击第一传练习图

(2)防守快下队员

如图 3-112 所示,⑤面对篮筐方向站位并向篮板进行不命中投球后立即上前拼抢篮板球,拿到球权时,①和②立即分别起动加速沿各自边线进行快下,相应对位的⑥和⑦也紧随快速退防,并在退防过程中及时注意场上的局势变化,并做好抢到⑤的长传球的准备。每次练习完成后,两组分别跑位到队尾进行排队,攻守角色交换进行练习。

(3)快攻结束阶段以少防多

半场一防二练习:如图 3-113 所示,当②双手胸前传球给①,①沿边线高速运球进行推进时,⑥立即转身由中路稍向②一侧加速退防,在退防过程中要利用假动作对进攻队员进行干扰,当①再次双手胸前传球给②时,⑥立即转身加速向②一侧篮下进行移动,并随时抢断②给①的回传球或及时进行对

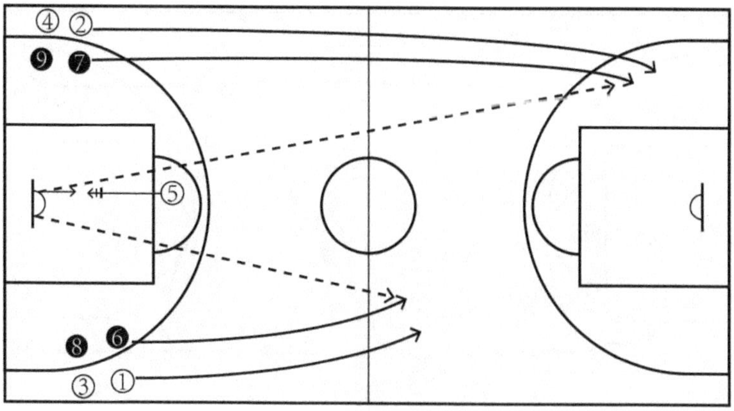

图 3-112

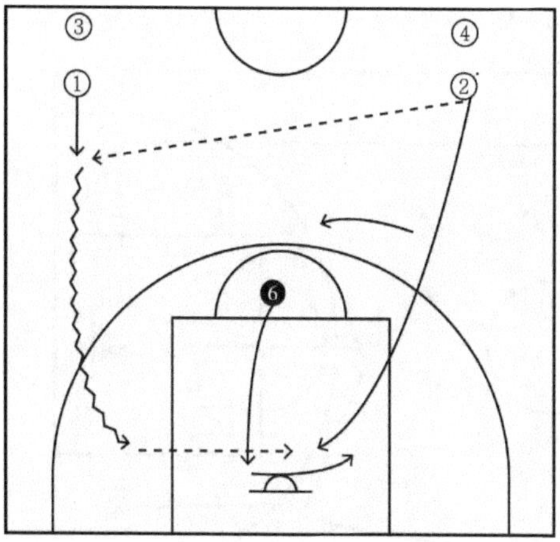

图 3-113　半场一防二练习图

②的投篮进行封盖，防止可能出现的二次篮板球进攻。练习开始采用固定人进行防守，为了进行积极的强度防守，也可以在防守成功后进行防守角色交换。

全场一防二练习：如图 3-114 所示，①原地持球或运球，①和②分别快速向前场推进，在行进间不断进行双手胸前传球，⑦进行兼顾防守，⑦完成防守后立即转身与②向反方向的篮筐进攻，③或④进行防守，反复进行练习。

全场一防二练习：如图 3-115 示，①、②、③为一个小组，①原地持球或运球进行三人直线快攻，在行进间不断进行双手胸前传球，在完成快攻返回时，转换为一防二的形式，其中投篮队员转换为防守队员，三人直线快攻结束后，②从中路立即由进攻转换为防守并迅速进行退防，①和③立即进行快速反击，②在退防时兼顾防守，不断调整变化防守位置，并做好随时抢断①和③之间的传球。各组依次进行反复练习。

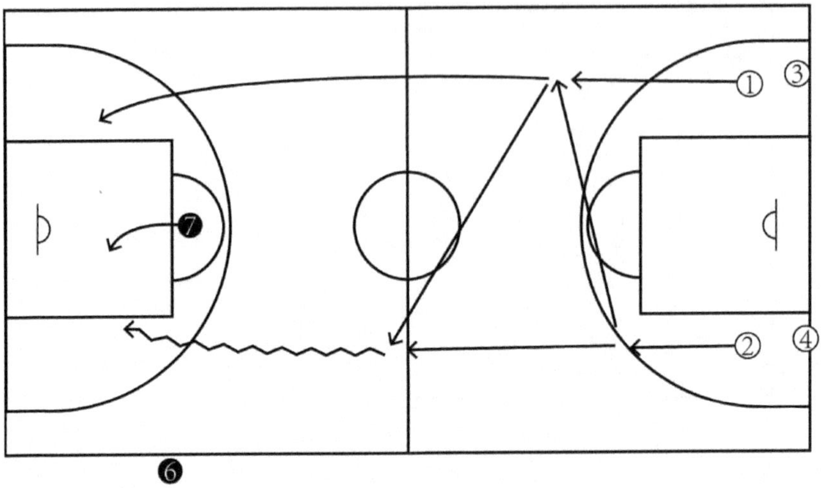

图 3–114　全场一防二练习图

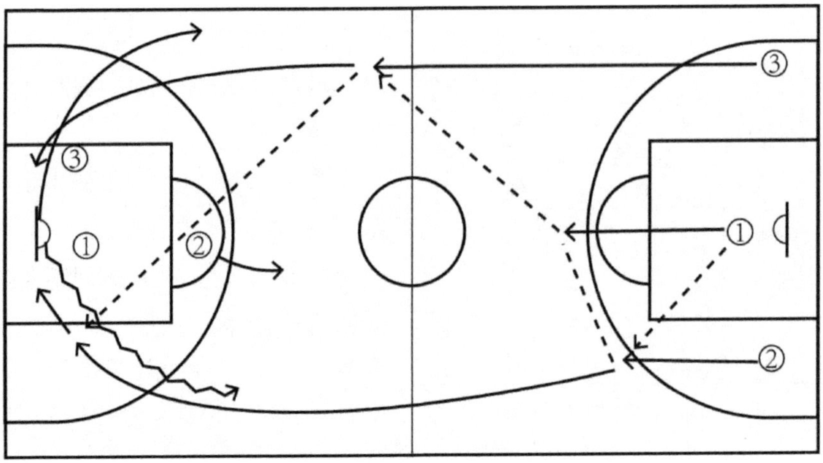

图 3–115　全场一防二练习图

全场二防三练习：如图 3–116 所示，三人划分为一组，开始由①、②、③向前场快速组织进攻，另一组的④和⑤进行积极防守，⑥落位于边线范围外暂加入防守，④、②、⑤在完成防守后立即组织向对面发动进攻，再由第三组及时出两名队员进场进行防守。依次往返进行练习。

半场二防三练习：如图 3–117 所示，①运球从中路进行推进时，⑥积极在前对中路进行围堵，⑦在后落位行成重叠的防守站位，当①双手胸前传球给

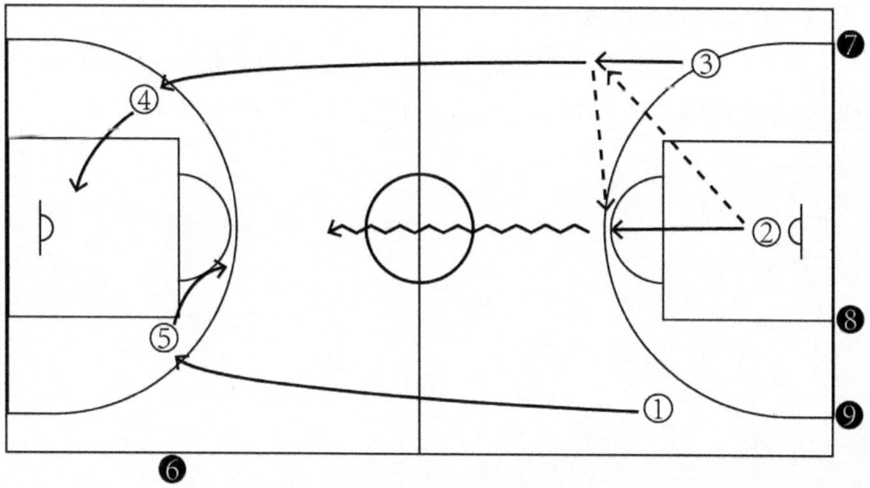

图 3–116　全场二防三练习图

②时,⑦立即转身加速上前对②进行防守,⑥立即转身后撤同时兼顾对①和③进行防守。

如图 3–118 所示,当②运球沿边线进行突破时,⑦立即侧身加速移动堵截防守②突破进行上篮,这时⑥要向篮下中区占据有利的防守位置兼顾防守①和③,当②双手胸前传球给①时,⑥要立即侧身加速移动进行堵截,⑦迅速转身向篮下移动的同兼顾防守②和③。

图 3–117　半场二防三练习图

图 3–118　半场二防三练习图

(4)全场五对五攻防练习

1)进攻半场人盯人防守完成后,立即进行由进攻转换为防守的练习。

2)进攻区域联防完成后,立即进行进攻转换为防守的练习。

第四章　篮球运动教学

第一节　教学的指导

教学的理念是一种人们对于教学和实践中所学习的活动内在发展规律的一种基本认识的集中体现,同时也可以是一种人们对于教学活动的一种基本看法和实践中所持有的基本的教学思维态度和价值观念,是人们对从事篮球教学活动的一种理想信念。篮球教学的理念在理论层面、操作实践层面和学科研究层面有很大的不同,教学理念对教学活动的开展具有重要的影响和指导意义。篮球教学必须遵循的篮球教学原则和理念主要有:

一、以人为本的教学理念

篮球教学中"以人为本"的人性化教学理念即引导教师重视认识人,理解人、尊重人和帮助人,提升每一个人的自身道德价值的教学理念。

随着时代的发展和社会的进步,现如今,社会由重视科学技术发展的时代进入注重以人为本的时代,教育应当全面地体现以人为本的时代精神。因此,现代的教育更加强调以人为本,篮球教学更是如此。将重视、理解、尊重和爱护学生,提升每一个学生和体育教师自身价值关注学生和教师的现实需求和未来发展,更加注重学生自身的天赋和潜在能力。通过篮球教学培养学生的自立、自强、自尊、自爱、自信的良好品质,促进学生自身的发展。

篮球教学的教育理念事关学生的健康成长,应当以维护学生的根本利益为诉求,始终坚持以人为本,对篮球教学的方式方法进行不断地改进,促进学生的全面发展。

为更符合新时代的要求,我们应站在"以人为本"的角度,对于师德建设进行更加深入地认识,对师德建设的内涵进行深一步的拓展。其主要内涵体现为:

(一)"以人为本",以"学生"为本

教育工作的其中一个本质要求就是大力培育优秀人才,育人工作是对学校各项任务的核心,也是对教师最重要的任务和职责。在篮球教学中,教师的任务不仅是教授篮球运动的知识和技能,更要培养学生对篮球运动的兴趣,使学生通过篮球运动完善自身的意志品质。以"学生"为本,建立新型师生关系是师德建设内涵的核心,也是我国现代教育的根本要求。与此同时,以"学生"为本也绝不是"学生中心主义",而是在篮球教学的过程中,充分体现体育教师对学生的尊重和爱护。在反对体罚学生的同时,决不能放松对学生的严格要求;在反对强制灌输教育的同时,决不能放任对学生的思想教育。

(二)"以人为本",以"教师"为本

师德建设上的以"教师"为本,即教师应当自律、自尊、自重、自爱。但教师对自身高尚的品格与情操努力塑造的同时,也应受到来自国家和社会的关爱,尤其在当下,国家重视青少年学生身体素质的发展,积极开展体育课程和学校传统项目课程,应当对体育教师的教学生活给予高度重视与关心,让体育教师将"德福一致"的道德情操更好地展现。体育教师应当在达成崇高使命的喜悦中将道德进行升华;同样也应当注重维护自身的合法权益,做积极的师德实践者。

二、全面发展的教学理念

"全面发展"的含义和教学理念即重视教师和学生德智体美劳的全面发展。全面发展离不开素质教育,学生的课业繁重,大多学生都面临着学习压力。实现全面教育发展的目标是十分重要而且必要的。全面发展在篮球教学实践活动中应遵循以下两个原则:

(一)价值性原则

学生的全面发展教育要依靠知识的传授,在篮球教学活动中,学生的全面发展是对教育的价值需求,在传授篮球知识与技能的过程中要把事实与价值结合起来。

(二)个体差异性原则

人的全面发展教育在改变人类历史的过程中最终得以产生和实现,人是从事历史和文化活动的每一个人,存在着显著的文化差异,这也是全面发展教育的文化相对性、层次化的重要表现之一。

篮球教学主要是通过篮球教学的理论与实践活动锻炼学生的心智能力、意志品质和提高学生的文化素质。但在篮球技能的教学过程中,每个学生都存在个体差异,包括身体协调性、运动能力和接受能力,所以体育教师应尊重学生的个体差异。

第二节 教学原则

教学的原则主要是篮球教育的客观规律在篮球教学实践中的体现和反映,是在长期的教学过程和实践中积累起来的一种具有普遍价值和指导意义的教育经验总结和概括,在教学的过程中必须严格遵循的教学准则。在篮球教学的实施过程中,具体表现为教师应按照篮球教学计划,有目的、有组织、系统地进行篮球教学活动,同时也应紧密结合学生的自身特点以及篮球运动的特点,采用启发式、讨论式等教学模式,因材施教。篮球教学中主要运用的教学原则有:

一、立德树人原则

立德树人是教育的根本任务。全面贯彻习近平和党的群众路线教育方针,坚持立德为先树人,加强对社会主义马克思核心价值体系的教育,完善对中华优秀传统的文化教育,形成爱政治学习、爱艰苦劳动、爱奉献祖国活动的

有效教育形式和长效机制,增强广大学生的社会主义责任感、创新精神、实践创新能力。在篮球教学实践活动中,应注意以下几点:

(一)掌握教育发展规律,提高立德树人的自觉性,要切实做好立德树人的工作,首先要明确把握立德树人的含义。立德树人有两种含义:从狭义上说,它本身就是教学的原则,是每一位教师在其教学活动中应当严格遵守的基本行为准则;从广义上说,它是教育原则,是培养人才的基本方略,是所有教师的基本行为准则。"立德"就是具有双重教育思想的指向,既包括每一位学生之基本德育,又更好地包括每一位师德之文化建设;立德树人,就是更好地培养学生成为具有中国特色的社会主义教育事业的建设者和接班人。

(二)不断完善自我,增进立德树人的有效性。立德树人的实践过程本身就是一个言传身教的实践过程。言传身教的前提要求教师应注重道德的自我约束,不断提高自身的道德修养。在篮球教学中,随着篮球知识和技能的更新,体育教师更应该注重自身教学能力的提高,不仅如此,体育教师的工作作风、生活态度、治学态度、道德情操以及政治素质等,都影响着学生的发展,因此,教师要想更好地完成立德树人的神圣使命,必须注重自身素质,加强师德涵养,成为学生的榜样。

(三)运用教学研究方法。根据学生的要求和特点,增强学生立德树人的意识。立德树人的过程是一个漫长而润物无声的成长过程,更多的时候需要教师发挥学生情感的桥梁和纽带作用,用"情"叩开教师和学生进入心灵的另一扇大门。充分利用篮球教学实践活动互动性的特点,和学生进行深入的交流,从学习和生活上给予学生帮助和关心,热爱学生是教师良好的道德品质的基本体现。教师在教学期间可以主动和学生进行沟通与交流,使得学生在获取知识的同时,能够感受到教师的关爱。

(四)充分发挥学科的优势,注重立德树人有利于树人的教育经常性。篮球教学是学校体育课程的一部分,学生可以在户外进行篮球运动,不仅可以提高学生自身的篮球技能,也可以培养学生的团队精神。因此,教师在篮球教学中要充分发掘学科的教育性,做好立德树人的工作。

二、自觉积极性原则

自觉积极性的原则主要是指在教学过程中，教师通过各种方法，激发学生自觉地学习篮球运动相关知识的兴趣和参加练习的积极性，从而充分发挥学生主动性和创造性的教学原则。为此，应注意以下几点：

（一）继续加强思想政治理论思想和文化教育，使广大学生明确新的学习发展方向和教学目的，端正学习态度，树立勤奋学习的理想意识和学习决心，培养学生锲而不舍、严谨笃学的优良学风。

（二）根据篮球教学的任务和具体条件，严密组织整个教学流程，科学安排各种篮球技能的学习顺序，使学生充分理解每个篮球技战术的要领、用途、运用时机和动作的变化等，提高学生学习的积极性。

（三）积极主动地引导学生多动脑，勤思考，提高深入分析实际问题，独立自主解决问题的能力。

（四）教师在教学过程中，对认真学习的学生给予鼓励和表扬。

（五）教师要积极地钻研篮球教材与教法，注意教材内容的实用性、系统性和多样性，并适当地增加一些具有竞赛性的教学内容，以培养和提高学生综合的学习能力。

三、直观性原则

直观性的原则主要是在篮球教学的过程中，借助教师对学生已有的知识和经验，通过各种表达形式的理解和感知，丰富了学生的感性认识，使得学生能够获得生动的表象，从而更快地掌握所学的各种知识与技能，并培养学生的思维能力、观察能力的原则。在篮球教学中，直观性原则具有重要的指导意义。篮球教学过程是促使学生进一步认识和掌握运动技能的过程，教师进行的正确讲解与示范，有助于教师引导学生理解和掌握正确的篮球动作。为此，应注意以下几点：

（一）运用多种直观的形式和手段进行教学。例如运用挂图、图片、图表、观看比赛、电影、幻灯、录像等手段,有利于学生更加清楚地感知动作的具体表象,从而提高篮球教学的效果。

(二)生动形象的语言具有直观的作用。教师在讲解、提示、指导时要具有较强的启发性,并能很好的联系学生已掌握的相关知识、技能,用生动形象的语言,通过分析、比较等方法,使学生理解并掌握篮球技术动作的要领。

(三)在进行篮球教学的过程中还可采用多种视觉信号(如手势),或利用标志点、线、物等提高学生学习的注意力,从而增强教学效果。

四、从实际出发原则

从学校的实际情况出发基本原则主要是指学校篮球体育运动教学的主要任务、内容、方法、要求以及篮球体育运动负荷的确定和安排,要以篮球教学的场地、设备器材、气候环境等实际条件为基础,力求符合学生的年龄和身体素质发展水平等。为此,应注意以下几点:

(一)要进行深入的调查和研究,真正了解学生的个性特征、思想状况、身体条件、技战术特点、家庭背景等各方面的情况,便于教师能及时采取有效的措施,既要做到对学校有明确统一的要求,又能对学生区别对待。

(二)根据学生的实际水平和可接受能力情况来确定教学目标和任务,有的放矢地选择适合的教材内容,组织科学的教法,合理安排学生的运动负荷。

五、循序渐进原则

循序渐进原则是指篮球教学的内容、方法和运动负荷的安排必须符合学生的认识规律,符合学生身体动作技能的变化规律和符合人体生理和机能的活动变化规律,真正使学生做到了由易到难、由简入繁、逐步地深入、不断地提高。为此,应注意以下几点:

(一)在正确安排教学内容,组织运用教法时,一般都应要求学生遵循由浅入深、由易到难、由已知到未知逐渐递进的原则。同时,还应注意简与繁、易与难、浅与深的结合,对简和繁、易和难、浅和深的综合把握应充分结合学生的特点和现实条件进行全面的考虑。

(二)各种教学方法要结合我国篮球运动的具体特点，注意保证各种教学过程的连贯性和教学的实效性，适时更改教学的步骤，使学生可以由初步了解到深入理解，由基本掌握到熟练运用，逐步提高。

(三)全面系统与重点突出相结合。对篮球教学内容以及教学活动各个环节的安排，既要考虑到系统连贯，但又不能等量齐观，平均分配，而应抓住其关键的内容，重点地进行教学，以突出重点带动全面。

(四)全身运动负荷强度要由小到大，有节奏地进行合理安排。随着对运动技术、技能的不断熟练，可以逐步地增加全身运动的负荷强度和运动负荷量。

六、巩固提高原则

巩固提高原则是指在篮球教学中，以实际应用为最终目的，在学生牢固掌握篮球技、战术的基础上再给予一定程度的提高，真正实现从量变到质变的原则。为此，应注意以下几点：

(一)在篮球教学的过程中要有计划地安排作业，使已经习得的内容和知识能够得到及时的复习，尤其是在教材重点、关键技术等方面要增加复习的时间。

(二)增加篮球训练时间和练习密度。根据课的任务和要求，在教学过程中尽可能增加学生练习的次数和练习强度，并适当安排教学比赛，提高学生篮球技、战术的运用能力。

(三)紧密结合时代发展的步伐，注重教学知识的更新，不断改进旧的教学方法，甚至创造新的教学方法，使得教学内容、教学方法与教学手段更加具有科学性和先进性，便于更好地提高学生的综合素质。

尽管上述各教学原则具有相对的独立性，但是它们并不是独立存在的。它们互相联系，互相促进，共同地作用于教学过程。只有全面综合地掌握运用以上教学原则，发挥上述各教学理论和原则的一个整体作用和功能，才能顺利地解决课堂教学的过程中一系列的实际问题，更好地进行指导教学实践。

第三节　教学方法

教学方法指在课堂教学的过程中，为了实现课堂教学目的、完成课堂教学任务，教师和全体学生共同采取的一种教与学相互作用的一种集体活动教学方式，是教学过程中一个非常重要的组成部分。对教学方法的正确选择直接地关系到课堂教学和工作的重要性和成败。在篮球运动教学中，教学方法有以下几种：

一、讲解示范法

讲解示范训练是篮球技、战术教学过程中的重要环节，每一项篮球技术都包括动作或者与战术相互配合的方法，教师首先向学生讲解它的基本名称、方法、要领、练习的形式及训练中需要特别注意的一些关键问题等，然后对学生做出正确的讲解示范。示范时既要使学生注意动作的规范性,又要使所有学生都能清楚地直接看到示范的全过程。对于复杂的技术配合动作和复杂的战术配合,则一定要反复地讲解示范,并充分启发所有学生的积极思考，更快地领会动作的要点。

例如，教师准备向学生讲解示范双手胸前传接球的技术动作时，首先向学生讲解双手胸前传接球技术在篮球运动中的作用、动作方法和动作要领；其次从正面、侧面、背面三个方向分别为学生做徒手示范和有球示范，做示范时应按动作顺序讲解；最后安排一名学生配合示范，并指出易范的错误。在反复多样的讲解示范下，使学生了解双手胸前传接球的技术动作，并积极展开练习。

二、指导纠错法

教师在教学过程中应注意观察学生的动作，以便及时发现错误，分析产生错误的主要原因，并积极寻找有效的改正方法。教师在进行纠正时应针对学生的具体情况，采取不同的措施进行及时纠正。为使学生能够尽快地掌握正确动作，形成正确的动力定型，教师可以采取一些适当措施。

例如，教师讲解示范完技战术的动作方法，安排个人练习或分组练习时，应仔细观察每个人的动作方法，及时发现并纠正错误，在完成一组练习后，集中讲解练习中发现的错误动作，并进行简化练习条件、形式、进一步的分析动作、辅助性的慢动作练习等。

三、完整法与分解法

在篮球教学的过程中，应根据不同的阶段和教学条件以及不同的教学对象，采用完整或分解的教学法，但要注意二者的结合。一般在开始学习新的动作时，为保证学生学习动作的完整性、连贯性，通常采用完整的教学法，使得学生快速形成整体概念。而对于相对较为复杂的动作、战术配合，则需采用完整与分解结合的方法，战术教学通常是先完成分解教学和练习，使学生逐步掌握整体战术的配合。

例如，在学习运球急停跳投技术时，教师应将运球急停跳投技术动作分解为运球、运球急停、原地跳投，分别单独进行练习，在此基础上进行完整的教学。

四、案例教学法

篮球教学中的案例教学法，主要是指教师应当结合实际情况对教学活动进行科学有力的指导，并根据体育教学的方向与内容，分析实例教学内容与教学情况，引用经典体育案例进行教学活动。这种案例教学方法通常是理论和实践有效结合的一种教学模式，其实质往往是促进式教学措施。教师在篮球教学期间，使用案例教学方法，可较好地打消学生在常规教学方法中产生的倦怠心理，同时充分利用学生在从事体育学习期间的自主意识，对其从事体育学习的积极性与创造力进行充分的提升，并在一定的程度上更好地发挥了学生从事体育学习活动积极性与学生的创造能力。

例如,在学习半场人盯人战术配合时,仅靠理论教学和教师的个人示范是不够的,此时教师把课前准备好的关于半场人盯人战术的比赛视频案例播放给大家,在观看视频时,教师应充分地进行战术讲解,使学生掌握半场人盯人战术,并及时组织学生进行练习。

第四节　教学评价

教学的评价活动是依据篮球运动教学的目标对其教学的过程及结果进行其价值观的判断,并为其教学目标决策实施服务的一种评价活动,是对其教学活动的现实或潜在的教学价值做出判断的一种过程。篮球体育教学的评价活动是系统地研究教师的教和学生的学的内在价值的一个过程。在我国篮球运动的教学中篮球体育教学的评价活动可以大致分为以下两种。

一、评价方法

(一)阶段性评价与总结性评价相结合

在以往的教学中,教师只在期末进行一次总结性考核,学生对于学习篮球技术的整个过程评价基本上是什么都没有的,这容易使学生在学习过程中松散懈怠,对于学生的心智培养来说具有一定的缺憾。阶段性评价是教师对学生中间阶段的学习情况做出的一次或多次评价,在学期的中间制定考核目标, 主要考核目的之一就是通过考察本期学生对基本技能的理解和掌握情况,令学生更加了解自身对于技能的掌握程度,同时也为下一单元的技术学习做准备,为教师提供参考,便于教师制定下一阶的段教学目标。当然,总结性的评价也很重要,是对整个学期的总结,体现了学生对篮球技术与战术的掌握情况。通过阶段性考核和总结性考核相结合的方式,让学生对于篮球的知识与基本技能的理解和掌握更加牢固,提高篮球课程的教学质量。

例如,投篮命中率的考核。考核周期为一个月,一学期一共四次考核,根据总结性考核标准对每一次的阶段性考核进行分析,并制定下一周期的教学目标。通过阶段性考核和总结性考核的对比,可以使学生了解自己的不足,从而激发学生的主动性。

(二)定性评价与定量评价相结合

定量评价强调的是数量的计算,是最通用的教学评价方式,但是只限于可测性的教学品质与学生行为,什么都要进行量化,突出共性、统一性和稳定性,过度依靠于纸笔的考核形式,不能准确地评价与反映学生们的学习质量,因而,它往往忽略了那些难以量化的重要品质与行为,忽视了个性的发展,把个性心理多方面的发展和行为表现简单地化为了抽象的数量计算。

定性的评价主要是不采用传统数学的评价方法,而是根据教师和评价者对学生和评价对象平时的表现、现实和心理状态的观察与判断进行分析。定性评价更加看重学生在“质”上的发展,关注教育的目标与教育的结果是否一致;更加强调对教师和学生的个体优缺点和发展性进行系统的调查,并对其个体独特性和优缺点做出“质”的科学分析与合理解释,是一种具有现代实质性评价内容的一种发展性评价的机制。所以,将篮球课堂教学效果定性定量评价与课堂教学过程定量定性评价相互地结合在一起,既体现“以人为本”的教学理念,又能得到准确的教学反馈。

例如,一学期的学习结束时,通过总结性考核,教师根据考核标准给出定量的成绩,根据每个学生这一学期的表现,教师给予定性的评语。

二、评价内容

以普通高等院校篮球普修课程的评价内容为例, 包括考核的技战术名称、考核方法、要求、评分方法、达标分值和技评分值。

(一)原地单手肩上投篮(女生可双手投篮)

方法:(如图 4-1)罚球线后站立连续投篮 10 次,记投中次数。

要求:踩罚球线投篮为违例,投中不算。

评分方法:达标 10 分,技评 10 分。

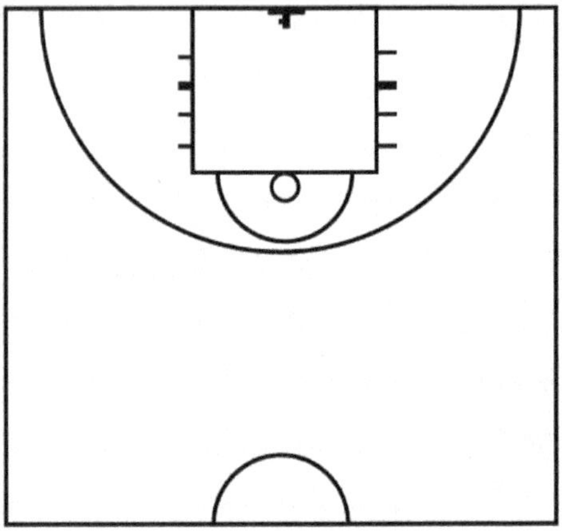

图 4–1 投篮站位

达标分值：

投中个数	8	7	6	5	4	3	2	1
得分	10	9	8	7	6	5	4	3

技评分值：

10–8 分	7–5 分	4–2 分	1–0 分
动作规范、协调、熟练、命中率高	动作规范、熟练、不协调、命中率高	动作正确、不协调、不熟练、命中率低	动作不正确、不协调、命中率低

(二)半场往返运球上篮

方法：(如图 4–2)从中线右侧标志杆开始运球至右侧篮下投篮，投中后运球至另一侧中线，绕过标志竿运球至左侧篮下投篮，运球至中线停表。

要求：连续运球，不许推拍球。投篮时，左右手不限，投篮不中要补中后才能继续进行。出现违例现象取消此次成绩。

评分方法：达标 10 分，技评 10 分。

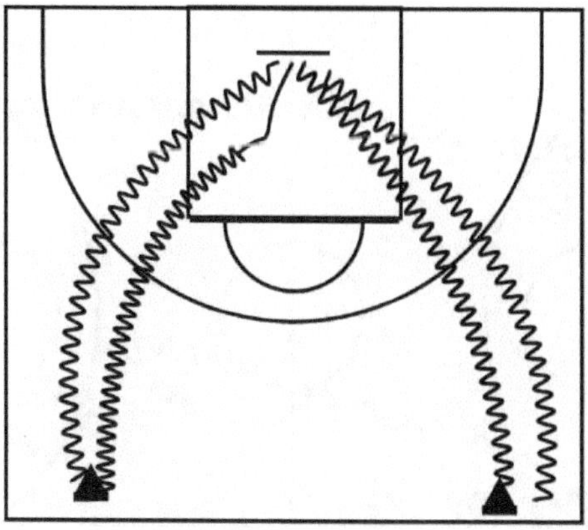

图 4-2 上篮跑动路线

达标分值：

男生	15″0	15″0	16″0	16″5	17″0	17″5	18″0	18″5	19″0	19″5	20″0	20″5	21″0
得分	10.0	9.8	9.6	9.4	9.2	9.0	8.8	8.6	8.4	8.2	8.0	7.8	7.6
女生	18″0	18″5	19″0	19″5	20″0	20″5	21″0	21″5	22″0	22″5	23″0	23″5	24″0
男生	21″5	22″0	22″5	23″0	23″5	24″0	24″5	25″0	25″5	26″0	26″5	27″0	27″5
得分	7.4	7.2	7.0	6.8	6.6	6.4	6.2	6.0	5.5	5.0	4.5	4.0	3.5
女生	24″5	25″0	25″5	26″0	26″5	27″0	27″5	28″0	28″5	29″0	29″5	30″0	30″5

技评分值：

10–9 分	8–7 分	6–5 分	4–3 分	2–0 分
技术运用连贯协调，动作规范清楚，连续两次投篮投中。	技术运用连贯协调，动作正确，连续两次投篮投中。	技术运用较连贯，动作较正确。一次投篮投中，有补篮。	技术运用较连贯，动作一般，投篮命中率低。	技术运用不连贯，不正确，运球失误较多，投篮不中。

（三）全场综合技术

方法：（如图 4–3）端线运球开始，在标志杆处做两次体前换手变向运球上篮，无论投中与否，继续运球至标志杆处做运球急停急起，运球至中线将球传给处于三分线附近的队员，接回传球做急停后，交叉步持球突破上篮，停表。

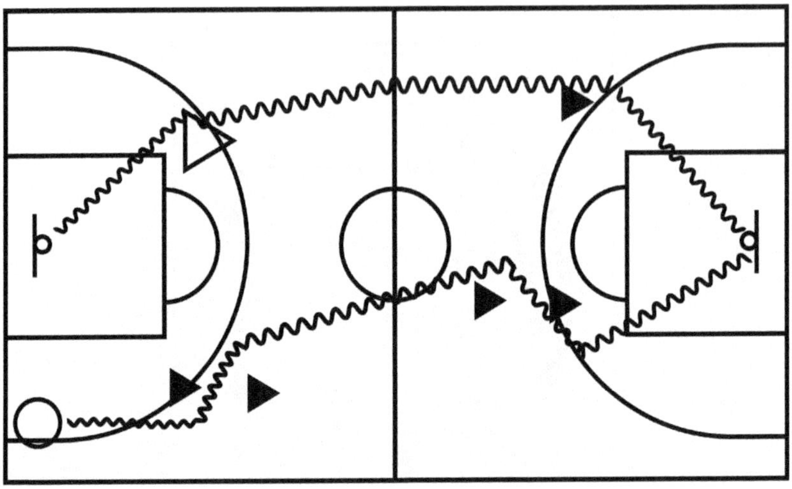

图 4-3　运球跑动路线

要求：连续运球，不许推拍球。投篮时，左右手不限。出现违例现象取消此次成绩。

评分方法：达标 10 分，技评 10 分。

达标分值：

男	女	得分	男	女	得分
16″0	18″8	10.0	22″6	25″4	7.8
16″6	19″4	9.8	23″2	26″0	7.6
17″2	20″0	9.6	23″8	26″6	7.4
17″8	20″6	9.4	24″4	27″2	7.2
18″4	21″2	9.2	25″0	27″8	7.0
19″0	21″8	9.0	25″6	28″4	6.8
19″6	22″4	8.8	26″2	29″0	6.6
20″2	23″	8.6	26″8	29″6	6.4
20″8	23″6	8.4	27″4	30″2	6.2
21″4	24″2	8.2	28″0	30″8	6.0

技评分值：

10-9 分	9-8 分	8-7 分	7-6 分	6 分以下
技术运用连贯协调熟练，各项技术动作规范清楚，两次投篮投中。	技术运用连贯协调熟练，各项技术动作正确，其中一次投篮投中。	技术运用较连贯协调，各项技术动作较正确，一次投篮投中。	技术运用较连贯，各项技术动作较正确，投篮动作较正确，没有投中。	技术运用不连贯，不正确，出现违例较多，投篮不中。

（四）三攻二的配合

方法:后场三人推进传球开始(如图 4-4)，进入中场时控制球队员根据防守者的站位情况合理进行运球或传球，按常规做出三攻二的配合方法，直到投篮结束。

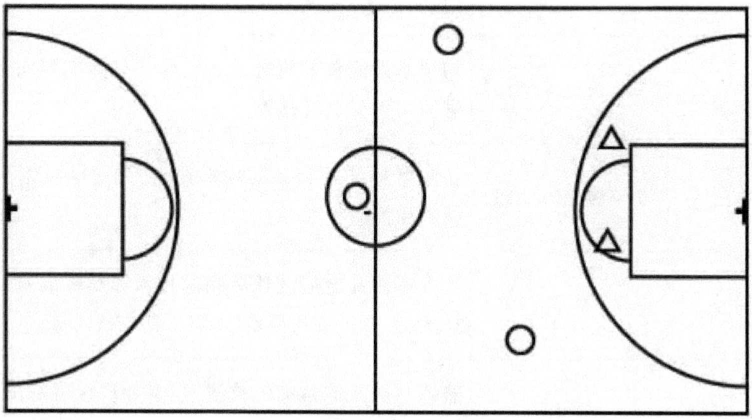

图 4-4　三攻二站位

要求：体现进攻合理支配球的能力，防守少防多的能力。

评分方法：技评 40 分。

技评分值：

35-40 分	30-35 分	20-30 分	10-20 分	10 分以下
技术运用正确合理，配合熟练意识好，传球方向正确，落点准确，防守积极。	技术运用正确合理，配合意识较好，传球方向正确，落点较准确，防守积极。	技术运用较合理，传球方向较正确，落点较准确，防守较积极。	技术运用一般，传球方向较正确，防守一般。	技术运用较差，传球方向判断错误，防守不积极。

第五节　教学案例设计

一、中小学篮球体育课

(一)课程教学目标

阶段	年级	篮球教学目标
水平一	1 年级至 2 年级	初步掌握简单的技术动作,在游戏中做出单个技术动作,如拍球、运球和投篮等。
水平二	3 年级至 4 年级	初步掌握简单的组合技术动作，如体前变向运球、行进间单手肩上投篮等。
水平三	5 年级至 6 年级	初步掌握篮球运动的基本技术,如运球技术、传接球技术和投篮技术等。
水平四	初中	基本掌握并运用篮球运动的技术和简单战术,如突破技术、三打二进攻战术、人盯人防守战术等。
水平五	高中	熟练掌握篮球运动的技战术,参加班级组织的篮球比赛。

(二)教案设计

1.水平二教学教案设计

教学内容	1.学习原地运球 2.游戏:拍球接力比赛	场地	篮球场
课的任务	1.了解篮球的相关知识及知道原地运球的动作方法。 2.初步学会原地运球的基本技术和基本身体姿态。 3.能积极参与学练,勇于自我表现。		

续表

课的部分	时间	教学内容	组织教法
开始部分	2分钟	1.师生问好。 2. 宣布本节课的内容与要求及目标。 3.检查学生衣着,安排见习生随堂见习。	队形: ××××××× ××××××× Δ 要求:精神饱满,集中注意力。
准备部分	8分钟	1.队列队形练习——原地踏步. 2.准备活动(1)热身慢跑(2)球操(3)球性练习。	要求: 1. 在老师口令下认真进行三面转法、原地踏步练习。 2.学生跟随教师进行慢跑。 3.跟老师一起做热身球操。 4. 跟老师一起进行篮球的绕环练习。
基本部分	30分钟	1.教师讲解、示范原地运球的动作方法,提示学生观察老师的动作。 2. 组织学生集体徒手模仿练习原地运球动作。 3.组织学生各种有球练习(左右手的看手势练习)。 4.组织学生两人一组合作练习,教师巡视指导,纠正错误动作。 5.请表现好的学生上前展示,及时点评。 6.组织学生提高性练习,左右,前后原地运球练习。 7.游戏:拍球接力比赛。 (1) 教师讲解介绍游戏方法及规则。 (2)指导学生练习及比赛。 (3)评判胜负,再次练习比赛。	队形: ××××××× ××××××× Δ 要求: 1.在老师口令下认真进行三面转法、原地踏步练习。 2.学生跟随教师进行慢跑。 3.跟老师一起做热身球操。 4.跟老师一起进行篮球的绕环练习。 要求: 1.学生认真听、仔细看教师讲解游戏方法、规则。 2.学生理解练习方法,积极主动参与比赛。

续表

课的部分	时间	教学内容	组织教法
结束部分	5 分钟	1.集合队伍。 2.放松活动。 3.本课小结。 4.安排回收器材。	要求： 1.认真观看，跟随老师伴随音乐进行放松。 2.学生认真听总结，并进行自我评价。 3.协助老师回收器材。
器材		篮球	
课后小结			

2.水平四教学教案设计

教学内容	篮球行进间三步上篮	场地	篮球场
课的任务	1.提高学生的健康水平，发展学生的协调性、灵敏性，使学生养成良好的锻炼习惯。 2.通过本次课的学习，让 85%的学生能基本掌握这一技术动作，15%的学生能了解动作的内涵。 3.培养学生的观察能力、想象能力和团结协作的精神。		

课的部分	时间	教学内容	组织教法
开始部分	2 分钟	1.体育委员整队，报告人数。 2.师生问好，宣布本课内容要求。 3.安排见习学生。	队形： ××××××× ××××××× Δ 要求： 1.动作迅速。 2.精神饱满，注意力集中。

续表

课的部分	时间	教学内容	组织教法
准备部分	8 分钟	1.徒手操：头部运动、扩胸运动、振臂运动、腹背运动、弓步压腿。 2.专项准备活动：脚步移动、侧向滑步。	队形： ××××××× ××××××× Δ 要求： 1.动作整齐、态度认真。 2.达到活动的效果。
基本部分	30 分钟	1. 讲解示范运球三步上篮完整动作。 2.学习原地徒手三步上篮动作。 3.学习原地持球三步上篮动作。 4.学习行进间运球三步上篮动作。 5.运球上篮接力赛 (1)讲解规则：从端线运球至对面篮完成一次三步上篮，中篮后返回交下一位同学。球若不中，则补中后方可返回。 (2)强调安全事项，组织分组并开始比赛。 (3)赛后点评	讲解队形： ×××××× ×× 练 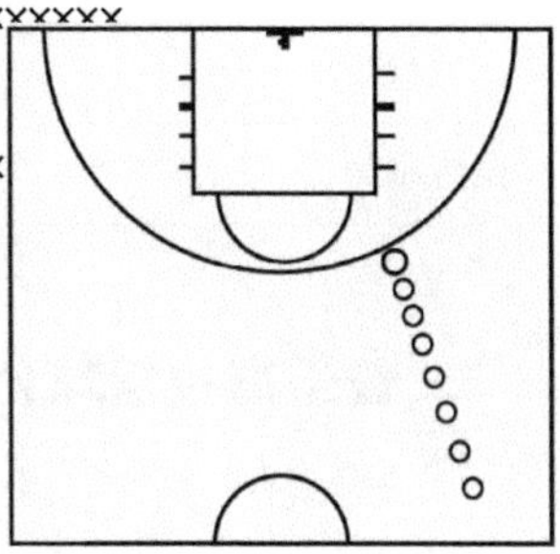 要求： 1.认真听讲解、看示范。 2.按教师口令进行分解练习。 3.认真练习完整。 动作要求： 1.了解比赛规则。 2.积极参与比赛。 3.为同伴助威。

续表

课的部分	时间	教学内容	组织教法
结束部分	5分钟	1.集合整队。 2.老师带领做放松活动。 3.课后小结。 4.安排回收器材。	队形： ××××××× ××××××× Δ 要求： 1.认真进行放松活动。 2.学生认真听总结，并进行自我评价。 3.协助老师回收器材。
器材		篮球	
课后小结			

二、普通高校篮球公体课

（一）课程教学目标

通过教学培养学生积极参与篮球运动热情，让学生能够体验运动的乐趣，并将篮球运动作为课外体育锻炼的主要方式之一，逐步养成自觉锻炼的习惯，具有一定的比赛能力，对篮球比赛有一定的欣赏水平。

掌握篮球运动的基本技战术和比赛方法，并在比赛中能够发挥个人水平。在进行篮球运动练习和比赛中提高身体素质，同时掌握提高身体素质、发展体能的知识和方法；能测试和评价体质健康状况，达到体质健康测试的相应标准；能形成良好的生活方式和行为习惯等。通过篮球教学活动和比赛中的情感教育，让学生体验激情、快乐和成功，从而激发学习兴趣；培养良好的体育道德、理智面对挫折的胜负观；善于调整心态，调解紧张情绪，消除不良情绪，提高心理承受能力，丰富自己的业余生活，在篮球练习和比赛的过程中能够客观地、公正地评价自己和他人，团结协作，善于配合，友好相处，共同争取比赛胜利。

(二)课程进度安排

以天津南开大学篮球公体课的课程进度安排为例,共32学时:

课次	学时	教学内容	教学形式
1	2	1.恢复身体,熟悉球性练习。 2.复习全场运球上篮,复习单手肩上投篮,复习行进间传接球。 3.结合篮球比赛的判例讲解篮球规则和裁判法。	实践课
2	2	1.学习背后运球,后转身运球。 2.复习全场运球上篮,复习单手肩上投篮,复习行进间传接球三线推进。 3.教学比赛。	实践课
3	2	1.学习单手肩上传球,体侧传球,双手头上传球,长传球。 2.复习背后运球,后转身运球。 3.教学比赛。	实践课
4	2	1.学习低手上篮,介绍勾手上篮、跳投。 2.复习单手肩上传球,体侧传球,双手头上传球,长传球。 3.全场运球上篮,运用所学的各种运球方法。 4.教学比赛。	实践课
5	2	1.学习全场一对一(一攻一防)。 2.学习三人八字传球。 3.教学比赛。	实践课
6	2	1.学习二对一战术。 2.复习全场一对一,三人八字传球。 3.教学比赛。	实践课
7	2	1.学习突分战术,学习二对二战术。 2.复习三人八字传球,二对一战术。 3.教学比赛。	实践课

续表

课次	学时	教学内容	教学形式
8	2	1.学习策应战术,学习三对二战术。 2.复习突分战术,学习二对二战术。 3.教学比赛。	实践课
9	2	1.学习四角传球,三队三战术。 2.复习突分战术,学习二对二战术。 3.教学比赛。	实践课
10	2	1.介绍半场人盯人战术。 2.学习四角传球,三队三战术。 3.教学比赛。	实践课
11	2	1.介绍 2–1–2 区域联防战术方法。 2.复习半场人盯人战术。 3.教学比赛。	实践课
12	2	1.练习 2–1–2 区域联防战术方法。 2.教学比赛。	实践课
13	2	1.篮球专项考试。 2.教学比赛。	实践课
14	2	1.教学比赛。 2.通过教学比赛提高技战术能力,裁判能力。	实践课
15	2	1.教学比赛。 2.通过教学比赛提高技战术能力,裁判能力。	实践课
16	2	1.补考专项技能。 2.教学比赛。 3.学期总结。	实践课
17	2	理论测试。	
18	2	身体素质测试。	

（三）教案设计

<table>
<tr><td colspan="2">教学内容</td><td>1.复习个人防守技术、投篮。
2.学习抢防守篮板球技术。
3.学习原地跳投四、学习双手胸前投篮(女生重点)。</td><td>场地</td><td>篮球场</td></tr>
<tr><td colspan="2">课的任务</td><td colspan="3">1.巩固提高个人技术动作，姿势规范正确。
2.学会抢篮板球的几个环节，特别是观察判断抢球位置。
3.女生学会双手胸前投篮技术，男生要掌握跳投技术。</td></tr>
<tr><td>课的部分</td><td>时间</td><td>教学内容</td><td colspan="2">组织教法</td></tr>
<tr><td>开始部分</td><td>5 分钟</td><td>1.集合整队、报告人数。
2.教师报告本课任务与授课内容。
3.课堂提问原地单手肩上投篮的动作方法。
4.提出课堂要求。</td><td colspan="2">队形：
　××××××××
××××××××
　　Δ
要求：
1.队形队列整齐，精神状态好。学生刻苦练习，不断提高能力。
2.女生要提高动作的速度，特别是运球上篮，男生要有意识地改进错误动作。</td></tr>
<tr><td>准备部分</td><td>15 分钟</td><td>1.做操活动身体各部分。
2.跑步及移动步法练习，提高脚步移动灵活性。</td><td colspan="2">要求：
准备活动要认真，动作协调，热身活动做到位，避免课中受伤。</td></tr>
</table>

续表

基本部分	60 分钟	1.学习抢篮板球技术。 (1)转身起跳。 (2)空中抢球。 (3)落地保护球。 2.复习原地单手肩上投篮动作。 3.学习跳投技术跳起在空中将球投出腰腹用力,动作协调。 4.学习双手胸前投篮(女生重点)与双手胸前传球动作一样投球,投篮时向前上方伸双臂双手腕外翻,手指拨球投出。 5.综合性技术练习(教学比赛)。	要求: 1.保持重心降低。 2.积极跳起抢球。 (1)两人一球向上抛球练习跳起抢球。 (2)碰板后抢球,体会起跳时机。 (3)抢球后保护球并传球。 3.抓球要稳。 要求:手法正确身体用力协调。 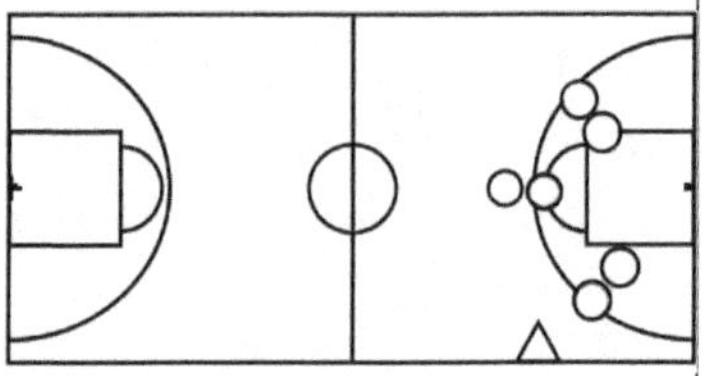 要求: 1.认真看讲解,体会动作。 2.学生每人一球练习完整动作。 3.积极参加练习,态度认真。 4.双手用力一致,身体用力协调, 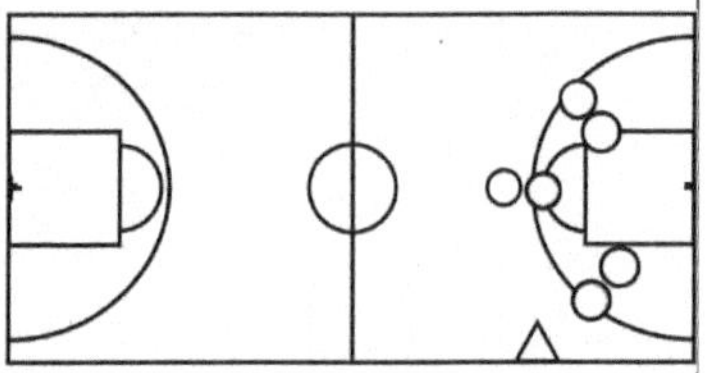 要求: 身体协调用力,注意手腕动作。 要求: 认真对待教学比赛,在实战中提高技术。

续表

结束部分	10 分钟	1.整理放松。 2.课后小结。 3.作业跳投、双手胸前投篮动作方法与正确示范。	队形： ××××××× ××××××× Δ 要求： 1.认真做放松活动。 2.认真做课后小结。 3.认真完成作业。
器材		篮球	
课后小结			

三、体育专业院校篮球普修课

(一)课程教学目标

通过篮球课程，使学生了解篮球运动的现状及发展趋势，基本掌握篮球主要技、战术的基本理论、主要技术动作和主要基础战术配合。传播篮球运动文化，使学生初步具备感受、鉴赏、表现、创造篮球运动美的能力。养成学生正确的体育道德意识和行为规范。教师要结合篮球运动的特点，培养学生团队协作的精神、顽强拼搏的作风、竞争合作的意识。基本掌握篮球教学的基本方法，了解篮球竞赛规则和裁判法，具备从事篮球教学基本能力并能够指导篮球训练。

(二)课程进度安排

以天津体育学院篮球普修课的课程进度安排为例，共 64 学时：

课次	学时	教 学 内 容	教学形式
1	2	1.学习基本站立姿势、侧身跑。 2.学习原地双手胸前传、接球。 3.学习双人行进间传、接球。 4.学习原地和行进间高低运球。	实践课

续表

课次	学时	教　学　内　容	教学形式
2	2	1.复习上次课所学过的内容。 2.学习变向跑、急停(跳步、跨步)。 3.学习运球急停、急起。 4.学习原地单手肩上投篮。	实践课
3	2	1.复习学过的技术:运球、传接球、投篮。 2.学习转身。 3.学习行进间单手高手投篮。 4.学习行进间单手低手投篮。	实践课
4	2	篮球运动概述、规则与裁判法、篮球赛事的安排。	理论课
5	2	复习学过的技术动作。	实践课
6	2	1.复习变向跑、跨步、转身、投篮。 2.学习原地单手传球技术。 3.学习行进间体前换手变向运球。	实践课
7	2	1.复习转身、运球、传接球、投篮。 2.学习原地单双手反弹传球。 3.学习原地持球交叉步突破。 4.学习原地持球同侧步突破。	实践课
8	2	1.复习持球突破。 2.学习行进间后转身运球。	实践课
9	2	1.复习学过的技术动作。 2.技术考查:双手胸前传接球。 3.技术考查:行进间综合技术。 4.技术考查:原地单手肩上投篮。	实践课

续表

课次	学时	教　学　内　容	教学形式
10	2	1.复习攻守移动技术、传接球、运球、投篮。 2.学习防持球队员(防投篮、防传球、防运球)。	实践课
11	2	1.复习防守和移动技术、运球、传接球。 2.学习防守无球队员(防纵、横切、溜底)。	实践课
12	2	1.复习攻守移动技术、传接球、运球、投篮。 2.学习防守对手(抢、打、断球)。	实践课
13	2	复习学过的攻守技术动作。	实践课
14	2	篮球基本技术和战术及教学。	理论课
15	2	1.复习个人防守技术、投篮。 2.学习抢篮板球技术(防守篮板球)。 3.学习原地跳起单手肩上投篮技术。 4.学习双手胸前投篮技术(女生重点)。	实践课
16	2	复习学过的攻守技术动作。	实践课
17	2	教学实践周	实践课
18	2		
19	2	教学实践周	实践课
20	2		
21	2	1.复习攻守个人技术。 2.学习传切配合。 3.学习突分配合。 4.学习三对三。	实践课

续表

课次	学时	教　学　内　容	教学形式
22	2	1.复习个人防守技术、传切配合。 2.学习掩护配合。 3.学习策应配合。 4.学习三对三。	实践课
23	2	1.复习进攻基础配合。 2.学习半场三对三。	实践课
24	2	1.复习个人防守技术。 2.学习挤过、穿过、交换防守配合。 3.三对三教学比赛。	实践课
25	2	1.复习防守基础配合。 2.学习半场三对三。	实践课
26	2	1.复习学过的攻守基础配合。 2.学习篮球组织与编排。	实践课
27	2	1.复习攻守基础配合。 2.学习快攻战术(发动、接应、推进、结束)。 3.教学比赛,裁判实习。	实践课
28	2	1.复习快攻结束(二攻一、三攻二)。 2.学习防快攻。 3.学习教学比赛,裁判实习。	实践课
29	2	1.复习复习攻守快攻战术配合。 2.学习半场人盯人防守战术。 3.学习进攻半场人盯人战术。	实践课

续表

课次	学时	教　学　内　容	教学形式
30	2	1.复习快攻、人盯人战术。 2.学习半场 2–1–2 区域联防采用 1–3–1 进攻方法。 3.学习教学比赛，裁判实习。	实践课
31	2	教学比赛，裁判实习。	实践课
32	2	期末考试总复习	实践课
33	2	期末考试	
34	2	期末考试	
35	2	机　动	
36	2	机　动	

（三）教案设计

1.理论课教案设计

课程主题	篮球基本技、战术及教学
学情分析	本次课的内容为第二章和第三章技术、战术及教学，在学习了篮球运动概述和篮球竞赛的基础上，进行第二章篮球基本技术及教学（1 课时）和第三章篮球基本战术及教学（1 课时）的学习。
教学目标	1.使学生掌握篮球基本技术和战术的分类。 2.了解篮球基本技术和战术的教学。 3.培养学生思维能力和语言表达能力。
重点、难点分析	篮球基本技术、战术的分类。 篮球基本技、战术的教学。
组织教法提示	教学内容与步骤

续表

教授、提问与讨论相结合；注重引导与启发 ※回顾上节理论课的学习内容，提问上节课所留作业。 ※以问题的形式引入本节主题。 ※用提问、引导和启发的方法介绍篮球基本技、战术的分类。 ※用提问、引导和讲解的方法讲解篮球基本技、战术的教学。 ※教授学生理解的方法，学会将理论与实践相结合。 ※引导学生在课堂上形成用脑听课的习惯。 ※注意结合案例、播放视频进行讲解。	第二章 篮球基本技术及教学 第一节 篮球技术基本理论 第二节 移动 第三节 传接球 第四节 投篮 第五节 运球 第六节 突破 第七节 防守 第八节 篮板球 基本要求：了解篮球各项技术的概念与分类，掌握常用基本技术动作方法、运用时机、动作要领及教学步骤。 第三章 篮球基本战术及教学 第一节 篮球战术基本理论 第二节 战术基础配合 第三节 快攻 第四节 半场人盯人进攻与防守 第五节 区域联防 基本要求：了解篮球主要战术形式与分类，重点掌握战术的基础配合方法及要求，初步掌握主要战术的教学步骤。
教学板书设计	幻灯片与板书相结合； 字体清晰，简洁扼要。
教学评价	通过讲授，让学生能够理解篮球基本技术和战术的概念和分类，了解篮球基本技术和战术的教学。 学生能够按照老师要求和思路，认真听课和记笔记，分析讨论的积极性比较高，能够达成本节课的教学目标。

续表

预习任务与作业	作业： 1.掌握篮球基本技战术的概念和分类； 2.结合理论进行篮球技战术的练习。预习：抢防守篮板球技术、原地跳起肩上投篮技术。

2.技术课教案设计

<table>
<tr><td colspan="2">教学内容</td><td>1.复习攻守快攻战术配合。
2.学习攻守半场人盯人战术配合。</td><td>场地　　篮球场</td></tr>
<tr><td colspan="2">课的任务</td><td colspan="2">1.了解并基本掌握快攻的形式与配合，特别是快攻结束段三攻二的配合。
2.初步了解人盯人防守的战术运用，对战术配合有所认识。</td></tr>
<tr><td>课的部分</td><td>时间</td><td>教学内容</td><td>组织教法</td></tr>
<tr><td>开始部分</td><td>5 分钟</td><td>1.整队、报告人数。
2.教师报告任务。
3.提出课堂要求。
4.安排见习生。</td><td>队形：
　×××××××
×××××××
　　Δ
要求：上课认真，端正态度。</td></tr>
<tr><td>准备部分</td><td>15 分钟</td><td>1.学生带准备活动。
2.游戏
抛球报数：所有人围成一个圈，中间站一个人报数，被喊到号码的人接球，若接到则所有人定，用球丢向任何一个人，被丢到的人接受惩罚。</td><td>游戏队形：
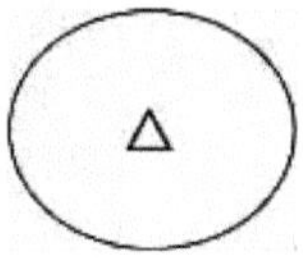
要求：
1.口令清楚，声音洪亮，活动效果好。
2.积极参与游戏，声音洪亮。</td></tr>
</table>

续表

基本部分	60分钟	1.全场二人传接球上篮 2.复习攻守快攻战术 (1)三人快攻：发动、接应、推进、结束段 (2)三攻二后变攻为守练习防快攻 3.学习半场攻守人盯人 (1)进攻： 采用基础配合。 运球掩护、中锋策应。 (2)防守： 掌握个人防守方法并与同伴进行防守配合，遇掩护可换人随时做到人球兼顾。 4.投篮技术 罚球线距离三点投篮。	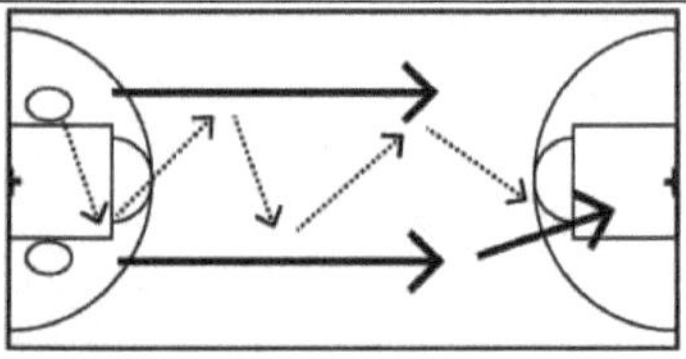 要求：保持一定距离和速度，传接球衔接好，上篮命中。 要求： 1.攻守明确，转换快。 2.加强对抗，培养快攻意识。 要求： 1. 防守掌握正确的防守位置和距离。 2.动作不要形成犯规动作。 3.进攻要合理使用基础配合，该投要投，该传要传。 要求：结合期末考试要求正确掌握投篮技术。
结束部分	10分钟	1.整理放松。 2.课后小结。 3.布置作业进攻人盯人防守主要采用哪些配合方法。	队形： xxxxxxx xxxxxxx Δ 要求： 1.认真做放松活动。 2.提高自我评价的能力。 3.认真完成作业。
器材		篮球、标志桶	
课后小结			

第五章　篮球运动训练

篮球运动训练是指为提高运动员的竞技能力和运动成绩，在教练员的指导下，专门组织有计划的进行体育活动，它是竞技体育的重要组成部分。篮球运动训练的直接目的，是为了不断提高运动员的运动技术水平，创造优异成绩。篮球作为世界性项目，很多国家为此投入大量的人力、物力，其目的就是为了提高篮球运动水平，在世界性比赛上获得优异成绩，当今体育学研究早已成为专门的学科，对篮球和运动训练做出了巨大的贡献。在中国，20 世纪 50 年代，篮球运动训练还未成为独立学科，有关运动训练的知识和内容在体育理论这门学科中有一些体现。20 世纪 70 年代以后，在体育理论中已初步建立了属于运动训练学内容的学科体系，并为成为一门独立学科作出充足的准备。为培养出体育运动水平高、理论知识强，能从事专项教师、教练员和社区指导员工作的高素质人才，许多体育院校开设运动训练专业，为我国输送了一大批人才。以天津体育学院为例，篮球运动训练专业创办于 1995 年，历经 20 多年的建设与发展，现已成为一支适应教学、科研、训练需要的高素质教师团队，在专业建设、教学改革、科学研究以及体育竞赛等方面均取得显著成果，为国家培养了大批各级各类体育专业人才。

第一节　训练理念

一、加强基本功训练

篮球基本功就是在篮球运动中能够熟练掌握技术和运用战术的能力。基本功训练能将运动员的视野、心理与身体三个方面高度结合，是打好篮球和未来专项发展的基础。具体来说，首先要对中外篮球发展史做出梳理，让球员了解篮球运动发展状况，以及国际篮球发展格局、中国篮球发展现状和未来发展状况。其次在训练中要将传统训练方法和现代科技相结合。同时在理论指导过程中应注意加强动作规范化和正确性指导。最后是抓好体能训练，篮球运动是集速度、力量、耐力、柔韧、灵敏为一体的体育运动。所以在训练中，一方面要注重专项体能训练，另一方面要与篮球专项训练相结合，共同提高运动员的运动素质与篮球专项运动技能。

二、细化技术训练

篮球运动风靡全世界，运动人口基数大，但是要想把篮球运动中的各项技术练到炉火纯青却不是人人都可以做到，这需要反复的训练，并且需要在实战中去运用才能有所提高。篮球是一种高对抗性项目，在比赛中能够保证技术动作的正确性绝非易事。因此，在平时的训练中反复练习，这是为了形成肌肉记忆和动力定型，运动员掌握后，要逐渐提高强度，其目的是在实际的比赛中，能够将日常训练的技术动作发挥出来。一方面是对某一技术动作的强化练习，高强度的对抗以及迅速的攻防转换都可能导致运动员动作变形，要让运动员的技术动作朝着本能方向发展，成为一种习惯性训练；另一方面是在训练时注重动作与动作的衔接和连贯性，在实际比赛过程中需要运动员根据实际情况做出相应的调整，而这些调整往往以组合性技术表现出来。例如：

在进行传接球技术的训练时，双手和单手传球的形式有很多，如双手的胸前传球、头上传球、击地传球等，单手的肩上传球、脑后传球等，其形式多种多样，在训练中要注意传球的手法，这是为实战中根据防守和进攻的不同位置有效选取传球方法，同时也要注意传球的提前量，要根据接球人的运动轨迹，准确预判后传球。这些都需要注重对技术动作细节的训练，形成正确的动作姿势。

三、深化战术训练

篮球作为一项对抗性较强的运动项目，其对整个团队之间的相互配合提出了相对较高的要求。战术是将每名运动员串联起来共同发挥作用的策略，能够较好地发挥整体实力，在两队实力悬殊不大的情况下，战术发挥往往能在比赛中起到重要作用。战术的安排又是通过每名运动员联合起来执行的，因此教练员要对每名运动员的特点、打法进行全面了解，根据情况制定相应的战术，向所有球员传递战术要求和精神。在篮球战术训练中，严格按照训练步骤，从无防守训练到消极防守训练再到高强度防守训练，只有经过反复训练，才能在比赛的过程中加以应用。

四、提升思想训练

篮球运动训练指导思想的正确与否，是直接影响最终比赛成绩的关键。形成篮球运动训练指导思想的主要目的，就是为了能够有效提升运动训练水平，从而在比赛的过程中获得优异的运动成绩。一方面是要培养运动员吃苦耐劳和团队至上的精神，另一方面是要培养运动员的篮球意识。篮球意识对于运动员非常重要，不同于球感等感知觉能力，篮球意识的提升能带给运动员更加敏锐的判断力，例如对球的预判，对进攻或防守的预判等，运动员也能更好地执行战术，例如精妙的传球、包夹时的分球等。最终的目的是使运动员成功的进球，在球场上能够冷静地处理突发问题，立刻做出正确的选择，成功夺取比赛的胜利。

第二节　训练原则

一、激励与启发性原则

激励与启发性原则是指在篮球训练中,科学地运用各种激励手段,最大限度地激励与启发运动员,使之能够全身心投入训练的行为。根据大学生身心发展特点,大学生已经具备独立思考的能力,应当尊重他们的想法,教师应采用引导和合作的方式进行沟通,促进大学生积极思考,将想法主动付诸行动,不畏艰辛,努力训练以此提高各方面能力。

二、一般训练与专项训练相结合原则

一般训练与专项训练相结合原则是指在运动训练中,以一般训练为基础,将专项作为发展方向,通过各种训练手段,努力提高专项竞技能力的原则。具体而言,在进行训练时,不能只考虑训练本身的作用和意义,还要把球结合到训练当中,例如在冲刺跑的时候,可以与运球相结合,这在实战中表现在推进和快攻等方面。所以在训练时,要以篮球本身作为出发点,与其他训练相结合,达到提高专项身体素质、技战术水平的目的。

三、科学安排运动负荷原则

科学安排运动负荷原则是指在运动训练过程中,根据训练的目的和任务,科学合理地安排好训练负荷充分挖掘机体机能潜力。按照循序渐进的原则以及个体生长发育,安排合适的训练量和训练强度,在训练中既有运动员能承受的最大负荷,又有中小负荷搭配,在提高各方面素质的共同作用下,能有效提高篮球运动水平。在训练过程中,要根据实际的比赛情况进行模拟训练,例如强度、负荷、紧张状态、倒计时、观众等因素,又要根据训练对象的实

际水平，制订相应的训练计划，分阶段提高运动员的能力，使每次训练在机能得到“超量恢复”的提高阶段进行。

四、全队训练与个人训练相结合原则

全队训练与个人训练相结合原则是指在训练中，根据全队必须掌握的技术和战术，组织全队进行能够提高队员之间的技术、战术组合和在对抗下配合能力的集体练习与竞赛。但同时，也要根据个人的特长和位置的需要发展专长技术，有针对性地确定训练内容，选择训练方法、手段和安排运动负荷。

五、训练与比赛周期相结合原则

训练与比赛周期相结合原则是指根据重大赛事，周期性地组织运动训练的过程。任何事物都需要不断巩固，人和事物的运动发展都有周期。人体机能是不断变化的，训练过程也具有系统性特点，为了在重要的比赛中能发挥运动员最好的竞技状态，需要对运动员的训练过程进行阶段性划分，使人体机能与训练过程相匹配，在比赛中创造优异的运动成绩。

六、练战统一原则

练战统一原则是指在篮球运动训练过程中要充分结合实战对训练内容进行科学安排，按照比赛标准确定训练要求，技、战术的训练要符合竞赛实际的需要，有机结合训练和实战，在此过程中发现问题，促进技、战术水平的提高。在训练中，需要提高运动员技术动作的实用性，结合比赛要求提高运动员的动作速率并合理设计战术。在实战中，教练员要鼓励运动员对自己学到的各种技术进行运用，合理组织战术打法。

七、适时恢复原则

适时恢复原则是指为促使运动员在训练中获得更理想的训练效果，根据运动员个体的情况和人体机能的训练适应规律,以提高运动员各方面竞技能力为目的,安排好训练的负荷。训练后根据个体情况和疲劳状况选择适宜的恢复手段,及时消除运动员在训练和比赛中所产生的疲劳,促使其产生超量恢复的训练原则。

第三节　训练方法

一、讲解示范法

教练员在训练中为了帮助学生掌握各种篮球基础知识和技术概念,常利用讲解和示范的方法引导学生,因此篮球讲解和示范相辅相成、相互促进。教练员通过语言的描述和动作示范,让学生在理论和技术层面具备完整的认知,从而建立形象的记忆,迅速理解和掌握理论和技术。具体的训练中,抓住讲解的重点和难点以及技术动作的重点环节,使学生在整体认识的基础上,明确技术的关键,再通过采用完整示范、分解示范及示范面和示范位置的选择,帮助学生建立动作的完整概念,提升学生掌握动作的效率。

例如,教练员准备向学生讲解示范单手肩上投篮时,应首先进行徒手的讲解并示范其动作,告诉学生动作要点,并讲解投篮对于篮球运动的重要性。其次可展示一些优秀篮球运动员的投篮动作,在帮助学生形成动作形象记忆的同时,激发学生主动练习投篮动作的兴趣。最后,可以播放一些在实战当中的投篮视屏,特别是绝杀球,能够对学生的心理产生一定的正面影响,引导学生认识到要想提高投篮的命中率高靠平时的训练所得出,并不是上场就能将球投进。这样在建立形象、生动的投篮动作技术时,使学生练习的兴趣,极大地提高了训练的效率。

二、间歇训练法

间歇训练法是指对多次练习时的间歇时间做出严格规定,当机体处于不完全恢复状态下反复进行训练的方法。篮球作为非周期运动项目,间歇训练法的应用关键在于对负荷强度、运动负荷时间的严格控制。根据类型的不同其训练方法和内容也会有所调整。

例如,全场往返快速运球上篮、快速跑动中接球上篮、二三人推进上篮等。在上述练习中,需要对两个方面进行严格控制,一是间歇时间,二是心率。同时根据队员年龄、训练水平,适当调整重复的组数。强化性间歇训练中,传球推进上篮;三人直线快攻,完成3–4个往返为一组的练习,完成5–6组,在上述练习中,心率指标在每分钟180次左右。发展性间歇中,可以安排折返冲刺跑的练习,例如两边的底线,练习折返10次等。总之,在篮球训练中,无论采用何种间歇法,都要严格规定时间,可以采用心率进行控制,也可以采用时间进行控制。

三、循环训练法

循环训练法是指根据训练内容,建立若干练习站或练习点,然后依次开展训练活动。在实际的篮球训练中安排循环训练,符合篮球训练要求,对提升篮球训练质量具有重要的促进作用。

例如,教练员可以将篮球运球与短距离冲刺相结合,让学生进行冲刺加运球的练习,根据学生情况设定相应的次数和组数,有一定基础后,可以将追逐和防守加入到练习中,以此来不断提升训练效果。

四、研究性学习法

研究性学习就是打破传统教师的教育思想观念和行为,创新学生的学习思维,将传统的输出输入的形式转变为合作探究的新方式。研究性学习对教师和学生都是全新的挑战,对于教师来说不再是一味地将书本上的知识或经验传授给学生,而是探索新问题,不断学习新的理念。对于学生来说,这意味着创造能力和个人能力的提高,需要更多地钻研和行动才能完成。在篮球训练中,改变传统的"教师教、学生学"的教学模式,通过教师提供各种项目的篮球技术教学资料。

例如，播放篮球比赛录像时，一些多打少的快攻战术，教师就可按下暂停，让学生观察持球人和快下人员的位置，教师应创设情境，提出问题，如“下一步应该如何处理球？”“什么时机该传球？”等，适当引导，让学生主动参与讨论，提高自主学习的能力和对篮球问题的深度探究。

五、比赛训练法

比赛训练法是指在队员具备一定的技战术水平或能力的基础上，根据训练目标和实战的需要，组织比赛或接近比赛强度的方式，按照比赛的规则进行组织训练的方法。比赛训练法能够有效地看出队员在实战中的不足，但是对于不具备一定技、战术基础的队员来说，比赛训练法并不具备非常大的意义。与日常训练的无人防守或消极防守相比，比赛训练法是基于严密防守之下，进攻队员做出任何动作都要比日常训练更加困难，消耗的体力也会更大，很容易出现动作变形或失误。这有助于队员有意识地控制自己动作，有利于队员对技战术的掌握、提高队员积极性、形成良好的个性心理。

例如，在练习人盯人战术时，队员对人盯人战术的理解、站位、防守等方法具有一定基础之后，可以安排相应的比赛针对人盯人战术进一步加强，要求进攻和防守两队都用人盯人，在比赛多变的情况下，灵活地运用人盯人战术，从而进一步加强技术水平，提高战术配合的默契程度。

六、综合训练法

比赛的过程瞬息万变，其训练的目的就是为了保证在比赛中能够发挥较好的竞技水平，从而取得优异的名次，综合训练法的意义就是将一般与专项、篮球理论与技战术、思想作风与态度等有机结合，形成一支具备综合能力的球队。

例如，在训练个人能力时，后场摆上障碍物，球员需做多变向运球过中场，到前场后安排一个防守人进行一打一，球打进后滑步到后场底线，再进行罚篮，将体能训练穿插在专项当中，将顽强拼搏的作风融入训练当中。

第四节　训练评价

一、评价方法

（一）初始性评价

初始性评价是指对刚进球队的球员进行的评价，通过各种指标的测试，发现学生的特点和不足，以制订针对性训练计划，进一步发挥球员自身特点，弥补不足的评价方法。

例如，对一名刚进队伍的球员进行测试后发现，这名球员的特点是速度快、灵活性强，但是力量差、身体对抗弱，那么在下一阶段的训练任务是提高速度，包括速度耐力、快攻、结合球的推进等，另一个任务是提高力量和身体对抗，主要是加强平时的力量训练，要求运动员在训练或比赛时更加主动地寻求身体对抗。

（二）阶段性评价

阶段性评价是指每1至2个月，对每名球员进行评价，以球员上一阶段的训练状态与既定的训练任务做对比，通过考核测试球员的训练效果，根据测试结果以及平时状况对训练安排，及时做出相应的调整。

例如，一名球员第一学期的训练任务主要是加强投篮，在第一学期第二个月的测试中，发现球员的投篮命中率有所提升，且稳定性有所提高，那么在第三学期的训练任务中，对于投篮训练一方面要继续加强命中率和稳定性，另一方面要增加出手次数和速度的训练。

（三）总结性评价

总结性评价是指在每个学期期末，对每名球员进行评价，以球员上学期的表现、所有球员的表现、相同位置球员的表现和预期应该达到的表现作为参照，根据测试结果和球员平时表现的训练状况制定下一学期的训练任务的评价方法。

例如，第二学期结束后对球员进行测试，其中一名球员突破能力强，但是投篮较差，只进了4个球，在上学期制订的计划中是主要加强突破能力，这学期有所提高，并且略高于大部分球员和同位置球员，达到了预期标准，但是在平时的训练和比赛中发现，此球员投篮出手次数较少，命中率较低，因此，在下一阶段的训练过程中，主要任务是加强投篮的训练，增加出手次数，提高命中率，并继续加强突破能力的训练，达到投突结合的训练效果。

二、评价内容

（一）体能测试

1.助跑摸高

测试方法：每人单脚和双脚起跳摸高各测两次，计最好成绩。

评分标准：见表1。

表1　摸高评分表

分值	成绩(m)		分值	成绩(m)		分值	成绩(m)	
	男	女		男	女		男	女
20.00	3.45	3.00	14.30	3.26	2.81	8.60	3.07	2.62
19.70	3.44	2.99	14.00	3.25	2.80	8.30	3.06	2.61
19.40	3.43	2.98	13.70	3.24	2.79	8.00	3.05	2.60
19.10	3.42	2.97	13.40	3.23	2.78	7.70	3.04	2.59
18.80	3.41	2.96	13.10	3.22	2.77	7.40	3.03	2.58
18.50	3.40	2.95	12.80	3.21	2.76	7.10	3.02	2.57

2.三角滑步

测试方法：如图1所示，测试者从A点听到信号滑步到B点，触标志物后再滑步到C点，触标志物后滑步到A点，触标志物后再滑步到C点，触标志物后再滑步到B点，触标志物后再滑步到A点，计算全程

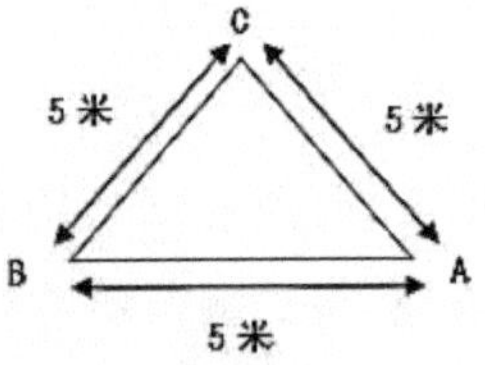

滑步的时间，每人测试两次，取最好成绩。

评分标准：见表 2。

表 2　三角滑步评分表

分值	成绩(s)		分值	成绩(s)		分值	成绩(s)	
	男	女		男	女		男	女
20.00	10″00	12″00	13.00	10″70	12″70	6.00	11″40	13″40
19.00	10″10	12″10	12.00	10″80	12″80	5.00	11″50	13″50
18.00	10″20	12″20	11.00	10″90	12″90	4.00	11″60	13″60
17.00	10″30	12″30	10.00	11″00	13″00	3.00	11″70	13″70
16.00	10″40	12″40	9.00	11″10	13″10	2.00	11″80	13″80
15.00	11″50	12″50	8.00	11″20	13″20	1.00	11″90	13″90
14.00	11″60	12″60	7.00	11″30	13″30			

3.15×17 折返跑

测试方法：球员从篮球场边线出发到另一侧边线需用脚踩过球场的边线，每人测试一次并记录成绩。

评分标准：见表 3。

表 3　15×17 折返跑评分表

分值	成绩(min)		分值	成绩(min)		分值	成绩(min)	
	男	女		男	女		男	女
20.00	1′00	1′10	13.00	1′14	1′24	6.00	1′28	1′38
19.00	1′02	1′12	12.00	1′16	1′26	5.00	1′20	1′40
18.00	1′04	1′14	11.00	1′18	1′28	4.00	1′22	1′42
17.00	1′06	1′16	10.00	1′20	1′30	3.00	1′24	1′44
16.00	1′08	1′18	9.00	1′22	1′32	2.00	1′26	1′46
15.00	1′10	1′20	8.00	1′24	1′34	1.00	1′28	1′48
14.00	1′12	1′22	7.00	1′26	1′36			

4.3200 米测试

测试方法：围绕田径场跑 3200 米，每人测试一次并记录成绩。

评分标准：见表 4。

表 4　3200 米评分表

分值	成绩(min)		分值	成绩(min)		分值	成绩(min)	
	男	女		男	女		男	女
20.00	12′00	12′30	13.00	12′35	13′05	6.00	13′10	13′40
19.00	12′05	12′35	12.00	12′40	13′10	5.00	13′15	13′45
18.00	12′10	12′40	11.00	12′45	13′15	4.00	13′20	13′50
17.00	12′15	12′45	10.00	12′50	13′20	3.00	13′25	13′55
16.00	12′20	12′50	9.00	12′55	13′25	2.00	13′30	14′00
15.00	12′25	12′55	8.00	13′00	13′30	1.00	13′35	14′05
14.00	12′30	13′00	7.00	13′05	13′35			

（二）技术测试

1.投篮

测试方法：两分钟之内自投自抢，如图 5–1 所示，以 4.3 米为半径划弧，中锋可选择 4.3 米，球员在弧线以外投篮，后卫和前锋必须在三分线以外投篮，每人测试两次，计最好成绩。

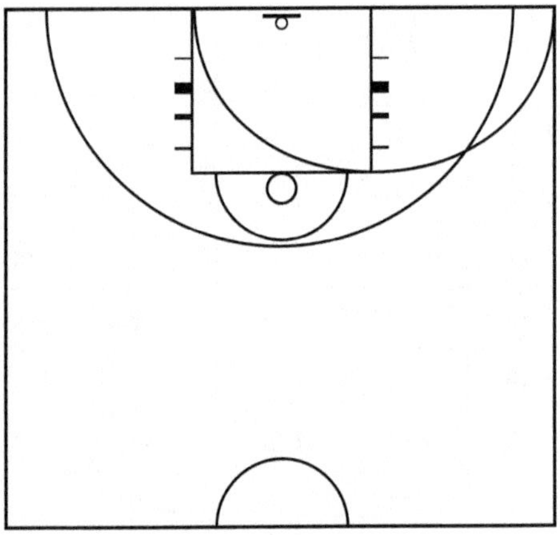

图 5–1　投篮技术图

评分标准：见表5。

表5 投篮评分表

分值	成绩(投中个数)		分值	成绩(投中个数)		分值	成绩(投中个数)	
	男	女		男	女		男	女
20.00	20	20	13.00	13	13	6.00	6	6
19.00	19	19	12.00	12	12	5.00	5	5
18.00	18	18	11.00	11	11	4.00	4	4
17.00	17	17	10.00	10	10	3.00	3	3
16.00	16	16	9.00	9	9	2.00	2	2
15.00	15	15	8.00	8	8	1.00	1	1
14.00	14	14	7.00	7	7			

技评标准：见表6。

表6 投篮技评表

10–9分	8–7分	6–5分	5分以下
动作规范、协调、熟练、命中率高	动作规范、熟练、不协调、命中率高	动作正确、不协调、不熟练、命中率低	动作不正确、不协调、命中率低

2.全场综合运球上篮

测试方法，如图5–2所示，球员从A点出发，用右手运球至B点做背后运

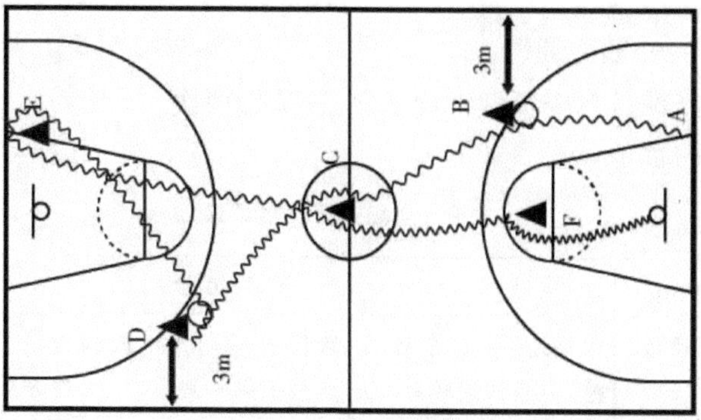

全场综合运球上篮技术图

球,换左手运球至C点做转身运球,换右手运球至D点做胯下运球,换左手运球并绕过E点,运球至D点做背后运球,换右手运球至C点做转身运球,换左手运球至A点做胯下运球,换右手上篮。每人测试两次,取最好成绩。

评分标准:见表7。

表7　全场综合运球评分表

分值	成绩(s)		分值	成绩(s)	
	男	女		男	女
10.00	16″00	18″00	3.00	19″50	21″50
9.00	16″50	18″50	2.00	20″00	22″00
8.00	17″00	19″00	1.00	20″50	22″50
7.00	17″50	19″50			
6.00	18″00	20″00			
5.00	18″50	20″50			
4.00	19″00	21″00			

技评标准:见表8。

表8　全场综合运球技评表

10—9分	8—7分	6—5分	5分以下
动作协调、连贯、熟练节奏性好	动作较协调、熟练节奏性较好	动作熟练、连贯、不协调、节奏性较差	动作不熟练、不协调、节奏性差

3.全场一打一攻防训练

测试方法:球员在全场做1攻1守,连续做两次。

技评标准:见表9。

表9　全场一打一技评表

10—9分	8—7分	7—6分	5分以下
攻防技术动作规范、实战效果较好	攻防技术动作较规范、实战效果较好	攻防技术动作一般、实战效果一般	攻防技术动作差、实战效果较差

(三)全场五对五比赛

测试方法：两队各派五名队员上场按比赛强度及规则进行比赛。

技评标准：表 10。

表 10　全场五对五比赛技评表

10—9 分	8—7 分	7—6 分	5 分以下
攻防技术动作规范，战术配合意识强、实战效果较好	攻防技术动作较规范，战术配合意识较强、实战效果较好	攻防技术动作一般，战术配合意识一般、效果一般	攻防技术动作差，战术配合意识差、效果较差

第五节　训练案例设计

一、宏观规划

(一)指导思想

全面贯彻教育部、国家体育总局《关于进一步加强普通高等学校高水平运动队建设的意见》(教体艺[2005]3 号)和《学校体育工作条例》文件精神，以培养高水平运动员、增强学生体质为基本出发点，立足天津体育学院，坚持体育教学与运动训练协调发展；培养优秀体育人才，促进高校竞技水平提高，推动学校体育工作的全面发展，促进校园体育文化建设，并发挥引领和示范作用。

(二)篮球训练总目标

根据学校篮球队发展现状及建设规划要求，从进校参加校篮球运动队到停止参加训练的整个周期为 6 个学期。训练目标以加强身体素质和锻炼团队合作意识为基础，以专业的训练队模式并结合学校培养要求，进行系统、规范训练，以此提高天津体育学院篮球运动水平，为学校的篮球事业发展储备后备人才。

(三)篮球训练总任务

树立快、稳、准、狠的风格,以坚持身体素质训练和技战术训练为主,增强身体素质、学习改进技术动作、培养战术意识、提高实战能力。培养一支具有顽强斗志和团队协作精神的优秀训练队伍，力争在篮球比赛中取得优异成绩。

(四)训练阶段划分

表 11　训练阶段划分

阶段	任务	时期	主要内容
基础训练阶段	以身体素质和篮球基本技战术为主	第 1 至 2 学期	1.个人体能、技战术。 2.两到三人战术配合。 3.专项心理素质。 4.五对五实战训练。
专项提高阶段	提高篮球竞技能力	第 3 至 4 学期	1.三到五人战术配合。 2.个人体能、技战术。 3.专项心理素质。 4.五对五实战训练。
最佳竞技阶段	创造篮球优异成绩	第 5 学期	1.五人战术配合。 2.个人体能、技战术。 3.专项心理素质。 4.五对五实战训练。
竞技保持阶段	保持篮球竞技水平	第 6 学期	1.心理稳定性。 2. 五人战术配合为核心,两到四人战术配合结合训练。 3.五对五实战训练。 4.个人体能、技战术。

二、学期计划

根据天津体育学院课时安排和男子篮球队训练要求，学期训练分为在校上课阶段和假期集训阶段。其中在校上课阶段一周训练5天，训练时间为每天的下午14:00—17:00，共3小时。假期集训阶段分为暑假集训和寒假集训，暑假集训安排连续20天的训练，训练时间为每天的上午9:00—11:00和下午15:00—17:00，共4小时。寒假集训安排连续15天的训练，训练时间为每天的上午9:00—11:00和下午15:00—17:00，共4小时。

（一）基础训练阶段

1.训练目标

对新队员进行篮球基本技术的巩固，加强个人防守与投篮训练，讨论和制定计划。

2.训练任务

以个人体能、技战术为核心，提高队员的专项身体素质，完善技术动作，提高个人的攻防能力和培养顽强拼搏的意志品质。

3.训练内容

(1)在体能训练中安排一般体能训练、篮球专项体能训练和球性的训练。

(2)技术训练主要以投篮为主，从定点投篮逐渐过渡到移动中传接球投篮等作为组合进行练习。

(3)战术训练主要以个人的攻防能力为主，安排两到三人的对抗性战术训练。

(4)安排大约20%的五对五对抗性比赛。

(5)多与运动员沟通，使其快速融入球队，培养敢打敢拼的意志品质。

4.训练方法

(1)利用滑步、30米冲刺等方法进行移动的训练。

(2)通过四角传球等进行传接球的训练。

(3)通过全场8字型上篮、两到三人分组上篮等进行上篮训练。

(4)通过全场障碍物等进行运球训练。

(5)通过定点投篮,移动投篮,全场两到三人传球急停跳投等进行投篮训练。

(6)全场一对一、二对三的攻防训练。

5.训练手段

以周期性单一练习手段和混合性多元练习手段为主,固定组合练习手段和变异组合练习手段为辅进行训练,主要目的还是以个人为主。

6.训练负荷

负荷总趋势是循序渐进,逐渐增加负荷量和强度。

7.恢复

按摩、慢跑,提供运动员所必需的营养和能量,严格控制运动员的睡眠、饮食习惯等。

(二)专项提高阶段

1.训练目标

发展专项身体素质,全面提高技、战术水平,根据位置和个人特点,开始形成个人特长和绝招。

2.训练任务

以三到五人的战术配合为核心,进一步提高队员的专项身体素质,加大进攻和防守的强度,提高队员间的默契。

3.训练内容

(1)进一步加强在体能训练和球性的训练。

(2)技术训练以对抗为前提,提高稳定性,减少失误率。

(3)战术训练主要以基础配合和半场的攻防为主,逐渐增加到比赛强度,并根据情况制定相应的战术体系。

(4)增加五对五对抗性比赛频率,以比赛强度为标准。

(5)培养出参加艰苦篮球训练与激烈对抗比赛所需的心理品质。

4.训练方法

(1)利用全场一对一防守滑步、两人一组追逐快攻等进行移动的训练。

(2)在强干扰的情况下进行传接球的训练。

(3)通过全场三攻二、二攻三快攻上篮等进行上篮训练。

(4)通过全场障碍物等进行运球训练。

(5)通过定点投篮,移动投篮,全场两到三人传球急停跳投等进行投篮训练。

(6)安排三对三、四对四、五对五等对抗性训练赛。

5.训练手段

以固定组合练习手段和变异组合练习手段为主,周期性单一练习手段和混合性多元练习手段为辅进行训练,主要目的是提高局部配合以及促使竞技能力接近或达到高峰。

6.训练负荷

明显增加负荷的量和强度。

7.恢复

按摩、慢跑,提供运动员所必需的营养和能量,严格控制运动员的睡眠、饮食习惯等。

(三)最佳竞技阶段

1.训练目标

加大运动量,特别是高强度训练,紧抓身体素质训练,全面提高比赛能力,根据球员特点,制定相应的战术安排,强调全队协作精神。

2.训练任务

以五人的战术配合为核心,仍然要集中进行篮球专项练习,积极参加竞赛,力争创造优异运动成绩。

3.训练内容

(1)增强体能训练和球性的训练。

(2)技术训练中,努力发展各个位置不同队员的特点,增强技术运用的合理性。

(3)战术训练主要以全场攻防为主,以比赛强度为标准,增强全场战术配合的默契程度。

(4)以实战训练为基准,多安排比赛。

(5)树立运动员作为球队中流砥柱的责任感和为校争光的使命感。

4.训练方法

(1)利用全场一对一防守滑步、两人一组追逐快攻等进行移动的训练。

(2)在强干扰的情况下进行传接球的训练。

(3)通过全场三攻二、二攻三快攻上篮等进行上篮训练。

(4)通过全场障碍物等进行运球训练。

(5)通过定点投篮,移动投篮,全场战术跑位后投篮等进行投篮训练。

(6)安排五对五等对抗性训练赛。

5.训练手段

以固定组合练习手段和变异组合练习手段为主,周期性单一练习手段和混合性多元练习手段为辅进行训练,主要目的是通过全场配合的训练,提高球员在场上的应变能力,力求创造优异的运动成绩。

6.训练负荷

明显增加负荷的量和强度。

7.恢复

按摩、慢跑,提供运动员所必需的营养和能量,严格控制运动员的睡眠、饮食习惯等。

(四)竞技保持阶段

1.训练目标

培养稳定的比赛心理素质,全面进行战术准备,以迎接高强度比赛,身体训练保持高水平,以保证精神饱满,体力充沛的投入比赛当中。

2.训练任务

以增强球员心理稳定性为核心,激励他们继续参加训练、比赛和力求创造优异成绩的进取动机。以五对五训练为主,并综合运用一对一、三对三等局部或基础配合训练,根据篮球竞技的需要安排身体素质训练和技术训练,保持或延缓竞技能力的消退。

3.训练内容

(1)增强体能训练和球性的训练。

(2)技术训练中,努力发展各个位置不同队员的特点,增强技术运用的合理性。

(3)战术训练主要以全场攻防为主,以比赛强度为标准,增强全场战术配合的默契程度。

(4)以实战训练为基准,多安排比赛。

(5)多与运动员沟通,努力保持和提高运动员的心理稳定性。

4.训练方法

(1)利用全场一对一防守滑步、两人一组追逐快攻等进行移动的训练。

(2)在强干扰的情况下进行传接球的训练。

(3)通过全场三攻二或二攻三快攻上篮等进行上篮训练。

(4)通过全场障碍物等进行运球训练。

(5)通过定点投篮,移动投篮,全场战术跑位后投篮等进行投篮训练。

(6)安排五对五等对抗性训练赛。

5.训练手段

以固定组合练习手段和变异组合练习手段为主,周期性单一练习手段和混合性多元练习手段为辅进行训练,主要目的是通过全场配合的训练,提高球员在场上的应变能力,力求创造优异的运动成绩。

6.训练负荷

这一时期的负荷应该保持比赛或竞技强度,明显降低负荷量。

7.恢复

按摩、慢跑,提供运动员所必需的营养和能量,严格控制运动员的睡眠、饮食习惯等。

三、训练周计划

根据阶段性顺序,对每一个学期和寒暑假的训练周进行举例。

第一学期训练:

表 12 训练周计划

星期	训练内容	负荷
星期一	1.运球上篮(从底线出发全场运 7 次球上篮、全场运 6 次球上篮、全场运 5 次球上篮、全场运 4 次球上篮、全场运 3 次球上篮、全场障碍物体前变向、胯下、背后、转身综合上篮) 2.传球上篮;(两人全场双手胸前传球上篮、两人全场单手传球上篮、两人全场背后传球上篮、两人全场肩上传球上篮、两人全场头后传球上篮) 3.力量训练(上肢力量、下肢力量、腰腹力量)	中
星期二	1.球性练习(双手抛接球、胯下绕“8”字练习、单手拉球、原地两手交换推滚球、全场体前变向、胯下运球、背后运球、转身运球) 2.四角传球 3.全场一打一攻防训练(见图 5–3)	大
星期三	1.投篮训练(原地单手肩上投篮、运球突破急停跳投、全场两人传球行进间投篮) 2.二打一快攻配合(见图 5–4) 3.耐力训练(全场连续上篮、3200 米)	小
星期四	1.投篮训练(原地单手肩上投篮、运球突破急停跳投) 2.个人防守练习(全场滑步、切球、防无球队员、防有球队员) 3.力量训练(55 公斤–60 公斤杠铃卧推、负重 60 公斤杠铃半蹲起接提踵、颈后负重 15 公斤仰卧起坐)	中
星期五	1.行进间投篮 2.全场紧逼防守(重点在于主要夹击区域和夹击时间,以及其他队员强侧防守和弱侧防守的站位问题)(见图 5–5) 3.五对五比赛	大
备注:		

图 5-3　全场一打一攻防训练

图 5-4　二打一训练

图 5-5　全场紧逼防守训练

第一学期暑期训练：

星期	训练内容(上午)	训练内容(下午)	负荷
星期一	1.投篮训练(原地单手肩上投篮) 2.速度训练(半场侧身冲刺跑、全场侧身接长传球快攻)	1.运球突破练习(腾空接球后双脚落地运球突破、摆脱接球突破、高位上线运球突破、突破分球、突破上篮、突破投篮) 2.抢篮板球练习(挡人、卡人动作、抢前场篮板球、抢后场篮板球、投篮不进抢篮板球、罚球不进抢篮板球、一对一抢篮板球、三对三抢篮板球) 3.全场快攻练习(两人短传全场快攻、两人长传全场快攻、三人短传全场快攻、三人绕8字全场快攻、二打一全场快攻、三打二全场快攻)	中
星期二	1.力量训练(卷腹、仰卧抬腿、平板支撑、两头起、上斜负重转体仰卧起) 2.跳跃训练(连续蛙跳、跳箱、踮脚静蹲)	1.球性练习(单手体前向侧摆球、单手体侧前后拉球、头上绕环、原地双手交换推滚球、双手抛接球) 2.四角传球 3.半场人盯人防守(防守站位、局部防守、防守基本配合、弱侧协防或补防时机、对持球人的防守)	大
星期三	1.投篮训练(原地单手肩上投篮、30秒投篮、1分钟投篮) 2.运球练习(体前变向、胯下运球、背后运球、转身运球、两个球的前后拉球、两个球高低运球)	1.行进间投篮 2.半场区域联防(联防站位、强侧和弱侧的站位、协防或补防的方法、针对对方中远距离投篮的防守、针对对方突破能力较强的防守、针对对方内线能力较强的防守)(一盯四联站位见图5-9、二三联防站位见图5-10、三二联防站位见图5-11、二一二联防站位见图5-12)	小

续表

星期	训练内容(上午)	训练内容(下午)	负荷
星期四	1.耐力训练(全场折返跑、全场变速跑、爬坡跑、追逐跑) 2.柔韧练习(肩绕环、体前屈、弓步压腿、侧压腿、腰绕环、行进间正、侧、后踢腿)	1.全场一打一(从消极防守逐渐过渡到积极防守、从前场紧逼过渡到全场紧逼) 2.全场人盯人防守(站位、强侧和弱侧的防守、抢断球后的反击)	中
星期五	1.投篮训练(原地单手肩上投篮、运球突破急停跳投、全场两人传球行进间投篮) 2.速度耐力(17 趟折返跑)	1.半场二打二(平行站位见图 5-6、斜线站位见图 5-7、重叠站位见图 5-8) 2.全场区域联防(站位、移动、协防) 3.三对三比赛	中
星期六	1.力量训练(卧推、硬拉、弹力带练习) 2. 耐力训练 (400 米、400 米间歇跑)	1.巩固个人防守(滑步、防有球、防无球) 2.巩固半场及全场防守(站位、盯人防守、区域联防、强侧防守、弱侧防守)	大
星期日	调整	1.行进间投篮 2.全场五打五比赛	小
备注：			

图 5-6　二打二平行站位训练

图 5-7　二打二斜线站位训练

图 5-8　二打二重叠站位训练

图 5-9　一盯四联站位训练

图 5-10　二三联防站位训练

图 5-11　三二联防站位训练

图 5-12　二一二联防站位训练

第二学期训练：

星期	训练内容	负荷
星期一	1.投篮训练(原地单手肩上投篮、运球突破急停跳投、全场两人传球行进间投篮) 2.抢篮板球训练(抢前场篮板球、抢后场篮板球、投篮不进抢篮板球、罚球不进抢篮板球、一对一抢篮板球、三对三抢篮板球) 3.力量训练(负重深蹲、负重半蹲、核心力量练习)	中
星期二	1.个人防守训练(全场滑步、切球、防无球队员、防有球队员) 2.半场、全场紧逼盯人防守(重点解决对持球人的压迫以及传球路线的封堵) 3.全场三打二(见图 5-13) 4.全场四打三(见图 5-14)	大
星期三	1.投篮训练(原地单手肩上投篮) 2.两人间的进攻配合(掩护、突分、空切、摆脱、半场二打二，全场二打一) 3.全场五打四(见图 5-15)	小
星期四	1.投篮训练(原地单手肩上投篮、运球突破急停跳投、全场两人传球行进间投篮) 2.两人间的防守配合(挤过、关门、绕过、换防、半场二防二，全场二防三) 3.力量训练(卧推、硬拉、纵跳、前后跳、侧跳、方形跳)	中
星期五	1.行进间投篮 2.半场联防(重点解决协防和换防问题) 3.五对五比赛	大
备注：		

图 5-13　三打二训练图

图 5-14　四打三训练图

图 5-15　五打四训练图

第二学期寒假训练：

星期	训练内容(上午)	训练内容(下午)	负荷
星期一	1.速度训练(半场冲刺跑、全场冲刺跑、运球 3 至 4 次全场上篮) 2.投篮训练(原地单手肩上投篮、运球突破	1.持球突破练习(交叉步持球突破、同侧步持球突破、突破后投篮) 2.抢篮板球练习(挡人、卡人、后卫主动迎球) 3.三人抢篮板后快攻训练	中
星期二	1.力量训练(负重半蹲、负重深蹲) 2.跳跃训练(跳箱、纵跳、前后跳、侧跳、方形跳)	1.球性练习(单手体前向侧摆球、单手体侧前后拉球、头上绕环、原地双手交换推滚球、双手抛接球、全场障碍物前变向) 2.半场人盯人防守(重点解决进攻队员掩护后的防守和人球兼顾的问题)	大
星期三	1.球性练习(体前变向、胯下运球、背后运球、转身运球) 2.投篮训练(原地单手肩上投篮、运球突破急停跳投)	1.行进间投篮 2.全场 3 打 23.半场攻联防(重点解决破联防的站位以及跑位问题)	小
星期四	1.耐力训练(3200 米) 2.柔韧练习(肩绕环、体前屈、弓步压腿、侧压腿、腰绕环、行进间正、侧、后踢腿)	1.全场一打一(全场紧逼过渡到半场紧逼) 2.全场人盯人防守(重点解决站位以及全场人盯人延误后回防的问题)	中

续表

星期	训练内容(上午)	训练内容(下午)	负荷
星期五	1.投篮训练(原地单手肩上投篮、运球突破急停跳投、行进间投篮) 2. 速度耐力 (400 米+300 米+200 米+100 米组合跑)	1.全场一防二防守练习(假动作、快速移动、成功干扰后的反击) 2.全场区域联防(站位、强侧防守、弱侧防守、防守成功后的反击) 3.三打三(正三角站位见图 5-16、倒三角站位见图 5-17)	中
星期六	1.力量训练(卧推、硬拉、负重背起、负重仰卧起坐) 2.耐力训练(17 趟折返跑)	1.巩固个人防守(滑步、防有球、防无球) 2.半场进攻联防(进攻一盯四联防站位见图 5-18、进攻二三联防站位见图 5-19、进攻三二联防见图 5-20、进攻二一二联防站位见图 5-21)	大
星期日	调整	1.行进间投篮 2.全场五打五比赛	小
备注:			

图 5-16　三打三正三角站位训练

图 5-17　三打三倒三角站位训练

图 5-18　进攻一盯四联训练

图 5-19　进攻二三联防训练

图 5-20　进攻三二联防训练

图 5-21　进攻二一二联防训练

第三学期训练：

星期	训练内容	负荷
星期一	1.投篮训练(原地单手肩上投篮、运球突破急停跳投、行进间投篮) 2.抢篮板球训练(挡人、卡人、后卫主动迎球、抢篮板后的反击) 3.力量训练(卧推、腰腹力量、核心力量)	中
星期二	1.个人防守训练(侧滑步、防有球、防无球) 2.三人防守配合(挤过、穿过、绕过、关门、夹击) 3.全场五打四	大
星期三	1.投篮训练(原地单手肩上投篮、行进间投篮) 2.三人、四人间的进攻配合(掩护、空切、摆脱、结合持球或运球突破以及投篮等进行练习)	小

续表

星期	训练内容	负荷
星期四	1.投篮训练(原地单手肩上投篮、运球突破急停跳投、行进间投篮、1 分钟投篮) 2.四人、五人间的防守配合(夹击、关门、协防、补防) 3.力量训练(负重半蹲、负重深蹲、高抬腿、30 米冲刺跑)	中
星期五	1.行进间投篮 2.半场联防攻防训练(一盯四联攻防训练见图 5-22、二三联防攻防训练见图 5-23、三二联防攻防训练见图 5-24、二一二联防攻防训练见图 5-25) 3.五对五比赛	大

图 5-22　一盯四联攻防训练

图 5-23　二三联防攻防训练

图 5-24　三二联防攻防训练

图 5-25　二一二攻防训练

第三学期暑期训练：

星期	训练内容(上午)	训练内容(下午)	负荷
星期一	1.速度训练(半场冲刺跑、全场冲刺跑、运球3至4次全场上篮、两人传球3次全场上篮) 2.投篮训练(原地单手肩上投篮、运球突破急停跳投、行进间投篮)	1.运球、持球突破练习(突破上篮、突破投篮、突破分球) 2.抢篮板球练习(挡人、卡人、后卫主动迎球、抢篮板后的反击) 3.三人抢篮板后快攻训练	中
星期二	1.力量训练(负重半蹲、负重深蹲) 2.跳跃训练(跳箱、跳沙坑、纵跳、前后跳、侧跳、方形跳)	1.球性练习(单手体前向侧摆球、单手体侧前后拉球、头上绕环、原地双手交换推滚球、双手抛接球) 2.半场人盯人防守(提高防守强度，力求打出防守反击) 3.全场四打三快攻训练	大
星期三	1.球性练习(体前变向、胯下、转身、两人胸前原地传球、脑后传球、单手肩上传球) 2.投篮训练(原地单手肩上投篮、运球突破急停跳投、行进间投篮)	1.区域联防防守练习(站位、加大防守强度、协防) 2.半场攻联防(针对2–3、3–2、2–1–2等联防防守站位进行进攻)	小
星期四	1.耐力训练(5000米) 2.柔韧练习(肩绕环、体前屈、弓步压腿、侧压腿、腰绕环、行进间正、侧、后踢腿)	1.全场一打一(全场紧逼防守) 2.全场三打二 3.半场四打四(见图5–26)	中
星期五	1.投篮训练(原地单手肩上投篮、行进间投篮) 2.速度耐力(全场折返间歇跑)	1.全场二防三防守练习 2.全场区域联防(2–3、3–2、2–1–2等防守站位和配合) 3.五打五比赛	中

续表

星期	训练内容(上午)	训练内容(下午)	负荷
星期六	1.力量训练(卧推、腰腹力量) 2.耐力训练(17 趟折返跑)	1.巩固个人防守 2.巩固半场及全场防守	大
星期日	调整	1.行进间投篮 2.全场五打五比赛	小
备注:			

图 5-26　四打四训练图

第四学期训练:

星期	训练内容	负荷
星期一	1.投篮训练(原地单手肩上投篮、行进间投篮) 2.全场一打一 3.力量训练(卧推、腰腹力量)	中
星期二	1.个人防守训练(滑步、防有球、防无球) 2.三人防守配合(关门、夹击、挤过、协防) 3.五人防守配合(人盯人防守、区域联防)	大
星期三	1.投篮训练(原地单手肩上投篮、两分钟折返投篮) 2.三人、五人间的进攻配合(掩护、空切、摆脱)	小

续表

星期	训练内容	负荷
星期四	1.投篮训练(原地单手肩上投篮、运球突破急停跳投、行进间投篮) 2.四人、五人间的防守配合(人盯人防守、区域联防、防守反击) 3.力量训练(负重深蹲、负重半蹲、核心力量)	中
星期五	1.行进间投篮 2.半场联防、盯人 3.五对五比赛	大
备注：		

第四学期寒假训练：

星期	训练内容(上午)	训练内容(下午)	负荷
星期一	1. 速度训练 (400 米+300 米+200 米+100 米组合跑) 2.投篮训练(原地单手肩上投篮、运球突破急停跳投)	1.运球、持球突破练习(突破上篮、突破投篮、突破分球) 2.抢篮板球练习(卡位、挡人) 3.三人抢篮板后快攻三打二训练	中
星期二	1.力量训练(负重半蹲、硬拉、负重背起) 2.跳跃训练(跳箱、跳沙坑、侧跳、方形跳)	1.球性练习(单手体前向侧摆球、单手体侧前后拉球、头上绕环、原地双手交换推滚球、双手抛接球) 2.半场人盯人紧逼防守(防守强度、防守反击) 3.全场四打三快攻训练	大

续表

星期	训练内容(上午)	训练内容(下午)	负荷
星期三	1.球性练习(体前变向、胯下、转身、两人胸前原地传球、脑后传球、单手肩上传球) 2.投篮训练(原地单手肩上投篮、行进间投篮)	1.区域联防防守练习(根据对手特点选择合适的防守站位、防守反击) 2.半场攻联防(根据布置战术进行演练) 3.全场五打四快攻训练	小
星期四	1.耐力训练(5000 米) 2.柔韧练习(肩绕环、体前屈、弓步压腿、侧压腿、腰绕环、行进间正、侧、后踢腿)	1.全场一打一 2.全场三打二 3.全场四打三 4.全场五打四	中
星期五	1.投篮训练(原地单手肩上投篮、运球突破急停跳投、2 分钟全场折返投篮) 2.速度耐力(100+200+300+400 组合跑)	1.全场二防三防守练习 2.全场区域联防(根据对手特点选择合适的防守站位、防守反击) 3.五打五比赛	中
星期六	1.力量训练(卧推、硬拉、引体向上、负重背起、负重仰卧起坐、核心力量) 2.耐力训练(17 趟折返跑)	1.巩固个人防守(滑步、补防协防意识) 2.巩固半场及全场防守(站位、防守反击)	大
星期日	调整	1.行进间投篮 2.全场五打五比赛	小
备注:			

第五学期训练：

星期	训练内容	负荷
星期一	1.投篮训练(原地单手肩上投篮、运球突破急停跳投、2 分钟全场折返投篮) 2.全场一打一(比赛强度) 3.力量训练(核心力量训练、负重半蹲)	中
星期二	1.个人防守训练(滑步、防有球、防无球) 2.三人防守配合(紧逼防守、力求打出防守反击) 3.五人防守配合(人盯人、区域联防)	大
星期三	1.三人、五人间的进攻配合(掩护、空切、反击) 2.投篮训练(原地单手肩上投篮、运球突破急停跳投、2 分钟全场折返投篮)	小
星期四	1.四人、五人间的防守配合(防守成功率、防守反击) 2.投篮训练(原地单手肩上投篮、运球突破急停跳投) 3.力量训练(卧推、硬拉、腰腹力量)	中
星期五	1.半场联防、盯人(提高到比赛强度、打出防守反击或迅速由防守转换为进攻) 2.行进间投篮 3.五对五比赛	大
备注：		

第五学期暑期训练：

星期	训练内容(上午)	训练内容(下午)	负荷
星期一	1.耐力训练(5000米) 2.投篮训练(行进间投篮、原地肩上投篮)	1.三人抢篮板后快攻三打二训练 2.抢篮板球练习(挡人、进攻篮板球、防守篮板球) 3.全场一打一	中
星期二	1.力量训练(负重半蹲、负重深蹲) 2.跳跃训练(跳箱、跳沙坑、侧跳、方形跳、单脚跳)	1.全场四打三快攻训练 2.半场人盯人紧逼防守(迅速由攻转守的落位和夹击) 3.球性练习(单手体前向侧摆球、单手体侧前后拉球、头上绕环、原地双手交换推滚球、双手抛接球)	大
星期三	1.球性练习(体前变向、胯下、转身、两人胸前原地传球、脑后传球、单手肩上传球) 2.投篮训练(原地单手肩上投篮、行进间投篮)	1.区域联防防守练习(比赛强度、防守反击) 2.半场攻联防(落实战术方案、减少失误) 3.全场五打四快攻训练	小
星期四	1.耐力训练(17趟折返) 2.柔韧练习(肩绕环、体前屈、弓步压腿、侧压腿、腰绕环、行进间正、侧、后踢腿)	1.全场一打一 2.全场三打二 3.全场四打三 4.全场五打五	中
星期五	1.投篮训练(原地单手肩上投篮、行进间投篮) 2.速度耐力(400米间歇跑)	1.全场二防三防守练习 2.全场三防四防守练习 3.五打五比赛	中
星期六	1.力量训练(卧推、硬拉、腰腹力量) 2.耐力训练(5000米)	1.巩固个人防守 2.巩固半场及全场防守	大
星期日	调整	1.行进间投篮 2.全场五打五比赛	小
备注：			

第六学期训练：

星期	训练内容	负荷
星期一	1.投篮训练(原地单手肩上投篮、运球突破急停跳投、2分钟全场折返投篮) 2.全场一打一 3.力量训练(卧推、负重背起、负重仰卧起坐、腰腹力量、核心力量)	中
星期二	1.个人防守训练(滑步、防有球、防无球) 2.全场三打二 3.五人防守配合(人盯人、区域联防)	大
星期三	1.五人进攻配合(战术安排组织进攻、减少失误,增加成功率) 2.全场四打三 3.投篮训练(原地单手肩上投篮、运球突破急停跳投、行进间投篮)	小
星期四	1.五人间的防守配合(人盯人、区域联防) 2.投篮训练(原地单手肩上投篮、运球突破急停跳投) 3.力量训练(负重半蹲、负重深蹲、腰腹力量)	中
星期五	1.半场联防、盯人 2.行进间投篮 3.五对五比赛	大
备注：		

第六学期寒假训练：

星期	训练内容(上午)	训练内容(下午)	负荷
星期一	1.耐力训练(1200米) 2.投篮训练(原地单手肩上投篮、运球突破急停跳投)	1.五人抢篮板后快攻三打二训练 2.抢篮板球练习(挡人、卡位) 3.全场一打一	中

续表

星期	训练内容(上午)	训练内容(下午)	负荷
星期二	1.力量训练(负重半蹲、负重深蹲、负重背起、负重仰卧起坐、核心力量) 2.跳跃训练(跳箱、跳沙坑、侧跳、方形跳、单脚跳)	1.全场四打三快攻训练 2.半场人盯人紧逼防守(比赛强度、防守反击) 3.球性练习(体前变向、胯下、转身、两人胸前原地传球、脑后传球、单手肩上传球)	大
星期三	1.投篮训练(原地单手肩上投篮、行进间投篮) 2.球性练习(单手体前向侧摆球、单手体侧前后拉球、头上绕环、原地双手交换推滚球、双手抛接球)	1.区域联防防守练习 2.半场攻联防(战术安排组织进攻、减少失误,增加成功率) 3.全场五打四快攻训练	小
星期四	1.耐力训练(5000 米) 2.柔韧练习(肩绕环、体前屈、弓步压腿、侧压腿、腰绕环、行进间正、侧、后踢腿)	1.全场一打一 2.全场三打二 3.全场四打三 4.全场五打四 5.全场五打五	中
星期五	1.投篮训练(原地单手肩上投篮、运球突破急停跳投、2 分钟全场折返投篮) 2.速度耐力(17 趟折返跑)	1.全场紧逼防守练习(进攻后迅速落位找到自己的防守人) 2.全场三防守四防守练习 3.五打五比赛	中
星期六	1.力量训练(卧推、腰腹力量、核心力量) 2.耐力训练(5000 米)	1.巩固个人防守 2.巩固半场及全场防守	大
星期日	调整	1.行进间投篮 2.全场五打五比赛	小
备注:			

四、篮球课时训练计划

根据阶段性顺序，对每一个学期和寒暑假的训练课进行举例。

第一学期训练：

课时：180 分钟

技、战术类型	训练内容	时间（分钟）×组数
运球	单手拉球 运球急停急起 各种变向运球	10×1 10×1 10×1
投篮	定点投篮 行进间投篮 全场折返投篮	10×1 5×2 5×2
体能	全场折返冲刺	5×2
突破	运球突破 持球突破	5×2 5×2
传接球	原地传接球 行进间传接球	5×1 5×1
移动	全场之字形侧滑步 全场之字形后滑步	5×2 5×2
进攻	全场一打一 全场三打二	10×2 5×1
防守	全场一防一 全场二防三	5×2 5×1
比赛	全场五打五比赛	20×1

第一学期暑期训练：

课时：180 分钟

技、战术类型	训练内容	时间(分钟)×组数
运球	各种变向运球	10×1
	运球急停急起	10×1
	单手拉球	10×1
投篮	定点投篮	10×1
	行进间投篮	5×2
	全场折返投篮	5×2
体能	俯卧撑 30 个	2×5
突破	运球突破	5×2
	持球突破	5×2
传接球	原地传接球	5×1
	行进间传接球	5×1
移动	全场之字形侧滑步	5×2
	全场之字形后滑步	5×2
进攻	全场一打一	10×2
	全场三打二	5×1
防守	全场一防一	5×2
	全场二防三	5×1
比赛	全场五打五比赛	20×1

第二学期训练：

课时：180 分钟

技、战术类型	训练内容	时间(分钟)×组数
运球	各种变向运球 运球急停急起	10×1 10×1
投篮	定点投篮 行进间投篮 全场折返投篮	10×1 5×2 5×1
突破	运球突破 持球突破	5×2 5×2
传接球	原地传接球 行进间传接球	5×1 5×1
移动	全场之字形侧滑步 全场之字形后滑步	5×25×2
进攻	全场一打一 进攻联防	10×210×1
防守	全场一防一 区域联防	5×210×1
体能	3200 米	15×1
比赛	全场五打五比赛	20×1

第二学期寒假训练：

课时：180 分钟

技、战术类型	训练内容	时间(分钟)×组数
运球	各种变向运球 运球急停急起	10×1 10×1
投篮	定点投篮	10×1
体能	力量训练	60×1
突破	运球突破 持球突破	5×1 5×1
传接球	四脚传球	5×1
移动	全场之字形滑步	5×1
进攻	全场一打一 进攻联防	10×2 10×1
防守	全场一防一 区域联防	5×2 10×1
比赛	全场五打五比赛	20*1

第三学期训练：

课时：180 分钟

技、战术类型	训练内容	时间(分钟)×组数
运球	各种变向运球 运球急停急起	10×1 10×1
投篮	定点投篮 行进间投篮	10×1 5×3
突破	运球突破 持球突破	5×2 5×2

续表

技、战术类型	训练内容	时间(分钟)×组数
运球	各种变向运球 运球急停急起	10×1 10×1
投篮	定点投篮	10×1
体能	力量训练	60×1
突破	运球突破 持球突破	5×1 5×1
传接球	四脚传球	5×1
移动	全场之字形滑步	5×1
进攻	全场一打一 进攻联防	10×2 10×1
防守	全场一防一 区域联防	5×2 10×1
比赛	全场五打五比赛	20×1

第三学期暑期训练：

课时：180 分钟

技、战术类型	训练内容	时间(分钟)×组数
运球	各种变向运球	10×1
投篮	定点投篮 行进间投篮	10×1 5×1
突破	运球突破 持球突破	5×2 5×2
传接球	行进间传接球	5×1
移动	全场无球一对一滑步	5×2

续表

技、战术类型	训练内容	时间(分钟)×组数
进攻	全场一打一	10×1
	全场三打二	10×1
	半场三打三	10×1
	进攻联防	10×1
	进攻盯人	10×1
防守	全场一防一	10×1
	半场二防三	10×1
	半场三防三	10×1
	区域联防	10×1
	紧逼盯人	10×1
比赛	全场五打五比赛	20×1

第四学期训练：

课时：180 分钟

技、战术类型	训练内容	时间(分钟)×组数
运球	各种变向运球	10×1
	运球急停急起	10×1
投篮	定点投篮	10×1
	行进间投篮	5×3
突破	运球突破	5×2
	持球突破	5×2
传接球	行进间传接球	5×1
移动	全场无球一对一滑步	5×2
进攻	全场一打一	10×1
	全场三打二	5×1
	半场三打三	5×1
	进攻联防	20×1

续表

技、战术类型	训练内容	时间(分钟)×组数
防守	全场一防一	5×2
	半场二防三	5×1
	半场三防三	5×1
	区域联防	20×1
比赛	全场五打五比赛	20×1

第四学期寒假训练：

课时：180 分钟

技、战术类型	训练内容	时间(分钟)×组数
运球	各种变向运球	10×1
投篮	行进间投篮	10×1
体能	折返冲刺跑	10×2
突破	运球突破	5×2
	持球突破	5×2
传接球	行进间传接球	5×2
移动	全场滑步	5×2
进攻	全场一打一	5×1
	全场三打二	5×1
	全场四打三	5×1
	进攻联防	20×1
防守	全场一防一	5×1
	半场二防三	5×1
	半场三防四	5×1
	区域联防	20×1
比赛	全场五打五比赛	30×1

第五学期训练：

课时:180分钟

技、战术类型	训练内容	时间(分钟)×组数
运球	各种变向运球	10×1
投篮	定点投篮 行进间投篮	10×1 5×2
体能	全场冲刺跑 全场折返跑	5×15×1
突破	运球突破 持球突破	5×15×1
传接球	原地传接球 行进间传接球	5×15×1
进攻	全场一打一 全场四打三 进攻联防 进攻盯人	5×25×210×110×1
防守	全场一防一 全场三防四 区域联防 紧逼盯人	5×25×210×110×1
比赛	全场五打五比赛	40×1

第五学期暑假训练：

课时：180 分钟

技、战术类型	训练内容	时间(分钟)×组数
运球	各种变向运球	10×1
投篮	行进间投篮	10×1
体能	17 趟折返跑	5×1
突破	运球突破 持球突破	5×15×1
传接球	行进间传接球	5×1
进攻	全场一打一 全场四打三 全场五打四 进攻联防 进攻盯人	5×2 5×2 5×2 10×1 10×1
防守	全场一防一 全场三防四 全场五打四 区域联防 紧逼盯人	5×2 5×2 5×2 10×1 10×1
比赛	全场五打五比赛	40×1

第六学期训练：

课时：180 分钟

技、战术类型	训练内容	时间(分钟)×组数
运球	各种变向运球	10×1
投篮	定点投篮	15×1
体能	全场折返跑	10×1

续表

技、战术类型	训练内容	时间(分钟)×组数
突破	运球突破 持球突破	5×15×1
传接球	行进间传接球	5×1
进攻	全场一打一	5×1
	全场三打二	5×1
	全场四打三	5×1
	全场五打四	5×1
	进攻联防	15×1
	进攻盯人	15×1
防守	全场一防一	5×1
	全场二防三	5×1
	全场三防四	5×1
	全场四防五	5×1
	区域联防	15×1
	紧逼盯人	15×1
比赛	全场五打五比赛	30×1

第六学期寒假训练：

课时：180 分钟

技、战术类型	训练内容	时间(分钟)×组数
运球	各种变向运球	10×1
投篮	定点投篮	15×1
突破	运球突破	5×1
	持球突破	5×1
体能	2000 米	10×1
传接球	行进间传接球	5×1

续表

技、战术类型	训练内容	时间(分钟)×组数
进攻	全场一打一	5×1
	全场三打二	5×1
	全场四打三	5×1
	全场五打四	5×1
	进攻联防	15×1
	进攻盯人	15×1
防守	全场一防一	5×1
	全场二防三	5×1
	全场三防四	5×1
	全场四防五	5×1
	区域联防	15×1
	紧逼盯人	15×1
比赛	全场五打五比赛	30×1

第六章 青少年篮球运动训练

第一节 训练理念

一、不同阶段要运用不同的训练手段

由于篮球运动的技术相对来讲较复杂，协调性要求较高，7至14岁是发展协调能力的最佳时期。在这个年龄阶段学习篮球运动，可以很快掌握技术。13至16岁是性发育期，此时期主要是把此年龄阶段前所掌握的复杂动作稳定下来，不宜大力发展新的复杂动作，应采用大量的辅助性练习来巩固原有的技术动作。16岁以后发展趋于成熟，同时运动素质在此时期内也会有很大的提高，各项指标已接近成年人水平，因此训练中可安排有一定难度的技术动作。

二、不同年龄的心理特点运用不同的训练方法

青少年前期是学习技术动作的有利时期，但由于他们缺乏运动经验，抽象思维能力差，因而技术训练的困难还是较大的，观察能力往往倾向形象思维，行为具有模仿的特点，他们的技术训练可以说是一种“模仿与重复反应”。因此，应把对所学动作与直观形象尽可能地联系在一起，练习的方法由易到难，逐步提高练习难度。到青少年后期，抽象思维能力有所提高，也具有一定

的运动经验,对讲解的理解能力已有所提升,应在这个阶段再逐渐增加分解动作的练习比重,用竞赛法来改进技术。由于此阶段性发育的影响,在某些技术动作上会出现不协调的现象。因此,对女孩应采用鼓励、降低技术要求等方法稳定他们的情绪,增强心理稳定性。而男孩,此时往往对自己的力量估计过高,具有行为不稳定、容易激动的特点,这就要根据不同神经类型的运动员给予启发和引导。

三、技术训练成为掌握技术动作和打基础的过程

技术训练的初期要给学员灌输正确的技术动作及其理念,让学员在学习技术的过程中自身对技术动作具有正确的认识,做到理论实践相结合,只有这样才可以夯实基础,熟练掌握正确的技术动作,从而形成动力定型。

四、随年龄增长和技术的逐步掌握注意技术训练的全面性

包括左手右手的同步发展,并将所学习的技术尽可能地与相应的运动素质发展的敏感期相结合,把技术训练和身体训练有机地结合起来。为了使训练取得良好效果,要注意循序渐进,掌握适宜的运动负荷,并在训练中采用多种练习方法,完成一个任务,发展一种能力,努力提高运动员的学习兴趣,力争取得最佳训练效果。

第二节　青少年篮球训练原则

训练原则是依据运动训练活动的客观规律而确定的组织运动训练所必须遵循的基本准则,是运动训练活动客观规律的反映,对运动训练实践具有普遍的指导意义。

青少年篮球训练必须遵照科学合理的训练原则,才能进行科学系统的训练,并在此基础上夯实运动基础、增强体能、提高篮球技术能力和战术能力、培养心智能力、建立正确的团队意识、全面发展青少年健全的运动人格,以传

授篮球运动的基本技能和理论知识，保证青少年后备人才的健康可持续发展。

一、循序渐进的训练原则

循序渐进原则是教学要根据各学科的逻辑结构和受教育者身心发展的不同阶段,有次序、逐步地使受教育者能够有效地掌握系统的基础知识、基本技能,形成严密的逻辑思维能力,促进身心的健康发展。篮球运动是一项技能性和对抗性都很强的运动,而且青少年在身体生长发育的各个阶段的年龄特征、生理特征、心理特征等都有不同的特点,因此青少年篮球训练的技能及运动员身体素质的提高是不可能一蹴而就的,是需要长期的身体训练及技能训练的累积。在青少年篮球训练中要从浅到深、从易到难、从基础到深入,科学分层分段地有序进行。青少年篮球训练的少年阶段,身体素质和篮球基础较为薄弱,训练负荷度应适宜,训练的量度和强度不宜太高,应以篮球基本功训练为主,学习篮球运动的基本战术配合及篮球基本理论知识,为后续年龄增长阶段训练打下夯实的基础。经过基础训练的年龄阶段后,进入中级年龄阶段,要提高训练质量,提高训练难度,加大身体素质的训练比重,同时要对运动员进行基本技术的组合及提高训练,战术的组合变化训练,强化运动员的篮球意识。进入青少年的训练后期阶段青年阶段,要注重个人技术、战术与团队的结合,强化战术素养及篮球意识,要将重心转移到实战竞赛中,安排大量教学比赛及正规比赛,要求运动员熟悉并灵活运动比赛规则,以此来提高青少年运动员的技战术运用能力,积累实战对抗、应变及阅读比赛的能力,教练要认真观察运动员在赛场的表现,及时进行指导,完善和提高学生的综合能力。

二、适宜负荷的训练原则

适宜负荷原则是指根据运动员的现实可能和人体机能的训练适应规律，以提高运动员竞技能力的需要,在训练中给予相应量度的负荷,以取得理想训练效果的训练原则。在运动训练中,运动员都会承受一定量的负荷,负荷过小就不能达到预期的训练效果,负荷过大则会导致运动员机体劣变导致伤病等问题,因此只有在适宜的负荷下机体的生物适应现象才能促使运动员竞技能力提高。在运动训练学中,运动训练产生的负荷,都由负荷的量与强度构成,负荷的量是对机体刺激的量的大小,负荷的强度是对机体刺激的深度,它们相互影响又相互依存,共同构成负荷整体。运动训练是不断增加负荷强度促使机体适应更高的训练强度,提高身体素质,提高技战术能力,因此只有适宜的训练负荷才能取得理想的训练效果。青少年正处于身体发育迅速的阶段,也是身体素质和技术能力飞速提高的关键阶段,若训练负荷过重,不仅会影响身体的发育,还易造成青少年身心健康稳定成长的负影响。在青少年篮球训练过程中,要全面掌握整体训练期的训练强度以及每次训练课的负荷强度;要渐进式的增加负荷的量度,最适宜青少年采用的负荷形式是直线式和阶梯式,两者的负荷变化非跳跃式,都呈现稳定的上升趋势,前者适用于负荷起点较低的少年,后者适合青少年运动员。每次负荷都比前一阶段的最高负荷要降低一些,既保证了运动后身体的恢复,又增加了强度。因此,对于青少年而言,这种方法在一定程度上还是适用的。

三、适时恢复的训练原则

适时恢复原则即是指及时消除运动员在训练中所产生的疲劳,并通过生物适应过程产生超量恢复,提高机体能力的训练原则。篮球运动需要充足的体能,任何技战术的训练、运用都是以体能为支撑,因此青少年篮球训练的体能训练也是重中之重。在长期高强度、高负荷的体能训练中,青少年球员会产生生理疲劳和心理疲惫,不仅会造成训练效果差强人意,更会造成难以预估的损伤,因此一定要充分注重青少年训练的适时恢复,科学合理地运用人体机能能力和能量储备的超量恢复机制,并根据训练效果及时进行调整,劳逸结合地开展篮球训练,为下次训练做好充分的准备。

四、有效控制的训练原则

有效控制原则是指要求对运动训练活动实施有效控制的训练原则。青少年篮球训练中，要准确把握和控制训练的各个方面或者在训练过程中的各个阶段，其中包含训练内容、训练负荷以及训练计划的实施。在篮球训练中，要对各个方面或训练过程的各个阶段进行及时调节，这样才能通过有效控制让训练能按照预先制订的计划进行，确保训练目标的有效实现。

在青少年篮球训练中，无论是少年还是青年阶段，教练员都要根据整个训练周期制订科学的训练计划，还要高度重视在训练及训练后的信息采集和运用，最后要根据信息及时对训练计划做出修改和调整，才能达到预期的目标。

五、因材施教的训练原则

因材施教原则是指在体育训练的过程中，教练员从运动员的实际出发，有针对性地进行运动训练，使训练的深度、广度、进度适合运动员的知识水平和接受能力，同时考虑运动员的个性特点和个性差异，使每个人的竞技能力获得最佳的发展。因材施教是青少年篮球训练必须坚持的基本原则，通过因材施教原则的使用，教练员针对不同的青少年运动员，实施不同的训练计划，每个青少年运动员在教练员科学的因材施教和相互帮助的条件下，竞技能力实现最大程度上的提升和掌握，更能够有效地提升青少年运动员的训练效率，避免训练模式化的发生。

总体来说在青少年篮球训练中，教练员要认真仔细观察、发现他们的长处和缺陷，准确及时地把握青少年运动员的生理、心理等方面的实际情况，并有针对性地调整训练计划进行训练。在因材施教的过程中，要高度重视“两个点”的青少年运动员，对于“拔尖”的青少年运动员要加大技战术训练，使其更加优秀。相对于“落后”的青少年运动员，要给予充分的肯定和支持鼓励，帮助其分析出现问题的原因并提出改进措施，使其积极进步。

第三节 训练方法

一、重复训练法

重复训练法是指多次重复同一练习,两次(组)之间安排相对充分休息的练习方法。在青少年篮球训练过程中,可以对技术动作,战术配合使用同样的运动负荷和相同的间歇时间进行多次练习,以达到提高运动负荷和巩固技战术能力的目的。

例如,青少年篮球运动训练可以使用重复训练法,在计时投篮的技术训练中可以使用重复训练法,球员进行三分线内一步的罚球线顶弧延长线的一分钟跳投,训练开始时队员双手持球站在罚球线弧顶,完成单次投篮后立即抢篮板球再到规定区域进行跳投,听到教练员提示"时间到"既停止训练,教练员在训练队员进行第一次跳投出手时立即开始计时,时间达到 1 分钟时立即大声提示队员停止训练。单次计时投篮训练完成后,让球员休息 3 分钟,再次进行计时投篮,以此反复进行 6 组训练。训练的间歇期,教练员可以根据队员的上组训练表现进行技术动作的纠正以及根据队员的身体反映进行间歇时间的调整,来提高训练效果。

二、变换训练法

变换训练法是指变换运动负荷、练习内容、练习形式以及条件,以提高运动员积极性、趣味性、适应性以及应变能力的训练方法。青少年篮球训练可以在训练过程中有目的地变换训练负荷、技术动作组合以及训练的情境等。训练的环境条件、速度、动作组合形式等发生改变,对机体的影响也随之而变化。这种方法对队员中枢神经系统的协调性和机体调节的灵活性具有特殊的作用,还可以使青少年运动员的不同运动素质、运动战术和运动技术得到系统的训练和协调的发展,提高运动员在实战比赛中的临场应变能力。

例如,在青少年篮球运动训练中技战术综合训练使用变换训练法可以获得更好地训练效果，在进行侧身运球技术与交叉换位中的战术配合训练中，可以变换为在进行左手侧身运球或右手侧身运球进行掩护训练或者反掩护训练。在教练员的指导下,队员左手侧身运球进行掩护训练,单次训练结束后再进行左手侧身运球进行反掩护训练,以此进行训练形式内容的变换更有利于运动员对技战术运用的理解。

三、循环训练法

循环训练法是指根据训练的具体任务，将练习手段设置为若干个练习站,运动员按照既定顺序和路线,依次完成每站练习任务的训练方法。青少年篮球运动训练可以综合重复法、间歇法等练习方法,把训练计划的内容设计成若干个训练站,包括每站的训练内容、训练负荷、训练站的安排顺序、训练站之间的间歇、每组循环之间的间歇、训练的站数与循环训练的组数,让队员一站一站地进行训练,通过连续完成多种不同技术组合的循环,按照队员自身的负荷指标,使负荷量逐步提高,以达到增强体质的目的。这种训练法对增强队员的肌力、提高身体素质和增强心肺机能等都有显著作用。

例如,在青少年篮球运动训练中,教练员可以将跑动接球、运球过人、急停跳投和冲抢补篮四个技术训练作为四个训练站实施循环训练,让队员依照训练站的顺序由跑动接球顺序到冲抢补篮进行训练；还可以将训练站分段,结合成几个有机相连的训练站实施循环训练,如将运球过人和急停跳投进行设置,再将跑动接球与运球过人和急停跳投结合设置训练站,再进行冲抢补篮的练习,还可以倒序设置进行训练,综上所述循环训练更能提高技术衔接能力以及应变能力。

四、比赛训练法

比赛训练法是指在近似、模拟或真实、严格的比赛条件下,按照比赛的规则和方式进行训练的方法。青少年篮球运动训练可以把比赛训练法作为训练内容，全面增强运动员在篮球比赛中所需要的技术、战术、体能、心理能力和智能，比赛更是调动运动员积极性的有效手段，不仅激发运动员的斗志，还能促使运动员积极向上、克服困难，获得优良成绩。篮球运动训练中比赛法的种类有教学比赛、检查比赛、模拟性比赛和适应性比赛等，都要根据训练技术及训练任务来决定，必须注意运动负荷的调节，严格按照已制订的训练计划进行。

例如，在青少年篮球训练中，队员经长年累月的技战术训练后已掌握技战术的本质，但对于技战术的实际运用以及临场应变能力存在短板。在全场的区域联防训练中，要求进攻与防守双方都是用联防，教练员可以安排模拟性比赛，要求按照比赛强度进行对抗，对进攻要求使用“1–3–1”进攻区域联防，对防守方要求使用“2–3”区域联防进行防守，并在实战中总结经验，提升队员的训练学习能力。

五、游戏训练法

游戏训练法是在运动训练过程中游戏练习在游戏规则许可的范围内或约束来充分发挥学生的主动性和创造性，以达到游戏目标的一种训练方法。青少年篮球运动训练可以使用游戏训练法，一定要确保训练过程的目的性、主动性、趣味性、针对性、比赛性、全面性、启发性和创新性等特征。游戏训练法能激发运动员主动从事艰苦训练的动机和行为的训练原则，青少年运动员对游戏训练法本身就有一定的兴趣，这种方法可以提高运动员训练的积极性和主动性，更可以提升运动员的自我认同感，促进团队配合，促使运动员以最大的动力、高质量、高效率地完成训练任务，提升队伍的团队凝聚力和运动员的归属感，调节运动员的心理状态，提高运动员的技战术和体能水平。运动员经过高强度的训练课后，容易出现身心疲劳、训练不积极等现象，游戏训练法可以使运动员放松并全身心地投入到训练当中。

例如，在青少年篮球训练中，教练员可以用游戏训练法进行“运球捅球”游戏，在篮球场的半场范围内队员每人一个球，并在区域内要严格按照行进间运球要求进行运球，并根据规则设法抢断别人的球的同时保护自己的球，运球期间要抬头运球,可以进行双手、单手及各种变向运球,非运球手要注意保护球,注意观察形式防止被抢断。通过游戏可以极大提高队员的实战能力和训练情绪。

第四节　训练评价

一、评价方法

(一)初始性评价

初始性评价是指对没有基础刚刚进行训练的青少年球员或有基础在某一阶段重新进行训练的青少年球员,通过对身体素质、专项技术进行测试并记录初始的数据。根据测试的结果在后续训练中制定针对性的训练计划以及大幅度提高球员的技术能力。

例如,有篮球基础的青少年运动员已经完成一个阶段的训练,再进行下一阶段训练的起始期间,通过对该名球员进行体能、综合专项技术的测评,发现队员的体能较好,但是结合球的运动能力欠缺,在下一阶段的训练中可以进行重点加强行进间的快速运球针对性训练,以此进行提高竞技能力。

(二)阶段性评价

阶段性评价是指在经过初始性评价测试后,进入中期的训练周期,根据之前周期的训练内容、训练负荷,再次进行身体素质、专项技术的测试并记录数据,根据测试结果再进行针对性训练计划。

例如,某队员在初始阶段的测试发现其运球技术较差,并进行了运球基本功的针对性训练,这一阶段检测发现该名队员的运球基本技术提高明显,那么在这一阶段要在此基础上重点提高该名队员行进间运球以及有对抗的运球能力。

(三)总结性评价

总结性评价是指在训练大周期中的最后小周期结束时,再次对队员进行身体素质、专项能力的测试并记录数据。根据数据与前两个评级阶段做比较，做出总结，并为下一新的阶段训练提供指导意见。

例如，某名球员经过完整的周期训练后，再进行测试后发现其专项竞技能力对比前两个测试结果已经有大幅度的提高，但是在实战的强度对抗中的技术失误比较多，那么下一阶段的训练要针对性进行更多的比赛训练，全方位进行综合提升。

二、评价内容

(一)身体素质测试

1.全场 3/4 场加速跑

测试方法：受测运动员①站在篮球场端线中点外，裁判发令同时开表计时。测试者听到裁判员发令后，快速起动加速跑，快速跑过中场并冲刺到前场罚球线，通过罚球线时(脚踩罚球线)裁判员停表。测试者启动时脚不许踩线，要尽最大努力快速跑完全程，全速通过罚球线后才能减速。每人测 2 次，取最好成绩。如图 6–1:

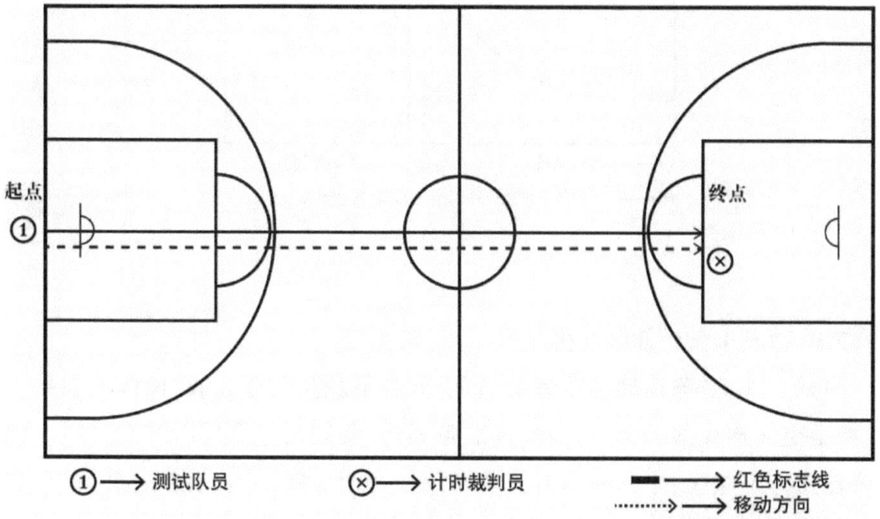

图 6–1

2.15 米×17 次折返跑

测试方法:受测运动员①在球场的边线站立,裁判发令同时开表计时。测试者听到裁判员口令后起动加速跑,跑至球场对面边线做急停并转身起动算一次,然后在球场两条边线之间用最快速度往返做 7 次至 17 次折返跑(9–10 岁 15 米×7 次、11–12 岁 15 米×9 次、13–14 岁 15 米×13 次、15–18 岁 15 米×17 次)。测试者在两边线折返时必须有一脚踏到边线,否则算违例;最后一趟折回时脚踏到边线停表。起动时不许踩线,不许抢跑,每次折回时必须有一脚踏到边线,如脚未踩线,裁判鸣笛,即被罚下。每人测 2 次,取最好成绩。如图 6–2:

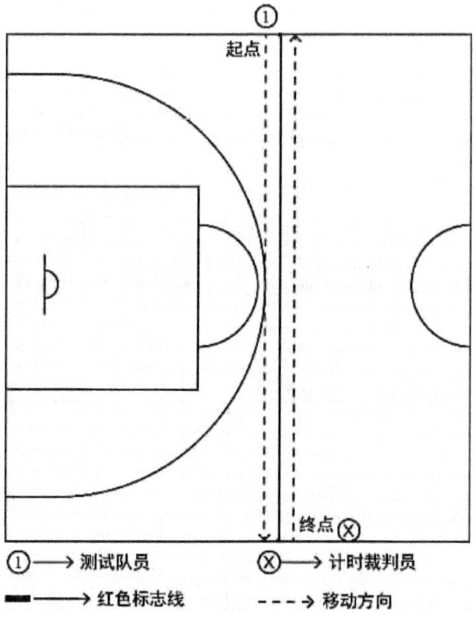

图 6–2

3.30 秒或 1 分钟仰卧起坐

测试方法:受测运动员在海绵垫上,仰卧平躺且两膝屈收,两脚放在垫子上,两手交叉抱头部后脑勺位置,成准备姿势,裁判员发令同时开表计时。测试者迅速仰卧起坐,坐起时两肘关节必须触及两大腿外侧,后仰时肩关节、背部、头部必须紧贴垫子成准备姿势,计 1 分钟内完成的仰卧起坐次数(9 岁至

12 岁计 30 秒仰卧起坐次数)。测试者做卧起坐时,两手始终交叉屈肘抱于头后,仰卧起坐坐起时,两肘关节必须触及两大腿外侧,仰卧时两肩关节、背部、头部必须紧贴垫子,动作达不到要求者不计次数。每人测 2 次,取最好成绩。

4.原地摸高

测试方法:受测运动员事先将手指涂上白粉,原地两脚站立于测试篮板或摸高器下(左侧或右侧不限),两手上举成准备姿势。动作开始时两腿迅速弯曲,两手快速下摆,然后两手尽力向上挥摆提肩,伸展手臂并带动腰腹伸展,两腿快速蹬伸发力向上起跳,用手指尖在测试篮板或摸高器上留下标记,记录标记高度。起跳前双脚不许移动, 如跳步或并步起跳算违例。每人测 2 次,取最好成绩。

5.坐位体前屈

测试方法:使用坐位体前屈测试仪。测试者赤足坐下,用双脚抵住测试仪的前部、两脚分开约 10 厘米至 15 厘米,两腿膝关节伸直,一只手的手指放于另一只手的手指上,上体前屈,尽力向前碰触测试仪并坚持 2 秒。运动员可以重复 2 次并记录最大值。如果需要,检查者可以按压运动员的膝部使其接触地面。使用直尺:测试者赤足测试,两腿伸直站立,两脚分开 10 厘米至 15 厘米,脚底接触台阶底部;将直尺按照双手伸出的方向放在台阶上,将脚底所在位置作为零刻度。测试者上体前曲,两腿直立,双手向下伸直,并尽力超出脚掌,计算双手超出台阶的刻度,如果双手伸出的位置超过脚底,计为正数;如果双手没有达到脚底所在位置,计为负数。被试者可以重复 2 次并记录最大值。

6.限制区灵敏性测试

测试方法:受测运动员①位于罚球线起始标志线并面向端线,裁判员发令同时开表计时,测试者从罚球线左角开始迅速起动跑向底线,绕过标志物后采用防守横滑步移动到篮下限制区右底角, 绕过标志物后退跑至罚球线,再绕过标志物向左做防守横滑步,用左脚触碰变向线,然后向右防守横滑步至罚球线右角,绕过标志物后向前跑向底线,绕过标志物后采用防守横滑步移动到篮下限制区左底角,绕过标志物后退跑至出发位置冲过终点线。测试 2

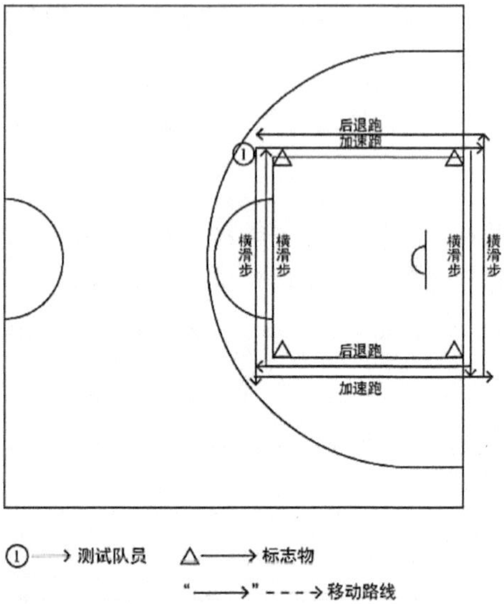

图 6-3

次,取最快的 1 次作为最终成绩。如图 6-3:

（二）专项技术测试

1.左右手运球行进间高手、低手、双手投篮(9 岁至 12 岁)

测试方法:受测运动员位于篮球场地右侧 45 度三分线外,用右手运球行进间投篮,投篮没进须补中,自己抢球之后右手运球到左侧 45 度三分线处障碍物,换为左手运球行进间投篮。在右侧用右手运球依次做行进间高手、低手及双手投篮;在左侧用左手运球依次做行进间高手、低手及双手投篮。运动员运球启动时裁判员开始计时,左侧双手投篮完毕左手运球回到起点停表。记录时间,每人测试 2 次,取最好成绩。

2.1 分钟自投自抢中距离跳起投篮(13 岁至 14 岁)

测试方法：受测运动员①持球站立于篮球场地距离篮筐 4.5 米线外任意一点,裁判员发令同时开表计时,测试者立即开始跳投,投篮出手后自己抢篮板球并运球到 4.5 米线外再次投篮, 测试者可以在标志线外任意一点投篮,1 分钟时间到停止投篮,记录测试者投篮次数和投中次数。每人测试 2 次,取最好成绩。如图 6-4：

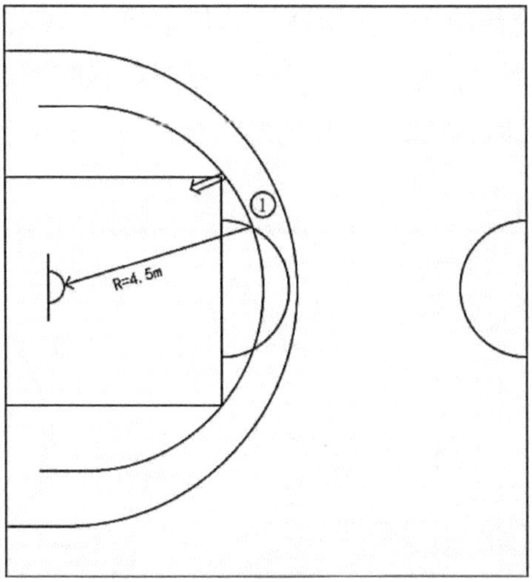

图 6–4

3.1 分钟 30 秒自投自抢远距离跳起投篮(15 岁至 18 岁)

测试方法：受测试运动员①持球位于篮球场地内，外线球员站立于三分线外(6.75 米)的任意一点，内线球员站立于距离篮筐 5.5 米线外的任意一点，裁判员发令同时开表计时，受测试的运动员开始跳投，投篮出手后自己抢篮板球并且运球到限定区域外再次进行跳投，可以在标志线外任意一点投篮，时间到立即停止投篮，记录测试的投篮次数和命中次数。每人测试 2 次，取最好成绩。如图 6–5：

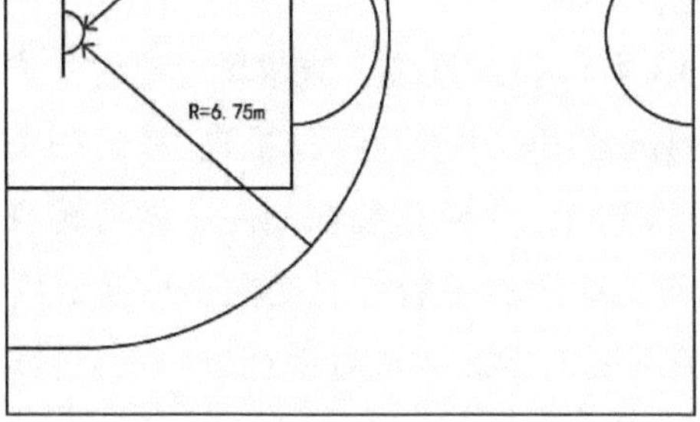

图 6–5

4.半场、全场左右手运球见线折返

测试方法：半场受测运动员①(9–12 岁半场)持球站位于篮球场地端线外成准备姿势，裁判员发令同时开表计时，测试者迅速用右手运球至罚球线，急停转身起动用左手运球返回到端线，急停转身起动用右手运球至球场中线，急停转身起动用左手运球返回到端线共 2 个来回；然后立即抄球变成两手运两个球再做同样的折返 2 个来回，一共 4 个来回，测试者运球到端线后停表。每人测试 2 次，取最好成绩。如图 6–6：

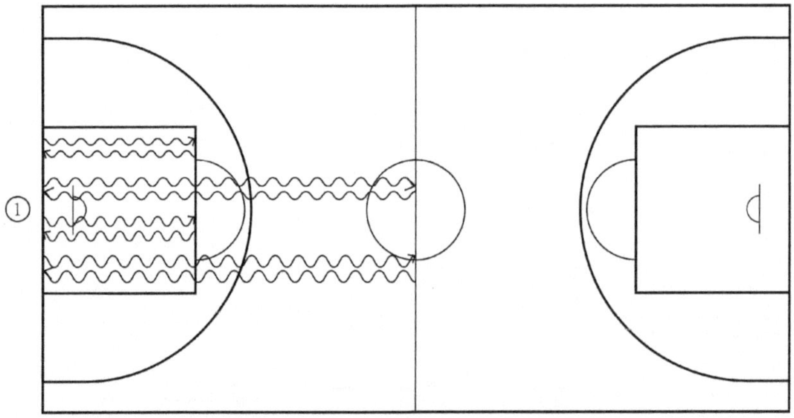

图 6–6

全场：受测运动员①持球站位于篮球场地端线外成准备姿势，裁判员发令并同时开表计时，测试者迅速用右手运球至罚球线，急停转身起动用左手运球返回到端线；急停转身起动用右手运球至球场中线，急停转身起动用左手运球返回到端线；急停转身起动用右手运球至前场罚球线，急停转身起动用左手运球返回到端线；急停转身起动用右手运球至前场端线，急停转身起动用左手运球返回到端线共 4 个来回；测试者运球到端线后停表。每人测试 2 次，取最好成绩。如图 6–7：

5.全场综合运球上篮(13 岁至 18 岁)

测试方法：受测运动员①(13 岁至 18 岁)。持球站位于篮球场地端线外成准备姿势，裁判员发令同时开表计时，测试者用右手快速运球推进，在第一个障碍物前做体前变向运球换成左手，运球至第二个障碍物前用左手做后转身变向运球换成右手，运球至第三个障碍物前用右手做背后变向运球换成左手，运球至第四个障碍物前用左手做胯下变向运球换成右手行进间投篮，如果球不进需要补中，然后抢篮板球，用右手快速运球推进至前场行进间右手

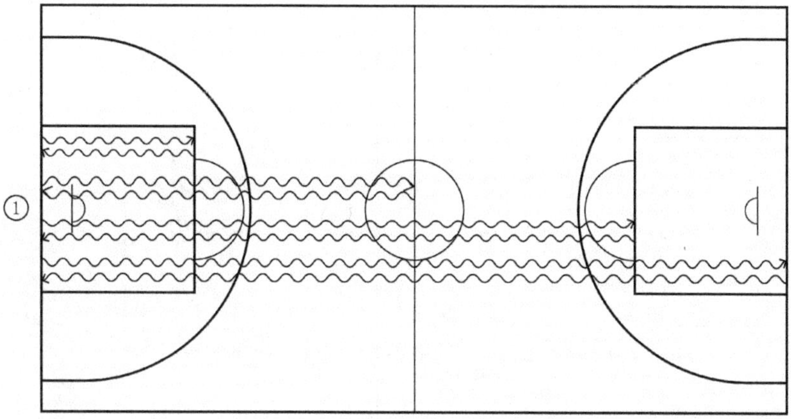

图 6–7

上篮，如果球不进需要补篮投中，随即抢到篮板球后，迅速用左手快速运球推进返回行进间左手上篮，如果球不进需要补中，然后抢球用左手快速运球推进在第一个障碍物前做体前变向换成右手，运球至第二个障碍物前用右手做后转身换成左手，运球至第三个障碍物前用左手做背后运球换成右手，运球至第四个障碍物前用右手做胯下运球换成左手，行进间左手投篮，如果球不进需要补中，球入篮筐停表，记录所用时间。每人测试 2 次，取最好成绩。如图 6–8：

6.半场移动传接球(9 岁至 12 岁)

测试方法：篮球场地半场范围内按 1–2–2 或 1–3–1 进攻队形站位，规定外线与外线之间用双手胸前传球，外线与内线之间用双手或单手反弹传球，内线与内线及内线与外线之间用双手头上传球。受测运动员①可按照规定的传球动作传球给任何一个位置的接球人。裁判员发令并同时开表计时，测试者在相应的位置上用规定的传球动作传向其他位置的接球人，然后移动到接球人的位置拿球并继续传给下一位置接球人，必须按规定的传球动作完成在各个位置上的传球。在 1 分钟的时间内计算其轮换位置与传球的次数，每人测试 2 次，取最好成绩。如图 6–9：

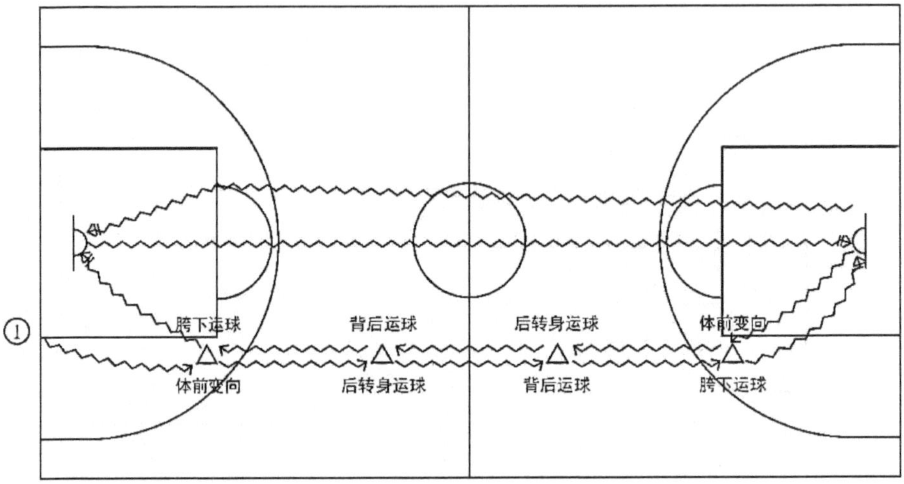

图 6-8

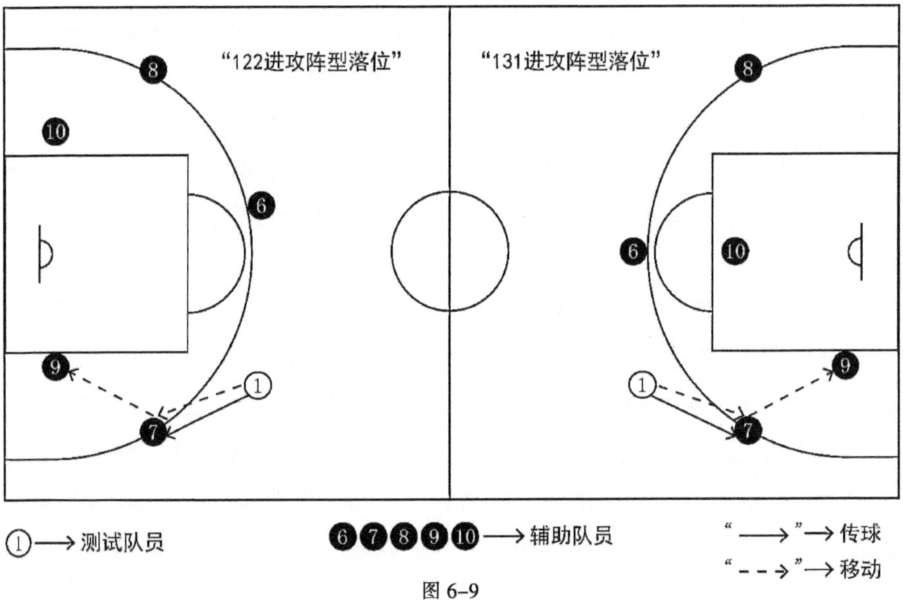

图 6-9

7.全场多点综合传接球(13 岁至 18 岁)

测试方法:受测运动员①(13 岁至 18 岁)。持球站位于篮球场端线外成准备姿势,裁判员发令同时开表计时,测试者迅速用双手头上传球给在罚球线延长线和边线的交点上的④号，随即快速起动至罚球线附近接④的传球后，接球后直接双手胸前传球给位于右侧后场场角位置的③，并快速移动到中场，过中场线后接③的回传球跳步急停，采用单手或双手击地传球给三分线顶端位置的②，快速起动至②面前接②的回传球做跳步急停，然后做顺步突破进前场限制区，利用单手传球给③，并快速跑到前场端线外接③的回传球，立即用单手肩上传球给位于左侧0度角位置三分线外距离底线1.5米处的⑤，迅速起动向中场快速移动，在中场附近接⑤的回传球，运球过中场后利用单手点拨传球给④，快速移动至前场三分线外，两步急停接④的传球，利用单手体侧或单手胸前传球击打限制区内的标志杆，击中标志杆或球落地停表，记录所测试时间。每人测试2次，取最好成绩。如图6–10：

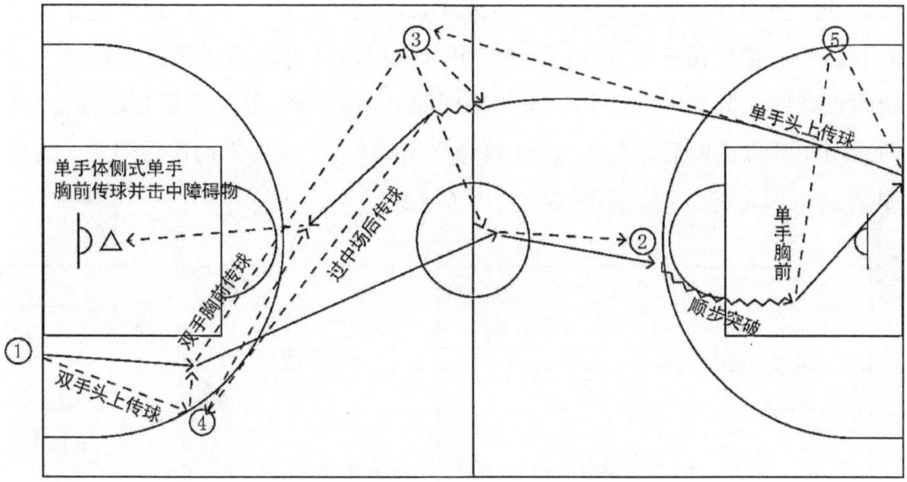

图6–10

8.全场攻防技术模拟(13岁至18岁)

受测运动员①(13岁至18岁)站位于篮球场地端线外起点位置，裁判员发令同时开表计时，测试者快速起动到规定的区域位置拿球，并用右手向前运球至标志竿做胯下变向，然后换左手向前运球至标志竿做体前变向运球，在中场附近用双手胸前传球给在罚球线的延长线与边线的交点上的⑥，向前移动中接⑥的回传球行进间右手投篮。投篮后在篮下马上转换成防守姿势，并立即做封堵传球动作，然后运用侧滑步移动至前场左侧罚球线延长线夹击点，急停做夹击动作(脚必须踩过夹击线外)，做完夹击后变后退跑到前场中线附近十字区域并踩到十字标志线，然后快速起动跑向中场场角做夹击动作，做完夹击后立即后转身运用后滑步到后场三分线附近急停，然后起动加速跑到后场罚球线延长线与边线处急停做夹击封堵动作，随即运用交叉步跑向后场场角，在底角做夹击动作。在底角完成夹击后，受测运动员①马上转身起动到左侧放球处，左手拿球开始从左边用左手向前运球至标志杆做胯下变向运球，然后换右手向前运球至标志杆做体前变向运球，中场附近用双手胸前传球到在罚球线的延长线与边线的交点上的⑤，快速起动接⑤回传球用左手行进间投篮。投篮后在篮下马上转换成防守姿势，并立即做封堵传球动作，然后运用侧滑步至前场右侧罚球线延长线夹击点，急停做夹击动作；做完夹击后变后退跑到前场中线附近十字区域并踩到十字标志线，然后快速起动跑向右侧中场场角做夹击动作，完成夹击后随即后转身运用后滑步到后场三分线附近急停，起动加速跑到后场罚球线延长线与边线处急停做封堵动作，随即运用交叉步跑向后场场角，在底角做夹击动作，完成夹击动作后停表。每人测试2 次，取最好成绩。如图 6–11，图 6–12：

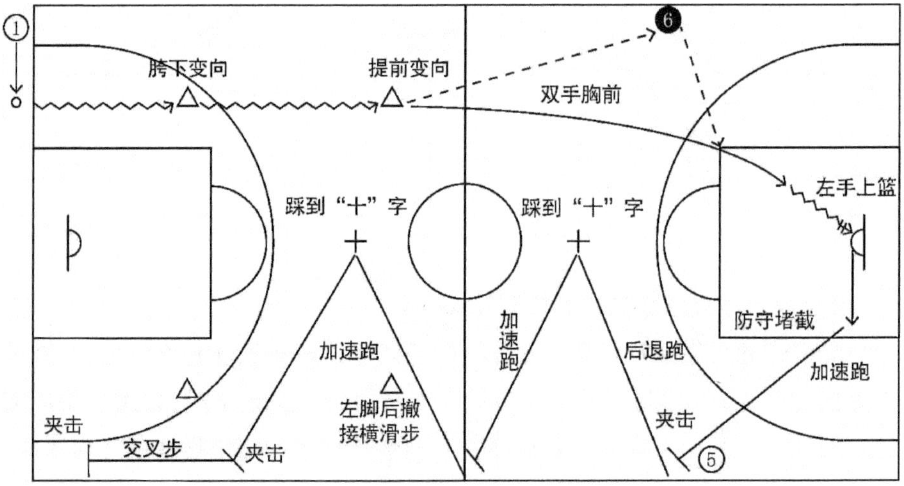

图 6–11

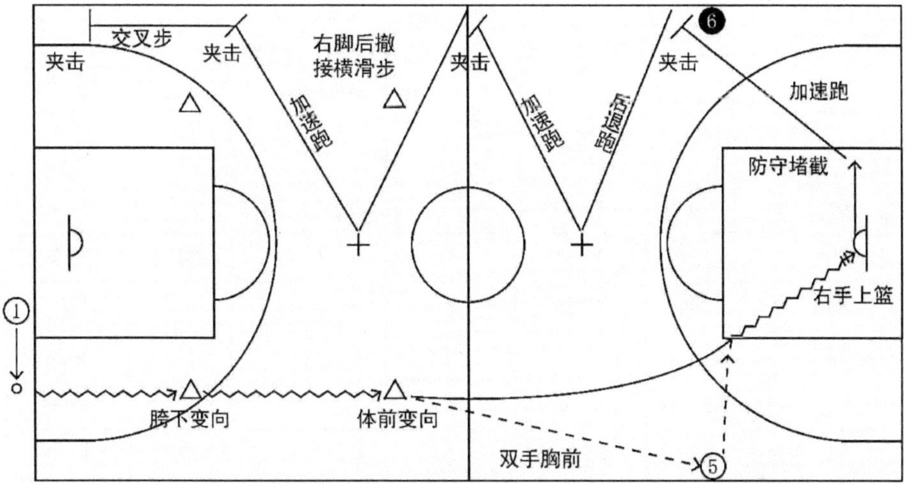

图 6-12

三、评价指标(标准)

(一)身体素质评分标准

表 1 9 岁至 10 岁青少年篮球运动员身体素质测试评分表

分值	全场 3/4 场加速跑(s)	15m×7 折返跑(s)	30s 仰卧起坐(次)	原地摸高(m)	体前屈(cm)	限制区周边多项移动(s)
100	3.42	23.85	28	2.75	–30	17.50
99	3.45	24.00	/	/	/	17.10
98	3.48	24.15	/	/	–29	16.70
97	3.51	24.30	/	2.74	/	16.30
96	3.54	24.45	27	/	–28	15.90
95	3.57	24.60	/	/	/	15.50
94	3.60	24.75	/	2.73	–26	15.10
93	3.63	24.90	/	/	/	14.70
92	3.66	25.05	26	/	–25	14.30

续表

分值	全场 3/4 场加速跑(s)	15m×7 折返跑(s)	30s 仰卧起坐(次)	原地摸高(m)	体前屈(cm)	限制区周边多项移动(s)
91	3.69	25.20	/	2.72	/	13.90
90	3.72	25.33	/	/	–24	13.50
89	3.74	25.46	/	/	/	/
88	3.76	25.59	25	2.71	–23	13.30
87	3.78	25.72	/	/	/	13.39
86	3.80	25.85	/	/	–22	13.48
85	3.82	25.98	/	2.70	/	13.57
84	3.84	26.11	24	/	–21	13.66
83	3.86	26.24	/	/	/	13.75
82	3.88	26.37	/	2.69	–20	13.84
81	3.90	26.50	/	/	/	13.93
80	3.92	26.63	23	/	/	14.02
79	3.94	26.76	/	2.68	–19	14.11
78	3.96	26.89	/	/	/	14.20
77	3.98	27.02	/	/	/	14.29
76	4.00	27.15	22	2.67	–18	14.38
75	4.02	27.28	/	/	/	14.53
74	4.04	27.41	/	/	/	14.68
73	4.06	27.54	/	2.66	–17	14.83
72	4.08	27.67	21	/	/	14.98
71	4.10	27.80	/	/	/	15.13
70	4.12	27.93	/	2.65	–16	15.28
69	4.14	28.06	/	/	/	15.43
68	4.16	28.19	20	2.64	/	15.58

续表

分值	全场 3/4 场加速跑(s)	15m×7 折返跑(s)	30s 仰卧起坐(次)	原地摸高(m)	体前屈(cm)	限制区周边多项移动(s)
67	4.18	28.32	/	/	–15	15.73
66	4.20	28.45	/	2.63	/	15.88
65	4.22	28.58	19	/	/	16.03
64	4.24	28.71	/	2.62	–14	16.18
63	4.26	28.84	/	/	/	16.33
62	4.28	28.97	17	2.61	/	16.48
61	4.30	29.10	/	/	–13	16.63
60	4.32	29.23	/	2.60	/	16.78
59	4.34	29.36	16	2.59	/	16.93
58	4.36	29.49	/	2.58	–12	17.08
57	4.38	29.62	/	2.27	/	17.23
56	4.40	29.75	15	2.56	/	17.38
55	4.42	29.88	/	2.55	–11	17.53
54	4.44	30.01	/	2.54	/	17.68
53	4.46	30.14	14	2.53	/	17.83
52	4.48	30.27	/	2.52	–10	17.98
51	4.50	30.40	/	2.51	/	18.13
50	4.52	30.53	13	2.50	/	18.28
49	4.54	30.66	/	2.49	–9	18.43
48	4.56	30.79	/	2.48	/	18.58
47	4.58	30.92	12	2.47	–8	18.73
46	4.60	31.05	/	2.46	/	18.88
45	4.62	31.18	/	2.45	/	19.03
44	4.64	31.31	11	2.44	–7	19.18

续表

分值	全场 3/4 场加速跑(s)	15m×7 折返跑(s)	30s 仰卧起坐(次)	原地摸高(m)	体前屈(cm)	限制区周边多项移动(s)
43	4.66	31.44	/	2.43	/	19.33
42	4.68	31.57	/	2.42	–6	19.48
41	4.70	31.70	10	2.41	/	19.63
40	4.72	31.83	/	2.40	–5	19.78
39	4.74	31.96	/	2.39	–4	19.93
38	4.76	32.09	9	2.38	/	20.08
37	4.78	32.22	/	2.37	–3	20.23
36	4.80	32.35	/	2.36	/	20.38
35	4.82	32.48	8	2.35	–2	20.53
34	4.84	32.61	/	2.34	–1	20.68
33	4.86	32.74	/	2.33	/	20.83
32	4.88	32.87	7	2.32	0	20.98
31	4.90	33.00	/	2.31	1	21.13
30	4.92	33.13	/	2.30	/	21.28
29	4.94	33.26	6	2.29	2	21.43
28	4.96	33.39	/	2.28	3	21.58
27	4.98	33.52	/	2.27	/	21.73
26	5.00	33.65	5	2.26	4	21.88
25	5.02	33.78	/	2.25	5	22.03
24	5.04	33.91	4	2.24	/	22.18
23	5.06	34.04	/	2.23	6	22.33
22	5.08	34.17	/	2.22	7	22.48
21	5.10	34.30	/	2.21	/	22.63
20	5.12	34.43	3	2.20	8	22.78

表 2　11 岁至 12 岁青少年篮球运动员身体素质测试评分表

分值	全场 3/4 场加速跑(s)	15m×13 折返跑(s)	1 分钟仰卧起坐(次)	原地摸高(m)	体前屈(cm)	限制区周边多项移动(s)
100	3.22	40.01	65	3.20	−28	13.24
99	3.25	40.41	64	/	/	13.32
98	3.28	40.84	63	3.19	−26	13.40
97	3.31	41.29	62	/	/	13.48
96	3.34	41.40	61	3.18	−25	13.56
95	3.37	42.18	60	/	/	13.64
94	3.40	42.50	59	3.17	−24	13.72
93	3.43	42.55	58	/	/	13.80
92	3.46	42.59	57	3.16	−23	13.88
91	3.49	43.18	56	/	/	13.96
90	3.53	43.32	/	3.15	−22	14.04
89	3.57	43.53	55	/	/	14.12
88	3.58	43.74	/	3.14	−21	14.20
87	3.59	43.95	54	/	/	14.28
86	3.60	44.16	/	3.13	−20	14.36
85	3.61	44.37	53	/	/	14.44
84	3.62	44.58	/	3.12	/	14.52
83	3.63	44.79	52	/	−19	14.60
82	3.64	45.00	/	3.11	/	14.68
81	3.65	45.21	51	/	/	14.76
80	3.66	45.42	/	3.10	−18	14.84
79	3.67	45.63	50	/	/	14.92
78	3.68	45.84	/	3.09	/	15.00
77	3.69	46.05	49	/	−17	15.08

续表

分值	全场 3/4 场加速跑(s)	15m×13 折返跑(s)	1 分钟仰卧起坐(次)	原地摸高(m)	体前屈(cm)	限制区周边多项移动(s)
76	3.70	46.26	48	3.08	/	15.16
75	3.71	46.47	47	/	/	15.24
74	3.72	46.68	/	3.07	–16	15.32
73	3.73	46.89	46	/	/	15.40
72	3.74	47.10	45	3.06	/	15.48
71	3.75	47.31	44	/	–15	15.56
70	3.76	47.52	43	3.05	/	15.64
69	3.77	47.73	/	/	/	15.72
68	3.78	47.94	42	3.04	–14	15.80
67	3.79	48.15	/	/	/	15.88
66	3.80	48.36	41	3.03	/	15.96
65	3.81	48.57	/	/	–13	16.04
64	3.82	48.78	40	3.02	/	16.12
63	3.83	48.99	/	/	/	16.20
62	3.84	49.20	39	3.01	–12	16. 28
61	3.85	49.41	/	/	/	16.36
60	3.86	49.62	38	3.00	/	16.44
59	3.87	49.83	/	/	–11	16.52
58	3.88	50.04	37	2.99	/	16.60
57	3.89	50.25	/	/	/	16.68
56	3.90	50.46	36	2.96	–10	16.76
55	3.91	50.67	/	/	/	16.84
54	3.92	50.88	35	2.95	/	16.92
53	3.93	51.09	/	/	–9	17.00

续表

分值	全场 3/4 场加速跑(s)	15m×13 折返跑(s)	1 分钟仰卧起坐(次)	原地摸高(m)	体前屈(cm)	限制区周边多项移动(s)
52	3.94	51.30	34	2.94	/	17.08
51	3.95	51.51	/	/	−8	17.16
50	3.96	51.72	/	2.93	/	17.24
49	3.97	51.93	33	/	/	17.32
48	3.98	52.14	32	2.92	−7	17.40
47	3.99	52.35	/	/	/	17.48
46	4.00	52.56	31	2.91	−6	17.56
45	4.01	52.77	/	/	/	17.64
44	4.02	52.98	30	2.89	−5	17.72
43	4.03	53.19	/	2.88	/	17.80
42	4.04	53.40	29	2.87	−4	17.88
41	4.05	53.61	28	2.86	/	17.96
40	4.06	53.82	27	2.85	−3	18.04
39	4.07	54.03	26	2.84	/	18.12
38	4.08	54.24	25	2.83	−2	18.20
37	4.09	54.45	24	2.82	/	18.28
36	4.10	54.66	23	2.81	−1	18.36
35	4.11	54.87	22	2.8 0	/	18.44
34	4.12	55.08	21	2.79	0	18.52
33	4.13	55.29	20	2.78	/	18.60
32	4.14	55.50	19	2.77	1	18.68
31	4.15	55.71	18	2.76	/	18.76
30	4.16	55.92	17	2.75	2	18.84
29	4.17	56.13	16	2.74	/	18.92

续表

分值	全场 3/4 场加速跑(s)	15m×13 折返跑(s)	1 分钟仰卧起坐(次)	原地摸高(m)	体前屈(cm)	限制区周边多项移动(s)
28	4.18	56.34	15	2.73	3	19.00
27	4.19	56.55	14	2.72	/	19.08
26	4.20	56.76	13	2.71	4	19.16
25	4.21	56.97	12	2.70	/	19.24
24	4.22	57.18	11	2.69	5	19.32
23	4.23	57.39	10	2.68	/	19.40
22	4.24	57.60	9	2.67	6	19.48
21	4.25	57.81	8	2.66	/	19.56
20	4.26	58.02	7	2.65	7	19.64

表 3　13岁至14 岁青少年篮球运动员身体素质测试评分表

分值	全场 3/4 场加速跑(s)	15m×17 折返跑(s)	1 分钟仰卧起坐(次)	原地摸高(m)	体前屈(cm)	限制区周边多项移动(s)
100	3.22	40.01	65	3.20	–28	11.00
99	3.25	40.41	64	/	/	11.11
98	3.28	40.84	63	3.19	–26	11.20
97	3.31	41.29	62	/	/	11.34
96	3.34	41.40	61	3.18	–25	11.47
95	3.37	42.18	60	/	/	11.61
94	3.40	42.50	59	3.17	–24	11.74
93	3.43	42.55	58	/	/	11.88
92	3.46	42.59	57	3.16	–23	11.99
91	3.49	43.18	56	/	/	12.10

续表

分值	全场 3/4 场加速跑(s)	15m×17 折返跑(s)	1 分钟仰卧起坐(次)	原地摸高(m)	体前屈(cm)	限制区周边多项移动(s)
90	3.53	43.32	/	3.15	−22	12.21
89	3.57	43.53	55	/	/	12.32
88	3.58	43.74	/	3.14	−21	12.43
87	3.59	43.95	54	/	/	12.54
86	3.60	44.16	/	3.13	−20	12.65
85	3.61	44.37	53	/	/	12.76
84	3.62	44.58	/	3.12	/	12.87
83	3.63	44.79	52	/	−19	12.98
82	3.64	45.00	/	3.11	/	13.05
81	3.65	45.21	51	/	/	13.13
80	3.66	45.42	/	3.10	−18	13.21
79	3.67	45.63	50	/	/	13.29
78	3.68	45.84	/	3.09	/	13.37
77	3.69	46.05	49	/	−17	13.45
76	3.70	46.26	48	3.08	/	13.53
75	3.71	46.47	47	/	/	13.61
74	3.72	46.68	/	3.07	−16	13.69
73	3.73	46.89	46	/	/	13.77
72	3.74	47.10	45	3.06	/	13.85
71	3.75	47.31	44	/	−15	13.93
70	3.76	47.52	43	3.05	/	14.01
69	3.77	47.73	/	/	/	14.09
68	3.78	47.94	42	3.04	−14	14.17
67	3.79	48.15	/	/	/	14.25

续表

分值	全场 3/4 场加速跑(s)	15m×17 折返跑(s)	1 分钟仰卧起坐(次)	原地摸高(m)	体前屈(cm)	限制区周边多项移动(s)
66	3.80	48.36	41	3.03	/	14.33
65	3.81	48.57	/	/	−13	14.41
64	3.82	48.78	40	3.02	/	14.49
63	3.83	48.99	/	/	/	14.57
62	3.84	49.20	39	3.01	−12	14.65
61	3.85	49.41	/	/	/	14.73
60	3.86	49.62	38	3.00	/	14.81
59	3.87	49.83	/	/	−11	14.89
58	3.88	50.04	37	2.99	/	14.97
57	3.89	50.25	/	/	/	15.05
56	3.90	50.46	36	2.96	−10	15.13
55	3.91	50.67	/	/	/	15.21
54	3.92	50.88	35	2.95	/	15.29
53	3.93	51.09	/	/	−9	15.37
52	3.94	51.30	34	2.94	/	15.45
51	3.95	51.51	/	/	−8	15.53
50	3.96	51.72	/	2.93	/	15.61
49	3.97	51.93	33	/	/	15.69
48	3.98	52.14	32	2.92	−7	15.77
47	3.99	52.35	/	/	/	15.85
46	4.00	52.56	31	2.91	−6	15.96
45	4.01	52.77	/	/	/	16.01
44	4.02	52.98	30	2.89	−5	16.09
43	4.03	53.19	/	2.88	/	16.17

续表

分值	全场 3/4 场加速跑(s)	15m×17 折返跑(s)	1 分钟仰卧起坐(次)	原地摸高(m)	体前屈(cm)	限制区周边多项移动(s)
42	4.04	53.40	29	2.87	-4	16.25
41	4.05	53.61	28	2.86	/	16.33
40	4.06	53.82	27	2.85	-3	16.41
39	4.07	54.03	26	2.84	/	16.49
38	4.08	54.24	25	2.83	-2	16.57
37	4.09	54.45	24	2.82	/	16.65
36	4.10	54.66	23	2.81	-1	16.73
35	4.11	54.87	22	2.8 0	/	16.81
34	4.12	55.08	21	2.79	0	16.89
33	4.13	55.29	20	2.78	/	16.97
32	4.14	55.50	19	2.77	1	17.05
31	4.15	55.71	18	2.76	/	17.13
30	4.16	55.92	17	2.75	2	17.21
29	4.17	56.13	16	2.74	/	17.29
28	4.18	56.34	15	2.73	3	17.37
27	4.19	56.55	14	2.72	/	17.45
26	4.20	56.76	13	2.71	4	17.53
25	4.21	56.97	12	2.70	/	17.61
24	4.22	57.18	11	2.69	5	17.69
23	4.23	57.39	10	2.68	/	17.77
22	4.24	57.60	9	2.67	6	17.85
21	4.25	57.81	8	2.66	/	17.93
20	4.26	58.02	7	2.65	7	18.01

表 4　15岁至16 岁青少年篮球运动员身体素质测试评分表

分值	全场 3/4 场加速跑(s)	15m×17 折返跑(s)	1 分钟仰卧起坐(次)	原地摸高(m)	体前屈(cm)	限制区周边多项移动(s)
100	3.12	50.72	64	3.31	–26	10.80
99	3.15	51.14	/	3.30	/	10.93
98	3.18	51.56	63	3.29	–25	11.07
97	3.21	51.98	/	3.28	/	11.20
96	3.24	52.40	62	3.27	–24	11.34
95	3.27	52.82	/	3.26	/	11.47
94	3.31	53.14	61	3.25	–23	11.61
93	3.33	53.56	/	3.24	/	11.74
92	3.36	53.98	60	3.23	–22	11.88
91	3.39	54.40	/	3.22	/	11.99
90	3.42	54.82	59	3.21	–21	12.10
89	3.43	55.24	/	/	/	12.21
88	3.44	55.66	58	3.19	–20	12.32
87	3.45	56.08	/	/	/	12.43
86	3.46	56.50	57	3.18	–19	12.54
85	3.47	56.92	/	/	/	12.65
84	3.48	57.34	56	3.17	–18	12.76
83	3.49	57.65	/	/	/	12.87
82	3.50	58.07	55	3.16	–17	12.98
81	3.51	58.49	/	/	/	13.05
80	3.52	58.91	54	3.15	–16	13.13
79	3.53	59.33	/	/	/	13.21
78	3.54	59.75	53	3.14	–15	13.29
77	3.55	60.17	/	/	/	13.37

续表

分值	全场 3/4 场加速跑(s)	15m×17 折返跑(s)	1 分钟仰卧起坐(次)	原地摸高(m)	体前屈(cm)	限制区周边多项移动(s)
76	3.56	60.59	52	3.13	–14	13.45
75	3.57	61.01	/	/	/	13.53
74	3.58	61.43	51	3.12	–13	13.61
73	3.59	61.85	/	/	/	13.69
72	3.60	62.27	50	3.10	–12	13.77
71	3.61	62.69	/	/	/	13.85
70	3.62	63.11	49	3.09	–11	13.93
69	3.63	63.53	/	/	/	14.01
68	3.64	63.95	48	3.08	–10	14.09
67	3.65	64.37	/	/	/	14.17
66	3.66	64.79	47	3.07	–9	14.25
65	3.67	65.21	/	/	/	14.33
64	3.68	65.63	46	3.05	–8	14.41
63	3.69	66.05	/	/	/	14.49
62	3.70	66.47	45	/	–7	14.57
61	3.71	66.89	/	3.04	/	14.65
60	3.72	67.31	44	/	–6	14.73
59	3.73	67.73	/	3.02	/	14.81
58	3.74	68.15	43	/	–5	14.89
57	3.75	68.57	/	3.01	/	14.97
56	3.76	68.99	42	/	–4	15.05
55	3.77	69.41	/	2.99	/	15.13
54	3.78	69.83	41	/	–3	15.21
53	3.79	70.25	/	2.97	/	15.29

续表

分值	全场 3/4 场加速跑(s)	15m×17 折返跑(s)	1 分钟仰卧起坐(次)	原地摸高(m)	体前屈(cm)	限制区周边多项移动(s)
52	3.80	70.67	40	/	−2	15.37
51	3.81	71.09	/	2.95	/	15.45
50	3.82	71.51	39	/	−1	15.53
49	3.83	71.93	/	2.93	/	15.61
48	3.84	72.35	38	/	0	15.69
47	3.85	72.77	/	2.92	/	15.77
46	3.86	73.19	37	/	1	15.85
45	3.87	73.61	/	/	/	15.93
44	3.88	74.03	36	2.90	2	16.01
43	3.89	74.39	/	/	/	16.09
42	3.90	74.81	35	2.88	3	16.17
41	3.91	75.23	/	/	/	16.25
40	3.92	75.65	34	2.85	4	16.33
39	3.93	76.07	/	2.84	/	16.41
38	3.94	76.49	33	2.83	5	16.49
37	3.95	76.91	/	2.82	/	16.57
36	3.96	77.33	32	2.81	6	16.65
35	3.97	77.75	/	2.80	/	16.73
34	3.98	78.17	31	2.79	7	16.81
33	3.99	78.59	/	2.78	/	16.89
32	4.00	79.01	30	2.77	8	16.97
31	4.01	79.43	/	2.76	/	17.05
30	4.02	79.85	29	2.75	9	17.13
29	4.03	80.27	/	2.74	/	17.21

续表

分值	全场 3/4 场加速跑(s)	15m×17 折返跑(s)	1 分钟仰卧起坐(次)	原地摸高(m)	体前屈(cm)	限制区周边多项移动(s)
28	4.04	80.69	28	2.73	10	17.29
27	4.05	81.11	/	2.72	/	17.37
26	4.06	81.53	27	2.71	11	17.45
25	4.07	81.95	/	2.70	/	17.53
24	4.08	82.37	26	2.69	12	17.61
23	4.09	82.79	/	2.68	/	17.69
22	4.10	83.21	25	2.67	13	17.77
21	4.11	83.63	/	2.66	/	17.85
20	4.12	84.05	24	2.65	14	17.93

表 5　17 岁至 18 岁青少年篮球运动员身体素质测试评分表

分值	全场 3/4 场加速跑(s)	15m×17 折返跑(s)	1 分钟仰卧起坐(次)	原地摸高(m)	体前屈(cm)	限制区周边多项移动(s)
100	3.01	49.04	66	3.33	–25	10.53
99	3.03	49.46	65	3.32	/	10.66
98	3.06	49.88	64	3.31	–24	10.80
97	3.09	50.30	/	3.30	/	10.93
96	3.12	50.72	63	3.29	–23	11.07
95	3.15	51.14	/	3.28	/	11.20
94	3.18	51.56	62	3.27	–22	11.34
93	3.21	51.98	/	3.26	/	11.47
92	3.24	52.40	61	3.25	–21	11.61
91	3.27	52.82	/	3.24	/	11.74
90	3.31	53.14	60	3.23	–20	11.88

续表

分值	全场 3/4 场加速跑(s)	15m×17 折返跑(s)	1 分钟仰卧起坐(次)	原地摸高(m)	体前屈(cm)	限制区周边多项移动(s)
89	3.33	53.56	/	/	/	11.99
88	3.36	53.98	58	3.22	−19	12.10
87	3.39	54.40	/	/	/	12.21
86	3.42	54.82	57	3.21	−18	12.32
85	3.43	55.24	/	/	/	12.43
84	3.44	55.66	56	3.19	−17	12.54
83	3.45	56.08	/	/	/	12.65
82	3.46	56.50	55	3.18	−16	12.76
81	3.47	56.92	/	/	/	12.87
80	3.48	57.34	54	3.17	−15	12.98
79	3.49	57.65	53	/	/	13.05
78	3.50	58.07	52	3.16	−14	13.13
77	3.51	58.46	51	/	/	13.21
76	3.52	58.91	50	3.15	−13	13.29
75	3.53	59.33	49	/	/	13.37
74	3.54	59.75	48	3.14	−12	13.45
73	3.55	60.17	47	/	/	13.53
72	3.56	60.59	46	3.13	−11	13.61
71	3.57	61.01	45	/	/	13.69
70	3.58	61.43	44	3.12	−10	13.77
69	3.59	61.85	43	/	/	13.85
68	3.60	62.27	42	3.10	−9	13.93
67	3.61	62.69	41	/	/	14.01
66	3.62	63.11	40	3.09	−8	14.09

续表

分值	全场 3/4 场加速跑(s)	15m×17 折返跑(s)	1 分钟仰卧起坐(次)	原地摸高(m)	体前屈(cm)	限制区周边多项移动(s)
65	3.63	63.53	39	/	/	14.17
64	3.64	63.95	38	3.08	−7	14.25
63	3.65	64.37	37	/	/	14.33
62	3.66	64.79	36	3.07	−6	14.41
61	3.67	65.21	35	/	/	14.49
60	3.68	65.63	34	3.05	−5	14.57
59	3.69	66.05	33	/	/	14.65
58	3.70	66.47	32	/	−4	14.73
57	3.71	66.89	31	3.04	/	14.81
56	3.72	67.31	30	/	−3	14.89
55	3.73	67.73	29	3.02	/	14.97
54	3.74	68.15	28	/	−2	15.05
53	3.75	68.57	27	3.01	/	15.13
52	3.76	68.99	26	/	−1	15.21
51	3.77	69.41	25	2.99	/	15.29
50	3.78	69.83	24	/	1	15.37
49	3.79	70.25	/	2.97	/	15.45
48	3.80	70.67	23	/	2	15.53
47	3.81	71.09	/	2.95	/	15.61
46	3.82	71.51	22	/	3	15.69
45	3.83	71.93	/	2.93	/	15.77
44	3.84	72.35	21	/	4	15.85
43	3.85	72.77	/	2.92	/	15.93
42	3.86	73.19	20	/	5	16.01

续表

分值	全场 3/4 场加速跑(s)	15m×17 折返跑(s)	1 分钟仰卧起坐(次)	原地摸高(m)	体前屈(cm)	限制区周边多项移动(s)
41	3.87	73.61	/	/	/	16.09
40	3.88	74.03	19	2.90	6	16.17
39	3.89	74.45	/	2.89	/	16.25
38	3.90	74.87	18	2.88	7	16.33
37	3.91	75.29	/	2.87	/	16.41
36	3.92	75.71	17	2.86	8	16.49
35	3.93	76.13	/	2.85	/	16.57
34	3.94	76.55	16	2.84	9	16.65
33	3.95	76.97	/	2.83	/	16.73
32	3.96	77.39	15	2.82	10	16.81
31	3.97	77.81	/	2.81	/	16.89
30	3.98	78.23	14	2.80	11	16.97
29	3.99	78.65	/	2.79	/	17.05
28	4.00	79.07	13	2.78	12	17.13
27	4.01	79.49	/	2.77	/	17.21
26	4.02	79.97	12	2.76	13	17.29
25	4.03	80.33	/	2.75	/	17.37
24	4.04	80.75	11	2.74	14	17.45
23	4.05	81.17	/	2.73	/	17.53
22	4.06	81.59	10	2.72	15	17.61
21	4.07	82.01	/	2.71	/	17.69
20	4.08	82.43	9	2.70	16	17.77

(二)专项技术评分标准

表6 9岁至10岁青少年篮球运动员专项技术测试评分表

分值	左右手运球行进间高手、低手、双手投篮(次)	半场左右手运球见线折返(s)	半场移动传接球(次)
100	28.86	31.07	37
99	29.41	31.46	36
98	29.96	31.85	/
97	30.51	32.24	/
96	31.61	32.63	35
95	32.71	33.02	34
94	33.26	33.41	/
93	33.81	33.80	33
92	34.36	34.19	32
91	34.91	34.58	/
90	35.46	34.97	/
89	36.01	35.36	31
88	36.56	35.75	30
87	37.11	36.14	/
86	37.56	36.53	/
85	37.11	39.92	29
84	37.66	37.32	28
83	38.21	37.70	/
82	38.76	38.09	27
81	39.31	38.48	26
80	39.86	38.87	/
79	40.41	39.26	/
78	40.96	39.65	25

续表

分值	左右手运球行进间高手、低手、双手投篮(次)	半场左右手运球见线折返(s)	半场移动传接球(次)
77	41.51	40.04	24
76	42.06	40.43	/
75	42.61	40.82	/
74	43.16	41.21	23
73	43.71	41.60	22
72	44.26	41.99	/
71	44.81	42.38	21
70	45.36	42.77	20
69	45.91	43.16	/
68	46.46	43.55	/
67	47.01	43.94	19
66	47.56	44.33	18
65	48.11	44.72	/
64	48.66	45.11	/
63	49.21	45.50	/
62	49.76	45.89	17
61	50.31	46.28	16
60	50.86	46.67	/
59	51.41	47.06	/
58	51.96	47.45	15
57	52.51	47.84	/
56	53.06	48.23	/
55	53.61	48.62	/
54	54.16	49.01	/

续表

分值	左右手运球行进间高手、低手、双手投篮(次)	半场左右手运球见线折返(s)	半场移动传接球(次)
53	54.71	49.40	/
52	55.26	49.79	14
51	55.81	50.18	/
50	56.36	50.57	/
49	56.91	50.96	/
48	57.46	51.35	/
47	58.01	51.74	/
46	58.56	52.13	/
45	59.11	52.52	13
44	59.66	52.91	/
43	60.21	53.30	/
42	60.76	53.69	/
41	61.31	54.08	/
40	61.86	54.26	12
39	62.41	54.44	/
38	62.96	54.62	/
37	63.51	54.82	11
36	64.06	54.98	/
35	64.61	55.16	10
34	65.16	55.34	/
33	65.71	55.52	9
32	66.26	55.70	/
31	66.81	55.88	8
30	67.36	56.06	/

续表

分值	左右手运球行进间高手、低手、双手投篮(次)	半场左右手运球见线折返(s)	半场移动传接球(次)
29	67.91	56.24	7
28	68.46	56.42	/
27	69.01	56.60	6
26	69.56	56.78	/
25	70.11	56.96	/
24	70.66	57.14	5
23	71.21	57.32	/
22	71.76	57.50	/
21	72.31	57.68	/
20	72.86	57.86	4

表 7　9岁至10岁青少年篮球运动员专项技术测试评分表

分值	左右手运球行进间高手、低手、双手投篮(次)	全场左右手运球见线折返(s)	半场移动传接球(次)
100	27.21	27.83	40
99	27.76	28.24	39
98	28.31	28.65	/
97	28.86	29.06	/
96	28.41	29.47	38
95	29.96	29.88	/
94	30.51	30.29	/
93	31.06	30.70	37
92	31.61	31.11	36
91	32.16	31.52	35

续表

分值	左右手运球行进间高手、低手、双手投篮(次)	全场左右手运球见线折返(s)	半场移动传接球(次)
90	32.71	31.93	/
89	33.26	32.34	34
88	33.81	32.75	33
87	34.36	33.16	/
86	34.91	33.57	32
85	35.46	33.98	/
84	36.01	34.39	31
83	36.56	34.80	/
82	37.11	35.21	30
81	37.66	35.62	/
80	38.21	36.03	29
79	38.76	36.44	/
78	39.31	36.85	28
77	39.86	37.26	27
76	40.41	37.67	/
75	40.96	38.08	26
74	41.51	38.49	/
73	42.06	38.90	25
72	42.61	39.31	/
71	43.16	39.72	24
70	43.71	40.13	/
69	44.26	40.54	23
68	44.81	40.95	/
67	45.36	41.36	22

续表

分值	左右手运球行进间高手、低手、双手投篮(次)	全场左右手运球见线折返(s)	半场移动传接球(次)
66	45.91	41.77	/
65	46.46	42.18	21
64	47.01	42.59	20
63	47.56	43.00	19
62	48.11	43.41	/
61	48.66	43.82	/
60	49.21	44.23	/
59	49.76	44.64	/
58	50.31	45.05	/
57	50.86	45.46	/
56	51.41	45.87	18
55	51.96	46.28	/
54	52.51	46.69	/
53	53.06	47.10	/
52	53.61	47.51	/
51	54.16	47.92	/
50	54.71	48.33	17
49	55.26	48.74	/
48	55.81	49.15	/
47	56.36	49.56	/
46	56.91	49.97	16
45	57.46	50.38	/
44	58.01	50.79	/
43	58.56	51.20	/

续表

分值	左右手运球行进间高手、低手、双手投篮(次)	全场左右手运球见线折返(s)	半场移动传接球(次)
42	59.11	51.61	15
41	59.66	52.02	/
40	60.21	52.43	14
39	60.76	52.84	/
38	61.31	53.25	/
37	61.86	53.66	/
36	62.41	54.07	8
35	62.96	54.48	/
34	63.51	54.89	7
33	64.06	55.30	/
32	64.61	55.71	6
31	65.16	56.12	/
30	65.71	56.53	/
29	66.26	56.94	5
28	66.81	57.35	/
27	67.36	57.76	4
26	67.91	58.17	/
25	68.46	58.58	3
24	69.01	58.99	/
23	69.56	59.40	2
22	70.11	59.81	/
21	70.66	60.22	/
20	71.21	60.63	1

表 8　13 岁至 14 岁青少年篮球运动员专项技术测试评分表

分值	1 分钟自投自抢中距离跳起投篮(次)	全场多点综合传接球(次)	全场综合运球上篮(s)	全场左右手运球见线折返(s)	全场攻防技术模拟(s)
100	13	14.81	30.21	30.59	40.21
99	/	15.08	30.52	30.80	40.57
98	/	15.35	30.83	31.01	40.93
97	/	15.62	31.14	31.22	41.29
96	/	15.89	31.45	31.43	41.65
95	11	16.16	31.76	31.64	42.01
94	/	16.43	32.07	31.85	42.37
93	/	16.70	32.38	32.06	42.73
92	/	16.97	32.69	32.27	43.09
91	/	17.24	33.00	32.48	43.45
90	10	17.51	33.31	32.69	43.81
89	/	17.78	33.62	32.90	44.17
88	/	18.05	33.93	33.11	44.53
87	/	18.32	34.24	33.32	44.89
86	/	18.59	34.55	33.53	45.25
85	9	18.86	34.86	33.74	45.61
84	/	19.13	35.17	33.95	45.97
83	/	19.40	35.48	34.16	46.33
82	/	19.67	35.79	34.37	46.69
81	/	19.94	36.10	34.58	47.05
80	8	20.21	36.41	34.79	47.41
79	/	20.48	36.72	35.00	47.77
78	/	20.75	37.03	35.21	48.13

续表

分值	1分钟自投自抢中距离跳起投篮(次)	全场多点综合传接球(次)	全场综合运球上篮(s)	全场左右手运球见线折返(s)	全场攻防技术模拟(s)
77	/	21.02	37.34	35.42	48.49
76	/	21.29	37.65	35.63	48.85
75	/	21.56	37.96	35.84	49.21
74	/	21.83	38.27	36.05	49.57
73	7	22.10	38.58	36.26	49.93
72	/	22.37	38.89	36.47	50.29
71	/	22.64	39.20	36.68	50.65
70	/	22.91	39.51	36.89	51.01
69	/	23.18	39.82	37.10	51.37
68	/	23.45	40.13	37.31	51.73
67	/	23.72	40.44	37.52	52.09
66	/	23.99	40.75	37.73	52.45
65	/	24.26	41.06	37.94	52.81
64	/	24.53	41.37	38.15	53.17
63	6	24.80	41.68	38.36	53.53
62	/	25.07	41.99	38.57	53.89
61	/	25.34	42.30	38.78	54.25
60	/	25.61	42.61	38.99	54.61
59	/	25.88	42.92	39.20	54.97
58	/	26.15	43.23	39.41	55.33
57	/	26.42	43.54	39.62	55.69
56	/	26.69	43.85	39.83	56.05
55	5	26.96	44.16	40.04	56.41
54	/	27.23	44.47	40.25	56.77

续表

分值	1分钟自投自抢中距离跳起投篮(次)	全场多点综合传接球(次)	全场综合运球上篮(s)	全场左右手运球见线折返(s)	全场攻防技术模拟(s)
53	/	27.50	44.78	40.46	57.13
52	/	27.77	45.09	40.67	57.49
51	/	28.04	45.40	40.88	57.85
50	/	28.31	45.71	41.09	58.21
49	/	28.58	46.02	41.3	58.57
48	/	28.85	46.33	41.51	58.93
47	/	29.12	46.64	41.72	59.29
46	/	29.39	46.95	41.93	59.65
45	4	29.66	47.26	42.14	60.01
44	/	29.93	47.57	42.35	60.37
43	/	30.20	47.88	42.56	60.73
42	/	30.47	48.19	42.77	61.09
41	/	30.74	48.50	42.98	61.45
40	3	31.01	48.81	43.19	61.81
39	/	31.28	49.12	43.40	62.17
38	/	31.55	49.43	43.61	62.53
37	/	31.82	49.74	43.82	62.89
36	/	32.09	50.05	44.03	63.25
35	/	32.36	50.36	44.24	63.61
34	/	32.63	50.67	44.45	63.97
33	/	32.90	50.98	44.66	64.33
32	2	33.17	51.29	44.87	64.69
31	/	33.44	51.6	45.08	65.05

续表

分值	1分钟自投自抢中距离跳起投篮(次)	全场多点综合传接球(次)	全场综合运球上篮(s)	全场左右手运球见线折返(s)	全场攻防技术模拟(s)
30	/	33.71	51.91	45.29	65.41
29	/	33.98	52.22	45.50	65.77
28	/	34.25	52.53	45.71	66.13
27	/	34.52	52.84	45.92	66.49
26	/	34.79	53.15	46.13	66.85
25	/	35.06	53.46	46.34	67.21
24	/	35.33	53.77	46.55	67.57
23	/	35.60	54.08	46.76	67.93
22	/	35.87	54.39	46.97	68.29
21	/	36.14	54.70	47.18	68.65
20	1	36.41	55.01	47.39	69.01

表9　15岁至16岁青少年篮球运动员专项技术测试评分表

分值	1分钟30s内线自投自抢远距离跳起投篮(次)	1分钟30s外线线自投自抢远距离跳起篮(次)	全场多点综合传接球(次)	全场综合运球上篮(s)	全场左右手运球见线折返(s)	全场攻防技术模拟(s)
100	14	18	13.57	27.11	28.28	36.29
99	/	/	13.74	27.42	28.49	36.69
98	/	/	13.91	27.73	28.70	37.09
97	/	/	14.08	28.04	28.91	37.49
96	/	/	14.25	28.35	29.12	37.89
95	13	17	14.42	28.66	29.33	38.29
94	/	/	14.59	28.97	29.54	38.69

续表

分值	1分钟30s内线自投自抢远距离跳起投篮(次)	1分钟30s外线线自投自抢远距离跳起篮(次)	全场多点综合传接球(次)	全场综合运球上篮(s)	全场左右手运球见线折返(s)	全场攻防技术模拟(s)
93	/	/	14.76	29.28	29.75	39.09
92	/	/	14.93	29.59	29.96	39.49
91	/	/	15.10	29.90	30.17	39.85
90	12	16	15.27	30.21	30.38	40.21
89	/	/	15.44	30.52	30.59	40.57
88	/	/	15.61	30.83	30.80	40.93
87	/	/	15.78	31.14	31.01	41.29
86	/	/	15.95	31.45	31.22	41.65
85	11	15	16.12	31.76	31.43	42.01
84	/	/	16.29	32.07	31.64	42.37
83	/	/	16.46	32.38	31.85	42.73
82	/	/	16.63	32.69	32.06	43.09
81	/	/	16.80	33.00	32.27	43.45
80	10	14	16.97	33.31	32.48	43.81
79	/	/	17.14	33.62	32.69	44.17
78	/	/	17.31	33.93	32.90	44.53
77	/	/	17.48	34.24	33.11	44.89
76	/	/	17.65	34.55	33.32	45.25
75	9	13	17.82	34.86	33.53	45.61
74	/	/	17.99	35.17	33.74	45.97
73	/	/	18.16	35.48	33.95	46.33
72	/	/	18.33	35.79	34.16	46.69
71	/	/	18.50	36.10	34.37	47.05

续表

分值	1分钟30s内线自投自抢远距离跳起投篮(次)	1分钟30s外线线自投自抢远距离跳起篮(次)	全场多点综合传接球(次)	全场综合运球上篮(s)	全场左右手运球见线折返(s)	全场攻防技术模拟(s)
70	8	12	18.67	36.41	34.58	47.41
69	/	/	18.84	36.72	34.79	47.77
68	/	/	19.01	37.03	35.00	48.13
67	/	/	19.18	37.34	35.21	48.49
66	/	/	19.35	37.65	35.42	48.85
65	7	11	19.52	37.96	35.63	49.21
64	/	/	19.69	38.27	35.84	49.57
63	/	/	19.86	38.58	36.05	49.93
62	/	/	20.03	38.89	36.26	50.29
61		10	20.20	39.20	36.47	50.65
60	/	/	20.37	39.51	36.68	51.01
59	/	/	20.54	39.82	36.89	51.37
58	6	/	20.71	40.13	37.10	51.73
57	/	9	20.88	40.44	37.31	52.09
56	/	/	21.05	40.75	37.52	52.45
55	/	/	21.22	41.06	37.73	52.81
54	/	8	21.39	41.37	37.94	53.17
53	/	/	21.56	41.68	38.15	53.53
52	/	/	21.73	41.99	38.36	53.89
51	5	/	21.90	42.30	38.57	54.25
50	/	7	22.07	42.61	38.78	54.61
49	/	/	22.24	42.92	38.99	54.97
48	/	/	22.41	43.23	39.20	55.33

续表

分值	1分钟30s内线自投自抢远距离跳起投篮(次)	1分钟30s外线线自投自抢远距离跳起篮(次)	全场多点综合传接球(次)	全场综合运球上篮(s)	全场左右手运球见线折返(s)	全场攻防技术模拟(s)
47	/	/	22.58	43.54	39.41	55.69
46	/	/	22.75	43.85	39.62	56.05
45	4	6	22.92	44.16	39.83	56.41
44	/		23.09	44.47	40.04	56.77
43	/	/	23.26	44.78	40.25	57.13
42	/	/	23.43	45.09	40.46	57.49
41	/	/	23.60	45.40	40.67	57.85
40	/	5	23.77	45.71	40.88	58.21
39	/	/	23.94	46.02	41.09	58.57
38	/	/	24.11	46.33	41.30	58.93
37	/	/	24.28	46.64	41.51	59.29
36	/	/	24.45	46.95	41.72	59.65
35	3	/	24.62	47.26	41.93	60.01
34	/	/	24.79	47.57	42.14	60.37
33	/	4	24.96	47.88	42.35	60.73
32	/	/	25.13	48.19	42.56	61.09
31	/	/	25.30	48.50	42.77	61.45
30	/	/	25.47	48.81	42.98	61.81
29	/	/	25.64	49.12	43.19	62.17
28	/	/	25.81	49.43	43.40	62.53
27	2	3	25.98	49.74	43.61	62.89
26	/	/	26.15	50.05	43.82	63.25
25	/	/	26.32	50.36	44.03	63.61

续表

分值	1分钟30s内线自投自抢远距离跳起投篮(次)	1分钟30s外线线自投自抢远距离跳起篮(次)	全场多点综合传接球(次)	全场综合运球上篮(s)	全场左右手运球见线折返(s)	全场攻防技术模拟(s)
24	/	/	26.49	50.67	44.24	63.97
23		/	26.66	50.98	44.45	64.33
22	/	/	26.83	51.29	44.66	64.69
21	/	/	27.00	51.60	44.87	65.05
20	1	2	27.17	51.91	45.08	65.41

表10　17岁至18岁青少年篮球运动员专项技术测试评分表

分值	1分钟30s内线自投自抢远距离跳起投篮(次)	1分钟30s外线线自投自抢远距离跳起篮(次)	全场多点综合传接球(次)	全场综合运球上篮(s)	全场左右手运球见线折返(s)	全场攻防技术模拟(s)
100	13	17	14.42	28.66	29.54	38.29
99	/	16	14.59	28.97	29.75	38.69
98	/	/	14.76	29.28	29.96	39.09
97	/	/	14.93	29.59	30.17	39.49
96	/	/	15.10	29.90	30.38	39.85
95	12	14	15.27	30.21	30.59	40.21
94	/	/	15.44	30.52	30.80	40.57
93	/	/	15.61	30.83	31.01	40.93
92	/	/	15.78	31.14	31.22	41.29
91	/	/	15.95	31.45	31.43	41.65
90	11	13	16.12	31.76	31.64	42.01
89	/	/	16.29	32.07	31.85	42.37
88	/	/	16.46	32.38	32.06	42.73

续表

分值	1分钟30s内线自投自抢远距离跳起投篮(次)	1分钟30s外线线自投自抢远距离跳起篮(次)	全场多点综合传接球(次)	全场综合运球上篮(s)	全场左右手运球见线折返(s)	全场攻防技术模拟(s)
87	/	/	16.63	32.69	32.27	43.09
86		/	16.80	33.00	32.48	43.45
85	10	12	16.97	33.31	32.69	43.81
84	/	/	17.14	33.62	32.90	44.17
83	/	/	17.31	33.93	33.11	44.53
82	/	/	17.48	34.24	33.32	44.89
81	/	/	17.65	34.55	33.53	45.25
80	9	11	17.82	34.86	33.74	45.61
79	/	/	17.99	35.17	33.95	45.97
78	/	/	18.16	35.48	34.16	46.33
77	/	/	18.33	35.79	34.37	46.69
76	/	/	18.50	36.1	34.58	47.05
75	8	10	18.67	36.41	34.79	47.41
74	/	/	18.84	36.72	35.00	47.77
73	/	/	19.01	37.03	35.21	48.13
72	/	/	19.18	37.34	35.42	48.49
71	/	/	19.35	37.65	35.63	48.85
70	7	9	19.52	37.96	35.84	49.21
69	/	/	19.69	38.27	36.05	49.57
68	/	/	19.86	38.58	36.26	49.93
67	/	/	20.03	38.89	36.47	50.29
66	/	/	20.20	39.20	36.68	50.65
65	6	/	20.37	39.51	36.89	51.01

续表

分值	1分钟30s内线自投自抢远距离跳起投篮(次)	1分钟30s外线线自投自抢远距离跳起篮(次)	全场多点综合传接球(次)	全场综合运球上篮(s)	全场左右手运球见线折返(s)	全场攻防技术模拟(s)
64	/	/	20.54	39.82	37.10	51.37
63	/	8	20.71	40.13	37.31	51.73
62	/	/	20.88	40.44	37.52	52.09
61	/	/	21.05	40.75	37.73	52.45
60	/	/	21.22	41.06	37.94	52.81
59	/	/	21.39	41.37	38.15	53.17
58	/	/	21.56	41.68	38.36	53.53
57	5	7	21.73	41.99	38.57	53.89
56	/	/	21.90	42.30	38.78	54.25
55	/	/	22.07	42.61	38.99	54.61
54	/	/	22.24	42.92	39.20	54.97
53	/	/	22.41	43.23	39.41	55.33
52	/	/	22.58	43.54	39.62	55.69
51	4	/	22.75	43.85	39.83	56.05
50	/	6	22.92	44.16	40.04	56.41
49	/	/	23.09	44.47	40.25	56.77
48	/	/	23.26	44.78	40.46	57.13
47	/	/	23.43	45.09	40.67	57.49
46	/	/	23.60	45.40	40.88	57.85
45	/	5	23.77	45.71	41.09	58.21
44	/	/	23.94	46.02	41.30	58.57
43	/	/	24.11	46.33	41.51	58.93

续表

分值	1分钟30s内线自投自抢远距离跳起投篮(次)	1分钟30s外线线自投自抢远距离跳起篮(次)	全场多点综合传接球(次)	全场综合运球上篮(s)	全场左右手运球见线折返(s)	全场攻防技术模拟(s)
42	/	/	24.28	46.64	41.72	59.29
41	/	/	24.45	46.95	41.93	59.65
40	3	4	24.62	47.26	42.14	60.01
39	/	/	24.79	47.57	42.35	60.37
38	/	/	24.96	47.88	42.56	60.73
37	/	/	25.13	48.19	42.77	61.09
36	/	/	25.30	48.50	42.98	61.45
35	/	/	25.47	48.81	43.19	61.81
34	/	/	25.64	49.12	43.40	62.17
33	/	/	25.81	49.43	43.61	62.53
32	/	/	25.98	49.74	43.82	62.89
31	2	3	26.15	50.05	44.03	63.25
30	/	/	26.32	50.36	44.24	63.61
29	/	/	26.49	50.67	44.45	63.97
28	/	/	26.66	50.98	44.66	64.33
27	/	/	26.83	51.29	44.87	64.69
26	/	/	27.00	51.60	45.08	65.05
25	/	/	27.17	51.91	45.29	65.41
24	/	/	27.34	52.22	45.50	65.77
23	/	/	27.51	52.53	45.71	66.13
22	/	/	27.68	52.84	45.92	66.49
21	/	/	27.85	53.15	46.13	66.85
20	1	2	28.02	53.46	46.34	67.21

第五节　训练案例设计

根据国际篮球联合会、亚洲篮球联合会以及中国篮球协会的竞赛制度，按照我国青少年篮球运动员的发育特点按照年龄段划分为：9 岁至 10 岁，11 岁至 12 岁，13 岁至 14 岁，15 岁至 16 岁，17 岁至 18 岁。根据上述划分确定每个年龄段的具体训练指导思想、训练目标、训练任务、训练内容、训练要求、训练态度、比赛安排和训练时数，身体素质训练的比重、身体、技术、战术与心理训练比重的安排等，为不同年龄段的训练提供更加系统的指导建议。

一、9 岁至 10 岁的训练计划

年龄组别：9 岁至 10 岁

指导思想：培养爱好，体验乐趣，抓好基础，全面发展

训练目标：1.培养对篮球运动的兴趣与爱好。

2.初步掌握基本技术动作方法。

3.提高灵敏、协调、柔韧素质。

4.培养尊重人、守纪律、有团队意识的良好习惯。

训练任务：1.传授篮球相关理论知识。

2.传授篮球基本功训练方法。

3.传授灵敏、协调、柔韧训练方法。

4.培养球性球感、篮球意识。

训练内容：1.篮球基本功练习。

2.灵敏、协调、柔韧训练。

3.篮球游戏训练。

4.反应速度、动作频率训练。

训练要求：1.注重启发教育，健全人格，全面发展各项身体素质。

2.球性熟练，球感灵敏，手法、步伐比较协调。

3.多采用游戏训练法培养兴趣,多采用示范教学法等手段辅助教学。

4.重点发展反应灵敏性、全身协调性和关节柔韧性、严格控制运动负荷。

训练态度:1.培养从事篮球运动的积极性、趣味性。

2.养成良好的训练习惯。

3.加强注意力的稳定性训练。

4.运用表象训练法提高学习效果。

比赛安排:每年 20 场至 30 场教学比赛。

1.多解教学比赛与对抗竞争比赛。

2.培养参加比赛的乐趣和竞争精神。

训练(周):3 周至 4 周

时数(课):60 分钟

身体素质训练:力量/%:5–10

速度/%:15–20

耐力/%:15–20

柔韧/%:25–35

灵敏/%:25–35

训练比重:身体/%:35

技术/%:40

战术/%:10

心理/%:15

表 11　9 岁至 10 岁篮球训练内容

时数(课):60 分钟

星期	训练内容	时间
星期一	1.热身活动:绕篮球场边线慢跑 3 圈、踢腿(正面、内侧、外侧)、行进间抱膝走(正面、侧面)、行进间弓箭步(正面、侧面)、小步跑、前踢腿跑、后踢腿跑、侧踢腿跑、高抬腿跑、后交叉跑、侧身交叉步、扩胸运动、振臂运动、肩绕环运动、体转运动、体侧运动、胯下击掌运动、侧身跑、交叉步、滑步、加速跑。	10′
	2.篮球游戏:推球走接力、推球跑接力。	5′
	3.球性训练:单手颠球、双手手指手腕点拨球、原地单手左右推滚球、原地绕体推滚球、原地三环绕球、单手体前向侧挥摆球、单手体侧前后拉摆球、原地胯下“8”字绕球、行进间左右手推滚球、行进间三环绕球、行进间胯下“8”字绕球。	15′
	4.基本功训练:原地单手高运球、原地单手低运球、原地单手左右推拉运球、原地单手前后推拉运球、原地单手高低交替运球、原地双手交替运球。	20′
	5.灵敏反应训练:听信号做判断不同方向及不同距离的脚步移动训练、看手势做判断不同方向及不同距离的抢球训练。	10′
星期二	1.热身活动:绕篮球场边线慢跑 3 圈、踢腿(正面、内侧、外侧)、行进间抱膝走(正面、侧面)、行进间弓箭步(正面、侧面)、小步跑、前踢腿跑、后踢腿跑、侧踢腿跑、高抬腿跑、后交叉跑、侧身交叉步、扩胸运动、振臂运动、肩绕环运动、体转运动、体侧运动、胯下击掌运动、侧身跑、交叉步、滑步、加速跑。	10′
	2.篮球游戏:抛球喊号。	5′
	3.球性训练:双手挤球、双手手指手腕点拨球、原地单手左右推滚球、原地绕体推滚球、原地三环绕球、单手体前向侧挥摆球、单手体侧前后拉摆球、原地胯下“8”字绕球、行进间左右手推滚球、行进间三环绕球、行进间胯下“8”字绕球。	15′
	4.基本功训练:原地单手体前高运球、原地单手体前低运球、原地单手体侧高运球、原地单手体侧低运球、原地单手左右推拉运球、原地单手前后推拉运球、原地单手高低交替运球、原地双手体前交替高运球、原地双手体前交替低运球、原地双手交替左右推拉运球、原地双手交替手前后推拉运球。	20′
	5.协调性训练:单摇跳绳、前后移动训练。	10′

续表

星期	训练内容	时间
星期三	1.热身活动：绕篮球场边线慢跑3圈、踢腿（正面、内侧、外侧）、行进间抱膝走（正面、侧面）、行进间弓箭步（正面、侧面）、小步跑、前踢腿跑、后踢腿跑、侧踢腿跑、高抬腿跑、后交叉跑、侧身交叉步、扩胸运动、振臂运动、肩绕环运动、体转运动、体侧运动、胯下击掌运动、侧身跑、交叉步、滑步、加速跑。	10′
	2.篮球游戏：滚球跑接力。	5′
	3.球性训练：双手挤球 、双手手指手腕点拨球、原地单手左右推滚球、原地绕体推滚球、原地三环绕球、单手体前向侧挥摆球、单手体侧前后拉摆球、原地胯下“8”字绕球、行进间左右手推滚球、行进间三环绕球、行进间胯下“8”字绕球。	10′
	4.基本功训练：原地单手左右推拉运球、原地单手前后推拉运球、原地单手高低交替运球、原地双手体前交替高运球、原地双手体前交替低运球、原地双手交替左右推拉运球、原地双手交替手前后推拉运球、原地双手双球体前高运球、原地双手双球体前低运球、原地双手双球体侧高运球、原地双手双球体侧高运球。	15′
	5.投篮训练：原地双手胸前持球姿势与原地双手胸前投篮动作的模仿训练。	10′
	6.速率训练：软梯（绳梯）的步伐频率变化训练。	10′
星期四	1.热身活动：绕篮球场边线慢跑3圈、踢腿（正面、内侧、外侧）、行进间抱膝走（正面、侧面）、行进间弓箭步（正面、侧面）、小步跑、前踢腿跑、后踢腿跑、侧踢腿跑、高抬腿跑、后交叉跑、侧身交叉步、扩胸运动、振臂运动、肩绕环运动、体转运动、体侧运动、胯下击掌运动、侧身跑、交叉步、滑步、加速跑。	10′
	2.球性训练：双手挤球、双手手指手腕点拨球、原地单手左右推滚球、原地绕体推滚球、原地三环绕球、单手体前向侧挥摆球、单手体侧前后拉摆球、原地胯下“8”字绕球、行进间左右手推滚球、行进间三环绕球、行进间胯下“8”字绕球。	15′
	3.基本功训练：原地单手左右推拉运球、原地单手前后推拉运球、原地单手高低交替运球、原地双手体前交替高运球、原地双手体前交替低运球、原地双手交替左右推拉运球、原地双手交替手前后推拉运球、原地双手双球体前高运球、原地双手双球体前低运球、原地双手双球体侧高运球、原地双手双球体侧高运球、行进间单手低运球、行进间单手高运球、行进间单手体前交替运球。	15′

续表

星期	训练内容	时间
	4.投篮训练:原地双手胸前投篮训练。	10′
	5.耐力训练:婴儿爬、鸭步走、半场折返跑3趟。	10′
星期五	1.热身活动:绕篮球场边线慢跑3圈、踢腿(正面、内侧、外侧)、行进间抱膝走(正面、侧面)、行进间弓箭步(正面、侧面)、小步跑、前踢腿跑、后踢腿跑、侧踢腿跑、高抬腿跑、后交叉跑、侧身交叉步、扩胸运动、振臂运动、肩绕环运动、体转运动、体侧运动、胯下击掌运动、侧身跑、交叉步、滑步、加速跑。	10′
	2.球性训练:双手挤球、双手手指手腕点拨球、原地单手左右推滚球、原地绕体推滚球、原地三环绕球、单手体前向侧挥摆球、单手体侧前后拉摆球、原地胯下“8”字绕球、行进间左右手推滚球、行进间三环绕球、行进间胯下“8”字绕球。	10′
	3.基本功训练:原地单手左右推拉运球、原地单手前后推拉运球、原地单手高低交替运球、原地双手体前交替高运球、原地双手体前交替低运球、原地双手交替左右推拉运球、原地双手交替手前后推拉运球、原地双手双球体前高运球、原地双手双球体前低运球、原地双手双球体侧高运球、原地双手双球体侧高运球、行进间单手低运球、行进间单手高运球、行进间单手体前交替运球。	20′
	4.步伐训练:前滑步、侧滑步、跨步、交叉步。	10′
	5.力量训练:俯卧撑、仰卧起坐、俯卧背起、原地双脚跳。	10′
备注:		

二、11岁至12岁的训练计划

年龄组别:11岁至12岁

指导思想:强化兴趣,动作规范,夯实基础,全面发展。

训练目标:1.培养对篮球运动的兴趣与爱好。

2.提高基本技术动作衔接能力。

3.初步掌握基本技术动作方法。

4.拓展耐力和有氧素质。

训练任务：1.传授技战术的概念与方法。

2.传授基本功的衔接组合。

3.传授进攻与防守技术动作技巧。

4.培养球速感知、训练观察分析能力。

训练内容：1.基本功组合练习。

2.进攻与防守技术基础的组合练习。

3.进攻与防守技术基础的配合练习。

4.球性球速与分析思维的训练。

训练要求：1.球性、球感熟练自如，手脚协调，反应移动敏捷。

2.进攻技术符合规格要求，动作衔接组合协调。

3.防守技术能够合理选择位置，贴近对手，干扰持球队员。

4.重点发展反应速度、起动速度、动作速率和有氧耐力素质。

训练态度：1.激发积极训练的动机。

2.提高自律能力，改善自我控制能力。

3.培养集体观念和团队精神。

4.注意力控制、心理放松训练。

比赛安排：每年 30 场教学比赛 10 场正规比赛。

1.学习比赛技巧，熟悉了解竞赛规则。

2.增加参与比赛的次数。

3.不断总结比赛的经验和教训。

训练(周)：4 周至 5 周

时数(课)：70 分钟

身体素质训练：力量/%：10–15

速度/%：15–20

耐力/%：20–25

柔韧/%：20–30

灵敏/%：20–30

训练比重：身体/%：35

技术/%:35

战术/%:15

心理/%:15

表 12　11 岁至 12 岁篮球训练内容

时数(课):70 分钟

星期	训练内容	时间
星期一	1.热身活动:绕篮球场边线慢跑 3 圈、踢腿(正面、内侧、外侧)、行进间抱膝走(正面、侧面)、行进间弓箭步(正面、侧面)、小步跑、前踢腿跑、后踢腿跑、侧踢腿跑、高抬腿跑、后交叉跑、侧身交叉步、扩胸运动、振臂运动、肩绕环运动、体转运动、体侧运动、胯下击掌运动、侧身跑、交叉步、滑步、加速跑。	10′
	2.篮球游戏:抛球喊号。	10′
	3.球性训练:双手手指手腕点拨球、原地单手左右推滚球、原地绕体推滚球、原地三环绕球、单手体前向侧挥摆球、单手体侧前后拉摆球、原地胯下“8”字绕球、行进间左右手推滚球、行进间三环绕球、行进间双手拨球、行进间双手前后抛接球、行进间单手左右抛接球、行进间胯下“8”字绕球。	15′
	4.基本功训练:原地单手体侧高低运球、原地单手体前高低运球、原地单手左右推拉运球、原地单手前后推拉运球、原地单手高低交替运球、原地双手体前交替运球、原地双手双球体前高低运球、原地双手双球体侧高低运球、原地双手双球体前交换运球。	25′
	5.速率训练:单摇跳绳、软梯(绳梯)的步伐频率变化训练。	10′
星期二	1.热身活动:绕篮球场边线慢跑 3 圈、踢腿(正面、内侧、外侧)、行进间抱膝走(正面、侧面)、行进间弓箭步(正面、侧面)、小步跑、前踢腿跑、后踢腿跑、侧踢腿跑、高抬腿跑、后交叉跑、侧身交叉步、扩胸运动、振臂运动、肩绕环运动、体转运动、体侧运动、胯下击掌运动、侧身跑、交叉步、滑步、加速跑。	10′
	2.球性训练:双手挤球、双手手指手腕点拨球、原地单手左右推滚球、原地绕体推滚球、原地三环绕球、单手体前向侧挥摆球、单手体侧前后拉摆球、原地胯下“8”字绕球、行进间左右手推滚球、行进间三环绕球、行进间胯下“8”字绕球。	10′

续表

星期	训练内容	时间
星期二	3.基本功训练：原地单手体侧高低运球、原地单手体前高低运球、原地单手左右推拉运球、原地单手前后推拉运球、原地单手高低交替运球、原地双手体前交替运球、原地双手双球体前高低运球、原地双手双球体侧高低运球、原地双手双球体前交换运球、行进间单手高低运球、行进间单手体前交替运球。	20′
	4.投篮训练：原地单手持球姿势与原地单手肩上投篮动作的模仿训练。	20′
	5.协调性训练：单脚跳、双脚跳、跨步跳、垫步跳。	10′
星期三	1.热身活动：绕篮球场边线慢跑 3 圈、踢腿（正面、内侧、外侧）、行进间抱膝走（正面、侧面）、行进间弓箭步（正面、侧面）、小步跑、前踢腿跑、后踢腿跑、侧踢腿跑、高抬腿跑、后交叉跑、侧身交叉步、扩胸运动、振臂运动、肩绕环运动、体转运动、体侧运动、胯下击掌运动、侧身跑、交叉步、滑步、加速跑。	10′
	2.篮球游戏：运球跑接力。	5′
	3.球性训练：双手挤球、双手手指手腕点拨球、原地单手左右推滚球、原地绕体推滚球、原地三环绕球、单手体前向侧挥摆球、单手体侧前后拉摆球、原地胯下“8”字绕球、行进间左右手推滚球、行进间三环绕球、行进间双手单手挥摆提拉球、行进间胯下“8”字绕球。	15′
	4.基本功训练：原地单手体侧高低运球、原地单手体前高低运球、原地单手左右推拉运球、原地单手前后推拉运球、原地单手高低交替运球、原地双手双球体前高低运球、原地双手双球体侧高低运球、原地双手双球体前交换运球、原地双手双球左右推拉运球、原地双手双球前后推拉运球、行进间单手高低运球、行进间单手体前交替运球。	20′
	5.投篮训练：原地单手肩上投篮训练。	15′
	6.灵敏反应训练：听信号做判断不同方向及不同距离的脚步移动训练、看手势做判断不同方向及不同距离的抢球训练。	5′

续表

星期	训练内容	时间
星期四	1.热身活动：绕篮球场边线慢跑3圈、踢腿(正面、内侧、外侧)、行进间抱膝走(正面、侧面)、行进间弓箭步(正面、侧面)、小步跑、前踢腿跑、后踢腿跑、侧踢腿跑、高抬腿跑、后交叉跑、侧身交叉步、扩胸运动、振臂运动、肩绕环运动、体转运动、体侧运动、胯下击掌运动、侧身跑、交叉步、滑步、加速跑。	10′
	2.球性训练：双手挤球、双手手指手腕点拨球、原地单手左右推滚球、原地绕体推滚球、原地三环绕球、单手体前向侧挥摆球、单手体侧前后拉摆球、原地胯下“8”字绕球、行进间左右手推滚球、行进间三环绕球、行进间双手单手挥摆提拉球、行进间胯下“8”字绕球、行进间胯下推滚球。	10′
	3.基本功训练：原地单手体侧高低运球、原地单手体前高低运球、原地单手左右推拉运球、原地单手前后推拉运球、原地单手高低交替运球、原地双手双球体前高低运球、原地双手双球体侧高低运球、原地双手双球体前交换运球、原地双手双球左右推拉运球、原地双手双球前后推拉运球、行进间单手高低运球、行进间单手体前交替运球、行进间双手双球体前高低运球、行进间双手双球体侧高低运球。	20′
	4.传球训练：原地双手胸前传球训练、原地双手胸前接球训练。	20′
	5.耐力训练：婴儿爬、鸭步走、半场折返跑5趟。	10′
星期五	1.热身活动：绕篮球场边线慢跑3圈、踢腿(正面、内侧、外侧)、行进间抱膝走(正面、侧面)、行进间弓箭步(正面、侧面)、小步跑、前踢腿跑、后踢腿跑、侧踢腿跑、高抬腿跑、后交叉跑、侧身交叉步、扩胸运动、振臂运动、肩绕环运动、体转运动、体侧运动、胯下击掌运动、侧身跑、交叉步、滑步、加速跑。	10′
	2.球性训练：双手挤球、双手手指手腕点拨球、原地单手左右推滚球、原地绕体推滚球、原地三环绕球、单手体前向侧挥摆球、单手体侧前后拉摆球、原地胯下“8”字绕球、行进间左右手推滚球、行进间三环绕球、行进间双手单手挥摆提拉球、行进间胯下“8”字绕球、行进间胯下推滚球。	10′

续表

星期	训练内容	时间
星期五	3.基本功训练：原地单手体侧高低运球、原地单手体前高低运球、原地单手左右推拉运球、原地单手前后推拉运球、原地单手高低交替运球、原地双手双球体前高低运球、原地双手双球体侧高低运球、原地双手双球体前交换运球、原地双手双球左右推拉运球、原地双手双球前后推拉运球、行进间单手高低运球、行进间单手体前交替运球、行进间双手双球体前高低运球、行进间双手双球体侧高低运球。	20′
	4.投篮、传球训练：原地肩上单手投篮、原地双手胸前传接球。	20′
	5.步伐训练：前滑步、侧滑步、跨步、交叉步。	10′
备注：		

三、13岁至14岁的训练计划

年龄组别：13岁至14岁

指导思想：动机激励，发展技能，塑造性格，全面发展。

训练目标：1.强化兴趣与爱好。

2.培养基本技术动作规范。

3.掌握战术基础配合方法。

4.提高篮球战术思维能力。

训练任务：1.传授基本功的应用组合。

2.传授进攻技术与防守技术的应用技巧。

3.传授进攻战术与防守战术的基本配合。

4.培养时空感知、综合思维。

训练内容：1.基本功应变练习。

2.进攻技术与防守技术的应用练习。

3.进攻战术与防守战术基础练习。

4.综合思维与战术思维训练。

训练要求：1.人、球一体控制自如，反应敏捷，移动迅速。

2.进攻技术动作规范，防守技术应用合理。

3.能够准确规范运用进攻与防守的基础战术。

4.提高战术思维能力、合理安排运动负荷。

训练态度：1.树立个人的训练目标与自信心。

2.提高自控能力，遵守训练管理规定。

3.锻炼顽强的意志品质。

4.加强思维能力的训练。

比赛安排：每年 40 场教学比赛 20 场正规比赛。

1.检验技术运用效果。

2.检验战术运用效果。

3.参加不同类型的比赛，积累比赛经验。

训练(周)：6 周至 8 周

时数(课)：90 分钟

身体素质训练：力量/%：15–20

速度/%：20–25

耐力/%：25–30

柔韧/%：15–20

灵敏/%：15–20

训练比重：身体/%：30

技术/%：35

战术/%：25

心理/%：10

表 13　13 岁至 14 岁篮球训练内容

时数(课):90 分钟

星期	训练内容	时间
星期一	1.热身活动:绕篮球场边线慢跑 3 圈、踢腿(正面、内侧、外侧)、行进间抱膝走(正面、侧面)、行进间弓箭步(正面、侧面)、小步跑、前踢腿跑、后踢腿跑、侧踢腿跑、高抬腿跑、后交叉跑、侧身交叉步、扩胸运动、振臂运动、肩绕环运动、体转运动、体侧运动、胯下击掌运动、侧身跑、交叉步、滑步、加速跑。	10′
	2.篮球游戏:运球捅球。	10′
	3.球性训练:双手挤球、双手手指手腕点拨球、原地单手左右推滚球、原地绕体推滚球、原地三环绕球、单手体前向侧挥摆球、单手体侧前后拉摆球、原地胯下"8"字绕球、行进间左右手推滚球、行进间三环绕球、行进间双手单手挥摆提拉球、行进间胯下推滚球、行进间胯下绕球、行进间胯下"8"字绕球。	10′
	4.基本功训练:原地单手体侧高低运球、原地单手体前高低运球、原地单手左右推拉运球、原地单手前后推拉运球、原地胯下运球、原地背后运球、原地双手双球体前高低运球、原地双手双球体侧高低运球、原地双手双球体前交换运球、原地双手双球左右推拉运球、原地双手双球前后推拉运球、行进间单手高低运球、行进间单手体前交替运球、行进间双手双球体前高低运球、行进间双手双球体侧高低运球。	20′
	5.传球、投篮训练:双手胸前传接球训练、双手击地传接球、双手体侧传接球、原地单手肩上投篮训练。	30′
	6.协调性训练:单脚跳、双脚跳、跨步跳、垫步跳。	10′
星期二	1.热身活动:绕篮球场边线慢跑 3 圈、踢腿(正面、内侧、外侧)、行进间抱膝走(正面、侧面)、行进间弓箭步(正面、侧面)、小步跑、前踢腿跑、后踢腿跑、侧踢腿跑、高抬腿跑、后交叉跑、侧身交叉步、扩胸运动、振臂运动、肩绕环运动、体转运动、体侧运动、胯下击掌运动、侧身跑、交叉步、滑步、加速跑。	10′
	2.球性训练:双手挤球、双手手指手腕点拨球、原地单手左右推滚球、原地绕体推滚球、原地三环绕球、单手体前向侧挥摆球、单手体侧前后拉摆球、原地胯下"8"字绕球、行进间左右手推滚球、行进间三环绕球、行进间双手单手挥摆提拉球、行进间胯下推滚球、行进间胯下绕球、行进间胯下"8"字绕球、行进间双手背后拨球。	10′

续表

星期	训练内容	时间
星期二	3.基本功训练：原地单手体侧高低运球、原地单手体前高低运球、原地单手左右推拉运球、原地单手前后推拉运球、原地胯下运球、原地背后运球、原地双手双球体前高低运球、原地双手双球体侧高低运球、原地双手双球体前交换运球、原地双手双球左右推拉运球、原地双手双球前后推拉运球、行进间单手高低运球、行进间单手体前交替运球、行进间双手双球体前高低运球、行进间双手双球体侧高低运球、行进间胯下运球、行进间背后运球。	30′
	4.突破训练：原地持球顺步突破模仿训练、原地持球交叉步模范训练、接球后持球顺步突破训练、接球后持球交叉步训练。	30′
	5.力量训练：屈腿仰卧起坐、俯卧背起、立卧撑、原地双脚跳、原地收腹跳。	10′
星期三	1.热身活动：绕篮球场边线慢跑 3 圈、踢腿(正面、内侧、外侧)、行进间抱膝走(正面、侧面)、行进间弓箭步(正面、侧面)、小步跑、前踢腿跑、后踢腿跑、侧踢腿跑、高抬腿跑、后交叉跑、侧身交叉步、扩胸运动、振臂运动、肩绕环运动、体转运动、体侧运动、胯下击掌运动、侧身跑、交叉步、滑步、加速跑。	10′
	2.篮球游戏：贴人喊号。	5′
	3.球性训练：双手挤球、双手手指手腕点拨球、原地单手左右推滚球、原地绕体推滚球、原地三环绕球、单手体前向侧挥摆球、单手体侧前后拉摆球、原地胯下“8”字绕球、行进间左右手推滚球、行进间三环绕球、行进间双手单手挥摆提拉球、行进间胯下推滚球、行进间胯下绕球、行进间胯下“8”字绕球、行进间双手背后拨球。	10′
	4.基本功训练：原地单手体侧高低运球、原地单手体前高低运球、原地单手左右推拉运球、原地单手前后推拉运球、原地胯下运球、原地背后运球、原地双手双球体前高低运球、原地双手双球体侧高低运球、原地双手双球体前交换运球、原地双手双球左右推拉运球、原地双手双球前后推拉运球、行进间单手高低运球、行进间单手体前交替运球、行进间双手双球体前高低运球、行进间双手双球体侧高低运球、行进间胯下运球、行进间背后运球。	20′
	5.突破训练：接球后持球顺步突破训练、接球后持球交叉步训练、运球突破训练。	15′
	6.投篮训练：行进间接球高手上篮、行进间接球低手上篮。	20′
	7.灵敏反应训练：听信号做判断不同方向及不同距离的脚步移动训练、看手势做判断不同方向及不同距离的抢球训练。	10′

续表

星期	训练内容	时间
星期四	1.热身活动：绕篮球场边线慢跑3圈、踢腿(正面、内侧、外侧)、行进间抱膝走(正面、侧面)、行进间弓箭步(正面、侧面)、小步跑、前踢腿跑、后踢腿跑、侧踢腿跑、高抬腿跑、后交叉跑、侧身交叉步、扩胸运动、振臂运动、肩绕环运动、体转运动、体侧运动、胯下击掌运动、侧身跑、交叉步、滑步、加速跑。	10′
	2.球性训练：双手挤球、双手手指手腕点拨球、原地单手左右推滚球、原地绕体推滚球、原地三环绕球、单手体前向侧挥摆球、单手体侧前后拉摆球、原地胯下“8”字绕球、行进间左右手推滚球、行进间三环绕球、行进间双手单手挥摆提拉球、行进间胯下推滚球、行进间胯下绕球、行进间胯下“8”字绕球、行进间双手背后拨球。	10′
	3.基本功训练：原地单手体侧高低运球、原地单手体前高低运球、原地单手左右推拉运球、原地单手前后推拉运球、原地胯下运球、原地背后运球、原地双手双球体前高低运球、原地双手双球体侧高低运球、原地双手双球体前交换运球、原地双手双球左右推拉运球、原地双手双球前后推拉运球、行进间单手高低运球、行进间单手体前交替运球、行进间双手双球体前高低运球、行进间双手双球体侧高低运球、行进间胯下运球、行进间背后运球。	20′
	4.投篮训练：原地单手肩上投篮训练、行进间接球高手上篮、行进间接球低手上篮、运球高手上篮训练、运球低手上篮训练。	40′
	5.步伐训练：前滑步、侧滑步、跨步、交叉步。	10′
星期五	1.热身活动：绕篮球场边线慢跑3圈、踢腿(正面、内侧、外侧)、行进间抱膝走(正面、侧面)、行进间弓箭步(正面、侧面)、小步跑、前踢腿跑、后踢腿跑、侧踢腿跑、高抬腿跑、后交叉跑、侧身交叉步、扩胸运动、振臂运动、肩绕环运动、体转运动、体侧运动、胯下击掌运动、侧身跑、交叉步、滑步、加速跑。	10′
	2.球性训练：双手挤球、双手手指手腕点拨球、原地单手左右推滚球、原地绕体推滚球、原地三环绕球、单手体前向侧挥摆球、单手体侧前后拉摆球、原地胯下“8”字绕球、行进间左右手推滚球、行进间三环绕球、行进间双手单手挥摆提拉球、行进间胯下推滚球、行进间胯下绕球、行进间胯下“8”字绕球、行进间双手背后拨球。	10′

续表

星期	训练内容	时间
	3.基本功训练：原地单手体侧高低运球、原地单手体前高低运球、原地单手左右推拉运球、原地单手前后推拉运球、原地胯下运球、原地背后运球、原地双手双球体前高低运球、原地双手双球体侧高低运球、原地双手双球体前交换运球、原地双手双球左右推拉运球、原地双手双球前后推拉运球、行进间单手高低运球、行进间单手体前交替运球、行进间双手双球体前高低运球、行进间双手双球体侧高低运球、行进间胯下运球、行进间背后运球。	20′
星期五	4.投篮、传球训练：双手胸前传球后接球上篮、行进双手胸前传球接球后运球上篮、接球后运球突破上篮、原地单手肩上投篮。	40′
	5.耐力训练：婴儿爬、鸭步走、半场折返跑5趟。	10′
备注：		

四、15岁至16岁的训练计划

年龄组别：15岁至16岁

指导思想：提高技能，突出特长，发展素养，全面培养。

训练目标：1.强化基本技术灵活运用。

2.强化战术配合的灵活应用。

3.培养互助协作的团队精神。

4.提高篮球竞赛的战术意识。

训练任务：1.传授篮球竞赛规则。

2.传授基本功的应变组合。

3.传授进攻技术与防守技术的应变对抗技巧。

4.传授进攻战术与防守战术的对抗方法。

训练内容：1.基本功对抗练习。

2.进攻技术与防守技术的对抗练习。

3.进攻与防守战术的转换练习。

4.战术思维、战术意识的强化练习。

训练要求：1.人、球结合，技术运用随机应变，随意组合。

2.实战对抗中能合理掌握投、传、运、突、切的时机。

3.实战防守中，掌握攻击性防守的技术要求，并进行防守协作。

4.整体战术意识清醒，合理运用技术去创造和把握时机。

训练态度：1.培养自身良好的性格特征，学会与人共处。

2.顽强的意志品质，良好的处世心态。

3.加强与教练员的交流与沟通。

4.加强自控与意志品质训练。

比赛安排：每年50场教学比赛30场正规比赛。

1.学会实战对抗中运用技术与战术。

2.学会承受比赛结果，调节心理状态。

3.培养阅读比赛的经验和比赛意识。

训练(周)：9周至10周

时数(课)：120分钟

身体素质训练：力量/%：20–25

速度/%：20–25

耐力/%：20–25

柔韧/%：10–15

灵敏/%：10–15

训练比重：身体/%：30

技术/%：30

战术/%：30

心理/%：10

表 14　15 岁至 16 岁篮球训练内容

时数(课):120 分钟

星期	训练内容	时间
星期一	1.热身活动:绕篮球场边线慢跑 3 圈、踢腿(正面、内侧、外侧)、行进间抱膝走(正面、侧面)、行进间弓箭步(正面、侧面)、小步跑、前踢腿跑、后踢腿跑、侧踢腿跑、高抬腿跑、后交叉跑、侧身交叉步、扩胸运动、振臂运动、肩绕环运动、体转运动、体侧运动、胯下击掌运动、侧身跑、交叉步、滑步、加速跑。	10′
	2.篮球游戏:运球捕球。	10′
	3.球性训练:双手挤球、双手手指手腕点拨球、原地单手左右推滚球、原地绕体推滚球、原地三环绕球、单手体前向侧挥摆球、单手体侧前后拉摆球、原地胯下“8”字绕球、行进间左右手推滚球、行进间三环绕球、行进间双手单手挥摆提拉球、行进间胯下推滚球、行进间胯下绕球、行进间胯下“8”字绕球。	10′
	4.基本功训练:原地单手体侧高低运球、原地单手体前高低运球、原地单手左右推拉运球、原地单手前后推拉运球、原地胯下运球、原地背后运球、原地双手双球体前高低运球、原地双手双球体侧高低运球、原地双手双球体前交换运球、原地双手双球左右推拉运球、原地双手双球前后推拉运球、行进间单手高低运球、行进间单手体前交替运球、行进间双手双球体前高低运球、行进间双手双球体侧高低运球、行进间胯下运球、行进间背后运球。	20′
	5.技术训练:全场综合多变向运球(体前变向、胯下变向、背后变向、转身变向)全场双手胸前传接球上篮(5 次传球、3 次传球)。	30′
	6.战术训练:进攻基础战术配合(传切配合、掩护配合、突分配合、策应配合)。	30
	7.协调性训练:单脚跳、双脚跳、跨步跳、垫步跳。	10′
星期二	1.热身活动:绕篮球场边线慢跑 3 圈、踢腿(正面、内侧、外侧)、行进间抱膝走(正面、侧面)、行进间弓箭步(正面、侧面)、小步跑、前踢腿跑、后踢腿跑、侧踢腿跑、高抬腿跑、后交叉跑、侧身交叉步、扩胸运动、振臂运动、肩绕环运动、体转运动、体侧运动、胯下击掌运动、侧身跑、交叉步、滑步、加速跑。	10′
	2.球性训练:双手挤球、双手手指手腕点拨球、原地单手左右推滚球、原地绕体推滚球、原地三环绕球、单手体前向侧挥摆球、单手体侧前后拉摆球、原地胯下“8”字绕球、行进间左右手推滚球、行进间三环绕球、行进间双手单手挥摆提拉球、行进间胯下推滚球、行进间胯下绕球、行进间胯下“8”字绕球、行进间双手背后拨球。	10′

续表

星期	训练内容	时间
星期二	3.基本功训练：原地单手体侧高低运球、原地单手体前高低运球、原地单手左右推拉运球、原地单手前后推拉运球、原地胯下运球、原地背后运球、原地双手双球体前高低运球、原地双手双球体侧高低运球、原地双手双球体前交换运球、原地双手双球左右推拉运球、原地双手双球前后推拉运球、行进间单手高低运球、行进间单手体前交替运球、行进间双手双球体前高低运球、行进间双手双球体侧高低运球、行进间胯下运球、行进间背后运球。	20′
	4.技术训练：全场 1 对 1 攻防训练(使用多变向运球)、运球突破训练(带防守)、接球后原地跳投训练。	20′
	5.战术训练：防守战术基础配合训练(抢过配合、穿过配合、绕过配合、交换配合)。	40′
	6.半场实战比赛对抗训练。	10′
	7.核心力量训练：两头起、卷腹、俯卧背起、波比跳、侧撑。	10′
星期三	1.热身活动：绕篮球场边线慢跑 3 圈、踢腿(正面、内侧、外侧)、行进间抱膝走(正面、侧面)、行进间弓箭步(正面、侧面)、小步跑、前踢腿跑、后踢腿跑、侧踢腿跑、高抬腿跑、后交叉跑、侧身交叉步、扩胸运动、振臂运动、肩绕环运动、体转运动、体侧运动、胯下击掌运动、侧身跑、交叉步、滑步、加速跑。	10′
	2.篮球游戏：四角传球。	10′
	3.球性训练：双手挤球、双手手指手腕点拨球、原地单手左右推滚球、原地绕体推滚球、原地三环绕球、单手体前向侧挥摆球、单手体侧前后拉摆球、原地胯下“8”字绕球、行进间左右手推滚球、行进间三环绕球、行进间双手单手挥摆提拉球、行进间胯下推滚球、行进间胯下绕球、行进间胯下“8”字绕球、行进间双手背后拨球。	10′
	4.基本功训练：原地单手体侧高低运球、原地单手体前高低运球、原地单手左右推拉运球、原地单手前后推拉运球、原地胯下运球、原地背后运球、原地双手双球体前高低运球、原地双手双球体侧高低运球、原地双手双球体前交换运球、原地双手双球左右推拉运球、原地双手双球前后推拉运球、行进间单手高低运球、行进间单手体前交替运球、行进间双手双球体前高低运球、行进间双手双球体侧高低运球、行进间胯下运球、行进间背后运球。	20′
	5.技术训练：全场综合运球训练(多变向)、摆脱接球后的持球突破训练(带防守)、运球急停跳投。	30′
	6.战术训练：防守战术基础配合训练(关门配合、夹击配合、补防配合)。	30′
	7.柔韧训练：肩关节、肘关节、髋关节、膝关节、踝关节的韧带伸展、收缩与绕环练习。	10′

续表

星期	训练内容	时间
星期四	1.热身活动：绕篮球场边线慢跑 3 圈、踢腿（正面、内侧、外侧）、行进间抱膝走（正面、侧面）、行进间弓箭步（正面、侧面）、小步跑、前踢腿跑、后踢腿跑、侧踢腿跑、高抬腿跑、后交叉跑、侧身交叉步、扩胸运动、振臂运动、肩绕环运动、体转运动、体侧运动、胯下击掌运动、侧身跑、交叉步、滑步、加速跑。	10′
	2.球性训练：双手挤球、双手手指手腕点拨球、原地单手左右推滚球、原地绕体推滚球、原地三环绕球、单手体前向侧挥摆球、单手体侧前后拉摆球、原地胯下“8”字绕球、行进间左右手推滚球、行进间三环绕球、行进间双手单手挥摆提拉球、行进间胯下推滚球、行进间胯下绕球、行进间胯下“8”字绕球、行进间双手背后拨球。	10′
星期四	3.基本功训练：原地单手体侧高低运球、原地单手体前高低运球、原地单手左右推拉运球、原地单手前后推拉运球、原地胯下运球、原地背后运球、原地双手双球体前高低运球、原地双手双球体侧高低运球、原地双手双球体前交换运球、原地双手双球左右推拉运球、原地双手双球前后推拉运球、行进间单手高低运球、行进间单手体前交替运球、行进间双手双球体前高低运球、行进间双手双球体侧高低运球、行进间胯下运球、行进间背后运球。	20′
	4.技术训练：全场 1 对 1 多变向运球训练（积极防守）、全场三人传接球训练（5 次、3 次）、全场三人运球绕大“8”字上篮训练。	30′
	5.战术训练：快攻战术训练、全场 2 打 1 快攻训练（带防守）、全场 3 打 2 快攻训练（带防守）。	30′
	6.全场 1 实战比赛对抗训练。	10′
	7.力量训练：卧推、辅负重半蹲、硬拉、高翻。	10′
星期五	1.热身活动：绕篮球场边线慢跑 3 圈、踢腿（正面、内侧、外侧）、行进间抱膝走（正面、侧面）、行进间弓箭步（正面、侧面）、小步跑、前踢腿跑、后踢腿跑、侧踢腿跑、高抬腿跑、后交叉跑、侧身交叉步、扩胸运动、振臂运动、肩绕环运动、体转运动、体侧运动、胯下击掌运动、侧身跑、交叉步、滑步、加速跑。	10′
	2.球性训练：双手挤球、双手手指手腕点拨球、原地单手左右推滚球、原地绕体推滚球、原地三环绕球、单手体前向侧挥摆球、单手体侧前后拉摆球、原地胯下“8”字绕球、行进间左右手推滚球、行进间三环绕球、行进间双手单手挥摆提拉球、行进间胯下推滚球、行进间胯下绕球、行进间胯下“8”字绕球、行进间双手背后拨球。	10′

续表

星期	训练内容	时间
星期五	3.基本功训练：原地单手体侧高低运球、原地单手体前高低运球、原地单手左右推拉运球、原地单手前后推拉运球、原地胯下运球、原地背后运球、原地双手双球体前高低运球、原地双手双球体侧高低运球、原地双手双球体前交换运球、原地双手双球左右推拉运球、原地双手双球前后推拉运球、行进间单手高低运球、行进间单手体前交替运球、行进间双手双球体前高低运球、行进间双手双球体侧高低运球、行进间胯下运球、行进间背后运球。	20′
	4.技术训练：传接球上篮训练、运球急停跳投训练、罚篮训练、抢篮板球训练。	30′
	5.战术训练：攻防转换训练、全场 2 打 1、2 对 2、3 打 2、3 对 3 攻防转换训练。	30′
	6.全场实战比赛对抗训练。	10′
	7.耐力训练：全场正滑步、全场侧滑步、全场“Z”字滑步。	10′
备注：		

五、17 岁至 18 岁的训练技术

年龄组别：17 岁至 18 岁

指导思想：专业发展，形成特长，增长经验，拓展素质。

训练目标：1.提高技术运用的对抗能力与战术运用的应变能力。

2.专项体能素质的全面发展。

3.具备团队协作的性格特征。

4.具备篮球比赛的战术素质。

训练任务：1.传授基本功创新组合。

2.传授进攻技术与防守技术的对抗技巧。

3.传授进攻战术与防守战术的创新应用。

4.传授篮球比赛的制胜要素。

训练内容：1.位置技术的对抗练习。

2.特长技术的难度练习与战术配合的应变练习。

3.专项体能、专项素质以及心理素质的特殊练习。

4.比赛状态的针对性练习。

训练要求:1.攻守技术娴熟自如,实战对抗中能应变自如。

2.全面掌握不同位置的攻守技术,充分发挥个人技术特长。

3.战术意识清晰,团队合作明确,拼抢意识突出。

4.具备在高强度对抗中的身体素质及情绪稳定、作风顽强的心理素养。

训练态度:1.建立和加强团队责任感。

2.培养为国家争光的荣誉感。

3.加强情绪调控训练、学习参与计划的制订与实施。

4.提高个人素质与文化素养。

比赛安排:每年60场教学比赛40场正规比赛。

1.熟悉和运用竞赛规则。

2.积累对抗、应变与阅读比赛的经验。

3.完善和提高心理调节能力。

训练(周):10周至12周

时数(课):150分钟

身体素质训练:力量/%:20–30

速度/%:20–30

耐力/%:20–30

柔韧/%:5–10

灵敏/%:5–10

训练比重:身体/%:25

技术/%:30

战术/%:35

心理/%:5

表 15　17 岁至 18 岁篮球训练内容

时数(课):150 分钟

星期	训练内容	时间
星期一	1.热身活动:绕篮球场边线慢跑 3 圈、踢腿(正面、内侧、外侧)、行进间抱膝走(正面、侧面)、行进间弓箭步(正面、侧面)、小步跑、前踢腿跑、后踢腿跑、侧踢腿跑、高抬腿跑、后交叉跑、侧身交叉步、扩胸运动、振臂运动、肩绕环运动、体转运动、体侧运动、胯下击掌运动、侧身跑、交叉步、滑步、加速跑。	10′
	2.篮球游戏:四角传球(两个球)。	10′
	3.球性训练:双手挤球、双手手指手腕点拨球、原地单手左右推滚球、原地绕体推滚球、原地三环绕球、单手体前向侧挥摆球、单手体侧前后拉摆球、原地胯下“8”字绕球、行进间左右手推滚球、行进间三环绕球、行进间双手单手挥摆提拉球、行进间胯下推滚球、行进间胯下绕球、行进间胯下“8”字绕球。	10′
	4.基本功训练:原地单手体侧高低运球、原地单手体前高低运球、原地单手左右推拉运球、原地单手前后推拉运球、原地胯下运球、原地背后运球、原地双手双球体前高低运球、原地双手双球体侧高低运球、原地双手双球体前交换运球、原地双手双球左右推拉运球、原地双手双球前后推拉运球、行进间单手高低运球、行进间单手体前交替运球、行进间双手双球体前高低运球、行进间双手双球体侧高低运球、行进间胯下运球、行进间背后运球。	20′
	5.技术训练:全场综合多变向运球(体前变向、胯下变向、背后变向、转身变向)、全场 1 打 1 训练(积极防守)、全场双人胸前传球上篮(5 次传球、3 次传球)、全场三人背后传球上篮(5 次传球、3 次传球)、全场三人传球上篮(5 次运球、3 次运球)。	30′
	6.战术训练:进攻区域联防战术配合(2–3 联防、2–1–2 联防、1–3–1 联防)。	50
	7.投篮训练:1 分钟强度投篮训练(三分线内一步跳投)、罚篮训练。	10
	8.协调性训练:单脚跳、双脚跳、跨步跳、垫步跳。	10′
星期二	1.热身活动:绕篮球场边线慢跑 3 圈、踢腿(正面、内侧、外侧)、行进间抱膝走(正面、侧面)、行进间弓箭步(正面、侧面)、小步跑、前踢腿跑、后踢腿跑、侧踢腿跑、高抬腿跑、后交叉跑、侧身交叉步、扩胸运动、振臂运动、肩绕环运动、体转运动、体侧运动、胯下击掌运动、侧身跑、交叉步、滑步、加速跑。	10′

续表

星期	训练内容	时间
星期二	2.球性训练:双手挤球、双手手指手腕点拨球、原地单手左右推滚球、原地绕体推滚球、原地三环绕球、单手体前向侧挥摆球、单手体侧前后拉摆球、原地胯下"8"字绕球、行进间左右手推滚球、行进间三环绕球、行进间双手单手挥摆提拉球、行进间胯下推滚球、行进间胯下绕球、行进间胯下"8"字绕球、行进间双手背后拨球。	10′
	3.基本功训练:原地单手体侧高低运球、原地单手体前高低运球、原地单手左右推拉运球、原地单手前后推拉运球、原地胯下运球、原地背后运球、原地双手双球体前高低运球、原地双手双球体侧高低运球、原地双手双球体前交换运球、原地双手双球左右推拉运球、原地双手双球前后推拉运球、行进间单手高低运球、行进间单手体前交替运球、行进间双手双球体前高低运球、行进间双手双球体侧高低运球、行进间胯下运球、行进间背后运球。	20′
	4.技术训练:传球后接球原地跳投训练、传球后接球突破训练、抢篮板训练。	30′
	5.战术训练:防守区域联防战术训练(2-3 联防、3-2 联防、2-1-2 联防)。	50′
	6.全场实战比赛对抗训练。	20′
	7.核心力量训练:两头起、卷腹、俯卧背起、波比跳、侧撑。	10′
星期三	1.热身活动:绕篮球场边线慢跑 3 圈、踢腿(正面、内侧、外侧)、行进间抱膝走(正面、侧面)、行进间弓箭步(正面、侧面)、小步跑、前踢腿跑、后踢腿跑、侧踢腿跑、高抬腿跑、后交叉跑、侧身交叉步、扩胸运动、振臂运动、肩绕环运动、体转运动、体侧运动、胯下击掌运动、侧身跑、交叉步、滑步、加速跑。	10′
	2.篮球游戏:运球捅球(限制半场区域积极抢断)。	10′
	3.球性训练:双手挤球、双手手指手腕点拨球、原地单手左右推滚球、原地绕体推滚球、原地三环绕球、单手体前向侧挥摆球、单手体侧前后拉摆球、原地胯下"8"字绕球、行进间左右手推滚球、行进间三环绕球、行进间双手单手挥摆提拉球、行进间胯下推滚球、行进间胯下绕球、行进间胯下"8"字绕球、行进间双手背后拨球。	10′
	4.基本功训练:原地单手体侧高低运球、原地单手体前高低运球、原地单手左右推拉运球、原地单手前后推拉运球、原地胯下运球、原地背后运球、原地双手双球体前高低运球、原地双手双球体侧高低运球、原地双手双球体前交换运球、原地双手双球左右推拉运球、原地双手双球前后推拉运球、行进间单手高低运球、行进间单手体前交替运球、行进间双手双球体前高低运球、行进间双手双球体侧高低运球、行进间胯下运球、行进间背后运球。	20′

续表

星期	训练内容	时间
星期三	5.技术训练：全场综合运球训练(多变向)、摆脱接球后的持球突破训练(带防守)、运球急停跳投。	30′
	6.战术训练：快攻转入阵地的进攻与防守训练、进攻转换防守的衔接训练。	40′
	7.全场实战比赛对抗训练。	20′
	8.柔韧训练：肩关节、肘关节、髋关节、膝关节、踝关节的韧带伸展、收缩与绕环练习。	10′
星期四	1.热身活动：绕篮球场边线慢跑 3 圈、踢腿(正面、内侧、外侧)、行进间抱膝走(正面、侧面)、行进间弓箭步(正面、侧面)、小步跑、前踢腿跑、后踢腿跑、侧踢腿跑、高抬腿跑、后交叉跑、侧身交叉步、扩胸运动、振臂运动、肩绕环运动、体转运动、体侧运动、胯下击掌运动、侧身跑、交叉步、滑步、加速跑。	10′
	2.球性训练：双手挤球、双手手指手腕点拨球、原地单手左右推滚球、原地绕体推滚球、原地三环绕球、单手体前向侧挥摆球、单手体侧前后拉摆球、原地胯下“8”字绕球、行进间左右手推滚球、行进间三环绕球、行进间双手单手挥摆提拉球、行进间胯下推滚球、行进间胯下绕球、行进间胯下“8”字绕球、行进间双手背后拨球。	10′
星期四	3.基本功训练：原地单手体侧高低运球、原地单手体前高低运球、原地单手左右推拉运球、原地单手前后推拉运球、原地胯下运球、原地背后运球、原地双手双球体前高低运球、原地双手双球体侧高低运球、原地双手双球体前交换运球、原地双手双球左右推拉运球、原地双手双球前后推拉运球、行进间单手高低运球、行进间单手体前交替运球、行进间双手双球体前高低运球、行进间双手双球体侧高低运球、行进间胯下运球、行进间背后运球。	20′
	4.技术训练：全场 1 对 1 多变向运球训练(积极防守)、全场三人传接球训练(5 次、3 次)、运球突破训练(积极防守)。	30′
	5.战术训练：进攻全场紧逼人盯人战术训练、防守全场紧逼人盯人战术训练。	40′
	6.全场 1 实战比赛对抗训练。	20′
	7.投篮训练：远距离、投篮训练，中距离投篮训练、罚篮训练。	10′
	8.力量训练：卧推、辅负重半蹲、硬拉、高翻。	10′
星期五	1.热身活动：绕篮球场边线慢跑 3 圈、踢腿(正面、内侧、外侧)、行进间抱膝走(正面、侧面)、行进间弓箭步(正面、侧面)、小步跑、前踢腿跑、后踢腿跑、侧踢腿跑、高抬腿跑、后交叉跑、侧身交叉步、扩胸运动、振臂运动、肩绕环运动、体转运动、体侧运动、胯下击掌运动、侧身跑、交叉步、滑步、加速跑。	10′

续表

星期	训练内容	时间
星期五	2.球性训练：双手挤球、双手手指手腕点拨球、原地单手左右推滚球、原地绕体推滚球、原地三环绕球、单手体前向侧挥摆球、单手体侧前后拉摆球、原地胯下“8”字绕球、行进间左右手推滚球、行进间三环绕球、行进间双手单手挥摆提拉球、行进间胯下推滚球、行进间胯下绕球、行进间胯下“8”字绕球、行进间双手背后拨球。	10′
	3.基本功训练：原地单手体侧高低运球、原地单手体前高低运球、原地单手左右推拉运球、原地单手前后推拉运球、原地胯下运球、原地背后运球、原地双手双球体前高低运球、原地双手双球体侧高低运球、原地双手双球体前交换运球、原地双手双球左右推拉运球、原地双手双球前后推拉运球、行进间单手高低运球、行进间单手体前交替运球、行进间双手双球体前高低运球、行进间双手双球体侧高低运球、行进间胯下运球、行进间背后运球。	20′
	4.技术训练：全场综合运球训练、全场传接球上篮。	30′
	5.战术训练：特殊情况下的攻防战术训练（5s、8s、发边线球、发底线球、落后2分及3分）。	50′
	6.全场实战比赛对抗训练。	20′
	7.耐力训练：全场正滑步、全场侧滑步、全场“Z”字滑步。	10′
备注：		

第七章　篮球运动科学研究

第一节　篮球运动科学研究现状

一、国外篮球运动科学研究现状

近二十年以来，随着世界篮球运动水平的不断提高，竞争的日益激烈，任何国家要想在世界篮坛保持强劲的竞争能力都必须依靠新技术、新战术以及科学的训练方法。因此，在篮球领域中开展科学研究的需求日益突出，并引起许多国家的重视。1979 年举行了第一届世界篮球教练员讲座，很大程度上活跃了世界范围内篮球的学术交流。同时，体育科学的蓬勃发展对篮球科学研究起着重要作用，许多相关学科的方法和理论被广泛地运用到现代篮球的科学研究之中，为篮球研究提供了科学的认识论与方法论，为现代篮球研究领域的发展奠定了坚实的基础。

综观各个国家的现代篮球运动科学研究的发展状况，总结出以下 3 个特点。

（一）重视对篮球技战术及其教学与训练理论的研究

篮球运动的基本要素包括篮球技、战术，技、战术的发展推动着篮球运动水平的发展。从已有的科学研究结果来看，所有的国家都致力于技、战术的改进研究，为了使技、战术变得更加合理、有效，篮球技术能够更好地适应比赛规则、人体解剖学和生物力学原理，技、战术效果更加高效、合理，在战术研究上，除了不断完善原有的战术配合外，还创造出一些新战术，如“移动进攻法”和“多变防守”等，让战术配合更加灵活、复杂多变。此外，各国还十分重视从篮球比赛与教学训练实践中系统地总结经验，进而上升为理论，促进了篮球运动向更高水平发展。

（二）相关学科知识与现代科学技术广泛应用于篮球科学研究

当前篮球科学研究的内容涉及各种相关学科的理论与方法，从而拓展了篮球科学研究的领域，使人们更全面、深入地认识篮球运动。例如，运动生理学特征，为篮球训练提供生理依据。应用生物力学、运动解剖学研究篮球技术动作结构、力学原理，使篮球技术更合理、更加符合实践需要，并创造出了新的技术。二十年来，运动心理学的快速发展为篮球运动科学研究开辟了新领域；“三论”（即系统论、控制论、信息论）为篮球科学研究提供了方法论研究；现代科学技术的飞速发展为篮球运动的研究提供了科学资源。

（三）篮球科学研究为训练、比赛服务

全球篮球运动科学研究的另一个重要特点是在教育和竞赛领域开展跨领域、综合性的研究，使科学成果能够在实践中直接运用到教学和竞技比赛中。例如，苏联国家篮球队配备了学科广泛的研究团队，除了定期对运动员和医生进行身体研究和功能测定之外，还了解国内外篮球运动发展情况，为世界顶尖球队提供信息和意见，为国家队定向训练提出建议。在综合性的科研队伍的协同下，对集体培训进行科学管理，为科学教育提供依据，从而提高教育质量。

二、我国篮球运动科学研究现状

（一）运用多学科知识，现代化手段展开综合交叉研究

现代科学发展的大趋势是不同学科、不同部门之间相互交汇、相互渗透，这种交叉性和综合性的趋势对篮球科研产生了重大影响。运用现代科学方法论和一批新兴学科篮球，加快了篮球运动的跨学科研究进程。对篮球运动进行广泛、多学科的综合研究，使篮球科学研究与实践紧密结合起来，篮球训练

服务与教育、实战训练、比赛与研究成果相结合是篮球发展的必然趋势。

运动生理学、运动生物力学、体育管理学、运动心理学等多学科理论知识的运用在现代篮球科研中越来越得到重视，现代化技术设备对篮球教学、实战训练、各类竞赛有针对性研究。

《从篮球运动员在比赛中的心理变化规律谈心理训练》(王家宏,1891)认为早在20世纪80年代初就通过对全国一流联赛和其他篮球比赛进行研究,强调压力因素是影响运动员的主要因素,而运动员过度压力因素的产生包括比赛的动机和目的、比赛环境和条件、比赛名次和成绩、比赛的准备和对手、比赛中缺乏适应力与应变力等。在训练计划中,必须充分考虑运动员的自我调控能力并着重培养,要充分发挥教练员的主导作用,做到篮球培训规范,抓好调节训练、重视运动前的准备活动、集中注意、加强思想道德教育等。

《关于儿童、少年篮球适宜形式的研究》(王家宏,1997)认为小学篮球是一种适宜的系统协调形式,能适合小学生身体和心理特征,满足小学生体育的需要。在研究过程中,对篮球的重量和周长、篮球架、场地规格、运动员人数、计战术等进行了科学合理的研究。

(二)转型期的职业篮球体系,研究已成为研究热点

1995年10月,中国篮球协会以中国男篮甲级联赛为突破口,颁布了《中国篮协运动员转队条例》和《俱乐部暂行管理条例》,标明向着职业化、产业化发展,条例的颁布标志着我国篮球改革开始向职业化转变,作为我国篮球运动的一种全新的组织形式,相关专业的改革与发展必须得到重视,篮球规则、管理体制,经营机制、经营方式、训练制度、竞赛制度、教练员、裁判员、运动员的培养与管理等方面的研究,必将成为我国篮球科学研究的热点。

(三)学校篮球运动是研究的重点

学校篮球是我国篮球运动的重要组成部分,也是我国体育教育工作的核心内容。对学校篮球运动发展的条件、环境、现状及对策进行了研究,对提高篮球运动的整体水平和可持续发展,深入校园体育改革具有重要意义。

目前从事篮球科研活动的人员，大部分是各级各类学校的体育教师、篮球专项教师和篮球方向的研究生,他们或受研究环境、现有条件的影响,为了保证研究操作的可行性,或从他们本身的兴趣和工作任务出发,都倾向选择

学校篮球作为研究内容。

在校内篮球运动中,以 CUBA 为代表的大学篮球联赛,是我国篮球以“发展高校篮球培养篮球人才”为目标的又一种全新的篮球竞赛制度。它对于我国篮球训练体制改革、健全完善后备人才的培养机制、提升篮球运动的技术水平起着重要作用。围绕大学篮球联赛展开全面而深入的研究,探讨大学联赛的发展对策,成为我国篮球科学研究活动的重要内容。

(四)重视篮球基本理论体系的建设,进行可持续发展的研究

现代篮球运动实践要求有先进的篮球运动理论,对篮球运动实践的不同领域、不同层次、不同方向进行科学指导。基于理论对实践的重要指导和借鉴作用,探讨篮球运动多方面的原理与规律,摸索篮球运动可持续发展的对策与环境因素,完善与丰富我国的篮球理论体系,一直是广大篮球科研工作者坚持不懈的工作重心。这为我国篮球运动理论体系的形成和完善、对篮球运动的进一步现代化、科学化做出了积极贡献。

(五)开发篮球教学、训练和比赛的现代化设备研究

电子技术和电子计算机的广泛应用,将在篮球领域中充分显示现代科技的重要性。这些技术和成果的应用,将使篮球教学、训练和竞赛向着自动化、计算机化、便携化、模拟化的方向发展,这些技术的广泛运用推动篮球科学研究开始从定性描述向定量研究的迈进。现代化设备的开发在篮球科研方面显得尤为重要,并取得了一定的科学成果。

案例:《掌上电脑及配套软件在篮球比赛临场技术统计中的应用》(杜俐,1995)、《PCBBS 篮球技术统计系统及其应用》(钱君其,1990)、《用计算机进行篮、排、足球运动负荷测试方法的研究》(陈华强,1989)、《篮球比赛临场技术统计微机应用系统的研制》(王鲁宁,1999)、《三维“篮球区域联防战术”电教片的研制及运用》(朱力,2000)等。

此外,还有钟添发等研制的“TPHE 型综合测定仪”和“计算机多通道动态心电心率测定分析仪”;程世春等的“篮球基础训练电视片”;《篮球重点规则》(杨鹏飞,1994)中的电视教学录像片;刘振东的“篮球投篮技术定性、定量、定型练习器”;邵冠群等的“篮球训练反弹器”;孙新国的“无板多圈简易活动篮

架";杜利军的"篮球运动员的辅助训练器材斜式弹网"等成果。

在篮球科研工作者科学、务实、严谨的努力下,我国篮球的科研取得了相当可观的成果,但由于我国体育科研起步较晚,目前从事篮球科学研究的体育者多数是负责篮球教学和体育教学的教师, 以及较少数的篮球教练员,他们一方面缺乏丰富的篮球实践经验,另一方面受本身知识结构的限制,相关的学科理论知识资源匮乏, 因而这些研究者往往大多只是停留在感性认识上。因此,研究者在课题的选择上,只能根据现有的条件、能力,寻找一些较容易入手的、局部的、单一的课题进行研究,而宏观的、综合的课题研究较少,并且缺少先进的科学仪器设备,科研方法单一。这些因素都直接影响着我国篮球科学研究整体水平的提高和发展。

第二节　篮球运动科学研究内容与特点

一、篮球运动科学研究的基本内容

(一)篮球运动发展史

篮球运动发展史方面,《新中国学校篮球运动的发展历程》(王家宏,2004)对我国建国后的学校篮球运动发展历史进行了回顾,分析了影响我国学校篮球运动发展的主要因素。《我国高等体育院校篮球课程发展的历史沿革》(李成梁,2009)对篮球课程的历史发展划分成四个阶段,考察了他们在教学目标、课程设置、课程建设、师资培训、教学方法与手段、教学评价这六个方面不同阶段时期的发展。

篮球运动在发明后不久就传入中国,此后的几年,我国北京、上海和广州等地也陆续开展了这项运动,在之前相对独立发展过程中,篮球运动受到了当时一些青年学生认可并积极参加,随着这批专业篮球运动员的到来,中国篮球运动开始正式发展。1901 年,中国召开了"第一届全国学区代表团运动会",此后,篮球被列为本次比赛的表演性比赛,这一时期篮球运动规则还很简单,场地也不是很规范,传球方式主要是单手或双手胸前传球,传切球配合较少,无球运动更是少之又少,防守战术主要是以一防一为主。

在我国发展中期,国家开始有组织地开展体育活动。中华人民共和国成立后不久,国家基本建立比较完善的体育管理体制,篮球运动被列为重点开展的体育运动项目之一。期间,许多中小学校积极开展篮球活动,不少企业、机关、部队等响应政府号召,购置篮球器材,建设篮球场地,组建业余篮球队,积极参与篮球运动。到 1956 年,我国新建篮球场数量已增加到 16549 个,篮球运动发展如火如荼。

改革开放以后,我国经济全面复苏,篮球运动在原有的积累基础之上呈现出非常快速的发展姿态,随着经济的繁荣,人们把更多的精力投入到篮球运动中,人们对篮球运动的认可也越来越高,参与篮球运动的人也越来越多。随着中国与世界接轨,中国人民看到了世界篮球运动的高水平,他们开始尝试职业化道路,努力开拓国内篮球市场,培养出姚明、易建联等世界级的篮球运动员,我国也已成为世界篮球大家庭中不可或缺的重要组成部分。

目前，我国水平最高的 CBA 联赛已是亚洲地区水平最高的篮球联赛之一,同时带动了国内更多青少年参与篮球运动的热情,但相比世界先进水平的篮球职业联赛,我国的 CBA 联赛中有不小的差距,随着我国国力的不断提高,运动员的水平也不断提高,而有广泛群众基础的篮球运动为我国培养优秀运动员提供了坚实的基础。

(二)篮球技术、战术的运用

1.篮球技术的发展、运用与创新

多年以来国内外学者对篮球技、战术的实体性研究大约沿着以下几条不同的路径同时进行:

(1)运用历史的逻辑的方法寻找各种篮球技术出现的时间、背景,如 1908 年开始出现了变向运球,1940 年出现了篮球勾手投篮,等等。

(2)运用生物力学对篮球技术进行运动学和动力学的分析,借助高速摄影仪器对运动员的技术动作进行摄像,并对影片进行三维运动学和动力学解析或者对运动技术进行简化处理建立模型进行力学分析,运用运动学、经典力学、解剖学甚至是空气动力学的相关知识和原理对投篮的姿势动作、瞄准

点以及球离手后的旋转等问题进行了有益的探讨，提出了新的观点，如投篮时手臂、手指的用力方向应该靠近人体中轴的想象中轴投篮法，投空心球时投篮瞄准点应该选在球篮的远端而非传统教材所主张的近端，并且球在空中飞行时应该后旋，这有利于高弧线的产生。

(3)从心理学的视角对篮球技术进行研究，如在罚球时使用积极自我暗示语有助于技术动作的完成。在篮球训练中采用想象训练法、表象训练法、模拟比赛场景训练法和获得自信训练等。

(4)按照技术特点的分类对各种篮球技术逐一从技术规范和运用时机两个维度进行分析或者按照场上位置的分类对其从得分、助攻、篮板、抢断、盖帽、失误等多个维度进行分析，如以篮球比赛作为研究客体，根据分值把投篮分为一分投篮、二分投篮和三分投篮，通过对投篮次数和投中次数计算出命中率，间接分析投篮技术，或者在训练中通过记录运动员在无人防守或者有人防守时在规定时间投篮的次数和命中的次数对投篮技术进行评价。

(5) 相关的篮球科学研究提出并确定了判断篮球技术动作的评价标准，评价标准的内容包括篮球活动中的动作本身、表现形式、动作节奏、身体姿势、运动轨迹、动作时间、动作力量、幅度和效果等。

2.篮球战术的发展、运用与创新

在篮球战术分析的实体性研究方面，多年来国内研究成果颇丰，如从规则与战术的相互制约、相互促进这一视角以时间为脉络对篮球战术发展演变进行了认真的梳理，认为近百年来篮球进攻战术不断在进化，大约经历了站位式固定时期、“二”字行进间进攻时期、轮转换位时期和快速移动时期四个阶段，对技术增益战术中特定的配合战术的站位、方法、路线及使用时机等在运用这一层面上进行的深入的探讨；也有研究着眼于篮球实战，提出进攻战术演变呈现出三个阶段，即快攻、抢攻和阵地进攻，值得注意的是这三个阶段在时间上具有单向性或者称之为不可逆性，并且对抢攻进行了初步探讨。

近年来，许多研究是以比赛的文本和表格的临场统计数据为研究基石，对数据指标的二次抽象性描述分析，但是由于文本和表格反映的数据信息量过于单薄，过于抽象，以此作为研究的平台注定了其研究结论的可靠性不高，如仅讨论得分而不考虑投篮命中率以及投篮的等场外因素，因此此类研究结果对教练员和运动员的篮球比赛实质性帮助不大，多限于高校体育教师的学术交流。

有研究将场地分成三个区，即后场、前场和中场，认为防守应该采取综合性、可互换、混合防守体系，就是指在防守中，采取两种或两种以上的防守形式。例如在前场快速组织紧逼，主动阻截对手，减慢对方的进攻速度，延缓、消耗对方的进攻时间；在中场组织夹击、断球、破坏对手的快速进攻，破坏对方的力量或增加对方的失误，在后场则采取盯人防守与联防混合防守运用，运用防守拓展防守阵地，充分发挥联防和人盯人防守的优势，有效地破坏对手的进攻。

也有研究专门对三分区出现后的三分战术以及打三分战术进行了积极的探讨，认为三分战术非常重要，可以增强比赛的观赏性，又解决了进攻的不对称性即进攻多集中在限制区附近等问题，三分战术策略的实现路径包括外线定点投篮、利用掩护获得投篮机会、外线突破到内线然后传球到外线的投篮及内线佯攻传球到外线的投篮，三分球战术主要依靠内线强攻或者突破或者造成对方犯规的同时设法将球投进。

（三）篮球运动理论

1.对我国篮球运动发展的战略与规划研究

《篮球运动高级教程》（孙民治，人民体育出版社）对中国篮球运动发展提出了六点战略性对策建议：一是统一认识，解放思想，推进改革新秩序的形成；二是一切从现实出发，明确中国篮球运动的定位目标，确立正确的篮球训练工作方针及指导思想；三是落实深化篮球管理体制改革，根据中国特色创建篮球运动管理新模式；四是广泛谋划，培养构建出一支结构合理、综合素质高、强有力的队伍；五是落实“以青少年为中心”的办学方针，以多种形式培养与储备篮球后备人才；六是共同努力，提高我国篮球运动的竞技水平，积极推进篮球运动的科学研究。

《我国职业篮球俱乐部后备人才培养影响因素研究》（蔡美燕，2011）提出职业篮球俱乐部培养后备人才培养，是我国竞技篮球后备人才培养和运输的一种新的、根本途径。《NBA 职业篮球市场的演变与成功因素探析》(王乐，2010)指出 NBA 是世界上最具影响力的国际职业体育组织之一。它也是国际体育市场发展的成功典范。探讨了影响职业篮球市场成功发展的主要因素和职业篮球发展的一些特殊规律。研究发现,我国竞技篮球职业化可以借鉴国外先进模式,促进我国竞技篮球职业化进程的市场化发展。《NBA 与中国篮球职业化发展道路探析》(郭雪鹏,2011)指出人才培养、教练员、社会因素、科技因素是影响我国竞技篮球职业化的具体因素。加强职业化进程的统筹规划，对于我国竞技篮球职业化的科学发展具有重要的理论和现实意义。

2.对篮球运动教学理论的研究

根据以往篮球综述性论文的研究,篮球运动教学一直以来都是研究的热点,因为从事篮球运动教学方面的科研人员大多是高校在职体育教师,具有优越的研究条件。篮球运动教学的研究是需要根据时代发展、学生身心发展，与时俱进,它将会永不止步的发展下去。

《开放式运动技能学习原理及其在篮球教学中的应用》(柴娇,2010)指出,开放式运动技能的学习原则是在与整体环境的交互中学习基本技术。开放式运动技能学习的目的是改变学习方式。《领会教学法在高校篮球教学中的实验对比研究》(曾新平,2019) 一文中运用实验对比法对领会教学法和传统教学法的教学效果进行了对比,结果发现,领会教学法能提高学生的篮球理论知识,提高篮球比赛的效能,激发学生学习篮球的兴趣。

3.对篮球训练理论的研究

随着篮球训练水平的不断提高，关于篮球训练的研究也在不断发展进步。在篮球训练理论方面,《国家队篮球训练课优化模式研究》(戴永冠,2008)针对问题和备战实际,研究提出了“小、快、大、重”的国家队篮球训练课优化模式,即篮球训练课中要时刻坚持“周期小、节奏快、强度大、恢复重、实战重。”

《中国篮球运动体能训练理念创新研究》(蒋威,2013)指出理念创新表现在应该重视体能与技战术同步发展理念的创新、技战术训练和体能训练关系的创新、体能训练手段方法科学化的创新、一般体能与专项体能训练合理运用的创新,以及赛季中体能训练消耗与恢复的训练理念的创新。

《篮球实战训练理念的探讨》(程冬美,2007)指出,篮球实战训练理念的基本技术训练重视简单性、准确性、对抗性、实用性;通过实战学习篮球,可以提高运动员的观察和交流的能力;体能训练与技战术训练密不可分;训练应以发展有氧耐力为基础,以提高无氧爆发力;高强度、高速度、强对抗,与篮球竞赛实际紧凑结合起来是符合实战训练的核心; 训练计划的深入和周密,强调其针对性;设计完整的、全面的攻防体系;心智训练的渗透;1 对 1 的攻防训练是根本。

《运动技术教学与训练中的"技术环境"理论探索--华侨大学篮球教学训练实践与理论创新》(邢尊明,2010)试图在理论层面提出并分析"技术环境"现象的存在。

4.对篮球运动员的研究

由于运动员是篮球竞技运动的主体, 近年来篮球竞技运动发展迅速,围绕运动员心理、营养、生化指标、身体素质等方面的研究越来越多。

在关于篮球运动员选材的调查研究中,有《我国优秀男子篮球后备人才现状分析研究》(张振东,2002)、《我国体育系统篮球后备人才队伍发展动态的研究》(刘雄君,2009)、《中国篮球竞技后备人才现状调查与培养对策》(于振峰,2002),这些研究大多是现状分析,指出篮球运动员选材存在的不足,针对不足的各个方面提出相应的对策。

篮球比赛的激烈程度,对运动员各方面的能力要求是全面的。客观评价对于篮球运动员尤为重要,《篮球运动员竞技能力构成要素之间关系的质疑与思考》(李圣旺,2003)探讨了篮球运动员竞技能力五个要素彼此间的关系,即技术、战术、体能、心理、智能之间的关系。另外,通过对比赛结果的对比分析, 也可以反映出各个篮球运动员的成绩从而分析出篮球运动员的自身情况。《国内、外男子篮球优秀中锋竞技实力比较研究》(袁风生,2004)中通过对世界篮球竞赛的技术统计数据的比较分析中,了解了中国男篮中锋球员与世界篮球队中锋球员在竞技实力上的优势与劣势。

5.对篮球科学研究理论与方法的研究

篮球科学研究理论方面,《中国现代篮球运动创新体系研究》(吴晓强,2002)对我国现代篮球运动创新理论体系进行理性思考,构建中国现代篮球运动理论思维创新、技术创新、战术创新、体能结构创新、体制创新、科学研究创新体系。

《篮球运动健身论》(金赛英,2003)、《论篮球比赛的观赏性》(金赛英,2003)、《论篮球运动的健身功能与方法》(薛岚,2003)从篮球健身功能和篮球比赛的观赏性方面做出相关研究。

《我国竞技篮球发展环境特征研究》(庄雪娥,2014) 从理论进行系统的、科学的调查研究,研究发现影响转型时期的中国竞技篮球运动发展的关键因素。在《篮球运动博弈理论体系的研究》(岳峰,2009)中强调突出了一般博弈论和体育博弈现象的必然联系,提出篮球运动博弈论是研究篮球如何在运动中去战胜对手、提高获胜可能性、取得最佳成绩的科学理论。《篮球制胜决策及其在我国的运行状况研究》(马进荣,2009) 发现我国篮球运动的制胜决策及其活动的不足之处,并提出改进措施与建议。《社会与自然中存在的“相克现象”及启示—兼谈竞技篮球“相克现象”的表现形式及应对》(宫士君,2009)通过对社会与自然中“相克现象”的研究,揭露了“相克现象”在竞技篮球运动中的表现形式和应对,从中获得启发和借鉴,有助于我们对竞技篮球进行深入的了解和探讨。

综上所述,篮球基本理论领域研究主要以篮球的功能、篮球的体系为主要研究内容,在篮球体系的研究中,创新体系、博弈理论、制胜决策、相克现象丰富了篮球体系的研究。

篮球研究方法应多样化、综合的、立体的、全方位的。篮球学科的迅猛发展客观上要求篮球科学研究与之相应进步,而篮球科研的进步又与篮球科研的方法息息相关。篮球科研的成果是人们认识篮球的结果,篮球科研方法是人们认识篮球的手段。篮球学科的进步与篮球科研方法的进步相辅相成。篮球科研现状的分析离不开篮球科研方法的研究。研究方法是保证科学研究成果的正确方向和质量的前提条件,研究方法的选择应根据研究对象的具体任务和内容、研究对象的性质及特点。合理的研究方法有助于提高科研成果和科研效益,相反,则使科研工作事倍功半,浪费科研投入。

定性的研究方法有:文献资料法、逻辑分析法、专家访谈法、观察法、比较法;定量的研究方法有:数理统计法、问卷调查法、实验法、测量法、统计分析法。在研究过程中可以发现应用定性的研究方法多于定量的研究方法。

(四)篮球规则的理论

1.对篮球规则、裁判法、裁判员的研究

在规则方面主要涉及规则的修改对篮球运动发展的影响。在裁判员方面,主要涉及裁员的职业化和裁判员的评价水平。经过多次修改和改进,篮球规则对篮球技、战术的发展和篮球观念的更新起到了很大的作用,对篮球向健康、快速、强对抗的方向发展起到了积极作用。关于裁判员,主要涉及裁判员职业化、裁判员的依法评判的水平等。通过对部分 CBA 职业篮球联赛裁判员职业化的必要性和可行性的相关研究,得出 CBA 联赛裁判员职业化的必要性和可行性的结论。中国职业联赛的外部环境和内部条件等方面为裁判员专业化打下了良好的、坚实的发展基础。

2.对不同等级裁判员的研究

近年来关于篮球裁判的研究越来越多,研究内容主要在以下几个方面:篮球裁判员现状的研究;篮球裁判员基本素质、能力的研究;篮球裁判员培养与考核的研究;篮球裁判职业化的研究等。

关于篮球裁判员现状的研究主要运用问卷调查法对某地区、学校或者某个赛事裁判员的现状进行调查分析,指出现状存在的问题,并提出相应的对策或建议。比较有代表性的研究有:

《北京市篮球裁判队伍发展现状与对策研究》(李成龙,2014)中对北京市篮球裁判员现状的调查、分析,认为北京市篮球裁判员年龄结构不够合理;晋级选拔方式比较单一,成长周期太长;英语水平偏低。裁判员管理缺乏规范性;等级考核制度不健全;奖惩措施不明确,没有完整的评价体系。

《对 CBA、WCBA 联赛篮球国际级裁判员现状与发展对策的研究》(姚广军,2007)一文中,对国际级裁判员的基本情况、管理模式、监督机制、培养途径、选派方式五个方面进行调查。调查分析结果如下：目前，在我国国际篮球裁判员中，女裁判员数量相对较少，且大多集中在经济发达的省市，且大多是教师，以研究生学历为主，但英语水平达不到标准。

在对篮球裁判员基本素质、能力的研究中，学者大都根据篮球比赛的基本特点和篮球裁判员的工作特点，对决定篮球裁判员执裁水平的各种因素进行分析研究。具有代表性的研究有：

《浅谈普通高校体育大学生篮球裁判基本能力的培养》(吴岩，2012)中重点强调裁判员基本功的重要程度，表明在高校中培养大学生篮球裁判员必须把基本功练习放在首位，包括标准的动作、迅速的反应能力、正确的选位以及合理的移动。

《我国优秀篮球裁判员成才的阶段特征及其促进因素》(宋述光，2006)一文把较高的外语水平、计算机的应用能力作为优秀裁判员的基本素质。他认为优秀的外语交流能力是优秀裁判员走向国际舞台的基本条件之一。篮球裁判员较高的计算机水平可以更好地了解当今篮球运动的发展最新动态以及与世界篮球优秀裁判员的交流互动。

关于篮球裁判员培养的研究大都集中在培养模式、培养现状、培养方法三个方面。具有代表性的研究有：

《我国篮球国家级女裁判培养现状调查与分析》(王宁，2011)中对我国国家篮球女裁判员的培养与管理进行了探讨和分析，指出应从英语交际能力、科研能力、职业道德等方面加强对青年民族篮球女裁判员的培养。

《北京市昌平区篮球裁判队伍现状分析与培养对策研究》(勾占宇，2015)一文阐述了北京市昌平区篮球裁判队伍建设与管理中所存在的问题，并提出了一系列对策来优化裁判员培养与管理模式，裁判员应朝着年轻化、规范化的方向发展；结合昌平区的实际情况创立并健全适合昌平区篮球运动发展的裁判员培养与管理体系，这不仅是昌平区篮球运动发展的需要，也是推动社会体育改革的重要力量，更加是昌平区全民健身发展的迫切需要。

近十年来，随着我国职业篮球的发展，关于篮球裁判员职业化的研究开始出现。早些时候对篮球裁判职业化的研究主要集中在可行性、必要性研究，近几年的研究主要集中在对篮球裁判职业化理论构建以及限制因素分析。

《我国职业篮球联赛裁判队伍职业化的必要性与可行性研究》(易强，2009)一文中通过调查部分一线的篮球裁判员，从我国职业篮球裁判队伍职业化外部、内部环境以及培养与管理方面入手，为我国实现职业篮球联赛裁判队伍职业化进行可行性论证。认为政府部门的大力支持，以篮管中心为首的职能部门敢于试验，裁判员有序竞争是实现篮球职业化的基本前提。

《我国实行篮球裁判员职业化的理论构建》(杨宏峰，2009)中提出裁判员职业化的理论性研究为我国篮球裁判员职业化提供了理论基础；裁判员较高的职业伦理素质是职业化的前提，所以要大力提高篮球裁判员职业道德，从思想上向职业化的靠拢。作者通过对我国篮球裁判员职业化必要性、可行性论证，认为篮球裁判员职业化是大势所趋。

(五)篮球与相关学科的理论运用

1.心理学在篮球学科中的运用研究

根据运动心理学的理论和研究成果，探讨了篮球运动员心理过程的特点与个体差异与篮球运动的关系；篮球运动对人的心理过程和人格特征有着长期不同的影响；掌握篮球知识，形成篮球运动技能，在心理规律下进行篮球技能训练；人在篮球活动中，会对人的心理过程和人格特征产生短期和长期的不同影响等。具体包括篮球运动员的个性心理特征、赛前心理紧张的产生与变化规律、活动中焦虑的机制与控制、活动中的最佳兴奋水平、篮球运动员的运动动机、篮球运动员与教师、教练员之间的关系等社会心理因素、教师和教练员的领导心理和行为，运动队的群体心理等。例如：《浅析气质类型与篮球运动员的选材、战术位置及技术特长的关系》(饶平，2001)、《影响篮球运动员情绪稳定的因素及训练》(谭朕斌，1995)等。

在《心理学视角下篮球运动员投篮命中率的提高策略》(王小宁，2018)一文中首先讨论了心理因素与篮球运动员比赛中投篮命中率之间的关系，并解释了相关的心理因素，然后根据心理学观点，提出提高篮球运动员投篮命中率的策略。

2.自然学科(生理、生化等学科)在篮球学科中的运用研究运用摄影技术,结合运动生物力学和运动解剖学,研究了篮球运动中人体四肢关节的运动轨迹,分析了运动的力学和生物学原因,建立了指导运动训练、提高运动技术水平的生物力学参数模型,从而让动作形式、幅度、速度、节奏、运行轨迹和练习方法更符合科学原理。例如:《篮球持球突破技术动作的运动生物力学特征分析》(王飞,2014)、《旋转球对正碰篮板球命中率影响的生物力学分析》(陈辉太,1997)等。

运用运动生理学、运动生物化学和营养学可以研究篮球运动员的一般生理化学特征,以及运动中身体能量代谢的方式和运动恢复等问题,科学安排教学、训练、竞赛练习,指导运动员的体能负荷。运用运动医学、体育保健学来了解篮球运动员身体健康状况及运动损伤原因,为预防和治疗篮球运动员运动损伤提供依据,从而延长运动员的运动寿命。例如:《磷酸肌酸与篮球运动员力量速度素质关系的探讨》(王满福,1999)、《不同位置男篮运动员血乳酸与心率的测定》(孙鲁岷,1995)、《我国篮球运动员运动损伤患病率调查》(姚洪恩,1995)、《对少年篮球男子运动员左心室形态及机能变化的初步研究》(练碧贞,1996)等。

3.管理学在篮球学科中的运用研究

著名管理学家说过:“决策是管理的心脏, 管理是由一系列决策组成的,管理就是决策。”在篮球运动中,完整的管理体制可以保证联赛的完整性。

《我国竞技篮球运动内外环境的研究》(吴磊,2009)强调建立具有中国特色的篮球运动管理体制,建立企业俱乐部管理体制,明确发展目标,促进篮球市场发展, 加强后备人才培养。《中美职业篮球俱乐部对比研究》(田文学,2004)认为,我国职业篮球俱乐部应加强对外交流,打破地域界限,学习高水平俱乐部的经营管理制度,完善法律法规建设,使俱乐部得到有效发展。

(六)发展理论的研究

在 2005-2006 赛季 CBA 联赛中,CBA 联赛的中文名称由“中国男子篮球甲级联赛”改为“中国男子篮球职业联赛”,标志着 CBA 联赛正式走上了职业化的道路。CBA 联赛从市场开发、赛事和俱乐部经营等各个方面都进行了大幅度的改革。伴随着 CBA 联赛的职业化,篮球科研在这方面的研究也有所增加,如对篮球职业化与产业化的研究、对篮球市场开发与营销的研究。

在篮球职业联赛的管理与经营的研究中,关于研究我国职业篮球竞赛市场现状、运行机制的有《关于我国职业篮球市场现状及对策研究》(杨铁黎,2002)、《中国职业篮球竞赛市场运行机制研究》(王郓,1996)、《中国职业篮球竞赛市场需求的研究》(何斌,2007)、《篮球职业联赛赛制、市场、文化的基本关系》(王家宏,2009)、《北京市职业篮球竞赛表演市场观众消费需要调查研究》(张纳新,2004),这些研究从市场、文化、观众消费需求等方面调查了我国职业篮球竞赛市场的现状,指出了其中存在的问题,提出了相应对策,为我国职业篮球竞赛市场化发展提供了坚实、可靠的理论依据。

《关于实现我国篮球职业化可持续发展的对策研究》(陈均,2002)认为中国篮球职业化应采取"渐进式"改革,提出了以赛制改革为"切入点",建立与完善联赛竞赛制度等一系列具体的对策与措施。

二、篮球运动科学研究的特点

随着现代篮球运动的发展,世界各国篮球科研活动日益活跃,特别是现代科学的发展以及许多相关学科知识、方法和技术手段的产生,为篮球运动的科学研究提供了大量的认识论和方法论,拓宽了篮球运动科学研究的思维,加大了篮球运动科学研究的深度和广度,提高了篮球运动科学研究的时效性和科学性,促进了当今篮球运动的快速发展。

篮球运动科学研究与其他体育项目科学研究一样具有许多共同的规律。然而,由于篮球运动本身的特殊性,篮球运动领域的科研活动有其自身的特点。纵观我国篮球运动研究的发展,其特点主要表现在以下几个方面。

(一)研究对象和研究领域的广泛性

研究对象涉及儿童至老年各个年龄段不同水平的篮球爱好者;各类别的学生、教师,各等级的运动员、教练员、裁判员,各职能的工作人员;以及学校篮球、竞技篮球、职业篮球、篮球市场等多种研究对象。

例如:《对我国少年女子(13-15 岁)篮球运动员身体素质、基本技术评价模型的研究》(王慧琳,2001)中选取的研究对象是辽宁省阜新少体校、石家庄少体校、全国少年集训队及篮球学校(成都)优秀女子少年篮球运动员为调查对象;《篮球裁判员知觉技能水平的测试与评价》(章建成,1997) 就是对三个等级的教练员进行测试,以探讨情景测试评价篮球裁判员的可能性;《中国篮球甲级联赛(CBA)、职业联赛(CNBA)、和美国(NBA)联赛的比较研究》(张伟建,1998)等。

在研究层面,包括指导理论体系、发展战略和领导体制的宏观研究,还包括操作性的生化反应、力学分析和技术分析等方面的应用研究;对国家队高层次篮球队的研究和青少年后备人才的能力进行了研究。

例如:《21 世纪世界篮球竞技运动的发展趋势——兼论中国篮球运动现状及对策》(孙民治,2001)、《运动性尿蛋白试纸在篮球科学化训练中的应用与研究》(苏文阳,2015)等。

研究范围主要包括篮球理论体系与历史研究、篮球技战术、身心训练理论与实践研究;篮球竞赛的指挥、分析与调控研究;篮球教学训练的生理、生化和生物力学的研究;篮球运动员营养、医疗和恢复的研究;篮球裁判员的培养和篮球规则与技战术关系的研究;篮球运动的赛制和发展的研究等方面。

例如:《对我国篮球职业化改革的思考》(梁建平,1999)、《对我国篮球理论研究现状的思考》(谭朕斌,1999)等。

(二)研究内容的时效性

篮球运动科学研究来源于篮球运动本身, 为篮球运动实践的发展服务。篮球运动科研的开展需要大量翔实的研究素材, 而篮球运动丰富的技术动作、战术设置、竞赛视频、独特的运动形式以及相关学科的快速发展恰好可以为篮球科研提供丰富的相关内容。同时,只有经过篮球运动实践的检验,篮球运动科研的结果才能转化为篮球运动科学研究的成果。由此可见,篮球科研不仅来自篮球运动实践而且服务于篮球运动实践,它们是推动篮球运动科研不断发展的源泉和不竭动力,二者是互动统一的有机体。

就目前理论转化为实践的成果看,篮球运动科研的实践性、实效性已经得到了很好的检验。科研选题也都大多围绕篮球技战术训练、教学理论和竞技比赛的问题进行研究。例如,联防、篮球比赛盯人战术的运用研究、篮球运动员的选材测量与评价、篮球课的组织教法与教学、篮球运动快攻中的“多打少”的训练方法与效果、篮球急停跳投技术的掌握与运用、篮板球的有效拼抢、决胜时刻相关战术的执行等。

（三）研究过程的动态性和结果的创新性

动态规律是篮球运动的基本规律之一。就运动本身而言，攻防矛盾是推动篮球运动可持续发展的内生动力。外部环境变化则是篮球运动创新提高的外源性动力。规则的修订、调整竞赛制度、转变体制、相关学科知识的发展和现代科技的创新，对篮球运动的不断发展和创新起到了积极的引导和推动作用。

篮球运动的科学研究也继承了篮球运动的动态特征。篮球运动的科学研究时间长，跨度大。从提出科学假想、搜集数据、进行预实验、科研实验到结果分析、科学论证、得出结果，这个过程就是一个动态发展的过程。科学技术的发展和相关学科知识的不断提高和完善，产生创新了一系列的新方法、新手段，创造了新理论和新技术，这些创新成果被合理地运用到科研之中，使得科研得以进一步发展与创新。

（四）研究理论与方法的综合性

篮球运动涉及人体解剖学、人体测量学、运动生理学、运动生物化学、运动生物力学、运动医学、营养学、保健学、运动训练学、体育心理学、体育社会学、统计学、教育学、社会学、经济学、法学、管理学、哲学、文学等多种学科以及控制论、系统论、信息论等多种理论。现代科学技术成果也被大量采用，例如幻灯投影技术、摄影摄像技术、各种精密仪器的使用、电视录像的演示、电脑软件的开发以及各种针对性研制的器材的应用等。通过对各学科的交叉应用和吸收现代化科学技术成果，综合运用多元化的研究方法和手段，可以使科研工作者从不同视角去研究有关篮球的诸多问题，拓宽篮球科研视野，增强篮球科研的准确性、科学性和时效性。

篮球科研作为一项科学的工作，仅靠教师和教练员的教学经验是远远不够的。研究结果应是定性分析与定量分析相结合。采用数学原理和方法，对运动员的生理、心理、素质等方面的数量指标进行科学的统计分析，以便掌握教学训练过程中的各种现象和规律。

第三节 篮球运动科学研究方法

研究方法是在研究过程中发现新现象、新事物，或提出和推广新理论、新观点，揭示事物内在规律的工具和手段。

随着现代科学技术逐渐在体育科学技术中渗透，随着体育运动不断发展以及人们对体育认识日益深化，促使体育科学研究向着深度和广度迅速发展，并逐渐形成适宜体育自身体系要求的研究方法。目前，观察法、调查法、实验法、逻辑法、数理统计法等均在体育科学研究领域中得到广泛的应用，同样，这些研究方法也在篮球运动研究中成为探索篮球运动发展最有力工具和手段。

一、观察法

在自然条件下，利用人的感官观察或科学仪器，按照预定的目的和结果，对研究对象进行系统地检查，从而获得真实的科学数据和资料，然后运用相关方法对已经得到的数据和资料进行整理，达到从现象上升到本质，从感性上升到理性的效果，最后获得规律性认识。篮球运动科学研究中通常采用的临场技术统计，就是通过一些测量工具(目前常用的有计算机)对比赛进行定量描述的方法。摄像法则是利用照相机、摄像机、电影摄影来记录所观察到的事物和现象，而后深入观察分析的一种研究方法。

例如：《2019 年篮球世界杯中国男篮失利因素分析》(刘明刚，2020) 运用到了录像观察法，通过 CCTV5/CCTV5+的录像回放，一遍又一遍地对中国队参加的 2019 年篮球世界杯 5 场比赛录像进行回顾，期间对这 5 场篮球世界杯比赛(中国 VS 科特迪瓦、中国 VS 波兰、中国 VS 委内瑞拉、中国 VS 韩国、中国 VS 尼日利亚)进行统计分析。

《论实战训练对高职篮球运动员技战术水平的影响研究》(尚龙盛，2019)

中采用观察法反复观看国外与中国关于实战训练、技战术的视频，提供教学、训练视频以及相关书籍，以便更好地了解实战训练、技术和战术。

在运用观察法时要注意以下基本要求：

1.观察应具针对性：观察应有明确的目的，使观察具有针对性，为提高观察的实效，要充分发挥理论思维对观察的能动作用。

2.观察应具客观性：为保证观察过程客观和准确，应坚持实事求是的科学态度。观察时不择己所好，忌主观片面。

3.观察应具系统性：由于事物总是发展变化的，因此要客观地认识事物的发展全过程，就必须进行系统观察。

4.观察应具准确性：为防止在观察过程中由于主、客观原因而带来误差，要求观察者在观察前做好仪器的校验，选择好观察的位置，印制好观察记录表。正式观察前先进行实习，以便修改、完善和熟悉观察指标，保证观察的准确性。

二、调查法

调查法是研究调查者通过直接或间接的方法为了了解研究对象而去采集能够反映研究对象性质的数据材料，是当前篮球运动科学研究常用的一种方法。根据调查对象的数量与范围的大小划分，可以分为普通调查、抽样调查等类型；根据调查的性质和内容划分，可以分为现状调查、前瞻调查等类型。调查方式有专家访谈法、问卷调查法、特尔菲(专家调查)法等。

(一)专家访谈法

是对有代表性的、经验丰富的专家进行有目的的谈话，获得研究数据、研究资料的方法。访问调查法的步骤如下：

1.取样。根据被访问的总体特征和研究目的，决定抽样方法，决定访问的样本。

2.制定访问时的提问提纲。

3.进行访问。访问者要先表明身份、单位和访问目的等。

4.记录答案，及时整理。

案例:

引自阿布都热扎克·买买提《乌鲁木齐市青少年校园篮球人才培养困境及对策研究》(2019)一文。

为了解乌鲁木齐市青少年校园篮球人才的概况,通过实地调查,制定访谈提纲,2017年7月在乌鲁木齐走访当地相关体育领域的专家、官员等。访谈专家名单及信息如表 1所示。访谈内容主要是针对专家及官员对乌鲁木齐市青少年校园篮球人才培养的现状及存在的问题,以此更好的把握后备人才培养中的重点、难点。根据访谈结果设计了与本研究相关的运动员调查问卷450份及教练员调查问卷37份。为了保证问卷的有效和质量,问卷设计之后特请北体大篮球教研室老师及新疆篮球协会有关专家进行审核评价。再经过审核之后对问卷进行修改,确保问卷的全面性及科学性。

表1 访谈专家信息一览表

序号	专家姓名	职称	所在单位、职务
1	xxx	教授	新疆师范大学/体育学院院长
2	xxx	副教授	新疆师范大学/乌市篮协主席
3	xxx	高级教练	乌市体校校长/乌市篮球秘书长
4	xxx	高级教练	兵团二中体卫主任/乌市篮协副主席
5	xxx	副教授	新疆工程学院/乌市篮协副主席
6	xxx	副教授	新疆大学/乌市篮协副主席
7	xxx	高级教练	区体育局/新疆教练员委员会主任
8	xxx	高级教练	新疆大学/校男篮主教练

附录:专家访谈提纲

尊敬的专家:

您好!我是北京体育大学2016级硕士研究生,毕业论文的题目是《乌鲁木齐市青少年校园篮球人才培养困境及对策研究》。乌鲁木齐市的青少年篮球运动正在飞速发展,这与您的努力是密不可分的,本访谈是为研究乌鲁木齐市青少年校园篮球人才培养而专门设计的,目的是了解本市的校园篮球后备人才培养情况。耽误您宝贵的时间完成这个访谈,您真实、准确的回答对我的论文研究非常重要。您的合作将会对乌鲁木齐市今后的校园篮球人才培养工作有很大的帮助!

衷心感谢您的帮忙与支持。

您的姓名: 职称:

单位: 所从事工作:

1.乌鲁木齐篮球运动的发展对新疆的民族团结,社会稳定起着什么样的作用?

(通过当前新疆的维稳状况,乌鲁木齐市篮球有没有为新疆民族团结起到积极的作用)

2.乌鲁木齐市篮球发展对社会有什么价值?(文化、大众健康)

3.乌鲁木齐市青少年校园篮球人才的发展对乌鲁木齐市经济带来怎样的效益?

4.历年来乌鲁木齐市青少年校园篮球人才培养经历了怎样的过程?(过去及当前乌市的篮球后备人才培养的主要模式是什么)

5.您认为现今乌鲁木齐市青少年校园篮球人才培养中竞赛状况合理吗?

6.您认为如何更好处理“学与训”之间的矛盾?

7.如何提高教练员的执教水平?

8.如何改善校代表队招生困难问题?

9.对乌鲁木齐市青少年校园篮球人才培养有何建议?

10. 您认为造成乌鲁木齐市青少年校园篮球人才培养困境的主要因素后面打对勾:

乌鲁木齐市校园篮球发展的影响因素	很重要	重要	一般	不重要	很不重要
	5分	4分	3分	2分	1分
当前社会环境的影响					
教练员执教水平					
物质资金投入					
竞赛体制不合理,比赛太少					
人才流失严重					
校代表队队员升学问题					
学校领导重视程度					
家长支持程度					
运动员学训矛盾					
场地设施不健全					
校园篮球与应试教育观念的冲突					
篮球运动社会化程度不高					
训练科学化、系统化程度不高					
其他请补充					

(二)问卷调查法

问卷调查法是一种书面形式的调查,设计严谨、详细的若干问题来对研究对象进行询问,然后对所获得的材料进行分析整理的研究方法。问卷调查法的步骤如下。

1.问卷的设计

调查问卷的内容包括3部分,即问卷的标题、问卷的说明和调查问题项目部分。调查问题部分,结构形式大体上有问题罗列式(陈述式)和表格式两种,也可将这两种形式结合运用。

(1)问卷的标题与说明部分。标题要反映调查内容,名称应准确,一目了然。问卷的开头应有一段简单的文字说明,内容调查的目的和意义、调查的主要内容，请求对方帮助与支持，回收问卷的形式和时间、调查的匿名和保密原则，最后应注明自己的姓名、工作或学习单位、邮编、地址、联系电话。为了引起被调查者的重视以及兴趣，开头说明要注意措辞谦虚、诚恳，问卷设计简明扼要、通俗易懂，最后附上诚挚的感谢。

(2)确定调查内容。问卷中所设计的调查问题，应紧紧围绕课题的研究目的及任务来确定，而后对总的问题进行分解，使其成为明确的、互相独立的、详细严谨的小问题。题干应简明并突出重点，在排列方式上应将同类性质问题排在一起，归属成一个分类并附上小标题，然后对每个问题可以按照复杂程度进行递进的排列，将简易的问题、能对后面问题带来启发意义的放在问卷的开头部分，开放和敏感的问题一般排在最后，检查成套可行性的问题不要排在一起。简言之，问题的排列顺序要有逻辑性。

(3)确定回答问题的方式。根据调查问卷问题提问的形式不同，回答方式也不同。对开放型(自由式)问题可根据被调查者的认识自由回答。这类问题多用于面访调查提纲，被调查者具有较高的文化素养与学识水平。关于封闭式问卷，问卷设计时要注明选项的单一性或多样性，或者把答案分为几个层次让被调查者按照自己的认知对其重要程度排出顺序。

2.问卷的信度和效度检验

问卷的信度是指问卷的可靠性，效度是指问卷的有效性，信度是效度的前提。调查结果的信度与效度对结论推导的真实性有至关重要的作用，因此，保证问卷的信度与效度是研究者必须掌握的技巧。

为保证问卷的信度与效度，必须注意以下几方面。

(1)设计问卷内容时，第一，要阅读有关文献资料与专业书籍，并经专家评定。第二，为避免设计的内容有所遗漏，应采取开放式与封闭式相结合的回答方式。第三，正式调查前，可通过小样本或小范围的预调查，以验证其可行性与有效性。

(2)对问卷信效度进行检验。信度一般是指测验结果的可靠性、一致性，反映出调查对象可靠、真实的实际情况。信度系数越高表示该测验的结果越可靠。

信度检验:信度指标多以相关系数表示,常用的信度分析方法有2种:第一种是“重测信度法”,利用统一检测方法,对同组受试者进行先后两次实验,计算出零次的相关系数,估价其可靠性;第二种是“折半信度法”,即采用分半的方式对问卷题目按奇偶顺序分半,得出内部一致性系数,衡量测验内部的一致性程度。此方法一般用于态度量表的信度检验。

效度检验:常用的问卷效度的调查类型有内容效度与结构效度两种。内容效度是指问卷的内容是否完全反映了研究计划所需要的所有材料。有两种检验方法:一种是表面效应检验,或称逻辑分析检验,邀请有关专家对问卷的内容进行实质性的审查和评估,并从问卷的内容和逻辑关系上看问卷是否符合研究的目的、任务与研究的需要;另一种是评定量表方法,即分别对问卷内容的各大问题及其范围加以定量评定(评分),然后算出每个评分者的效度分数,最后求出全部专家总的平均效度分数。

案例:

引自赵国华《我国竞技篮球职业化发展战略研究》(2013)一文。

本研究围绕研究的重点内容对国内篮球管理专家、理论研究专家和训练专家展开问卷调查。利用八一队主场设在宁波之便,对来宁波参加CBA比赛的俱乐部教练和俱乐部管理人员、国内知名篮球理论研究专家等共57人就“我国竞技篮球职业化发展战略问卷调查表”(以下简称问卷1)和“我国竞技篮球职业化影响因素调查问卷表”(以下简称问卷2)进行问卷调查,其他被访问者通过问卷星、电子邮件,友情协助等形式完成。

(1)问卷的效度检验

采用专家评估法检验问卷的效度。选取10名专家对问卷中各变量与我国竞技篮球职业化的关系进行评估,并以此为依据确立各变量取舍。

(2)问卷的信度检验

采用再测法检验调查问卷的信度。选取10名调研对象,再次实施相同问卷调查。将两次调查结果建立数据库,并做相关分析,问卷相关系数 $r1=0.81$,$r2=0.87$。

(3)问卷调查实施

本次共发放问卷57份,回收49份,回收率85.97%,问卷1有效回收47份调查问卷，有效率为95.91%，问卷2有效回收49份调查问卷，有效率为100%。

(三)特尔菲法

特尔菲法又称"专家调查法",它是调查者以书面形式对研究的问题向有关专家进行咨询调查,并背对背地反复多次汇总征询意见,从而进行预测与判断的一种调查形式。在篮球运动科研中多用于研究技、战术发展趋势及预测大赛的胜负情况等。

特尔菲法的运用程序如下:

1.确定研究调查主题,拟定一份调查提纲和表格。

2.确定被调查专家。应选择在本研究领域内连续工作十年以上有造诣的专业人员。专家人数一般以10人至25人为宜。

3.调查过程

(1)向专家发放信函,提出要求,提供有关背景资料,明确调查的预测目标,征求意见。

(2)发调查表给专家调查表只提出要求预测的问题。

(3)调查者对专家寄回的调查表进行汇总整理,并将统计归纳后的结果反馈给各位专家,为专家修改自己的意见做参考。

(4)调查者在第二轮问卷回收之后,再对调查的数据进行统计归纳,然后反馈给各位专家。如此反复3至4轮可得出较准确预测结果。

案例陈述:

引自杨洋《中外男篮传接球技术运用对比分析》(2012)一文。

为了合理选择传接球技术的统计指标,在初选指标的基础上通过特尔菲法,向国内部分篮球界专家发放三轮调查问卷,通过三轮符合特尔菲法的操作程序和严格控制专家调查,得到专家趋于统一的意见,以确立合理有效的评价指标。经过筛选后得出评定蒸球传接球技术的统计指标。专家的基本情况和三轮问卷的发放与回收情况见表2

表 2　专家问卷回收情况统计表

轮次	发放问卷	回收有效问卷	回收率%
第一轮	32	28	87.5
第二轮	28	25	89.3
第三轮	23	23	92.0

表 3　专家问卷内容效度评定统计表

专家评分值（10 分制）	9.5–10	9.0–9.5	8.5–9.0	8.0–8.5	平均	9.1
人数	9	11	6	2	合计	28

三、实验法

实验法是研究人员在一定条件下，运用一定的方法手段，人为地控制、模拟自然现象，排除非实验因素的干扰，突出主要因素，在特定的条件下通过实践探索自然规律的一种研究方法。实验的类型很多，主要有定性实验、定量实验、对照实验、模拟实验等。

（一）科学实验的构成因素

任何科学实验都包括 3 个基本因素，即施加因素、实验对象和实验效应。

施加因素又称处理因素，即在实验中为揭示实验对象可能发生某种变化的突出因素，如提高投篮命中率实验中的某种训练手段与方法等。施加因素必须使之成为规范稳定的、可操作实施的一些内容、方法、手段等。

实验对象一般指实验对象所涉及的全部对象，即整个实验研究对象。从整个实验对象中抽出实验个体就是实验的实验样本，它是实施实验的受试者，是实验的主体。

实验效应是指通过实验后施加因素对受试者的作用。为了解释施加因素在受试样本产生的效应，就必须通过一定的指标来进行观测，以便确定实验的效应程度。为了保证观测结果的正确性和可靠性,必须遵循指标的有效性、客观性、代表性和标准化的原则。

(二)实验设计

实验设计就是实验的设想方案。即在实验前对即将进行的实验工作做一全面的考虑,确定实验方法途径,拟订出明确的方案,提高实验的计划性,以保证实验工作的顺利进行

1.设计实验的原则

第一,重复性原则。必须使所设计的实验方案能重复进行,并能产生同样的结果。

第二,可控性原则。尽量控制各种实验条件,采用均衡或对称安排的方法来达到控制实验的目的。

第三,随机性原则。实验对象必须随机抽样,不能人为地挑选。第四,对照性原则。"有比较才能有鉴别",实验分组设计常有自身的比较设计、组间比较设计和配对比较设计。

2.实验设计的内容

包括实验题目、实验原理(理论依据)、实验目的、实验任务、实验时间、实验对象、实验分组设计、实验因素及实验步骤等。

实验题目是实验的第一步,首先实验方向要明确,体育教学实验的选择一般建立在具有理论和实际意义的基础上,有一定的学术价值和实用价值。

案例:赵刚《同场对抗球类项目比赛负荷的实验研究——以篮球、足球、曲棍球、手球为例》(2012);谭赟《混合式学习在高校公共体育篮球选项课中的实证研究》(2020)。

案例:

引自谭赟《混合式学习在高校公共体育篮球选项课中的实证研究》(2020)一文。

(1)实验目的:通过对两个班学生运用混合式学习模式和传统体育学习模式进行教学对比实验,收集数据,统计分析后比较两种教学模式对学生综合成绩及学生兴趣的差异。

(2)实验对象:西南大学大二篮球选项课(周四)T28班学生60人。

(3)实验地点:西南大学第一运动场。

(4)实验时间:自2019年3月起至2019年6月。

(5)实验步骤:对每周四篮球选项课T28班的同学进行身体素质测试分组,实验前测试的项目是从《国家大学生健康体质标准(2007)》中选取的引体向上(男生)、仰卧起坐(女生)、50米、1000米(男生)、800米(女生)进行测验,测试的各指标运用SPSS进行独立样本t检验,确定两组是否同质,以保障实验有较高的有效性,按测试结果分组,每组各30人。A组采取混合式学习教学模式进行教学,B组采用传统体育教学模式进行教学,保证两组的教授内容、授课教师、两组的学生性别比例以及水平基本一致,教学内容按照西南大学公共体育篮球教学大纲来执行,线上教学工具运用"微信"公众平台和"对分易"网络教学平台。

(6)实验记录及结果分析:实验前对照组和实验组进行独立样本t检验,两组没有显著性差异,符合实验要求。

实验后对两种教学模式的成绩进行比较,两组有明显的差异,实验组成绩显著高于对照组。学生的兴趣也发生了变化。由此可见,混合式学习模式注重学生能更直观地学,在这种多情景中学,学生能够更易接收与消化。

(三)实验的实施

实验实施是整个科学实验过程的中心环节。在此阶段,实验人员要完成以下几项任务:

1.实验仪器设备的安装。

2.预备性实验。

3.实验过程中的操作、观察与记录。

4.对实验结果进行处理与评价。

四、逻辑方法

科学研究必须对一些现象或问题经过调查、实验、探讨后运用理论思维的方法进行整理和分析,使认识从经验层次上升到理论层次。对资料事实进行整理的过程其实是运用多种方法辩证统一的过程，包括比较、分类、类比、归纳与演绎、分析与综合等逻辑思维方法。

类比、归纳与演绎法已在建立假说的方法中介绍，这里对比较法进行介绍。

比较，是确定事物的共同点和差异点的一种逻辑方法，是人类认识事物最基本和最常用的思维方法。比较分为纵比和横比两种，纵比是比较同一事物在不同时间的状态；横比是比较不同事物各自的特点。

1.比较法在篮球研究中的应用

在篮球科学研究中，广泛地运用比较方法，无论是对比赛统计资料的分析或对实验结果的论证及提出的新观点、新方法，无不运用比较法。在对篮球领域中各种现状分析时常用纵向比较以揭示篮球运动发展的规律，在提出新观点、新论证、新方法时，又常采用与先进国家的横向比较。

2.应用比较方法进行研究的条件

(1)比较对象必须具有可比性。两种比较对象需要比较的属性能用同一单位或标准去衡量，否则这两种对象就不能相比。

(2)要有精确、稳定的比较标准。这不仅是定量比较的基础，也是定性比较所必需的。因此选择和制定精确、稳定的比较标准是进行有效比较的前提。

(3)比较研究必须建立在正确的理论做指导的基础上。

五、数理统计法

数理统计是运用概率论定量地研究和剖析实践中所遇到的具体随机现象内部规律的数学方法。在篮球科学研究中得出的各种观测、实验数据都属随机变量，随机变量在数值上是随机波动的，但又具有某种分布。我们经常用它们分布相联系的数来反映其变化规律。

在数理统计中，也有一些关于事物的各种因素之间关系的定量研究，最常用的方法是相关分析和回归分析，用相关系数定量地描述两个变量(因素)间的密切程度。如果两个变量存在相关关系，则可用回归分析的方法研究这种关系。从一组样本数据中设法找出它们这种系的数学表达式，称回归方程。

由于篮球运动科学研究的现象是复杂的，大多众多因素交织在一起，因此，要进行多因素分析、聚类分析。

六、技战术统计法

通过观察法获得全面系统的比赛数据，然后对其技战术运用的具体情况进行分析整理，得到一些有用的信息，从而为教练员提供帮助。在比赛中教练员可以根据2分球命中率、3分球命中率、盖帽、跳投、助攻和失误等数据判断哪些队员在比赛中状态好，哪些队员在比赛中状态不好，进而调整比赛阵容，最终使球队获得比赛的胜利。教练员还可以通过球队进攻过程中的线路、技术动作发生的区域和视频片段进行比赛分析，从而更好地指挥比赛。在课题中主要从两个方面进行技战术分析：一个是技战术数据分析；另一个是视频分析。

技战术数据分析：首先根据录入的技战术信息统计出队员的得分、2分投中、2分投篮、3分投中、3分投篮、罚中、罚球、前场篮板、后场篮板、总篮板、盖帽、助攻、抢断、失误、犯规等技战术数据，并可以把这些数据以Excel表格的形式输出；统计出比赛双方的每节的得分情况；统计出比赛双方的主队队员得分、替补队员得分、内线得分和快攻得分等；同时还可以根据相应的查询条件统计出落点和线路等。

视频分析：通过球队、队员、技术动作和节数等查询条件统计出发生该技术动作的视频片段，并播放这些视频片段，以供教练员观看。

第四节　篮球运动科学研究基本程序

科学研究活动是人类能动地认识客观世界、改造世界的过程，这是一个不断深化的认识过程。在这个过程中必须要按照一定的程序完成各项工作。一般来说，科学研究工作基本上包括以下五个程序：第一，选择研究课题；第二,建立假设并验证,制订研究计划;第三,研究资料的收集与整理;第四,撰写科研论文;第五,报告和评定论文。篮球运动科学研究也同样按照这个程序进行。研究过程的每一个环节、具体工作和采用的方法,在实施过程中又进行一系列的工作。

一、研究课题的选择

课题的选择是进行科学研究的首要环节,它直接影响着研究是否有价值地完成。只有具有相当的知识及科学鉴别力,才能提出既适应现实需要又能反应未发展的开拓性课题。

（一）选题来源

篮球科学研究的选题来源于篮球运动实践中遇到的共性问题、疑难问题、亟待解决的问题。

首先,可以从篮球运动教学、训练、比赛中遇到的问题进行思考和观察,善于联想,从而找到值得研究的课题。

案例:张爱萍《论如何有效预防高校篮球教学中的运动损伤》(2020);路伟《高校篮球教学中运动战术意识培养研究》(2020);崔曼峰《2019 年篮联世界杯广州赛区小组赛对中国队的启示》(2020)。

其次,在阅读文献资料的过程中发现问题,通过查阅相关文献资料,了解有关问题的历史、现状和前沿动态,发现文献中已经提出但尚未解决的问题,或者发现前人研究的薄弱环节及尚未研究的内容,从而选择出具有价值且充实、完善甚至是填补空白的课题。

案例:姚健《CBA 联赛改革的中国特色锻造及优化方略》(2020)。

第三,可以从篮球运动改革与发展趋势中发现问题,例如篮球市场、我国篮球运动各项制度改革的指导思想、主要对策、篮球运动各项制度的改革和与运行机制等,善于从实践中分析。

案例:刘排《“中国篮球协会实体化”背景下 CBA 联赛制度的改革路径》(2018);南音《国家政策与社团实践–合作博弈视角下中国篮协改革发展问题研究》(2017);辛松和《基于俱乐部、运动员委托代理的我国职业篮球运动员转会制度研究》(2018)。

(二)选题的基本程序

1.课题调研

对相关课题的历史、现状及发展趋势进行调查研究,掌握现在已经做了哪些工作、还存在什么问题、得出了什么结论、有什么经验和教训。

2.课题系统化

在阅读与本课题相关的文献资料,掌握篮球运动的发展趋势和研究现状,明确当前研究的热点、重点领域的基础上,使课题系统化。第一,确定课题所要研究的目标,明确研究的主要任务以及围绕主要任务而要进行的具体研究过程。第二,确定研究可提升的对象和方法。研究对象的选择应根据具体目标确定,使研究对象具有代表性和科学性。在确定研究方法时,不仅要考虑研究对象的抽样方法、研究指标的确定方法和数据收集的方法,还要考虑研究方法的有效性、经济性和创新性。

3.课题的论证

课题的论证是指对课题进行全面的评价,看课题是否符合选题原则,进而论证课题的可行性和研究价值。一般以相关管理决策部门和领域的专家研究评议相结合的方式进行。课题的论证包括以下内容:

(1)对研究课题的论证。包括国内及国外相关问题的研究方法、研究状况,课题选定的依据,本课题研究的基本内容、重难点和目的及意义。

(2)对课题实施和完成条件的论证。包括负责人的组织能力、研究水平;参加者的研究水平和时间保证;资料设备、科研手段、课题组人员分工以及经费保障。

4.课题的确定

通过课题论证,确定研究目标、研究对象和研究方法,具备一定的研究条件,就可以进行最后定题,定题时注意题目要准确、具体、规范。

(三)选题的原则

1.需要性的原则

科学研究是以满足社会生产的需要和人们日益增长的物质文化需求,从而促进社会进步和科学发展,促进精神文明和社会主义物质文明建设为最终目的,因此在选择课题时要以社会的需求为前提。同时,只有面向社会和契合生产实际需要的选题,其成果才能为社会所接受、吸收、消化以至转化为实际的生产力从而推动社会的进步。除此之外,科学本身发展的需要也是科研选题的一个非常重要方面。所以高校应从自身实际出发,一方面选择对基础理论研究以及对国民经济建设有重大影响的"高精尖"课题,还可以结合本地区经济、文化发展的需要,充分利用地区的优势和资源,选择一些"短平快"的项目。另一方面鼓励研究人员以及教师立足于教学和工作实际,瞄准学科前沿,从而发现其中问题并提出相关的研究课题。

2.可行性原则

一个研究课题的完成,一般需要三个基本条件和要素,即理论条件、物质条件、能力条件和人、财、物三要素。如果所研究的课题不具备所需的基本条件和要素,而且经过努力还是难以达到或者根本不可能达到研究目的,因此在选择题目过程中,一定要分析清楚主观、客观条件和所处的环境,要做到"知己知彼"。只有遵循可行性原则后才能扬长避短,充分利用现有的条件和要素选择好符合条件的研究课题。

3.创造性原则

科学研究就是指不断地开拓新领域建立新理论,不断创造新技术研制新产品、新工艺、新方法等。科研选题要具有创造性,将那些尚未认识而又需要探讨的问题作为研究对象,切忌重复别人已经做过并已经取得成果的类似课题。选题要始终坚持创造性原则,应选择国内外尚不成熟或尚未研究的课题,从新技术的创新、新工艺的改革和新产品的研制去选题,从科学发展的前沿去选题,从科学研究的歧义点或"空白点"等进行选题。

4.特色性原则

现代科学研究的发展趋势是科学理论的统一化、技术发展的综合化,科学与技术的相互结合、各个学科之间的相互渗透。高校在科研领域内的相互渗透,适宜进行综合性强的科研课题。高校应充分利用这一优势,从交叉学科、文理渗透之中寻找研究课题。当前为了培养复合的创新型人才,需要创建新学科和新专业,这些新学科和新专业大多是多种学科的"混血儿"。为此应特别注意从创建的新学科新专业中去寻找课题;同时结合地方文化、经济建设的实际需要寻找体现地方特色的课题,形成属于自己的学科特色、地方特色以及系统特色。

5.教育性原则

培养高效人才是高校的根本任务,也是高校科研的目的之一。当代教育的一个显著特点是教育实践必须以科学的教育理论为先导。当前无论是高校还是整个教育系统都面临着许多问题需要解决, 这些问题涉及理论与实践、学科教育和非学科教育,都需要通过高校运用科学研究去解决。因此高校选题应抓住这一特殊任务,积极主动地在培养人才、提升质量、强化能力等方面去寻找课题,为发展高等教育事业、提高科学文化素养做出积极贡献。

6.效益性原则

科学研究应充分考虑效益,特别是应用研究方面的选题需要考虑到经济效益,除了投资少、见效快的经济效益外,还要节约原材料,降低消耗,综合利用,不破坏场地生态环境。对那些投资需求大、探索性较强、研究周期长而且见效又慢的研究课题,则不适宜全面展开,更不可盲目上马。否则将会给国家和学校带来不应有的损失。总之选择和确定好课题时,特别是在选择应用研究、开发研究的课题时,一定要进行经济效益的分析、论证力求以最小的代价获得高效的社会效益和经济效益。

以上选题的原则,虽然看似各自独立,但彼此之间相互联系。特别是当我们在确定某一具体的科研课题时,首先要考虑的就是需要性原则和可行性原则;然后才是创造性原则或特色性原则,最后是教育性原则或效益性原则。其中基础理论方面的研究又往往看重教育性, 应用性研究往往看重效益性,较少强调只运用某一原则。如果仅用一种理论来确立本课题,这一课题的提出将是不成熟或缺乏研究价值的。

二、建立假说与验证,制订研究计划

(一)建立假说与验证

1.建立假说

根据一定的科学理论以及科学事实,对模拟研究问题的假定性进行说明或是试探性解释,也就是对所要研究的事物进行猜测和解释。任何科学研究必须先有假说,因此假说是发现形成新理论和新事物的桥梁。建立假说通常采用类比、归纳、演绎等逻辑方法。

(1)类比法

就是根据未知事实与已知事实之间进行归类比较,进而对未知事实提出猜测。

(2)归纳法

这是一种由特殊到一般的推理方法。运用归纳法可以把大量的材料进行整理分析,提高到理性认识阶段,把若干特殊的理性认识变为一般的理性认识。例如:建立假说时运用归纳推理。篮球比赛要求运动员跑得快,跑得快需要强有力的蹬地;篮球比赛要求运动员跳得高,弹跳力需要有强有力的爆发力;篮球技术的准确性与手指手腕力量密切相关;篮球比赛激烈的对抗需要运动员强壮有力。通过一系列个别事实的归纳,可提出“力量是篮球运动员必不可少的重要素质”这一假说。

(3)演绎推理

比如以“力量是篮球运动员必不可少的重要素质”进行演绎推理:

大前提:发展运动员的力量素质能提高弹跳力

小前提:篮球运动员是运动员

结论:发展篮球运动员的力量素质可以提高弹跳力

在假说建立的过程中,无论采取什么方法,都要采取逐步逼近、不断修正、补充、提炼的办法来完成。

2.验证假说

假说只是一种猜测,它正确与否必须经过检验。检验的标准是实践,即科学事实。通过严格的科学实验、观测、调查等方法获取科学事实来验证假说，只有通过实践证明是正确的，假说才能成为科学理论。

（二）制订研究计划

研究计划是对研究工作经过谋划而形成的实施方案，也称之为研究方案。有了周密详细的研究计划才能有步骤、高效率地完成研究任务。研究计划的内容主要包括以下几个方面。

1.研究课题名称。

2.选题依据这部分是选择和确定研究课题的理论阐述，主要包括国内外的研究动态、提出问题的理论与实践依据、研究的目的意义。

3.研究对象的范围与研究任务。这是根据假说进一步将研究对象的具体范围明确化，研究任务条理化。

4.研究方法指收集科学事实验证假说的具体研究方法。在设计过程中包括以下内容。

(1)设计研究指标，即实验、观摩和调查的具体项目。

(2)建立操作定义。对于研究中某些抽象概念和指标做出明确的操作界定。如技术结构、快攻、妙传等，要明确指出其具体内容和特征，才能在收集材料过程中实际操作。在科学研究中操作定义的作用效果起到了越来越重要的作用，它能使理论概念具体化，使指标成为可以直接感知和衡量的具体事物。同时又可以提高研究指标的统一性，从而有利于指标结果的对比分析建立操作定义的常用方法有以下 3 种：第一，它是由客观事物的状态、数量和具体现象来界定的。第二，分解被定义指标（问题）的特征和所含的小指标（或因素）。如“教学训练能力”可定义为“讲解示范能力、组织教学与练习能力、发现与纠正错误能力、临场指挥能力、思想教育与球队管理能力、评价与总结能力等”。第三，用被定义指标表现的要特征的数量标准进行界定，如高大队员定义为身高两米以上的锋线队员等。

(3)研究样本与抽样方法的设计。甲研究样本设计是从研究对象的总体中合理取出来的部分对象。常常陷于条件不可能对研究对象总体进行全面研究，只能进行抽样研究。样本量的大小（多少）以能代表研究总体的特征为宜。

样本量太小其代表性就差、样本量越大,误差越小,但受经费、时间、人力等条件的局限,研究者往往很难实现。按照统计学中确定样本量的方法,在样本误差允许范围内,应力求以较少的样本满足研究的需要。

乙抽样方法设计。确定样本量后,还要根据研究对象总体范围的大小和构成特征,采取适当的抽样方法。有随机抽样和非随机抽样两种,随机抽样时应遵守随机抽样原则,杜绝研究者按主观意图进行选择性抽样。随机抽样的常用方法有抽签法、随机数字套用法、等距抽样、分层抽样、整群抽样、多段分级抽样等。非随机抽样是与随机抽样对应的一种抽样方式,是根据主观判断或操作的便利来抽取样本。非随机抽样的方法有偶遇抽样、立意抽样、定额抽样、滚字球抽样等。由于非随机抽样不能控制统计上的误差,因此在推断总结时要非常慎重。

(4)对数据进行统计处理的设计。统计分析方法的设计常用的有定距指标(比率数)、物相关关系统计指标,如比例数、回归系数、差异程度、指标贡献率等。

5.预期结果。假说要经过推理,说明其原理和研究成果可供应用的范围等。

6.工作进程安排。即制定出一套详细的日程计划。这个计划需将整个研究工作的顺序步骤、各时间阶段以及各阶段的工作内容、措施做出预先安排,形成合理的工作流程。

7.研究经费的预算。

8.课题负责人、参加人以及协作单位。

三、研究资料的收集与整理

(一)研究资料的收集

研究资料是验证假说、论证问题,形成科学理论所需要的科学事实,是研究工作的重要内容。研究资料包括文献(情报)资料和科学事实两大类。在收集资料过程中必须坚持客观性与全面性, 注意鉴别资料有效程度与可靠程度。这一阶段的工作既要有科学理论与方法的正确指导,又要求研究者具有勤奋顽强、勇于探索、不怕艰苦的精神,这样才能获取丰富可靠的研究材料。

(二)研究资料的整理

对通过实验观察、调查访问、临场统计、查阅文献资料所收集到的大量原始、零乱的研究材料,应经过数理统计与逻辑处理,才能为验证假说、形成科学理论提供有效可靠的依据。

对于文献资料和(定性类)经验事实,主要采用系统方法和各种逻辑方法进行加工整理。首先,对资料进行汇总、分类、检验、筛选。综合研究任务,运用比较、类比、归纳、演绎、分析、综合等方法进行加工整理,揭示事物可能存在的联系与规律,得出研究问题的观点与结论。

对于各种从实验、测量、观察中直接获取的数据应进行统计处理。运用各类指标数据的处理结果,对研究中的某问题进行抽象判断与检验验证假说,提出结论,揭示规律。

这一阶段是验证假说的后期阶段,资料的加工整理是理性概括、逻辑分析和创造性加工的过程,这一过程基本完成了对研究假说的检验工作。

四、撰写科研论文

学术论文是表达科学研究新成果的文章。它是研究者完成研究工作的质量和成绩的标志。研究工作者通过撰写论文把研究结果用文字记录下来,成为永久性文献。撰写论文是科学研究工作中不可缺少的组成部分。

篮球运动的论文是指把所进行的研究工作的过程和研究结果,按照一定的标准格式用文字等形式表达出来,它对于研究经验和成果推广以及促进体育事业的发展颇为有益。因此,撰写论文是篮球科研工作的主要组成部分,也是篮球运动科学研究的最后一项主要工作。

(一)科学论文的格式与结构

不同学科的论文题材结构也不尽一样,但是一般自然科学论文,大体由以下几部分组成。

1.论文题目

应将论文的内容和研究范围表达得简洁而醒目，如果题目过长，可分为两部分：主标题与副标题。

2.摘要和关键词

摘要即内容提要。说明论文的研究目的和方法、研究成果和结论，尽可能地保留原论文的基本信息，突出创造性成果和新见解。通常以500字为宜。

关键词是从论文的题目、摘要和正文中选取出来的，是反映论文主旨最关键的词或词组，一般来说，有3至5个关键字用分号分隔，按照词条的外延(概念范围)层次从大到小排列。

3.目录

既是论文的提纲，也是论文组成部分的小标题，应注明相应页码。

4.前言(或选题依据、引言，问题的提出)

用于论文的开头，首先，叙述为什么研究这个课题，这个课题的意义以及要解决什么问题；其次，要阐明所研究问题的背景，前人做了哪些工作，尚有哪些问题未解决，以及进行研究的具体任务。

5.正文

论文的主体部分，应包括论点、论据、论证过程。

6.结论

结论是整个研究的结晶，是论文的精髓。它把研究结果上升为理论。写结论时文字使用要严谨、周密，逻辑严密，文字简练具体，不得用“大概”“可能”之类的词。结论应恰如其分，同时要与论文题目、研究内容互相吻合。

7.致谢

在研究工作中得到的帮助，应在论文结束处表示感谢。用词要恰如其分。

8.参考文献

应按照顺序在文末列出论文中参考或引用的所有文献资料，应标注序号、作者、书名(期刊名)、出版单位、页码和年代等相关内容。

9.附录

附录包括正文中过长的公式推导，辅助性数学工具、数据图表、论文使用的符号意义、单位缩写、程序全文及相关说明等。

(二)撰写论文的程序应注意的问题

1.撰写论文的程序

(1)在撰写论文前首先要确定论点、选择材料

一篇学术论文中所表达的论点就是作者在进行课题研究时所获得的新见解、新看法。一篇论文的水平高低,在很大程度上取决于论点是否有意义,是否有突破、有创新,而论点是由许多原始材料通过加工、整理、概括出来的。所以,选择材料时要选择真实、典型和新颖的材料,力求做到观点新、材料新、论证新。

(2)写作构思

构思即是进行思维的过程,是在统筹兼顾的基础上,为研究成果找到合适的表达方式的过程。一篇论文主体部分的层次排列,首先是事物内部的本质联系,其次是作者所强调的内容,最后是读者所要认识的规律。

(3)拟写作提纲

拟好提纲,可以组织好文章的结构,是作者始终能抓住自己的思路。列提纲时,范围一般由大到小逐层筛选,由粗到细,层层思考拟定。首先把论文框架搭好,再考虑每一部分的内部层次,然后再列出要点和事例。在提纲各部分注下所需要的材料(索引号)以备行文时采用。最后准备好材料,拟定好提纲后即可按论文格式进行撰写。

2.撰写论文应注意事项

(1)主题要明确,结构要严谨,层次要清晰,文字表达要通顺、准确、简练,论点论据要明确并且充分严谨。

(2)要有科学的态度,对实验、测试、观察、统计、调查、获得的材料、结果的分析与使用都应实事求是。

(3)研究所得数据,尽可能用图表表示。

(4)题目与研究内容结论要相吻合。

五、论文发表

论文撰写好以后,可在一定范围内或在学术论文上做报告(学生要按时

间答辩)。听取专家的意见和建议,根据实际情况进行修改、补充以及文字加工,最后定稿,上交有关部门存档(发表)。

第八章 篮球场地与器材

第一节 篮球场地的演变

一、场地尺寸

球场在初期时并没有明确界定篮球场的大小，篮球场的区域划分也没有界限。仅仅是在一个长方形的场地里进行一些篮球比赛或训练。(见图 8-1)。

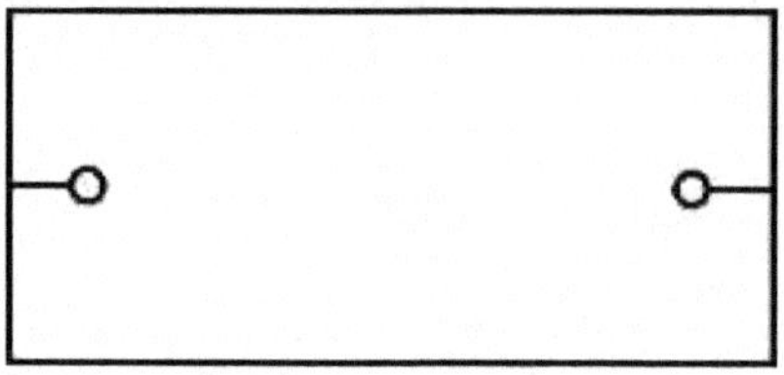

图 8-1 长方形篮球场地

后来，随着奈史密斯博士对运动场进行了简单地划分，近代第一个篮球场产生了，体育场大约有 60.96 米长，45.72 米宽。20 世纪 30 年代，篮球运动迅速扩展到各个国家。篮球场的面积也被确定为 26 米×14 米，一直维持到 1984 年。

20 世纪 70 年代时，篮球运动的快速发展已经进入了一个全面的飞跃时期。1984 年，篮球规则对球场进行了重大修改。球场被扩建成一个长 28 米，宽 15 米的区域。同时规定，经全国篮联批准的比赛，现有的 26 米×14 米场地仍可使用。

2008 年，篮球场面积最终确定为 28 米×15 米，场地扩大后，运动员有足够的空间发挥自己的技能和才华。

二、限制区

1893 年在原有场地的基础上进行了划分，球场被划分出三个区域：100×50 英尺、90×45 英尺、70×35 英尺，开始出现 9 人 3 区制。参选手们也分为三个区域，各球员只能在自己的区域进行活动，不能进入其他队员的活动区域(见图 8–2)。

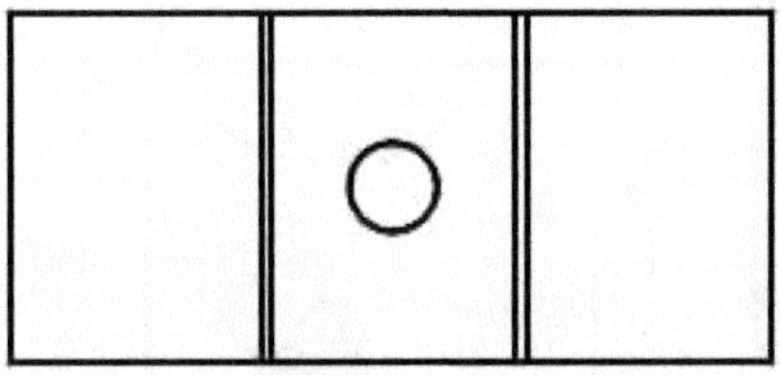

图 8–2　三区划分

1894 年，体育场的中心增加了一个中间的圆圈。由于三级赛制限制了选手的活动范围，为了使比赛具有竞争性和挑战性，三级赛制改为二级赛制，于是出现了五人两区制的场面。为了使场地的划分更加明显，增加了分界线和中间圆(见图 8–3)。

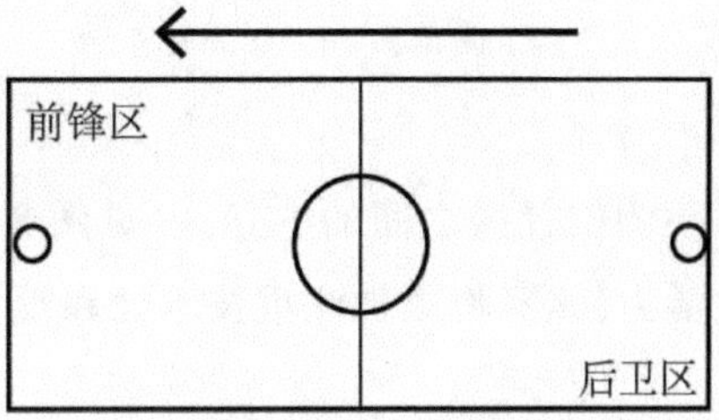

图 8–3　增画了分区线、中圈的球场

1932 年，“国际业余篮球联合会”成立，初步制定了国际标准比赛规则。场上增设中长线和进攻禁区，并划分前场和后场，基线禁区扩大到 1.80 米(如图 8–4)。1936 年，国际篮球规则制定和颁布后，篮球场上出现了跳球圈和无球圈。罚球线和终点线之间的距离从 15 英尺增加到 17 英尺。扣篮技术与运动员的素质密切相关，在一些高水平篮球运动员中也有体现。20 世纪 40 年代以后，进攻禁区(后禁区)扩大为 3.6 米×5.8 米的“门”形(如图 8–5)。1948 年，女篮规则进行了修订，并

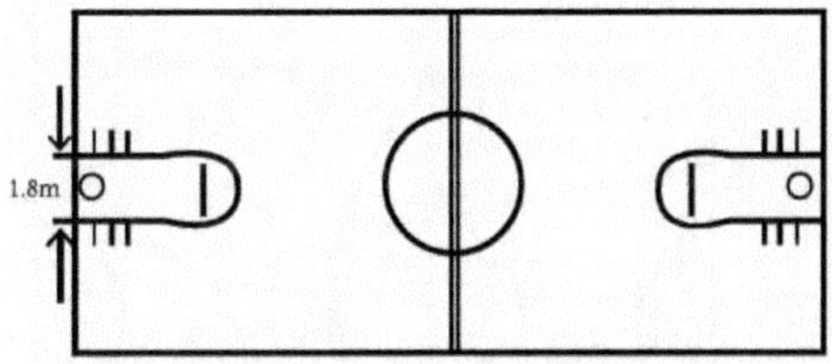

图 8–4　增设中长线和进攻禁区

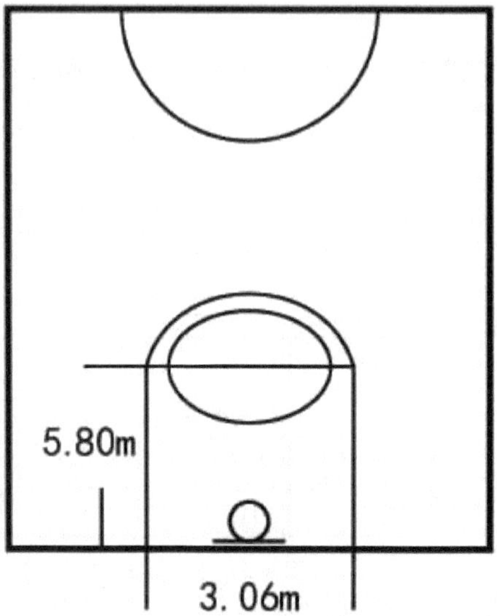

图 8-5 “门”形进攻区

逐渐向男子篮球规则靠拢。禁区底部由1.80米扩大到3.60米，这一变化使女子技术动作变得“阳刚”，跳投技术逐渐发展，中、远投技术受到广泛重视。

随着高大身材球员的出现，它开始被用来限制高个子球员在密集的篮筐下的硬阻力，促进他们掌握综合技术。1956年以后，禁区扩大为梯形“大门”，禁区扩大到顶部3.60米，高度5.80米，底线为6.00米，中线也被取消。

1984年，增加了三点线，规定了远射区和三分球区，并增加了禁区两侧位置区之间的中立区（见图8-6），为了防止比赛因篮下密集活动而失去活力，比赛将更加注重技术性和观赏性。

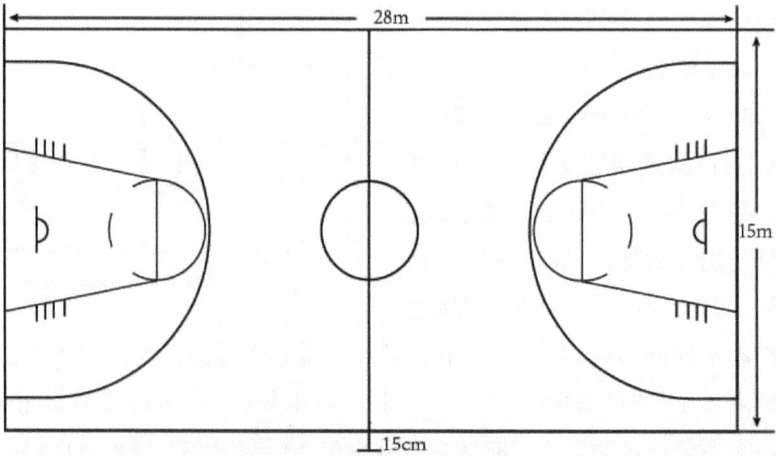

图 8-6 增加限制区两侧位置区之间的中立区域

随着运动员身体素质的不断提高和技战术能力的不断进步，篮球场的不断改革是发展的必然趋势。从 2010 年开始，三分射击区的半径将从现在的 6.25 米扩大到 6.75 米。限制区改为长 5.80 米，宽 4.90 米的矩形区域(见图 8-7)。禁区严格限制高运动员的活动范围。从环形平台中心画一个半径为 1.25 米、长度为 0.375 米的半圆。这个区域被称为合理碰撞区。在这个区域，球员之间有身体接触，只有拦网犯规。新规最大的变化是将原来的梯形限制区由 3.6 米×5.8 米×6 米改为 4.9 米×5.8 米(宽×高)矩形区(见图 8-8)。

图 8-7　投篮区、限制区改变后的场地

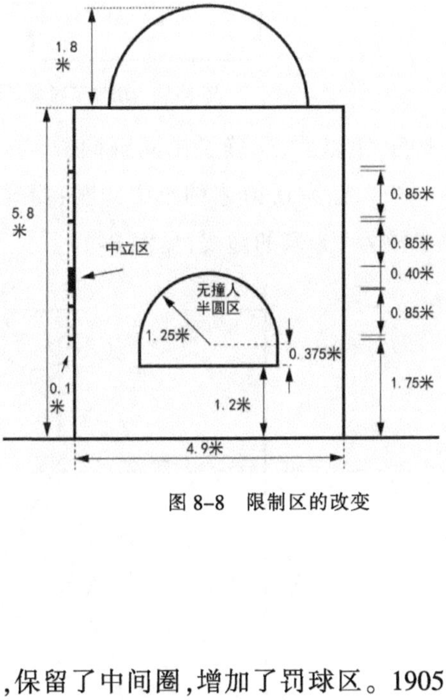

图 8-8　限制区的改变

三、罚球区

1897 年，废除了两区制的划分，保留了中间圈，增加了罚球区。1905 年，世界上出现了第一个皮革篮球。钉在墙上的球篮也被移到了球台上。随着比赛规则的不断完善，比赛越来越激烈。因此，防守队员经常违反规则。1910 年，在离终点线 3.048 米的地方又增加了一条平行的罚球线(见图 8-9)。

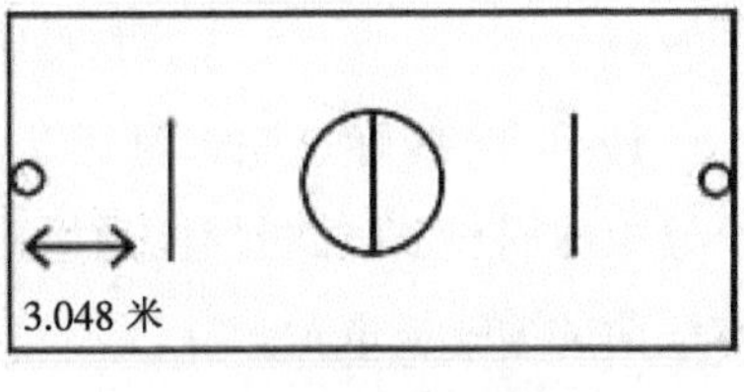

图 8-9　增设了平行罚球线的球场

然后罚球线从终点线延长了 4.572

米。由于队员们经常在篮下激战，比赛往往陷入篮下混战而陷入僵局。为了改变僵持的局面，对规则进行了修改，增加了罚球区和3秒禁区（见图8-10），这个场地面积很小，只有5.08米×1.80米，不久，底线限制区扩大到1.6米，这些场地的变化过程对早期篮球运动的发展起到很大推动作用。

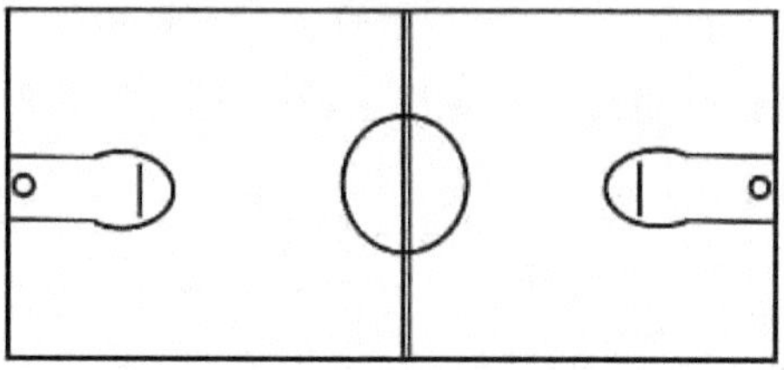

图8-10　增加了罚球区和限制区的球场

1956年以后，明确了中间圆同心，半径为1.80米；罚球区内的罚球线增加了一个半径为0.60米的小中间圆；罚球区的外半径为1.80米，在罚球区内画出半径为1.8米的虚线（见图8-11）。

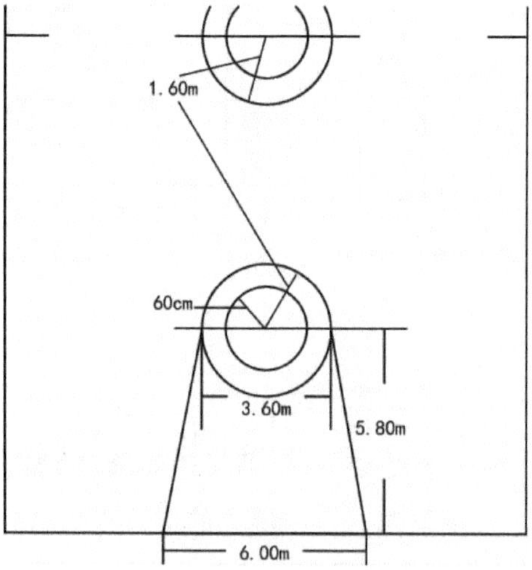

图8-11　罚球区增划小中圈

1994年，国际篮联针对运动员身高普遍增长和竞争激烈的特点，提出缩小篮板球周长，在篮板周围加橡胶保护圈。2003年，篮球规则被再次修改，罚球线前的虚线被取消。

第二节　篮球器材设施的演变

一、篮球架

在篮球运动初创时期,当时并没有篮球架这样器材,而是将两个竹篮子挂在体育场两端的栏杆上,距离地面约 3 米高,每次进球,我们都要爬梯子把球拿出来,然后逐渐把竹篮换成活底的铁筐;直到 1893 年,才形成了现代篮球板、篮筐和网。1905 年钉在墙上的球篮也被移到了球台上。1910 年全运会男子篮球表演赛举办后,篮球运动开始逐步发展。

现代的篮球架包括篮板和篮板柱,安装在篮球场两端的中心位置,是篮球场的必备器材设施。目前常使用的篮球架有液压式、移动式、固定式和海燕式。

(一)电动液压篮球架(图 8-12)

电动液压篮球架是安装在篮球架底座上的一套液压升降系统,可根据篮球架设定的标准高度完成升降。它是根据国际篮联标准开发的最新产品。

其底座规格是 2.2 米×1.2 米,臂展为 3.25 米,篮板采用高强度钢化玻璃

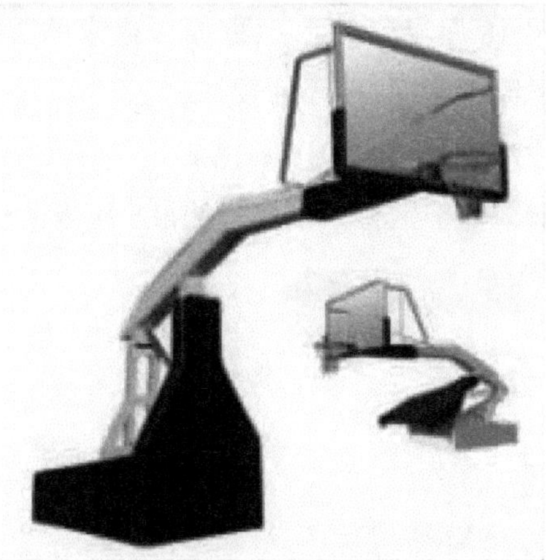

图 8-12　电动液压篮球架

加工而成，冲击力强、透明度高。

（二）箱体移动式篮球架（图 8–13）

移动篮球架底盒采用优质钢板制作，规格为 30×100×180 厘米。底盒采用重载，确保使用过程中的高稳定性，其中主杆与篮板、底座之间分别用两根圆形钢管架起三角形，从而保持篮板和整个篮球架的稳定性，此类篮球架的臂展一般在 0.160–0.225 米范围内。

图 8–13　箱体移动式篮球架

（三）单臂固定式篮球架（图 8–14）

这种篮球架采用 18 厘米×18 厘米，壁厚 4 毫米的方管埋入地下，预埋件为 60×60×100 厘米混凝土凝固，稳固性较好。

（四）海燕式方管篮球架（图 8–15）

臂展为 225 厘米，主干钢材采用厚度为 0.5 厘米的优质钢，主管口径为 18 厘米×18 厘米。

图 8-14　单臂固定式篮球架

图 8-15　海燕式方管篮球架

二、篮板

篮板原来的名字是“遮板”。随着篮球运动发展，经过近半个世纪的演变和发展，篮板才有了现在的样子。

起初，在篮球还叫“筐球”的时候，篮筐后面并没有篮板，1894 年，它开始出现在球场上，把篮子固定在木板上，用木板代替铁丝网。虽然这种篮板形状、风格迥异，但有时能将投不进篮筐的球反弹，增加了趣味性，所以一出现就很受欢迎。

透明的玻璃篮板是 1910 年前后出现的，随着经济和科学技术的发展，篮板背板材料选用合适的透明材料，必须是整块，硬度应与 0.03 米厚硬木一致。水平宽度为 1.80 米，垂直高度为 1.05 米，底边距地面的距离为 2.90 米，背板正面应平整，并在背板边缘画一条宽度为 0.05 米的线。如果背板是透明的，则使用白线；如果背板不透明，则使用黑线。另外，在抱箍后的背板上画一个宽度为 0.59 米，垂直高度为 0.45 米的矩形。矩形的上边缘应与圆顶部的水平面平齐(如图 8-16)。

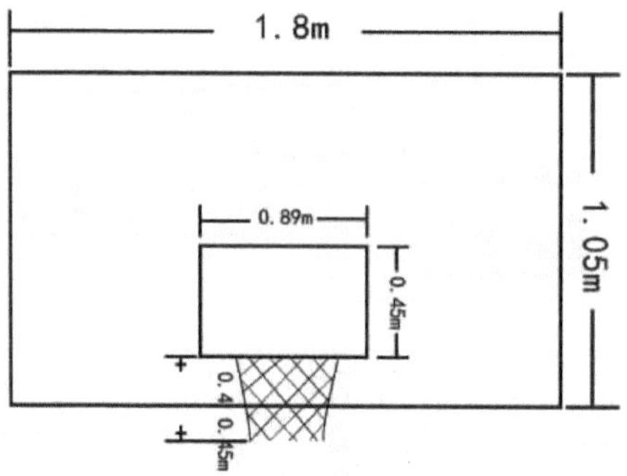

图 8-16　篮板标志

篮板安置要求：

1. 固定在球场两端的篮球看台上，与地面垂直，与边线平行；

2. 篮板前的中心应垂直落在球场上，中心点距终点线内缘中点 1.20 米；

3. 篮板的支柱距端线外沿至少有 2 米。

篮板包扎物要求：

1.包扎物主要覆盖篮板的底部和边缘，以完全覆盖底部和侧面为标准，侧面的包扎距离篮板底部至少 0.35 米；

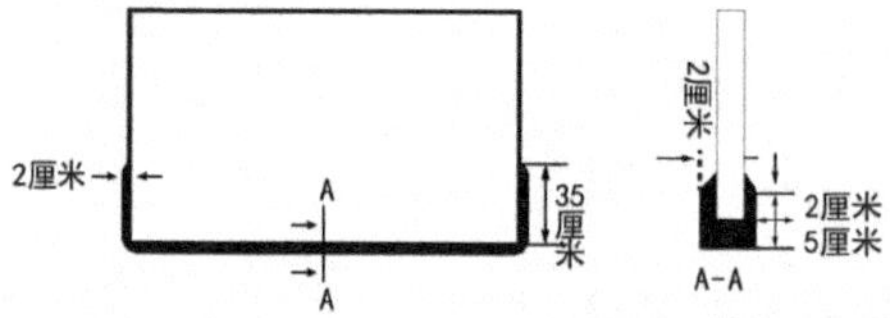

图 8-17　篮板包扎物

2. 篮板底洞包扎物最小厚度为 0.05 米；

3. 篮板前、后面距离底部最低 0.02 米处要覆盖，包扎物最小厚度为 0.02 米(如图 8-17)。

三、篮筐

最开始篮架上只有一个桃筐，剩下的什么都没有，奈史密斯教授在和学生们一起玩耍时发现每次掷入篮筐的球只有极少数可以打到筐前沿再弹回来，其余的都飞到后面去。再后来，随着投篮准确度提高，比赛得分数用手已经数不过来了，而且，每次取篮筐里的球会导致比赛无法正常进行，于是，奈史密斯教授开始试着将筐底去掉，削弱筐身深度，最后只留下一个圈口，随之而来的问题是当投篮发生"空心球"，由于没有阻碍球会落到很远的地方，奈史密斯教授为了规避这个问题，在圈口底加入网兜作为缓冲，直至 1913 年，金属篮圈下挂无底线网的篮筐开始普遍采用，有了如今的篮网和篮筐。

现代篮圈用实心钢材制成，内缘直径最少为 0.450 米，最多为 0.457 米，并漆成橙色。金属篮圈直径最小为 0.016 米，最大为 0.020 米。篮圈的顶沿应保持水平，距离地面高度 3.05 米，篮板垂直两侧的距离相同。背板表面至包扎物内边缘的距离为 0.15 米。

篮圈和支撑系统的弹力/弹性应是吸收能量占总冲击能量的 35%~50%，并且在同一比赛场地的两个篮球之间的差别应小于 5%。

篮网应是白色绳，在篮筐的 12 个位置打结。系网附件不得有锐边或缺口。网的附件之间的间隙不应超过 8 毫米。当球穿过篮筐时，球应该停留很短时间。网的长度不应小于 0.40 米，也不应超过 0.45 米，网的上部应为半刚性，以防止网反弹和造成缠结。在同样的距离。背板表面至抱箍内边缘的距离为 0.15 米。（图 8–18）

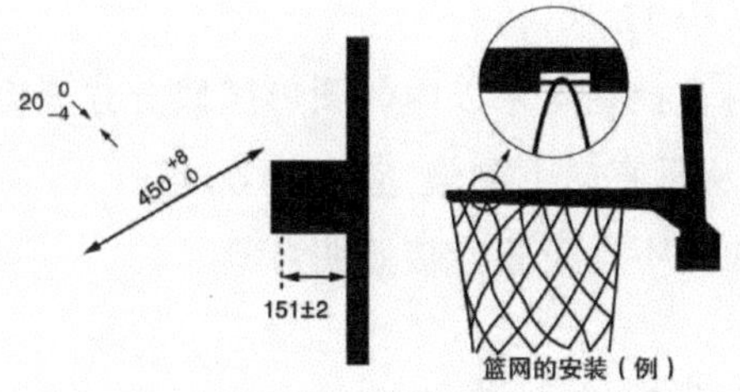

图 8–18　篮圈

四、篮球

从最开始用足球作为比赛工具，向篮投掷，到如今的正式比赛用球，篮球颜色是经过批准的单一深橙色或 FIBA 批准的组合颜色，并带有 8 块按照常规成型的嵌件和黑色接缝，接缝宽度不超过 0.635 毫米。篮球的外壳可以是皮革、合成革、橡胶或复合材料。充气后，使球从 1.80 米的高度（从球的底部量起）呈自由落体式落到比赛地板上，其反弹高度在 1.20 米至 1.40 米之间（从球的顶部量起）。

对于各级男子篮球比赛，球周长不得小于 0.749 米，不得大于 0.780 米（7 号），球的重量不得少于 567 克，不得多于 650 克。

对于所有级别的女子篮球比赛，球的圆周不得小于0.724米，不得大于0.737米(6号),球的重量不得少于510克,不得多于567克。

比赛时,主队至少提供两个使用过并符合上述规则的球。

五、灯光

场馆照明必须为电视直播设计,同时尽量减小运动员和裁判员的眩光。

所有球场照明应在比赛开始前至少90分钟打开，并符合赛前热身和比赛规定的要求。比赛结束后至少30分钟应保持充分照明。

灯具布置应符合以下规定：

1.以带形布置于球场两侧最为适宜,并且放置在场地两端1米之外；

2.灯具安装不低于12米；

3.以篮筐为中心直径在4米以内的圆形区域上方不应设置灯具；

4.灯具瞄准角(从垂直向下测量)应小于60度；

5.篮球场两端前侧不得设置直接照明灯具。

六、比赛计时钟和计秒表

比赛计时钟主要用于计时每一场比赛的每一部分,以及每一部分的其余部分。时钟的位置应该放在每个人(包括观众)都能清楚地看到与比赛有关的时钟的位置。

暂停期间,应使用合适的便携式可视设备(非匹配时钟)或秒表计时。

如果主比赛时钟放置在比赛场地中心上方,则应在比赛场地的两端放置一个分赛钟,以便参加比赛的每个人,包括观众都能清楚地看到比赛时间。副赛时钟需要显示整场比赛双方的得分和比赛剩余时间。

七、24秒钟装置

1954年,易拉丘国家队的老板丹尼“发明”迄今为止一直使用的“24秒”进攻时限。他的发明彻底改变了NBA比赛的面貌,NBA成立的前9年没有进攻的时间限制。随着比赛越来越激烈,胜负变得越来越重要。1951 年,NBA 出现 19 比 18 比分。丹尼建议将攻击时间限制在 24 秒。当时,NBA 没有 24 秒计时器丹尼就用自己的表计时。24 秒一到进攻队必须交出控球权。出人意料的是,比赛非常顺利,各队不仅不需要惊慌失措,还能用 24 秒的时间完成非常好的战术。理论上和实践上都没有问题。一个月后,联盟要求对“24 秒”进攻时限进行电话投票,大家一致通过。然而,每支球队的老板仍然有疑问,他们要求季前赛应该用手表计时。在常规赛开始之前,球队才开始定制 24 秒计时器,就这样,一直沿用至今。

24 秒钟装置(图 8-19)是提供给计时员用于管理 24 秒钟规则。进攻方从发球到己方队员手上开始计时,在 24 秒内需要完成篮球“打板”或“碰筐”动作,完成以上动作之后,计时表重新归零并开始计时 24 秒,24 秒内不能完成以上动作即视为 24 秒违例。

图 8-19　24 秒钟装置

24 秒钟需要由一个控制单元去操作,并且应具备以下功能的显示器:

1.从 24 秒/14 秒开始;

2.比赛停止时显示器指示剩余秒数;

3.从停止的时间处重新启动。

该装置安装在每个篮板支撑构架上,在篮板上方及后面的 0.30 米至 0.50 米处,或安放在球场地面上,分别位于端线后面 2 米处。每个显示器有 3 个或

4个显示面,或者该装置具有两个双面显示器,设备的放置方式应使与比赛有关的每个人(包括观众在内)都能清楚地看到。

八、信号

至少要有两种单独的声音信号,能发出截然不同的声响:

一种声音是提供给计时员和记录员。对于计时员,这个信号在指示一节或每个决胜期比赛时间结束时自动地发出声响。在适当的时候计时员和记录员应当能够手动发出信号,引起裁判员的注意。

另一种声音是为24秒钟计时员所用,当显示24秒周期时,它会自动发出声音。

两种信号的声音应当足够响亮,在最不利或者嘈杂的情况下也能听到。音量应是可以调整的,根据体育馆的大小和人群的喧闹声,音量可调到120分贝的最大声压水平(距声源1米处测量)。建议可与场馆的公共信息系统相连。

九、记录板

记录板应该对参与比赛的每个人都清晰可见,包括观众。记录板内容包括:比赛时间、比赛成绩、当前赛段数和停赛次数。

十、记录表

所有官方比赛均应使用国际篮联世界技术委员会批准的正式记录表,并由记录员在比赛前和比赛中按照规定填写。

十一、队员犯规标志牌

为记录员提供的5块运动员犯规标志牌应该是白色的,标志牌上的数字最小长0.20米,宽0.10米,数字从1到5,其中1到4数字为黑色,5为红色。

十二、全队犯规标志

为记录员提供的两个球队犯规标志应为红色，最小尺寸为高 0.35 米，宽 0.20 米，放置在记录台的两侧，以便参与比赛的每个人，包括观众都能清楚地看到。

全队犯规标志还可以使用电子或电子的装置，只要符合上述要求即可。

十三、全队犯规指示器

全队犯规指示器是一种指示该队犯规 5 次的装置，表示该队已达到全队的处罚状态。

十三、拥有指示器

为记录员提供的拥有指示器(图 8–20)，明亮的红色箭头指明交替拥有的方向，箭头至少长 0.10 米，高 0.10 米，它被放在记录表上，以便参与游戏的每个人，包括观众，都能清楚地看到它。

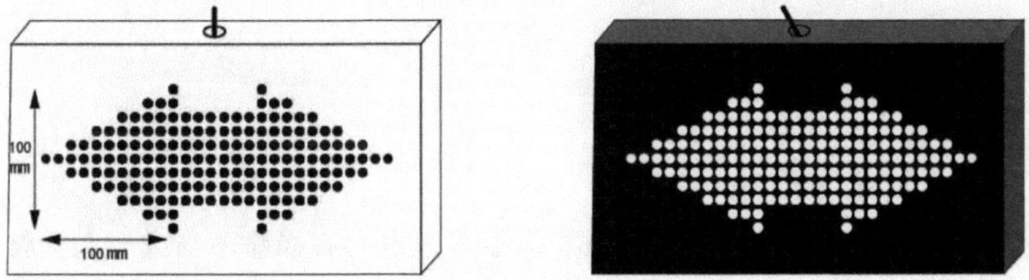

图 8–20　交替拥有指示器

第三节　篮球场地与器材的维护

一、篮球场地的维护

(一)室外三合土篮球场应根据天气变化及时维护。天气干燥时要经常洒水,雨后地面出现高低不平时要及时补充沙土进行碾压修补,铲除杂草后要注意保持场地平整,最好每年整修一次。

(二)室内木质地板篮球场要保持通风、通气、防潮、防腐、经常用干拖把清理地面,定期打蜡。禁止穿硬底鞋或带钉的鞋进入场地活动,禁止在地板上洒水。

(三)现在篮球场多数都是用硅 PU 材料铺设的,众所周知,好的篮球场可以让运动员高水平发挥,避免不必要的受伤,使球赛进行得更加顺利,对于硅 PU 篮球场的维护事项主要有以下几点:

第一,禁止车辆在上面行驶。

第二,禁止运动员穿 AG 钉球鞋和长钉球鞋。

第三,定期对篮球场进行清理。

二、篮球器材的维护

(一)篮球架的维护

篮球架是现在流行的体育器材,但很多人也担心操作不当或年久失修造成的危害。事实上,篮球架也需要维修。篮球架的日常维护保养可以延长篮球架的使用寿命。篮球架的维护最基本的工作就是定期检查。每年检查两次连接件和焊接件的腐蚀程度和牢固度,检查框架本体是否有掉漆、生锈和穿孔现象。一旦油漆脱落,就应该及时修理。否则,篮球架的钢材会严重生锈腐蚀,最终出现穿孔现象。对生锈、穿孔的部位应进行修补和防腐处理,其中焊接部位最易腐烂。如果有松动或腐烂,应联系制造商进行维护和修理。篮球架的合理使用也是篮球架维护工作的一部分。篮板是篮球架上最脆弱的部分。在使用过程中容易损坏。禁止用砖头等物体撞击篮板。篮圈的使用也是一样的，非弹簧篮球圈严禁扣篮，如发现篮圈倾斜或断裂时，篮球架应封闭，禁止使用。如需维修或更换，请联系制造商。篮球架长期使用会产生污垢等杂质，因此篮球架应该定期打扫。在清洗篮球架表面的过程中，应使用中性清洁剂，以免损坏篮球架表面。与室外篮球架相比，室内篮球架的主要维护工作是清洁。由于缺乏天然清澈的雨水，篮板在长期使用后容易变脏，因此需要采取相应的清洁措施。

(二)篮球的维护

注意篮球存放处的温湿度。不要将它放在高温的地方，也不要对篮球施加高压或重力，如闲暇时坐在篮球，会导致篮球罐变形和爆裂，抽气时，应先用油或肥皂水湿润气针，然后轻轻插入，每次都要使用球针抽气，如果只使用空气喷嘴，会导致表皮与内壁分离。

(三)专用器材的维护

专用器材的维护包括各种计时器、记分牌、犯规标志牌等，在使用前和归还后，都要认真检查，有问题的要及时修理，确保设备的完整性；如果设备表面是皮革或人造皮革，应用布包裹，这样便于清洁，延长使用寿命。

第九章　现代科技在篮球方面的应用

第一节　现代科技的概述

一、现代科技的内容

现代科技是指以计算机和远距离通信工具为手段,对以文本、图像、视频等数据所承载的信息进行采集、加工、处理、传输、变换、存取直至应用的一系列技术。其核心技术主要包括计算机技术、现代信息技术、通信技术等,它可以扩展人类感觉器官的信息采集功能、神经传导信息功能、思维器官的信息处理功能和效应器官的信息利用功能。

20世纪80年代,以计算机技术、网络通信技术、数字化技术、现代科技和智能化技术为核心的现代科技得到飞速发展,它已经逐步渗透到社会的各个领域,促进社会经济和文化的快速发展。进入21世纪后,现代科技的发展突飞猛进,世界经济社会发展的共同趋势就是进入信息化时代。

现代科技的发展和普及, 不单单是促进社会和科学技术的空前发展,更对教育产生了、深刻的影响。现代科技、计算机和网络技术在教学和管理中被广泛应用,为教育现代化提供了前所未有的机遇。现代科技在整合教育资源、优化教学内容、更新教育方法、改善师生关系、转变教育功能等方面带来了巨大变化,有力地推动了教育自身的革命性变革。

二、现代科技的功能

(一)再现功能

现代科技不受时间、空间、微观和宏观的限制。使教育教学内容所涉及的一切事物、现象、过程,在课堂上再现,通过现代化的教学手段,让学生身临其境。

(二)扩充功能

一方面,现代科技可以高密度地传授知识,优化大量信息,极大地丰富了学生学习的资源;另一方面,教师可以根据自己的需求,及时获取互联网上的信息和知识,扩充知识量。

(三)集成功能

现代科技能将图像、声音、文字融合在一起,使学生获得多种感官体验,从而更好地获得知识。

(四)交互功能

现代科技可以实现人机之间进行双向沟通,大大提高了学习的效率。

(五)虚拟功能

现代科技模拟产生的虚拟现实世界,可以营造出身临其境的感觉,使学习不仅能感知而且能操作虚拟世界的各种对象。

第二节　现代科技在篮球教学中的应用

一、现代科技在篮球教学的运用

(一)创设情境,激发兴趣

爱因斯坦说过:“兴趣是最好的老师,兴趣能激发学生的学习欲望。”课堂教学实践表明,学生对事物的兴趣程度越高,注意力越能高度集中,思维更活跃,求知欲也就越强烈,从而呈现出最佳学习状态。现代科技是集文字、图形、图像、声音、动画、影视等各种信息传输手段为一体,通过语言描述、图像演示、动画模拟、音乐渲染等有声有画的教学环境,可以为学生营造生动的教学氛围,极大地激发学生的学习兴趣和学习热情。

例如,在教学过程中,教师可以播放"跟我学打篮球"的教学光盘,使学生了解篮球的基本知识和基本技术,选择一些经典比赛让学生观看;在课件的制作过程中,可以导入一些优秀运动员在比赛场上的精彩动作图片;学生篮球比赛的情况可以被拍摄、编辑并导入到课件中。通过屏幕播放,学生边看图片边听老师讲解,寻找差距等,提高学习兴趣。

(二)扩大课堂容量,提高课堂效率

利用多媒体技术,可以进行大量的知识转移,对信息进行优化处理,可以极大地提高课堂效率。图形不是一种语言,但是图形比语言更加直观,信息更丰富。动画比图形更生动,采用文字闪现、图像缩放移动、色彩变换等手段,不仅容量大、速度快,而且效果更好。

例如在讲解篮球运动的起源时,通过图片展示、纪录片播放,让学生对篮球运动的发展具有全面的认识;讲解篮球局部进攻战术时,通过动画视频等手段,直观地展示几种局部进攻战术的演练过程。在篮球裁判教学中,教师为了能让学生更加清晰地明白犯规的判罚,可以将一些犯规的视频剪辑下来,或将学生在比赛中的犯规动作拍摄下来,在课堂上一边播放,一边讲解,这样学生边听边看,既节省了教师讲解、示范的时间,又加快了教学的节奏,从而提高教学效率。

(三)创设逼真情境,直观教学

现代科技教学具有直观性的特点,可以将文字、图像、声音以及形象逼真的动画、网络等综合在一起,能做到图文并茂、动静结合、视听并用,可以将一些难度较大或较复杂的动作通过播放慢动作和正常动作让学生看清楚、听清楚,有利于创设良好的情境,为教学提供逼真的表现效果,同时,语言表达能帮助学生建立动作表象,领悟动作的重难点,有利于学生领悟正确的动作概

念。

例如，在讲解篮球技术分析时，通过多媒体技术教学将篮球技术动作结构、动作要领通过图片、视频等方式直观地展现给学生，并结合优秀运动员有关篮球技术动作的录像和学生在学习过程中被拍摄的技术动作的录像，通过对比分析，有助于学生加快对技术动作的掌握；在讲解比赛规则和裁判法分析时，将裁判员在比赛领域的各种执法手势以图片的形式展示给学生，让学生对各种手势具有清晰的了解。然后，通过在比赛场地播放各种裁判判罚的视频片段，加深学生对手势运用的视听结合的理解。

（四）突出重点，突破教学难点

现代科技具有分层展示功能，运用音频、视频分层等技术对篮球技术进行展示，使学生学习重点、要点更加突出，掌握技术也就更快。例如把NBA、CBA、CUBA等比赛视频下载下来，进行技术处理，将技术和战术分类处理，分层展示，这样就更有针对性；也可以根据物理学原理，对技术动作进行直观形象地分析，如对运球、传球和投篮间的相互关系的分析，可集中对运球技术进行分析，也可对某一个动作的一个用力现象进行力学分析，了解动作结构，纠正学生不会用力或用力不正确的现象：如讲解投篮时，力度的大小、出手角度等用图表等形式在课件中体现出来，结合抛物线的知识，使学生看清楚动作细节，更加深刻地认识动作的要领和运动规律，更快地完成学习任务。

此外，由于受年龄、教学条件等因素的影响，教师往往会回避那些难以示范（如扣篮、空接等）的动作，这样就影响了学生的全面发展。运用现代科技进行教学示范，既能弥补教师对难度动作示范的不足，又能保证学生学习知识的完整性和系统性。

二、现代科技在篮球教学中的作用

现代科技在整个篮球教学过程中发挥了重要的作用。主要表现在以下三个方面：

（一）扩大教学规模

采用现代科技进行教学，可以扩大教学信息的传递范围和增值率。过去，个别化的教学方法只能一个一个地增加知识和信息；传统的课堂教学方式，信息的扩散率可以提高到几十倍、几百倍；用现代科技，教学信息的扩散率可以扩大到几万个很多次，甚至几十万次。

利用现代科技，如广播电视、卫星电视、计算机网络等，向学校社会、家庭传输课程，凡是有电视或计算机终端的地方，都可成为学生们的课堂。一个教师可以同时给成千上万的学生们上课，这样不仅节省了大量的师资，还扩大了教学规模。

（二）增进教学效率

人的学习和知识掌握是通过各种感官（眼、耳、鼻、舌、脑等）将外界信息传递到大脑中枢而形成的。这些感官的功能各不相同，其中眼睛最生动，耳朵次之。在学习过程中，眼、耳、脑功能越好，学习效率越高。现代科技它能综合运用视觉、听觉等多种分析手段，使学生获得更好的学习效果，提高教学效率。

（三）提高教学质量

采用现代科技进行教学，它能以多种形式将视听结合起来，激发学生的学习兴趣，让学生在轻松、快速的情况下，提高学习的主动性和积极性，从而提高教学质量。

三、现代科技篮球教学中应注意的问题

（一）现代科技教学不能代替教师上课

现代科技教学的优点毋庸置疑，但是它只能作为教学的一种辅助性手段。现代科技的教学目前无法取代教师在教学过程中讲解、释疑、解惑的功能，因此，在教学中完全依靠现代科技是不可取的。在教学过程中，教师要合理地利用现代科技手段，从而达到最佳的教学效果。

（二）加强师生之间的交流

首先，现代科技是物，而它面对的对象是人，不会进行情感交流，不能准确把握学生的理解水平，不了解学生的内心世界，也不能因材施教。所以，在

使用现代科技教学的同时，教师应该加强与学生的沟通，及时了解学生的感受，以便能随时调整教学手段和方法。

（三）教学内容的选择，要符合课程的教学目标

教学中所用资料、挂图、幻灯片、视频、软件、光盘等必须与教材、教学大纲紧密结合，精益求精。因此，教师应根据教材和教学大纲，精心制作和选择多媒体教学内容。

现代科技教学对提高教学质量有着不可替代的作用，然而，我们也应该清楚地看到它的不足。立足于学生，从学生的实际情况出发，扬长避短，合理利用，才能充分发挥现代科技强大的功能，真正有效地提高教学质量。

第三节　现代科技在篮球训练中的应用

运动训练过程有着众多的客观规律，只有遵循运动训练过程的规律并按照这些规律训练才称得上是科学训练。运用现代化的科学技术、仪器设备、场地器材，是实施科学训练的工具、手段，也是训练科学化的重要标志。现代运动训练的发展需要现代高科技的支持。现代科技的发展不断加快训练的科学化进程。努力增强运动训练中的科技含量，必将大大提高运动训练的效果。

用科学仪器和科学方法，进行数据的测定、用指标来检查动作的质量、训练的效果和控制身体运动负荷，使身体、心理、技战术等方面得到充分的协调发展，并通过对各项指标变化的监控，合理地控制训练过程，解决好运动负荷的合理安排问题、训练周期的划分问题、训练恢复问题等，这样才能真正达到科学化训练的程度，取得最佳的训练效果。

一、综合参数控制系统的应用

科学训练的重要依据之一，就是要不断地获取运动员训练的各种反信息，通过对这些信息的分析和研究来控制训练，使训练达到预期的效果。在篮球训练中经常收集运动员输出的信息，比如训练时间、实际练习时间、密度、

移动距离、跳的次数、心率等，这些指标反映运动员在训练中承担的物理负荷、训练水平及训练强度。而运动训练的负荷强度是控制运动训练，制订科学训练计划的重要依据。要实现对篮球运动训练定量化的最优控制，建立一整套对训练过程的最佳方案，以使训练效果最佳化，则必须通过科学的测试和分析，用科学指标控制训练过程。“篮球训练综合参数控制系统”的独特之处正适合这一需求，它为运动训练的科学诊断和技术分析提供了新方法、新手段。

运动训练的目的是要最大限度地发挥运动员的机体能力，从而提高运动水平。而运动员机能的提高，是其总体竞技能力提高的物质基础。如果负荷不当，则会导致整体机能的紊乱。因此运动训练各个阶段，都需要对运动员机能状况进行全面的诊断。以往主要依靠教练员经验和感觉来判断，其客观性、准确性大受影响，从而对运动训练产生不良效果。“篮球训练综合参数控制系统”应用电视监控、心率遥测、技术统计等多种参数对训练过程进行全面综合控制，可对运动员训练的状态和训练水平进行全面诊断。“篮球训练综合参数控制系统”有以下两方面特点：

1.反馈信息的综合性

“篮球训练综合参数控制系统”可提供“图像信息”“心率指标”“技战术数据”等多方面反馈信息，对训练全过程进行全面的监控。较单纯依据某一指标(如心率)控制训练更为客观、全面。“图像信息”通过微格系统(电子监控系统)获取。它由主控机房及安装在训练馆内的云台(电子摄像机)组成，可对训练全过程进行同步跟踪录像，取得详细的图像资料供诊断和分析所用。“心率指标”通过心率遥测系统获取它由控制计算机及遥测仪组成，可跟踪遥测运动员的实时心率指标。“技战术指标”通过掌上电脑统计获得。教练员通过对多种参数指标的综合分析，就能对运动员的状况及训练水平做出客观、准确的评价，制定针对性的训练措施，提高训练的效果。

2.反馈信息的动态和实效

“篮球训练综合参数控制系统”所提供的“图像信息”“心率指标”“技战术数据”等多方面反馈信息具有动态性和实时性。即可同时获取某一运动员的

"图像信息""心率指标""技战术数据"等数据,并可对其进行动态跟踪,获取的数据指标具有实时性并可叠加。也就是说,在图像上还附加心率指标及技战术数据,这一特点使教练员能对运动员进行全面、综合的分析,分析结果更为客观、准确。通过诊断和分析,教练员就能及时调整训练方案和训练的负荷强度及负荷量,从而使训练过程更具科学性。

二、非线性编辑技术的应用

由于图像和视频数据在篮球技战术的分析实践中所占的比例是其他数据载体无法比拟的,而大量的篮球技战术图像和视频数据又由于其原始性,很难被教练员和运动员直接使用,因此运用非线性编辑技术对其进行图像与视频格式的统一化,图像的切割与合成,视频数据的物理分割,视频数据的特效处理等预处理;最后将非线性编辑技术初步应用于篮球技战术的图像和视频分析之中,包括对图像素材的寻找与导入、不同图像源的有机合成、合成图像的生成等过程、篮球技战术视频格式的标准化处理、物理切割,以及添加视频素材、添加中文标题(字幕)、标题的特效处理等。

第四节 现代科技在篮球竞赛中的应用

现代科技在篮球竞赛中的应用主要体现在计算机技术以及通信技术方面。计算机技术在篮球竞赛中的应用,能大大提高竞赛的科技含量及管理的科学化水平。

一、现代科技在篮球竞赛技术统计中的应用

篮球比赛临场技术统计的数据是科学训练最直接的信息。它不仅是教练员、运动员临场和赛后分析、总结技战术的需要,更重要的是,它可以为体育科研人员提供客观、准确和可靠的第一手数据资料,还可为训练计划的制订提供客观依据,使训练更具针对性,更加科学化。因此,临场技术统计数据是

主管部门要求在比赛中必须收集的资料。

随着现代科技的发展,篮球比赛临场技术统分方式开始确立,经历了一个由初级向高级的发展过程:手工统计——台式计算机统计——掌上电脑条码式统计。总的来看,统分方式的科技含量越来越高,方法越来越先进,数据的统计更加快速、准确,工作量和工作强度则不断降低,所需工作人员由 8 名减少为 2 名。

二、现代科技在竞赛管理中的作用

篮球竞赛体制的改革,即主客场赛制的实行,促使现代科技在篮球竞赛管理中得到广泛的应用并具有广阔的前景,主要体现在计算机技术及通信技术方面。

随着篮球运动的不断发展,比赛的技术统计工作越来越重要。作为主管国家篮球训练和竞赛的国家体育总局篮球运动管理中心,应及时掌握各队在各级比赛中的技术统计数据,尤其是甲级联赛各队的技术统计数据,则通过对这些数据资料的分析,就能找出比赛和训练中存在的问题。如 1997 年全国男篮甲级赛就有 12 个赛场,分设在全国 12 个城市,这给技术统计工作的汇总带来了很大的困难。而且随着篮球运动的市场化、商业化,要求及时向新闻界提供准确、快捷的各队及个人的技术统计数据资料。所以,国家体育总局篮球运动管理中心竞赛部必须在比赛结束后一天,立即汇总各赛场的技术统计数据。要实现这一目标,必须依靠先进的计算机技术及通信技术的支持。如果没有现代科技的发展,这一问题是无法得到解决的。技术统计微机管理总控系统正是应这一目的而设计的,它为主管部门及时、准确、全面地掌握全国比赛各队的技术统计数据提供了方便、迅速的工具,各赛场的临场技术统计数据通过通信设备传输到竞赛处,最后统一由总控系统作汇总处理,该系统功能有以下几个特点:

(1)功能齐全。该系统具有数据录入、数据查询、表格打印、数据备份等多种功能模块,能有效地完成技术统计数据的汇总处理。同时,还根据篮球比赛技术统计的具体实际及有关部门的特殊需要,设计了较为完善的录入、查询、打印子系统,使主管部门能根据各种需要,快速查询、打印出所需的数据资料。

(2)操作简单。该系统采用全中文菜单式,所有操作只需根据屏幕提示选择不同的功能菜单,便可自动完成诸如数据整理、备份、查询、打印等工作。

(3)应用广泛。该系统不仅可用于国家体育总局篮球运动管理中心对全国比赛的技术统计进行汇总处理,而且也能为各级比赛以及各运动队进行技术统计汇总处理。

第五节　现代科技在篮球器材中的应用

随着篮球运动的不断发展,越来越多的人爱上篮球这项运动。随着科技的不断发展,篮球器材也层出不穷。

一、Wilson 智能篮球

Wilson 推出了一款名为 Wilson X Connected 的智能篮球。在篮球的内部安装了几个传感器,并配有相应的手机软件,运动员可以通过手机软件来了解自己的打球时长、进球数以及比赛得分等相关信息,从而对运动员的投球水平作出评价。

二、24 秒钟装置

如今的 24 秒钟系统包括脉冲发生器、计数器、译码显示电路、辅助时序控制电路(简称控制电路)和报警电路五个部分。能够实现 0–99 分和 0–59 秒任意调整,具有启动、暂停、复位的功能,在 24 秒违例时发出声、光报警,终场结束自动声响。

现代 24 秒钟遵循国际篮联 2010 年新规则:当比赛中断时,如果 24 秒计时器上的时间多于 14 秒(含 14 秒),则计时器启动时间不做调整;如果少于 14 秒(不含 14 秒),则 24 秒计时器启动时剩余的时间将调整到 14 秒。需要用新规则时按“+/14”键即可使用该功能。

(一)关联规则在篮球技战术统计分析中的应用

数据挖掘是在海量的数据中寻找有价值的信息的一种工具,因此它备受人们的重视,就本研究所掌握的文献资料而言,目前数据挖掘技术的发展呈现出不平衡的特点,即关联规则挖掘技术在使用率上和算法的成熟度上远远高于其他挖掘技术。

关联分析(Association Analysis),也被称为亲和力分析,是指揭示数据之间没有直接表示的相互关系的一种数据挖掘方法, 它是由美国学者 R.A. Grawal 首先提出,其算法属于无监督学习。关联分析是基于一个假设,即当两个或多个数据项的取值之间重复出现且概率很高时, 它们就存在某种关联,可以建立起这些数据项的关联规则,换句话说相关分析通过求变量间的相关系数来确定变量间的相关程度,从给定的数据机中发现频繁出现的项集模式知识,关联规则被广泛用于事务数据分析。如买面包的顾客有 90%的人还买牛奶,这是一条关联规则,若商店中将面包和牛奶放在一起销售,将会提高它们的销量。

在篮球技、战术分析中同样存在大量的关联关系,如对手的得分、篮板、失误与该队以及本队的获胜概率之间的关联关系,对手核心队员的表现与该队以及本队的获胜概率之间的关联关系,本队的得分、篮板、失误与本队的获胜概率之间的关联关系,本队核心队员的表现与本队的获胜概率之间的关联关系,非核心队员的表现与球队的获胜概率之间的相关关系,球队核心战术的运用次数和成功率与球队的获胜概率的相关关系等。

(二)可视化技术在篮球技战术统计分析中的应用

可视化技术(Visualization)是从大量数据中发现的有效途径,是关于图形图像与数据互换的一门新兴的信息技术, 它既可以从图像中解析出数据,又可以从数据中产生图像,需要依赖计算机图形学、图像处理学、计算机视觉学等学科的支撑,在挖掘中所遇到的数据大多是一些海量数据,要将其可视化必须得到数据可视化工具的支持,如 Photoshop(图像处理软件)、Flash(二维动画软件)、Spss(统计分析软件)、Excel(电子表格软件)等计算机软件,可视化技术主要包括数据、模型和过程的可视化,其中数据可视化主要包括直方图、折线图、饼图和散点图；模型可视化的具体方法与数据挖掘中使用的算法有关，如决策树算法用树形来表示；过程可视化，利用数据流图来描述知识发现的过程。

在篮球技战术分析的实践中，教练员和运动员不仅常常会遇到大量的抽象的通用技战术统计数据，如两分或者三分投篮次数、得分及其命中率、罚球次数及其命中率、篮板球数、抢断数、犯规数、助攻数和上场时间等，而且还需要分析更深层次的技战术数据，如竞技效率值、单位时间（每分钟或至每节）球队进攻和防守质量值、阵容战术搭配等等。

三、篮球投篮训练器材

篮球投球动作差别也很大，特别是业余的篮球运动爱好者，投篮动作千奇百怪，错误动作层出不穷，包括有些篮球后备人才，他们最常见的就是发力方向和把握球的重心不稳定，投出的球不是左偏就是右偏，导致投篮命中率低。投篮辅助训练器材可以改善投篮动作，正确的投篮姿势是提高投篮命中率的关键。如投篮 ARM 机、投篮定型圈、投篮回球机、手指定型指印篮球等。目前国内职业篮球俱乐部及国家集训队使用较多的是投篮回球机（图 9-1）和特殊功能训练篮球（图 9-2），教练可根据球员的不同位置选择适当的辅助器材进行训练。

图 9-1　投篮回球机

图 9-2　特殊功能训练篮球

四、传球训练器材

在比赛中,传球是第一选择,既快捷又有杀伤力。既要让队友接起来舒服便于衔接下一个动作,又不能被对方抢断。传球技术的好坏,对整场比赛结果将产生直接影响。

目前运用较多的传球训练器材有两种,即移动式篮球传接球反弹装置和传球轮式反弹网。移动式篮球传接球反弹装置(Spalding bounce folding pass)(图 9–3)是一种传球准确性的装置,通过显示灯的亮度变化可清晰了解和记录命中指定点的次数及撞击力量的强弱,其包括反弹板、显示器、控制器、压力传感器、量角器、轴套、顶丝和滑轮。把显示器放置在端线外,篮球事先放在跑步路线的每个点上。当球员到达该点后,球被传出去并击中篮板的指定点。如果绿灯亮着,那就意味着他没有击球。它的使用不但可以提供不间断传球训练,还可有效提高运动员的传接球能力,是值得推广和应用的传球训练辅助器材。但其价格较高,目前业余篮球队中使用较少,调查中了解到广东东莞篮球队在训练中采用了这种器材。

一些设施配备比较齐全的运动队也有使用传球轮式反弹网(Passing wheelrebound net)(图 9–4)。通过从各个角度位置网架向上或向下返回,而且位置可调节,能够更好地控制练习的强度。

图 9–3　移动式篮球传接球反弹装置

图 9–4　传球轮式反弹网

五、防低头训练眼镜

运动员的控制球的能力以及在场上的观察能力是十分重要的。近年来，防低头训练眼镜在篮球技术训练中受到了越来越多教练员的重视。业余球队和职业球队中都有教练在训练中安排运动员佩戴眼罩进行训练。防低头训练眼镜以提高运动员的控制球能力及观察力，使篮球训练更科学化、专业化。

防低头训练眼镜(图 9-5)为篮球运动员专门设计，由 PU、聚丙酸醋等具有良好的韧性为材料制成，由弹力带连接。知名品牌有 BASTO、尚尔等。1982 年 BASTO(邦士度)品牌产地中国台湾，中国大陆，韩国很快风靡亚洲。防低头眼镜可在任何情况下要求场上队员保持抬头姿势，观察对手和队友的情况，做出正确判断。这种眼镜对高水平的运动员，能纠正看似抬头，实际上眼光注视篮球的错误运球习惯。

图 9-5 防低头训练眼镜

参考文献

[1]孙民治主编.球类运动–篮球(第三版).北京:高等教育出版社,2001.

[2]孙民治主编,现代篮球高级教程.北京:人民体育出版社,2004.

[3]王家宏主编.篮球.桂林:广西师范大学出版社,2003.

[4]张岱年、方克立主编.中国文化概论.北京:北京师范大学出版社,1994.

[5]张雄、徐济成.NBA50 年.北京:人民体育出版社,1997.

[6]孙民治.篮球纵横.北京:人民体育出版社,1996.

[7]体育学院普修通用教材.篮球运动教程.北京:人民体育出版社,2001.

[8]于振峰主编.篮球.西安:陕西科学技术出版社,1993.

[9]刘汉卿主编.体育教育法.郑州:河南科学技术出版社,1991.

[10]体育学院通用教材.运动生物力学.北京:人民体育出版社

[11]高鹦、李峨恒.现代篮球训练理论与实验.北京:人民体育出版社,1998.

[12]寇振声.篮球教学与训练法.北京:人民体育出版社,1987.

[13]胡学明等.体育教育专业试题库(篮球试题库).天津:天津科学技术出版社,1998.

[14]白金申.篮球实践荟萃.北京人民体育出版社,1995.

[15]孙民治.篮球运动教学训练试题解答.北京:人民体育出版社,2001.

[16]黄汉升主编.体育教学训练理论与方法.北京:高等教育出版社,2003.

[17]叶国雄、陈树华主编.篮球运动研究必读.北京:人民体育出版社,1998.

[18]郭玉佩著.篮球裁判 600 问.北京:人民体育出版社,1996.

[19]中国篮球协会审定.篮球竞赛规则.北京:光明日报出版社,2004.

[20]中国篮球协会审定.篮球裁判员手册.北京:光明日报出版社,2004.

[21]王家宏、茅鹏.关于儿童、少年篮球适应形式的研究.中国体育科技，1997.

[22]孙民治.21世纪世界篮球运动发展的趋势与特征.体育学刊,2000(6).

[23]梁建平、李敦杰、汤悟先.对我国篮球职业化改革的思考.北京体育师范学院学报,1999(2).

[24]谭朕斌.对我国篮球理论研究现状的思考.北京体育示范学院学报，1999(9).

[25]虞重干、郭权.篮、排球运动员下肢3关节肌等速测试的对比研究.体育科学,2000(2).

[26]王亚琪、赵禹等.篮板球的反弹规律与进攻篮板球的拼抢.北京体育大学学报,2002(1).

[27]John Loy. The Nature of Sport:a definitional effort,J.Loy&G.Kenyon ed. Sport,Culture,and Society [J]. The Macmillan:1969:5970.

[28] Kevin Hylton, Peter Bramhan. *Sport developement: policy,process and practice* [M].2ed.London and Newyork,2008:112-124.

[29]颜天民.竞技体育的意义—价值理论研究探微[M].北京体育大学出版社,2003:10-11.

[30]过家兴等.运动训练学[M].北京体育学院出版社,1986:9.

[31]田麦久.运动训练学[M].北京:人民体育出版社,2000:1.

[32]袁伟民.体育科学词典[K].北京：高等教育出版社,2000：36.

[33]白喜林.中国竞技篮球发展战略研究[D].北京体育大学,2003：23-25.

[34]张雄.我国竞技篮球人力资源生态环境的研究[J].体育文化导刊,2005(4)：14-15.

[35]赵国华.我国竞技篮球职业化发展战略研究[D].苏州大学,2013：24-25.

[36]David Anderson et al. Foundation of Canadian Physical Education, *Recreation and Sports Studies*[M]. Wcb Publisher,1989：31.

[37]周德群.系统工程方法与应用[M].北京:电子工业出版社,2015:18-19.

[38]陈队永.系统工程原理及应用[M].北京:中国铁道出版社,2014:34-37.

[39]白喜林.新形势下中国篮球运动的持续发展与篮球后备力量[J].北京体育大学学报,1999,22(3):11.

[40]刘玉林.世界篮球运动发展趋势和我国篮球运动发展现状[J].成都体育学院学报,2000,26(2):69-71.

[41]高建磊,陈树华,许永刚.我国篮球竞技后备人才可持续发展影响因素的研究[J].广州体育学院学报,2001,3(21):82-84.

[42]薛正武,赵文革.我国青少年男篮后备人才的现状分析及对策研究[J].2002,2(14):47-49.

[43]张振东.我国优秀男子篮球后备人才现状分析研究[J].西安体育学院学报,2002,10(19):135-136.

[44]张凤珍.我国竞技体育后备人才培养体制的现状分析及对策[J].体育与科学,2008,3(29):56-59.

[45]侯德红,唐建倦.中国竞技篮球后备人才培养模式研究[J].首都体育学院学报,2009,21(3):376-377.

[46]王守恒.我国篮球项目竞技体育后备人才培养发展的战略思考[J].首都体育学院学报,2013,25(6):527-529.

[47]张宁.我国竞技篮球后备人才培养模式衔接的症结分析与重构思考[J].成都体育学院学报,2013,39(6):79.

[48]赵军.新形势下我国篮球人才培养中存在的问题研究[J].体育科技,2015,36(1):58-59.

[49]刘玉林.世界篮球运动发展趋势和我国篮球运动发展现状[J].成都体育学院学报,2000,26(2):69-71.

[50]严精华,潘宁,张勇军等.中国男篮现状及发展的思考[J].体育学刊,2005,12(4):109.

[51]刘守旺.中国男篮发展对策研究[J].体育文化导刊,2015(2):120.

[52]黄优强,周武.对中国男篮后备人才培养模式的审视[J].北京体育大学学报,2014,37(4):135-136.

[53]池建.论竞技体育与高等教育的结合[J].北京体育大学学报,2003,26(2):150-151.

[54]国家体育总局考察组.西班牙体育管理体制情况考察报告[J].体育文化导刊,2003(12):15-17.

[55]王庆伟,许广树,李贵成.澳大利亚高水平运动员培养体制调查研究[J].体育科学,2004,24(1):17-20.

[56]BackingAustralia'sSportingAbilityAMoreActiveAustralia [R].AustralianSportsCommission,2001.

[57]AustralianSportthepathwaytosuccess[R].AustralianGovernment,2010.

[58]李晓红,刘云,张至辉等.美国高校竞技篮球与职业篮球人才输送链接研究[J].北京体育大学学报,2010,33(5):127.

[59]周冰.西班牙体育崛起及其启示[J].体育文化导刊,2012(3):30-31.

[60]曲国洋.日本竞技体育体制研究[M].济南:山东大学出版社,2015:34-40.

[61]胡启林,陈莉.中日竞技体育发展策略比较研究[J].体育文化导刊,2015(4):125-126.

[61]《马克思恩格斯文集》第 2 卷[M].北京:人民出版社,2009.53.

[62]《马克思恩格斯文集》第 1 卷[M].北京:人民出版社,2009.189.

[63]叶忠海.新编人才学通论[M].北京:党建读物出版社,2013.3-4.

[64]马斯洛.动机与人格[M].陕西:陕西师范大学出版社,2010:7-9.

[65]王道俊.教育学[M].北京:人民教育出版社,1999:1-5.

[66]柳海民.教育学概论[M].北京:北京师范大学出版社,2015:114.

[67]田麦久.运动训练学[M].北京:人民体育出版社,2000:11-12.

[68]杨桦,任海.中国体育发展方式改革研究[M].北京:高等教育出版社,2016.42-44.

[69]舒新城.辞海[M].北京:中国书籍出版,2009.

[70]莫衡等,当代汉语词典[M].上海:上海辞书出版社,2001.

[71]新华社.国家中长期人才发展规划纲要(2010-2020 年)[EB/OL].2010-6-6. [2016-12-19].http://news.xinhuanet.com/politics/2010-06/06/c_12188202.

htm.

[72]沈荣华.人才标准也要与时俱进[N].探索,2003.8.1(1).

[73]王向宏.我国竞技体育人才培养体系优化整合研究[D].东北师范大学,2011.

[74]杨再淮.竞技体育后备人才培养[M].北京:人民体育出版社,2006.19.

[75]孙鹏.体育人力资源开发与管理[M].中国知识出版社,2005:4-13.

[76]都娟.后发优势与我国优秀篮球后备人才的培养[D].苏州大学,2007.

[77]唐建倦.中国竞技篮球后备人才培养运行机制研究[D].北京:北京体育大学,2007.

[78]顾明远.教育学大辞典[M].上海:上海教育出版社,1990.192.

[79]杨有振,王书华,卫博.高校人才培养目标与课程体系设置改革研究[J].山西财经大学学报,2010,13(4):11.

[80]袁贵仁.认真学习贯彻十七大精神,推进教育事业科学发展[J].思想理论教育导刊,2007(11):10-11.

[81]刘军,张方风,朱杰.系统工程[M].北京:机械工业出版社,2014.1-3.

[82]中国大百科全书总编委会.中国大百科全书:自动控制与系统工程[M].中国大百科全书出版社,1991.561-563.

[83]苗东升.钱学森系统科学思想研究[M].北京:科学出版社,2012.7-9.

[84]孙文军.管理科学与工程类人才培养模式研究[D].天津:天津大学,2005.

[85]周德群.系统工程方法与应用[M].北京:电子工业出版社,2015.18-19.

[86]陈队永.系统工程原理及应用[M].北京:中国铁道出版社,2014.34-37.

[87]杨有振,王书华,卫博.高校人才培养目标与课程体系设置改革研究[J].山西财经大学学报,2010,13(4):11.

[88]钟秉枢.社会转型期我国竞技体育后备人才培养及其可持续发展[M].北京:北京体育大学出版社,2003:58-59.

[89] 新华网. 联合国与国际奥委会签署体育促进发展与和平备忘录[EB/OL].2014-4-30.http://news.xinhuanet.com/2014-04/29/c_1110453431.htm.2016-

5-16.

[90] 阿马蒂亚·森. 以自由看待发展 [M]. 北京: 中国人民大学出版社, 2002.30-32.

[91]张进辅.现代青年心理学[M].重庆:重庆出版社,2002.255-285.

[92]张东军.中国当代运动员核心价值管研究[D].华中师范大学,2013.

[93]奥林匹克委员会.奥林匹克宪章[EB/OL].2007-7-7[2016-8-29]. http://wenku.baidu.com/view/559333aaf705cc1755270992.html?from=search.

[94]黄亚玲.奥林匹克文化理念:交流与融合[J].理论周刊,2008(8):1-2.

[95]罗家伦.新人生观[M].沈阳:辽宁教育出版社,1997.30-32.

[96]冬烘刚,张卓,程大力.共同价值的消解与重构[J].体育文化导刊,2007(7):6-7.

[97]中国人民解放军军事科学院编.马克思主义军事理论著作选读[M].北京:军事科学出版社,2008:276.

[98]上海交通大学钱学森研究中心.智慧的钥匙,钱学森论系统科学[M].上海:上海交通大学出版社,2015.17-19.

[99]于梅子,纪颖,唐芹,钮文异.应用德尔菲法构建公共健康传播材料筛选指标体系[J].中国健康教育.2011,27,(4):278-279.

[100]尤建新.管理学概论[M].上海:同济大学出版社,2015:3.

[101]谭力文,李燕萍.管理学[M].武汉:武汉大学出版社,2014:5-7.

[102]杨桦,李宗浩,池建.运动训练学导论[M].北京:北京体育大学出版社,2007:12.

[103]全国体育院校教材委员会.篮球运动高级教程[M].北京:人民体育出版社,2002:185.

[104]王琳,薛锋.运动训练理论研究[M].北京:中国社会科学出版社,2014:84-85.

[105]王众托.系统工程[M].北京:北京大学出版社,2015.6-8.

[106]杨桦.论篮球运动的本质、特征及规律[J].成都体育学院学报,2001,27(4):61.

[107]高平叔.蔡元培全集[M].北京:中华书局,1984.172.

[108]高强.布迪厄体育社会学思想研究[M].北京:知识产权出版社,2014.5-6.

[109]马克思,恩格斯.马克思恩格斯选集:第一卷[M].北京:人民出版社,1995.37.

[110]张友琴,童敏,欧阳马田.社会学概论[M].北京:科学出版社,2000.67-70.

[111]刘爱杰.竞技体育的时代价值与功能:2015 年运动训练科学高峰论坛致辞[J].首都体育学院学报,2016,28(1):55.

[112]熊晓正.我国竞技体育发展模式的形成、演变与重构[J].体育科学,2007,27(10):6-7.

[113]于振峰,张振东,张建军等.中国竞技篮球后备人才现状调查与培养对策[J].体育学刊,2002,9(5):125.

[114]李辅材,文福祥,董尔智等.中国篮球运动史[M].武汉:武汉出版社,1991.180-184.

[115]牟作云.学习女排勇攀高峰.全国篮球训练工作会议上的讲话[C].杭州,1981.

[116]张长禄.团结一致,勇于创新,实现新突破.全国篮球训练工作会议讲话[C].沈阳,1985.

[117]牟作云.学习女排勇攀高峰.全国篮球训练工作会议讲话[C].杭州,1981.

[118]谈皖宁.举国体制下职业运动员文化素质资本获得的困境与出路[J].成都体育学院学报,2001,27(6):27-30.

[119]新华网.体育发展的“十三五”规划[EB/OL].2016[2016-11-12].http://news.xinhuanet.com/sports/2016-05/05/c_128960270.htm.

[120]冯建中,郭建军,王玄等.奥运项目竞技体育后备人才培养中长期规划(2014-2024)[M].北京:人民体育出版社,2014:444-456.

[121]于振峰,张振东,张建军等.中国篮球竞技后备人才现状调查与培养

对策[J].体育学刊,2002,9(5):123-124.

[122]李振国.国家体育总局运动项目管理体制改革回顾[J].体育文化导刊,2008(4):4-5.

[123]汪流.中国体育社团改革与发展研究[M].北京:北京体育大学出版社,2012:67.

[124]中国人民共和国民政部.社会团体登记管理条例[EB/OL].http://mjzx.mca.gov.cn/article/zcfg/201304/20130400437175.shtml.2017-2-21.

[125]中篮球协会.全国篮球高水平后备人才基地年度考核及奖励办法(试行)[EB/OL].2016[2016.8.23].http://www.cba.gov.cn/.

[126]李金生,王玄,都娟等.中国青少年篮球训练教学大纲[M].北京:北京体育大学出版社,2012:23-26.

[127]FIBA 官方网站[EB/OL].http://www.fiba.com/.2016-12-3.

[128]沈勋章.奥运项目教学训练大纲青少年选材育才研究[M].上海:上海浦江教育出版社,2015.596.

[129]谈皖宁.举国体制下职业运动员文化素质资本获得的困境与出路[J].成都体育学院学报,2001,27(6):27-30.

[130]王凯珍等.国家队管理模式的研究[J].北京体育大学学报,2006,29(10):1299.

[131]陈正.关于"科学训练"若干问题的探讨[J].成都体育学院学报,2000,26(6):92.

[132]冯建中.2015 年全国青少年体育工作会议上的讲话[R].长沙:国家体育总局,2015.

[133]池建.走进美国[M].北京:人民体育出版社,2009:46-54.

[134]王成,王纪鹏.美国高校篮球后备人才培养机制的内容、特征及启示[J].西安体育学院学报,2012,29(3):322.